U0502196

荣格自传

CARL JUNG

〔瑞士〕卡尔·荣格◎著

回忆·梦·思考

龙文广◎译

中国出版集团 现代出版社

我是一个人。然而，人又是怎么一回事呢？像其他任何生灵一样，我也是无穷的神祇分解出来的一小片，然而，我不能把自己与动物、植物或石头进行对比。因为，只有神话性的存在才有着比人更大的超能量。所以，一个人怎么可能对自己做出固定的评价呢？

人的心理是自己所无法控制的，或者说，只有部分有可能加以引导。因此，人对于自己的生命或者是自己的一生，是无法做出任何终极判断的。如果要是能够，那就会是无所不知了，但是，这只不过是一种自以为是的臆想罢了。在人的心灵深处，是绝不会知道这一切到底是怎么回事的。一个人的生命故事始于某处，始于某个人碰巧记得的特定的某一点，甚至那里早已经是极其复杂了。由于人并不知道生命的结果将会是什么，因此，我这个故事是没有开头的，而结局也就只能略微加以暗示而已。

人生是一种令人生疑的尝试，只是在数字上才极具神秘的现象。从个人来说，生命是如此稍纵即逝，如此不宽裕，因此，如果它能够存活并延长，不得不说，这简直就是一种奇迹了。当然，在很早以前，也就是在我还是医科大学的学生时，这件事便给我留下了深刻的印象，而我竟然能逃过那一劫，实在是个奇迹了。

我一直觉得，人生就像通过根茎来维系生命的植物。它真正的生命表面看不见，而是深藏在根部。可是，露出地面的那一部分生命，却只能延续一个夏季，然后，它便枯萎和凋谢了。当思考生命和生灵那无穷往复的生长和消亡时，自然会生发出人生如梦之感。然而，在那永恒的流动中，我却从来没有失去对生存着

自 序

我的一生，就是一个潜意识自我充分实现的故事。潜意识里的一切，都在竭尽全力地想通过各种外在性的表现凸显出来，甚至就连人格，也强烈地要求作为一个整体从潜意识状态逐渐地成长起来并自我体验。我无法用科学的语言来描述我的成长历程，因为，我无法把自己作为一个科学的命题来加以体验。

人类具有丰富的内在想象力，从永恒方面来看，人究竟是个什么样子，可能只有通过神话的方式才能进行表述。因为，神话是富有个性的，并且可以比科学更精确地表现生活。科学以均衡性的概念来进行工作，这样的概念太过于普通和刻板，因此，无法在主观上给丰富多彩的个人生活作出公正的判断。

我如今已是83岁高龄的人，我觉得我必须担负起讲述我个人神话的责任了。但是我只能做些直观的表述，只能"讲讲故事"。至于这些故事的真与假，并不是问题的关键，而问题的关键是：我所讲的是我的童话，还是我的神话？

其实，自传的写作是很难的，原因在于，这里既没有评判的标准，也没有客观的基础作为依据，让我可以对自己作出恰如其分的判断。我知道，在许多事情上我与其他人有所不同，然而，我并不确切地知道我到底是什么样的人。人是无法拿自己与任何别的生物来进行比较的，因为人不是猴子，不是牛，不是树木。

目　录

并永不消逝的某种东西的意识。虽然看见的花会消逝，但是根茎，却一直在。

事实上，我一生值得讲述的事件，是那些从转瞬即逝的世界闯进了永不流逝的世界的事件。这就是我为什么主要谈内心体验的原因，这其中包括了我的各种梦境和幻觉。同时，这也构成了我科学研究的主要素材。它们犹如火红的岩浆，喷发出了有待雕琢的各种形状的石头。

除了这些内心的事件，其他如旅行、遇见过的人及环境等的记忆，便相对来说淡忘了。当然，许多和我同时代的人，也写到过这样的故事，读者如果想要了解这方面的情况，可以读书或者找个知情人讲述一下即可。我对自己一生外在性事件的记忆大多已经模糊了，或者干脆就忘得一干二净了。然而，我所碰到的"另一种"现实，也就是我与潜意识的较量，却铭刻在我的记忆里，挥之不去。在这个国度里，贮存着丰富的宝藏，与此相比，其他的一切便都黯然失色了。

与此同时，也有其他人的名字从一开始便写进了我的人生画卷中，所以才会一直留在了我的记忆里，因此，遇见他们的同时，也便勾起了我的某种回忆。

在我所遇到的外在性事件上，也被打上了内心体验的烙印，并在我青年时代，乃至以后都一直起着重要作用。我很早就已经顿悟道：对于人生的各种复杂问题，如果从内心得不到答案，那么具有的意义是很小的。因为，外在性的事件根本无法代替内心的体验，所以，我一生在外在性事件方面是极其贫乏的。对此我无话可说，因为，它们会让我觉得空洞和不真实。我只能依据内心的体验来理解自己。然而，也正是因为如此，才形成了我独一无二的一生，而我在这本自传中所描述的，也正是这些。

第一章：孩提时光

我出生在 1875 年，当我 6 个月大的时候，随父母从博登湖畔的图尔高州凯斯维尔乡，移居到莱茵瀑布上边的一座城堡居住，这所城堡是劳芬宫里一位牧师的宅邸。

在两三岁的时候，我便开始有了记忆。到现在，我还依稀记得那些牧师楼、花圃、小木屋、教堂、城堡、莱茵瀑布，还有那个叫作沃尔特的小城堡以及教堂司事的农场。当然，这些记忆，仿佛是漂浮在大海中的一座座孤岛，已经一片模糊，互相串联不起来了。

然而，却有一个情景突然在大脑中闪过，这也许是我平生最早的一段记忆，因而对它的印象已是非常模糊了。那是一个温暖而欢愉的夏日，天空湛蓝湛蓝的，万里无云。金色的阳光闪耀着穿过绿色的树叶，斑斓地洒在树荫下我所躺着的一辆儿童车上。当儿童车的车罩打开时，我刚刚从熟睡中醒来，立即便有了一种无法形容的通体舒适的感觉。我看见了闪烁的阳光、斑驳的树叶、灿烂的花枝……一切都是那么的神奇、多彩和美妙。

我还记得：在我们居住的那幢房子的西头是餐厅，我蹲坐在餐厅里一把高脚婴儿椅上，用小汤匙舀着温热的牛奶，而牛奶里还泡着碎面包块，喝一口，立即浓浓的奶香就扩散出来，不仅味道好极了，气味也相当地特别。那是我第一次感知了牛奶的味道，可以说，就在那一刻，我有了嗅觉的意识。当然，这一记忆同样也是非常久远了。

我还记得：在一个美好的夏天傍晚，一位阿姨对我说："走，我带你去看点东西。"说完，就牵着我的手从家里出来，走到了去往达克森镇的大路上。那时，远眺天的尽头，阿尔卑斯山沐浴在红彤彤的夕阳的辉光中。那天傍晚，阿尔卑斯山的山峦都看得格外清楚。阿姨手指着前方，用瑞士方言对我说："看那儿，山全红了。"那是我第一次看见阿尔卑斯山。随后，我听说，达克森镇的学生们第二天要去登苏黎世附近的玉特利山，我也急着想要跟着去。然而，他们说，像我这样的小孩子不能去，唉！真是一点办法都没有，我伤心透了。于是，从那时候起，闪耀着白光的大雪山附近的玉特利山和苏黎世，就成了我遥不可及的一块向往之地。

我还记得：后来，母亲还带我去图尔高看望一些朋友，母亲的这些朋友在博登湖边有一座城堡。一到那里，我立即被湖水迷住了。阳光在水面上闪烁，渡船激起的波浪涌向岸边，就连浅滩处的沙子都被浪花冲成一道道的如肋条一般。湖水伸向无垠的远方，辽阔的水面带给我一种无法用言语表达的喜悦和美妙的享受。也就在那时，在我的头脑里生成了一个想法：我得在湖边定居。并且，这种想法反复地在我的头脑中萦绕，挥之不去，因为，我想，没有水，人简直活不下去。

我还记得：有一天，乱乱哄哄的来了许多陌生人，他们显得特别激动的样子。这时，女仆飞快地跑过来，大声地嚷着："渔夫们发现了一具尸体，是从莱茵瀑布上面冲下来的，他们要把他抬进洗衣房里去。"我父亲说："好，好。"我也要挤过去看那具尸体，却被母亲一把拉了回来，并严厉地禁止我到园子里去。由于好奇心的驱使，等所有人都离开后，我立即悄悄地溜进了园子，当来到洗衣房时，看到门被锁着。我围绕着洗衣房转了一圈，发现洗衣房的后侧有一个一直通到斜坡下面的排水槽，槽里正流着细细的血和水。我对这事极感兴趣，尽管那时我还不到 4 岁。

我还记得：有一回，我因为发着烧，一直哭闹着不睡觉。父亲便把我抱在怀里，在房间里来回走，口中还哼唱着他学生时代的一些老歌。特别是，我记得终于有一首我喜欢的歌，让我安静了下来。歌词是这样的："四周静悄悄，人人都睡觉……"时至今日，我仍然记得父亲在静静的夜晚，为我歌唱的声音。

后来母亲告诉我，我那次是得了湿疹。那时，在我幼小的心里，有一种朦胧的预感：父母的婚姻出现了问题。1878 年，我得的那场病一定与父母的短暂分居有关。母亲在巴塞尔的医院里住了几个月，她的病大约是由于婚姻上的不顺心引起的。母亲走后，由一个阿姨照看着我。这位阿姨是位老处女，比母亲差不多大了 20 岁。没有母亲在我身边，这使我感到十分痛苦。也就是从那时候起，有人一提到"爱"这个字眼，我就产生一种逆反心理，并且，在以后相当长的时期内，在我心中，"女性"意味着不可靠，而"男性"则意味着可靠但却无能。我就是带着这样的精神创伤踏上了我的人生之途。后来，这些幼年时形成的印象有所改变，因为，虽然我信任男人，但他们却让我失望，而尽管我怀疑女人，可她们并没有亏待我。

母亲不在的日子，女仆也来照看我。直到现在，我仍然记得她把我抱起来，并把我的头靠在她的肩头上的情形。她有着一头黑发和一副橄榄色的面孔，尽管这和母亲完全不同，但直到现在，我似乎依然能看得见她的发型轮廓、脖颈、耳朵以及深深的肤色。总之，对于我来说，她的一切，既十分特别又格外熟悉。似乎，她不属于我们整个家，而只属于我一个人。同时，似乎，她又和一些我还不能完全理解的神秘事物联系在了一起。后来，像女仆这一类女性成了我潜意识中异性人格化的一个视角，而她所传达的那种既陌生又熟悉的感觉，也是后来在我心中女性形象的一个显著标志。

由于父母的分居，在我的记忆中也留下了一个形象：那是一个非常漂亮迷人的年轻姑娘。她有着蓝色的眼睛和金色的头发。在深秋时，她引领着我，行走在瀑布下的沃尔特城堡附近，并沿着莱茵河在金色的枫树和栗树下徜徉。那时，只见阳光透过婆娑的枝叶，洒在飘落一地的黄色叶子上。事实上，这个年轻的姑娘后来成了我的继母。她崇拜着我的父亲。后来，直到我21岁时，才再次见到了她。

以上都是我明晰的记忆。还有一些对我影响更深、触动更大的事，可惜的是，我只朦胧地记得其中一部分。比如，我摔下楼梯那一次。特别是，磕在有棱角的火炉腿上的那一次。我记得很疼，一位医生给我流着血的头部伤口缝合着，直到我读中学高年级时，头上的疤痕还清晰可见。母亲还告诉我说，有一次，女仆带着我去诺伊豪森市，当路过莱茵河瀑布桥时，我突然摔倒，一条腿已经滑出了栏杆，就在差一点儿要掉下去时，多亏女仆及时抓住了我。这些事表明，在我的潜意识中有自杀的冲动，或者说，我对生活在这个世界上有着极大的抗拒。

那一阶段，每到晚上，总有一种莫名的焦虑和恐惧感笼罩着我，常常能听到有物体在屋里来回走动。如果听到莱茵瀑布沉闷的轰鸣声，我便感觉四周到处都是危险地带。有人淹死，尸体落到了岩石上。在附近的陵园，教堂司事总是挖土打墓，挖出的褐色的土堆成了一堆。神情肃穆的男人们穿着长长的大衣，戴着高高的帽子，穿着擦得锃亮的黑色靴子，抬着一口黑色的箱子。我的父亲也在其中，他穿着牧师的法衣，声音洪亮地讲着话。女人们都在哭泣着。人们说，这是在下葬，也就是有死人正被埋进那个墓穴里。身边原有的一些人，突然看不到了，然后就听说这些人被埋葬了，或者被上帝召唤去了。

每天晚上，母亲都要教我做祷告。这是我很喜欢的事，因为，它使我在暗夜中可以将惴惴不安的心变得很舒服：

展开您的双翼，

啊！我主耶稣，

请接纳您的幼子，并把它咽下。

因为，如果撒旦要吞噬他，

那么，天使就只能咏叹：

不要伤了这个幼子。

"我主耶稣"是一个善良仁慈的"主"，他就像劳芬宫里的"主"韦根施泰因一样能给人安慰，他富有、庄重、威严且有名望，特别是，他对夜里啼哭的小孩子十分关心。至于为什么他会像小鸟一样长着翅膀，对于我来说确实是一个谜，然而，对此我并没有太多的纠结，因为，我觉得把幼子当作吃食这件事，更有意思也更耐人寻味，显然，"我主耶稣"对此并不情愿，却只能像吃苦药一样"吃了"他们。对此，我不太理解。后来，我听说，撒旦也喜欢幼子，为了不让幼子被撒旦吃掉，"我主耶稣"才这样做的。直到那时，我才恍然大悟。虽然"我主耶稣"并不喜欢这样做，但他仍然把幼子们吃了，这样，撒旦就吞噬不了他们了。这样想来，我的心里就舒服了许多。然而，我又听说"我主耶稣"也"吃"其他人，并且，"吃"法与把一些人埋在墓穴里是一样的。

　　这种不吉利的联想带来一个不良的后果，那就是我开始对"我主耶稣"产生了猜疑。在我心里，"我主耶稣"原本如大鹏鸟一样令人舒适、安详的特征消失了，却和那些身穿长服、头顶高帽、脚蹬黑靴、抬着盒子、表情阴郁的人联系在了一起。

　　这些稀奇古怪的沉思默想，让我在精神上第一次受到了重创。一个炎热的夏天，我像平常一样，独自坐在屋前的街道上玩着沙子游戏。在房屋旁边，有一条大路经过，蜿蜒着向远处的山峦延伸，并在山坡上的一片树林里逐渐消失。因此，从房前向山峦处放眼眺望，可见伸展着的一段长长的路。正在玩沙子游戏的我，猛然抬头，正好看到一位身穿黑色长袍、头戴宽边帽子的人，从山坡上的树林里走出来，远远的，就好像那是一个穿着女人衣服的男人。然而，待那人慢慢走得近一些了，我才确认，其实，这就是一个穿着拖地黑长袍的男人。

有一种无法控制的恐惧感迅速传遍全身，我的心颤抖起来，脑子里涌上了一个可怕的意念："这是一个耶稣会会士。"因为，不久前，我无意中听到了父亲与一个来访的同行的谈话，他们好像就谈到了耶稣会会士们的活动。从他们一半是烦恼一半是忧虑的话语中，我猜测，那些耶稣会会士们的活动是相当阴险的，甚至，对我的父亲都造成了极大的威胁。其实，我不懂耶稣会会士是干什么的，我只是在祈祷词中，对"耶稣"一词有印象而已。

于是，我就想，从山坡树林里沿路走下来的那个人一定是化过装的，否则，他一个大男人为什么要穿得像女人呢？或者，他说不定还怀着不可告人的目的。因此，我非常恐惧，惊慌失措地跑进房子，再跑上楼，然后躲藏在阁楼上最黑暗的地方。不知道我在那里躲藏了多长时间，但肯定时间不短，因为，当我鼓足勇气下楼，并胆战心惊地将头探出窗外查看时，那个黑衣人已经踪影皆无了。此后许久，恐惧在我身上一直如影随形，使我一步也不敢迈出屋子。后来，即便是再出去屋前路边玩耍时，远处那满目葱郁的山坡一直使我忐忑不安。当然，直到很久以后，我才明白，那黑衣男人只是一位和蔼的天主教神父而已。

在我三四岁，或者是在以上讲的同一时期，或者是更早一些，具体发生时间我记不太清楚了，总之，从那时开始我便有了梦的记忆。可以说，这个初始的梦，在我心中萦绕了一生。

我家所住的牧师楼孤零零地矗立在劳芬宫附近，教堂司事的院子后面有一大片草场。在梦中，我就站在这片空旷的草场上。不知道何故，一个长方形的砖砌的黑洞，突然出现在了我的面前，这样的黑洞是我以前从来没有见过的。于是，我好奇地走到洞口向里面窥探，但见有一排石板阶梯一直通向下边更黑暗的地方。虽然犹豫了很长时间，但是最终好奇心战胜了胆怯，使我不由自主地向洞中走去。行不多时，可见一扇拱门，门上挂着一块宽大而厚重的绿色帘子，那帘子似乎是用针织物或者是锦缎所制，显得大气而神秘。在好奇心的驱使下，我对帘子后面是什么产生了深厚的兴趣，于是，我便拉开帘子。帘子的后面虽然光线暗淡，但是仍能看清在我的眼前出现了一个约10平方米的房间，房顶用石头砌成圆拱形，地上不仅铺着地砖，而且地砖的中间位置上，从门口到前面的一个平台间还铺着一条红地毯，地毯尽头处的平台上，安置着一个金光璀璨的宝座，尽管我不能确定宝座上是否有一块红色的垫子，但仅仅是宝座的奢华，就足以与童话中描写的国王宝座媲美了。宝座上还立着一个十分高大的几乎顶到了屋顶的物体，这个物体有四五米高，五六十厘米厚。刚开始我以为是一段树桩，后来才发现不对，它不是木头，而是由鲜活的皮肤和肌肉组成，顶端圆圆的好像人头，但却没有脸，也没有头发，只有一只木呆呆地盯着屋顶的眼睛。

虽然没窗户也没其他光源，但是房间里却很亮堂，特别是，我感觉头顶处有一片灿烂的辉光。虽然宝座上的那个物体一动不动，但是我总有一种它随时会像一条虫似的向我爬过来的感觉。因此，恐惧让我全身都僵硬了。也就在此时，头顶上突然传来了母亲的声音："看见了吧？这就是吃人的怪物！"我被母亲的喊声惊醒，醒来后，不仅被吓出了一身冷汗，而且全身还不停地颤抖着，心脏都似乎要停止跳动了。从这以后，有许多个孤独的夜晚，我甚至都不敢闭眼睡觉，因为很怕再做这样的梦。

多年来，我一直被这个梦纠缠着。直到过了很久，我才明白，我看见的宝座上的那个物体实际上是阳具。又过了几十年后，我终于懂得，其实，在古老的祭祀中阳具是被人崇拜的。然而，我却始终不明白母亲说的话是什么意思，是说那个物体是吃人的怪物呢，还是说那个怪物是吃人的呢？如果是第一种，母亲是说吃幼子的不是耶稣或耶稣会会士，而是阳具；如果是第二种，母亲是说阳具就是吃人的怪物，那么，耶稣或耶稣会会士与阳具就是一回事了。

阳具"直挺挺地"立在那里，其实，它的抽象意义在于它自为王者。草场上的黑洞大约代表着一座墓穴，而这座墓穴的地下又是一座神庙。绿色帘子后面的秘密，或者代表着草场，也或者可以代表覆盖着绿色植物的大地。地毯血红。圆形拱顶是什么意思呢？难道说，那时的我就已经到过沙夫豪森市，看见过穆诺要塞的圆形城堡吗？然而，这是根本不可能的，因为，没人会带着一个3岁的孩子到那里去的。所以，我无法从记忆中寻找线索，同样的，我也无法了解那解剖学上所说的阳具是从何而来。如果说把尿道口理解成一只发光的眼睛，那么，就更能说明"阳具"这个词，为什么会与希腊文的"发光""明亮"使用同一个词源了。

无论如何，对于我来说，这个梦中出现的阳具就是地下一尊

"无法言说"的神，从少年到青年时代，它一直留在我的记忆里。但凡有人特别地提到耶稣，它就会在我脑海中出现。然而，对于我来说，耶稣从来都不是真实存在着的，从来都没有被我所接受，也从来没有让我觉得亲切，因为，我总是情不自禁地一次又一次地把它与地下的那个物体联系在一起。当然，这是个不请自来降临到我身上的可怕启示。

那个乔装打扮的耶稣会会士，在我所接受的基督教教义上投下了阴影。我感觉它既像一场严肃的假面舞会，又像一次葬礼，虽然送葬的人脸色暗沉，面带悲伤，然而转眼就偷偷地笑了起来，一点儿也没有悲伤之情。于是，在我的眼中，"我主耶稣"仿佛是一尊死神，他只有在驱除暗夜的恐惧时才对我有所帮助。然而，他自己却是一具钉在十字架上的阴森恐怖的尸体。人们时常谈到"我主耶稣"的慈祥与和善，我却在心里画上个问号，原因主要是，那些穿着黑长服、发亮的黑靴、高唱"亲爱的我主耶稣"的人，总让我联想起给死人下葬的场面。他们和我的父亲及8个叔伯一样全都是牧师，多少年来，在我心中，对父亲及叔伯们都是惧怕的，更别说是偶然才会见到的天主教神父了。因为，他们让我联想起那些可怕的耶稣会会士，更何况这些耶稣会会士还曾经令我的父亲恼怒不已。直到后来在行坚信礼时，我一直在努力强迫自己对基督采取正确认识，然而我就是做不到，因为，在我内心深处，无论如何也抹不去那种隐藏着的猜疑。

当然，每个孩子都会惧怕"黑衣人"。那不是我孩提时代认识来源的关键，我的认识关键是："黑衣人就是耶稣会会士。"

这种认识，在我的脑海中打上深深的烙印。可以说，"那就是吃人的怪物"是最重要的一点，在我的印象中，"吃人怪物"不是来吓唬小孩儿的，而事实是，吃人的怪物就高踞在地下的一个金色宝座上。我童稚的想法是：首先，只有一国之君才能够坐在金色的宝座上；其次，在遥远的蓝天上，只有戴着金冠穿着白袍的上帝和我主耶稣才能够坐在一个更高远、更加金碧辉煌的宝座上。然而，事实上却是：从长满树木的山坡上走来的、戴着宽边的黑帽子、穿着黑色的长服的"耶稣会会士"的形象。我时常情不自禁地朝山坡那里窥视，时刻提防着还会不会有别的危险向我靠近。

在梦中，我走入地下的一个洞穴里，发现金光闪闪的宝座上的物体与我想象的完全不一样，看起来，它不属人间，而是属于阴间的神物，它一直目不转睛地盯着上面，以人肉为食。直到50年后，我读到了一篇研究弥撒象征的宗教论文，其中的一段关于初民吃人肉的习性的文字引起了我极大的兴趣。那时，我才恍然大悟，原来，儿时那两次特殊经历，留在我潜意识里的思想非但不幼稚，反而更复杂。在我的心灵深处到底是在跟谁说话？是谁的意志造就了那些情景？到底是一种什么样的超级力量在起作用？我明白，所有人都在磨磨叽叽地说着"黑衣人"和"吃人的怪物"，也在大谈"巧合"和"事后的解说"，以此来迅速驱赶那些可能污染孩子纯真心灵的极端思想。噢，这是一些好心能干的、实事求是的、思维健全的人哪！这让我不由得想起那些在水洼里晒太阳的小蝌蚪，它们挤在浅浅的水洼里快乐地游来游去，根本就没有去想如果阳光将水洼晒干，它们就将无处安身了。

然而，是谁和我讲的这些事呢？是谁把这些平常人很难理解的问题讲给我听的呢？是谁把天上和地下的事组合进我的心里，并铸成了我后半生激情四溢的生活基石的呢？是谁预见了心智成熟的岁月从而搅扰了童年的纯真无邪的呢？我想，不是那个能上天入地的陌生人，还能是谁呢？

　　从儿时的梦里，我解开了尘事的密码，心却被埋葬在地下，直到许多年后，我才挣脱出来。如今，我才恍然，其实，那是我把光亮引进黑暗的仪式，也是我进入黑暗王国的必由之路。于是，我的精神生活就从潜意识中开始了。

　　1879年，我的家搬迁到了巴塞尔市附近的许宁根小镇。此时，我四五岁，搬家的事我记不清楚了，然而却记得后来发生的事。有一天傍晚，父亲抱着我来到我家西侧的门厅里，在他的指引下，我看到了黄昏时西面的天边上正有一片刺眼的绿光在燃烧着。对，不是红彤彤的落日光辉而是绿光。之所以如此，是因为此时正是1883年的喀拉喀托火山爆发之后。

　　又有一次，父亲还带着我看到了从东方地平线上划过的一颗彗星。

　　后来，巴塞尔地区洪水暴发，流经多个村镇的维瑟河泛滥成灾，冲毁了河堤大坝和位于维瑟河上游的一座桥梁。据说，淹死了14个人，他们都被混浊的河水卷进了莱茵河。当洪水消退后，这些人的尸体都半插半埋在了河中的泥沙里。我一听人说了这事儿，就飞奔着跑到河边去围观。于是，我就看见了一个穿着黑色礼服的中年男人，果然，他的身体就半埋半露在泥沙里，而弯曲着的手臂遮住了他的眉眼。我想，他一定是刚从教堂出来就被洪水卷走而遇难的。

对于一只猪被宰杀的过程，我也同样喜欢看，并且从头到尾看得津津有味、心无旁骛。母亲被我震到了，并觉得太不可思议了。然而，对于我来说，看杀猪和看尸体同样有趣。

对于艺术的记忆，最早是从住在许宁根小镇上的那些年开始的。那时我们家住的房子是建造于18世纪的一幢牧师楼，楼里有一个昏暗的房间。房间里陈设着质量考究的家具，墙上还挂着许多古画。我清楚地记得有一幅画着大卫和歌利亚的意大利画作。它是圭多·雷尼的画室里的复制品，原作收藏在罗浮宫。当然，我不清楚这幅画怎么挂在了这个房间里。此外，房间里还挂着一幅老画，画面上呈现的是18世纪初期时的巴塞尔风光。当然，如今这幅画挂在了我儿子的房间里。当时，我常常会在那间昏暗得似乎与世隔绝的房间里，久久地面对着那些画发呆，为它们的美而陶醉，也许，那是我当时对美的唯一认知。

大约在我6岁的时候，一个阿姨把我带到了巴塞尔市的博物馆，去看那里展览的一些腹中用稻草填充起来的动物标本。因为我想认真地观看每一样展品，所以在博物馆里我们耗费了很长时间，惹得阿姨不断催促，而我站在橱窗前，就是不动地方。直到下午4点，博物馆关门的铃声响了，我们才不得不往外走，然而此时展室的正门已经锁上了，我们只得出侧门走另外一条路，而这条路需要经过古代艺术品画廊才能到达楼梯口。这也许是我的偏得，因为，我突然看见了一幅令我神魂颠倒、美妙绝伦的画像。可以说，长这么大，我还是第一次见到这么美的物体。于是，我瞪大了眼睛，将目光在它上面定格，脚下也像生了根一样不能移动。"臭小子，赶紧闭眼，臭小子，赶紧闭眼！"阿姨一边拽着我的手往外走，一边大声地吵嚷着。她又恼又羞，低着头拖着我逃也似的走，就好像她这是在途经色情场所一般。其实，吸引我并让阿姨恼羞的是全裸体或仅仅盖着几片叶子的人像。这是以前我没有接触到的裸体美，可以说，这也是我对美术的第一次感知。

我6岁时，跟着父母去阿里斯海姆市旅游。令我记忆犹新的是，母亲当时穿了一件黑底上印满绿色月牙的连衣裙。那可能是留在我的记忆中不多见的母亲身材苗条时的装束，当然，后来母亲的身材就变得衰老而肥胖了。

正值复活节期间，我随同父母来到一座建筑前，母亲介绍说："这就是一座天主教堂。"在好奇心的驱使下，我悄悄地离开父母溜到敞开的门前，大着胆子从门口向里面窥视，首先映入眼帘的是祭坛上点着的一支大蜡烛。正当我想探身前去细看时，也许是太过于急切和紧张了，总之，我的身体突然就失去平衡，在台阶上摔倒了，下巴正好磕在一块角铁上，血一下子流了出来。我的尖叫声喊来了我的父母，当他们抱起我时，我的心情特别复杂：一来为我的摔倒加尖叫惊扰了教堂里的人们而懊恼；二来我又觉得自己犯戒了。不是吗？天主教堂让我联想到了黑衣人、绿色的帘子、吃人的怪物……于是，我给自己的摔倒和尖叫找到了理由：错不在我，完全是他们的错。

尽管如此，那次的摔跤、流血还是留下了后遗症。在此后的许多年里，虽然教堂里的一切对我有着巨大的吸引力，但我却一直不敢进入天主教堂，仿佛一进入天主教堂就会摔跤和流血似的，并且，如果有一个天主教神父试图接近我，就会使我极为不安和恐惧。直到30多岁时，当我步入维也纳斯特凡大教堂以后，我才找回了被压抑许久的感觉。

从6岁起，我开始上小学了，同时，父亲继续教我学习拉丁文。因为，在学前我就已经开始了阅读，所以，我不仅不怕上学，而且学习成绩还总是名列前茅，因此，我觉得学习对我来说很轻松。记得我还不识字时，有一次，我缠着母亲给我读一本有许多插图的书，书中讲述了很多外国宗教，尤其是对印度教的描述，搭配有梵天、毗湿奴、湿婆等插图，形象而生动，引起我浓厚的兴趣，书读得如饥似渴。后来，母亲告诉我说，我总喜欢反复地翻看那些插图。其实，每当我翻看那些插图时，总是朦朦胧胧地觉得它们与我心中那"原始的启示"有某种联系，当然，这是我永远不想开启的秘密。我注意到：一讲起"异教徒"，母亲的言语总是带着轻蔑和鄙夷，这也间接证明了我的感觉。我明白，如果我向母亲哪怕透露出半点我的"原始的启示"，她一定会万分惊恐，并随之对我大加斥责。我当然不会去自取其辱。

这看起来与我当时的年龄严重不匹配的行为，当然是有原因的。一方面，这和我与生俱来的敏感及脆弱的内心有关系；另一方面，由于我的妹妹小我9岁，因此，在我9岁以前的童年时代是孤独的，我没有小伙伴，只能自己一个人玩。我不记得我都玩了些什么，只记得：我玩得专心致志，既不愿受到打扰，也不愿让别人看见来评头论足。我还清楚地记得：七八岁时，我非常热衷于玩积木和砖头瓦块，并用砖瓦搭建塔楼，然后，再以"地震"的形式疯狂地摧毁它。在我8岁时开始喜欢画征战场面的图画，一遍遍地画围攻、射击、陆战、海战的画。我不仅画了整整一个笔记本的涂鸦，而且还兴趣盎然地对这些胡乱涂鸦画给出了离奇的解释。我之所以愿意上学，是因为我在学校里找到了一直以来渴求的玩伴。

当然，我还有其他稀奇古怪的发现，但这些我暂且先不谈，而是先谈谈发生在夜晚的事，因为，随着年龄的增长，我所感觉到夜的氛围变得越来越浓厚了，各种令我产生疑惑的、理解的和不理解的事，都在夜幕的笼罩之下上演着。首先是父母分房而睡，而我睡在了父亲的房间里。每当夜幕降临，常常会从母亲的房间里传出可怕的声响，而母亲则显得阴森古怪、神秘莫测。有一天晚上，我看见从母亲的房间出来一个模糊不清的影子，那影子的头颅脱离了脖颈，就像一弯新月似的在前面浮动。突然，又出现了一个新的头颅，也是同样飘浮着。这样的过程反复出现了六七次。夜晚，我总是做着那些让我困扰的梦，梦中的事物，或大或小，或远或近。比如，我梦见远处有一个小球，渐渐地朝我滚来，越滚越近，越来越大，最后变成一个近在眼前的庞然大物。再比如，我梦见了一根电线上面落着一只小鸟，渐渐地，电线变得越来越粗，小鸟变得越来越大，而我变得越来越害怕，终于把我吓醒了。

也许，这些梦预示着我在生理上已经开启了发育的前奏。大约 7 岁时，我得了哮鸣性喉痉挛，发作时就会伴随着一阵阵的哮喘和痉挛，令人窒息，也令人头晕目眩。有一次，又发病了，我被憋得不能自由呼吸，不得不趴在床头，佝偻着身体，幸亏父亲从后面环抱住了我，才使我的身体保持了平衡。我感觉头上有一个满月大的蓝色光圈，光圈下面金星闪烁，人来人往，我想，也许这就是天使吧！由于有了对天使的各种幻象，减轻了我对哮喘可能引发窒息的恐惧，然而，每当我一做焦虑的梦，就又会发病引起窒息。我想，这肯定与精神因素有关，因为，当我感觉心理上出现紧张和焦虑时，就会连在空气中呼吸都相当困难了。

我不愿意进教堂，唯独在圣诞节这一天是个例外。因为，我喜欢圣诞赞美诗——这是上帝选择的日子，并且，晚上星光闪亮的圣诞树更让我开心，所以，我只对圣诞节的欢庆情有独钟，而对其他节日却无动于衷。尽管除夕夜也有一些和圣诞节相似的活动，但毕竟比不上圣诞节对我的吸引力大。另外，虽然基督降临节也别具特色，但也无法与随之而来的圣诞节相提并论，因为，它总是与狂风雨雪的天气、夜晚屋里屋外的黑暗等密切相关。每到那时，总有一个不知从哪里发出的声音在我的耳畔呢喃，甚至有离奇古怪的事情在我的身边发生。

上学后，由于有了和乡村同学的交流，我惊奇地发现：同学们使我的自我产生了分裂。我和同学们在一起时，与独自待在家里时一点儿都不一样了。我和同学们一块儿打闹嬉笑，甚至玩一些在家里想得出但永远做不到的恶作剧。当然，我知道，这样的变化主要是受到同学的影响，从某种程度上来说，是他们引导并迫使我实现了这样的裂变。这个离开父母融入了更多人的广阔世界对我内心产生极大触动，让我时而觉得不可信，时而觉得对立，总之，是混乱不清的。然而，虽然这让我越来越感受到了白天世界的美好，感受到了透过绿色的树叶洒下的金色阳光，但是同时，我也预感到了长期以来那个令我战栗、困惑、揪心的影子世界的在劫难逃。总之，做晚祷让我有了一种仪式上的安全感，它适时地结束了白天的一切，将我带入了夜晚和睡眠，然而，当太阳重新升起的时候，潜伏着新的危险的白天又来临了。周而复始，为此，我的安全感一天天地接受着挑战和威胁，我仿佛自己已经被撕成两半，完全分裂了。

在我七八岁的阶段我喜欢玩火。在我们家的园子里有一道古老的石头墙，也许是因为墙过于古老，使得垒墙的石头间的缝隙大到变成了一个个孔洞，于是，我便常常在一个洞里点起一小堆火。为了不让火熄灭，需要不断地添加柴火，我就让别的孩子帮我四处找木头，而看管这堆火的任务就只由我一个人负责。当然，其他孩子也可以另外找洞点火，但我认为他们点的不是圣洁之火。我只在意我点的火，我要让这把火越烧越旺，因为，我看到了这把火的上面有一圈圣洁的光辉。

在这道石头古墙前面是一道斜坡，斜坡上的显要位置半埋着一块突出地表的大石头，可以说，这石头是独属于我的。一个人的时候，我常常会坐在上面浮想联翩。一会儿，真实的我在想："我坐在石头上，石头在下，我在上。"过了一会儿，我又站在石头的角度说"我"，这个我想："我卧在这道斜坡上，而他就坐在我上面。"于是,我从石头上站起来茫然自问:"哪个是我?是坐在石头上的这个人,还是这个人坐着的石头呢?"我一直没有找到这个问题的答案,于是,我很忐忑,并且被一种奇特的、怪异的、疑惑的感觉包围了。尽管如此,有一点却是毫无疑问的,那就是:我确信这块石头和我有着某种神秘的内在联系。因此,虽然我被这个谜一样的问题勾引得晕头转向,但却可以在这块石头上面一坐就是好几个小时。

一晃 30 年过去了,人过中年的我又站在了那道斜坡上,当然,此时的我已结婚生子,有房子,也有地位,并且还有了一个思维缜密的头脑。突然,穿越 30 年的时空,我又变回了那个曾经点起一堆火、坐在石头上胡思乱想着到底我是石头还是石头是我的那个孩子。突然,我又联想到了在苏黎世的生活。那段时光是我不熟悉的,仿佛是从遥远的时空里传来的消息。这个联想把我吓了一跳。我刚相信童年的世界是永恒的,就已经坠入了不断向前的时空中,并且渐行渐远。因此,为了不失去对未来的控制,只能选择简单粗暴地把自己拽走。

我永远也不会忘记 10 岁那年发生的一件事,虽然它像一道闪电稍纵即逝,但却让我顿悟了童年的永恒。10 岁时的我,把时常忐忑不安的自己分成了两半,并做出了连自己也不能解释的行为。那时,我有一个和其他小学生一样的文具盒,只是我的文具盒涂着黄色的漆,并带着一把小锁头。我还有一把木质的尺子。在尺子的一头,我刻了一个大约只有 6 厘米高的小人,小人虽小,却穿戴整齐。我给小人穿着礼服,戴着高帽,脚上还穿着一双闪亮的靴子。我再用墨水把小人染成黑色，然后，把它从尺子上锯下来，放进文具盒里。我还别出心裁地在文具盒里给小人做了一张小床，并用羊毛给它做了一件衣服。同时，我又从莱茵河边捡了一块微黑色的、表面光滑的石头，并用水彩将这块石头涂成上下两部分。我将这块石头在裤兜里装了好长时间，最后才放进了文具盒里，让石头与小人相伴。然后，我又偷偷地把文具盒拿到房顶的阁楼，藏在一根大梁上。因为通往阁楼的楼板已经朽烂了，已经禁止人上去，所以，藏在那里很隐秘，除了我之外，其他任何人谁也别想看见它。我很自信，没有人能发现和摧毁这一秘密，因此，我从中获得了极大的满足和欣慰，往日的苦恼随之烟消云散。

或者是我做错了事情，或者是伤心到了极点，或者是父亲爆发的雷霆万钧，或者是母亲病情的加重，等等，这一切都会使我感到极度压抑，然而，在遇到所有不顺心事情的时候，我就会想起藏在阁楼文具盒里的小人，以及陪伴小人的那块光滑漂亮的石头。每隔几周，我就避开人们的视线，溜上阁楼，爬上大梁，打开文具盒，把玩一下我的小人和那块石头。同时，每次我都会在盒子里留一个小纸条，纸条上面的话，是我在学校写的，并且，只有我自己看得明白。之所以留下一个小纸条，当然代表着一些严肃的仪式感，然而可惜的是，现在我已经不记得当时我对小人说了什么？我想，内容一定包含着励志的格言之类的话，那一个个纸条叠加在一起，几乎组合成了一本书。

对于我的这些行为，具体有什么意义？我又应该如何去理解？这在当时来看，是一个不是问题的问题。我只满足于从中获得了安全感就好，满足于占有了别人不知道也无法知道的物件就好。这是一个永不可说、永远独属于我的秘密，因为，这个秘密是与我的生命联系在一起的。为什么会这样，我不用自问也知道：事实就是这个样子。

在当时，这个秘密，可以说对我的影响是强烈的。我将此看作是我孩提时光中至关重要的节点。当然，关于耶稣会会士的事也是封存在独属于我的秘密王国里。然而，文具盒中的小人和石头却是个例外，它们是我首次尝试自己打造秘密，尽管这种尝试仍然是潜意识和幼稚的，但终归是有了自主权，不是别人强加给我的。我总是想在这些秘密中寻找出它们的意义，然而我却不知道要说什么？我总是想在大自然中找到一些线索，让我知道那个秘密是什么？它又在哪儿？这样一来，无意中引发了我对动物、植物，甚至是石头的兴趣，并不断地寻找那些神秘莫测的事物。其实，在潜意识中，我是笃信基督教的。当然，这种笃信是有所保留的，我会说："这件事根本就不那么确定！"或者问，"地下的那个物体怎么办？"每当有人让我接受宗教教义时，我就心里说："对，可是肯定还有一些非常秘密的事情，那是人们都不懂的。"

在尺子上雕刻小人的事，是我童年的高潮也是结尾。这个事在我心中大约萦绕了有一年，然后就彻底忘记了，直到 35 岁时，童年的这段记忆才又重新浮出水面，并且清晰不减当年。当时，我正忙于撰写《力比多的转变和象征》一书，为此，我仔细地研究了阿里斯海姆市附近密藏的灵魂石和澳大利亚人护身的神石，我突然发现，其实，我心中早已经有了一块石头的形象。我心中的这块石头是长方形的、微黑的、用颜色涂成上下两部分的，最主要的是，它是独一无二的、没有复制品的。同时，这个熟悉的画面，还让我想起了文具盒及盒中的小人。小人好像是古罗马时期的小神泰莱斯福鲁斯，正站在医神埃斯科拉庇俄斯身边朗读书卷。

因为这次的回忆，我第一次确信，原始的心理要素不可能在没有任何直接传承关系的情况下渗入个体心灵。后来，我还查阅了父亲的藏书，没有发现任何一本记载这方面资料的书。另外，父亲本人对此也是一无所知。

1920年，当我在英国时，用木头雕刻了两尊和童年时刻的那个小人相似的人像，但是因为根本不记得当时是怎么刻的了，所以经验一点也没利用上。后来，我把其中一个放大，雕刻成了石像，现在，这石像就立在屈斯纳赫特我家的园子里。潜意识让我想到了一个名字："生命的活力"。这是我儿时梦境的进一步发展和富有创造力的脉动。其实，那小人是一件神物，它包在小衣服里，藏在盒子中，再由石头供给生命的活力。当然，所有这些互相关联的一切，是后来才明白的。童年时自己做的一些祭祀仪式活动，与后来在非洲居民那里所看到的一样，虽然在行动，但是全然不知道自己在做什么，直到许多年后，才算渐渐地理解了其中的含义。

第二章：中学时期

（一）

　　11 岁对于我来说有着特别的意义，因为，那一年，我来到了巴塞尔，进入了文理中学学习。因此，我告别了那些乡村的小伙伴，走入了"更大的世界"。在巴塞尔，看起来有许多权势地位比我父亲大得多的人物。他们住豪华住宅，乘豪华马车，并能讲出一口温文尔雅的德语和法语，同时，就连他们的子女，也是衣着光鲜，举止不俗，腰包鼓鼓，并成了我的同学。我听到这些同学眉飞色舞地谈论着去阿尔卑斯山度假、去登苏黎世附近的雪峰、去看广阔无垠的大海等情景。他们这些经历简直让我目瞪口呆，于是，在我的心头涌动着惊奇、羡慕甚至是忌妒的情绪。我仰视着他们，就好像他们是来自另一个世界的生灵，来自那无法企及的雪山，来自那遥不可及的海洋。对比之下，我首次意识到了我家的贫穷。我的父亲只是个乡村穷困的牧师，而我则是一个乡村穷牧师的穷儿子。我穿着露脚的鞋子，袜子打湿了也没有可以替换的，这样还得在学校里一坐就是 6 个小时。于是，我开始换个角度重新审视我的父母，逐渐明白了父母的辛苦甘甜。特别是，开始对父亲十分同情，但奇怪的是，对母亲的同情反而少得多，可能是潜意识中，我总觉得母亲比父亲强势的原因。然而，当父亲一旦向母亲发脾气，我就又总是站到了母亲这边来。其实，在父母的争执中，必须让我明确站位的情形，对我的成长是不利的。为了能从父母的冲突中解脱出来，我不得不充当仲裁的角色，不得不评判父母之间的是是非非。这使我本来就脆弱的心灵更加脆弱，人格和自尊也忽而膨胀，忽而收敛。

在我9岁的时候，母亲又生了一个女孩儿。父亲激动而兴奋地对我说："今天，你多了一个小妹妹。"而父亲的话让我很意外，因为此前我一点也没察觉。我看到只是母亲比平时躺在床上多了一些，但我根本没注意，我只是觉得，她之所以卧床，只不过是一种不可原谅的软弱而已。父亲把我带到母亲的床前，她正抱着一个看着令人很失望的小家伙：一张脸红红的，就像老年人的脸似的布满了皱纹；而眼睛紧紧闭着，就像一只瞎眼的小狗似的；背上长着一根根红褐色的长毛，难道她是猴子变的吗？我感觉很迷惘，心想：刚生下的小孩子都是这样子吗？听到大人们模棱两可地说：婴儿是鹳鸟送来的。于是，我就想：那么，小猫小狗的崽儿们是怎么来的呢？那可是一生就是一窝崽儿，鹳鸟需要来回飞多少次呢？那么，母牛生小牛犊呢？我可真是想象不出，鹳鸟是如何用嘴叼来一整头小牛犊的。我依稀听农夫们说过，是母牛产下小牛犊，而并不是鹳鸟叼来小牛犊。很显然，这样的说法，只是说给我听的一个故事。因此，我确信，母亲肯定是又做了一件不应该让我知道的事。

妹妹的突然降生，让我模糊地产生了一种疑惑，也使我的好奇心和观察力变得更加敏锐了。随后，母亲做出的一些反常举动也证实了我的猜测，我猜：肯定有某种令人后悔的事与母亲的这次生育有关。虽然，我没有对这个事件大伤脑筋，但可以肯定的是，它对我12岁时的一段经历起到了推波助澜的作用。

母亲有一个很烦人的习惯，就是每当我出门赴约时，她总是会追出来在我后面大声地唠唠叨叨。其实，出席这样的活动，涉及我在公开场合的形象和尊严，因此，我早已经穿上了最好的衣服，并把皮鞋擦得锃亮了。然而，母亲却在大街上喊："不要忘了代我们向他们问好，你擦擦鼻子，你带手绢了吗？你洗过手了吗？"天哪！因为这些在公开场合的露面，对我来说事关重大，为了自尊和虚荣，我已经尽可能地要呈现出一副无可挑剔的形象了，可就这样依然被母亲将我的自卑暴露给大街上来来往往的人们。在去赴会的路上，我感觉很自信，同时，由于穿上了只有节假日才穿的服装，所以自我感觉很隆重、很高贵。然而，当一到达人家的房前，情形就不同了。对那家人的豪华住宅所显示出来的权势地位的恐惧压倒了我。我感觉到了自己的渺小，巴不得能有地缝就钻进去。当我按门铃时，就是怀着那种自我渺小的感觉。房内响起的铃声，在我听来，就像敲响了丧钟似的。于是，我更加畏首畏尾，惶惶然如丧家之犬。而此前母亲的那些喋喋不休的唠叨，使事情变得更糟糕。在我耳边，与铃声一起响起的是："鞋脏，手也肮脏，没有带手绢，脖子还黑黑的。"当然，出于一种叛逆心理，我不代父母转达敬意，或者举动也表现得害羞和笨拙。如果情况实在糟糕时，我就会想想我藏在阁楼上的秘密，让自己体面地平静下来。因为，每当我处于无助的境地时，我都会记起那个我独自拥有的小人、石头的秘密。

我已经无法回想起，在自己的孩提时代，是否曾经想过所经历的一系列事件之间的内在联系，这就是：耶稣、穿黑长袍的耶稣会会士、穿着长衣戴着高帽站在坟墓边的人们、草场上坟墓般的洞穴、地下神殿的阳具，以及阁楼上独属于我的那个文具盒里的小人等。应该说，我所经历的事件之间是有着某种联系的可能性的。我的内心藏有两大秘密：梦见男根形象神的梦是我的第一个大秘密，雕刻小人是第二大秘密。同时，我隐约地感觉到，那块"灵魂之石"与独属于我的那块石头之间也是存在着某种关系的。

直到现在，当我在 83 岁写回忆录之时，其实，我也没有完全明白自己最早的记忆之间的关联。早年的记忆，仿佛是地下的一株株根茎各自抽枝发芽，又仿佛是在同一条潜意识发展道路上的一个个车站。虽然我越来越不可能与"我主耶稣"建立良好的关系，但我却始终记得，从 11 岁开始，关于上帝的概念就开始令我十分关注了。我喜欢向上帝祈祷，这令我很满足，因为，我觉得这种祈祷和内心的感觉是不矛盾的。上帝不仅没有因为我的不信任而变得错综复杂，而且，他也不是个穿黑袍的人，也不是画上的"我主耶稣"，因为，画上的耶稣打扮得过于华丽，而人们对他的亲密实际上是假装的。相反，其实，上帝是一尊独一无二的神，据说，人们不可能对上帝给出任何恰当的评价。虽然他类似于一个非常有权势的老人，但我听说了一个非常满意的答案，大致意思是："别刻任何雕像，也别做任何比拟。"因此，对待他就不能像对待不是"秘密"的"我主耶稣"一样地那么亲密。于是,我顿悟到:这与我在顶楼上的秘密有某种类似之处。

我开始逐渐地对学校产生了厌烦的情绪。因为学校占据了我太多的时间,而我宁可把时间花费在画战争场面和玩火等上面。宗教课是无法言说的枯燥无味,而数学课则更让我感觉害怕。老师讲,代数是一个自然天成不言自明的事物,而我甚至都不知道数字为何物。它们不是花,不是动物,不是化石,说白了,它们就不是可以能被想象出来的事物,而只是计算出来的数字。最令我迷茫的是:这些数字又由字母来代替,而字母又意味着声音,由此推理出,数字是可以听得见的。然而,奇怪的是,我的同学们却能够驾驭它们,说它们确实是不言自明的。没人能告诉我数字是什么,而我又无法将我的问题症结讲明白。因此说,没有人能理解我的困难,但我必须得承认,我的老师是试图给我讲明白的,老师将奇特的运算尽量用比较好理解的语句来量化,从而达到让我明白的目的。于是,我终于明白了,这种运算是一种缩写体系,在这个体系的帮助下,可以借助缩写公式表示许多数字。

然而,虽然明白了这一点,但并没有让我对此产生兴趣。我认为,整个事物完全是东拉西扯。我心想,数字为什么由声音来表述?那么,同样,可以用a代表苹果树,用b代表梨树,用x代表问号。对于我来说,a,b,c,x,y,z等字母只是一个抽象的符号,就像苹果树一样,并不能准确向我解释清楚数字的实质问题。而最令我生气的是这样一个定理:如果a == b,b = c,那么，a＝c。按理来说，根据给出的定义说明 a 与 b 完全是两回事，那么我想说的是，既然是不同的，a 也就不能与 b 相等，更不用说与 c 相等了。如果是一个等式，那么 a＝a，b＝b，就行了。这样的等式是我能够接受的，可是说 a＝b，这在我看来就完全是个谎言和骗局了。还有，老师公然背离他本人对平行线的定义，声称它们在无穷大时相交，这样的说法同样使我愤怒了。在我看来，这是我不能也不愿意参与的愚蠢骗术。我的智商，在道义上抗拒着这些个自相矛盾之处，而这些又促使我永远拒绝接受数学。一直到年事已高，我都固执己见，假如我像其他同学那样，能够毫不纠结地接受 a＝b、太阳＝月亮、狗＝猫，诸如此类的定理，那么，数学就会把我拉进不知深度的无底洞，而直到我 83 岁时，我才会意识到被欺骗到了什么程度。我始终有一个谜团：既然我能够正常进行运算，可是为什么一直不能弄明白数学的问题呢？特别是，我也不能理解自己为什么对数学在道德层面提出了质疑。

我只有在用特殊的数字值替代字母并经过验算时，才能够理解数学中的方程式。对于数学课上的学习，我是通过抄录代数公式，并记忆在黑板上的特殊字母组合，才多少取得了一些进展的。可是，这点进步是不够的，因为，老师不时说道，"在这儿我们写上这样的表达式"，边说边在黑板上写出几个潦草的字母。我不能领会这些字母的来龙去脉，也不知道老师为什么这样写，我唯一能看出，这样的运算步骤，能让老师得出满意的答案。我被我的不理解吓到了，这使我再不敢问任何问题。

可以说，上数学课完全是对我的折磨，相对来说，我发现其他的课程还算是容易的。由于我有良好的视觉记忆，因此，不仅长期能把数学课蒙混过关，而且总成绩单上还常常得高分。然而，对失败的恐惧以及面对着周围的世界所产生的渺小感，让我不仅讨厌自己，而且还产生了一种绝望感，这足以让我对学校兴味索然了。另外，我还以自己力所不能及为理由请求免修绘画课。虽然这让我很高兴，因为，我因此而赢得了更多的自由时间，但是同时我也备感失落，这是因为，其实，我是还有点绘画天分与灵性的。然而，当时我并没有意识到这一点，并且，从实质上来说，那完全是我自己的感觉。我只能描绘那些能够激发起我的想象空间的事物，而我却只能盲目地临摹希腊诸神的原画，而当临摹得不好时，老师就认为，我需要临摹那些更加自然的、写实的事物，于是，我就把画着一只山羊头的画摆在我的面前临摹。当然，对这个作业我始终是一筹莫展，最后导致完全彻底地失败了，由此，我的绘画课也就此终结了。

1887年，我12岁，这是决定我命运的一年。初夏的一天，上午放学后，大约在12点，我站在大教堂的广场上，等待着同路的一位同学一起回家。突然，我被一个男孩儿猛地撞了一下，由于猝不及防，我的身体一下子失去平衡，向前倒去，头部重重地落到了马路牙子上。这一下磕得可不轻，我感觉耳畔嗡嗡的，眼前金星闪烁，然后，在接下来的半小时内，整个人都感觉一直头晕目眩。然而，在我突遭撞击的那一瞬间，一个念头闪过大脑："现在你再也不必上学了。"其实，我只是一部分失去了知觉，但我却刻意在地上多躺了一会儿，这主要是出于对袭击我的人进行的报复。然后，我就感觉有人把我抱起来，并且被送到了附近的一户住着两位未出嫁的老阿姨的家中。

从此，我落下了一个病根，那就是：每当我需要上学的时候，或者是父母让我做作业的时候，我就眩晕和昏迷。于是，大约有半年时间，我不用上学了，而是可以随心所欲地到处去郊游。我可以一发呆就几个小时，可以到林中、水边去玩耍，更可以去画画。于是，我开始一页页地画着各种漫画，我也开始画战斗的情景、狂暴战争的场面、遭到攻击和焚烧的古老城堡。甚至，一直到现在，我在入睡前，头脑中还不时闪现出不断地移动和变幻着的稀奇古怪的面具，面具下面的面孔，有些是我熟悉的却是已经死去了的人的脸。总之，我可以投身于一个神秘的世界里，在那里，有树木、水塘、沼泽、石头、动物，还有父亲的藏书室。然而，尽管如此，我的内心深处却有着一丝丝的苦痛，我感觉我离世人越来越远了。无论我是游荡、收藏东西，还是阅读、玩耍，似乎都是在浑浑噩噩中虚度着光阴，因此，我并不快乐。我莫名地有一种要从自我中挣脱出来的感觉和冲动。

我已经完全不记得这一切是怎么形成的了，只是对因此给父母带来的忧虑和烦恼感到有些歉意。他们找了好多医生来为我治疗，然而，对我的病，医生们都是一筹莫展，最后，只好让我到温特图尔市的亲戚家去度假。这座城市恰好有一个火车站，点燃了我的兴奋点，让我陶醉其间，但是，当我返回家之后，一切又都恢复原样了。有一位医生诊断我得了癫痫病，我当时就明白癫痫病发作时是什么样子的，心中就暗笑这位医生纯粹是胡说八道，但是不明就里的父母更加担心了。有一天，父亲的一位朋友到家中来做客，他们坐在园子里，而我就藏身在他们后面的灌木丛中。因为好奇心的驱使，我就想偷听他们在聊什么。于是，我就听见客人问我的父亲："你儿子现在是什么情况了？"父亲长叹一声，答道："唉，简直烦透了，医生诊断不出他的确切病情，只是怀疑是癫痫病。如果不能治愈那就太糟糕了。我破费点钱财没关系，可这孩子以后如果不能自食其力那该如何是好呢？"

我如听到一声炸雷一样。这就是与现实的冲突。"啊，你必须用功了！"我猛然醒悟。于是，从那一刻起，我变成了一个严肃而认真的孩子。我蹑手蹑脚地溜进父亲的书房，取出我的拉丁文语法书，开始集中精神用功。十分钟后，我的昏厥又发作了，我差点从椅子上摔落，然而，过了几分钟后就觉得好些了，又接着用功。"见鬼，我才不要晕了。"我心想，继续坚持。这一次过了十五分钟才发作，然后也像第一次那样过去了。"现在，你必须得真的用功了。"我给自己鼓劲坚持着，在一个小时以后，第三次又发作了，我仍然坚持着不放弃。这样，我又坚持学习了一个小时，最后，我感觉我已经克服了昏厥的发作。我一下子觉得比前几个月好多了，事实上，昏厥从此再也没有发作。从那天起，每天我都学习拉丁文语法书和其他教科书。几周后，我返回学校上学，在学校里，昏厥也再没有发作。似乎所有的妖魔鬼怪都彻底消失了！于是，我明白什么是神经病了。

我的记忆逐渐恢复，然后，我清晰地回忆起了这一切发生的全过程，那是我自己导演的不光彩的一幕。因此，我从未真正对那个把我推倒的同学生气。我清楚，其实他是被教唆的，确切地说，是被我的噩梦般的阴谋驱使的。我想，这样的事再也不能发生了。一方面恨我自己，另一方面我也感到很羞耻，因为，我自己损害了自己，自己愚弄了自己。这不怪别人，要怪只能怪我自己是那个该死的逃兵！从那时起，我再也受不了父母为我而忧心，或是以同情的口吻对我说话了。

无疑神经病又是我的一个秘密，而且是个可耻的秘密，还是挫败。然而，它却诱导出了我一丝不苟的勤奋与刻苦。从那时起，我开始认真地学习，当然不是为了装模作样，而是为了自己的将来着想。我每天五点钟按时起床学习，甚至，有时是从凌晨三点学到七点，然后再去上学。

致使我误入歧途的是我对孤独的偏爱和对寂寞的陶醉。我感觉大自然中充满了神奇，我想埋首其中。每块石头、每株植物，总之，所有的一切似乎都生机盎然，无法用语言来形容。我想融入大自然的灵魂深处，远离尘世。

大约在同一时期，我还有另一段重要经历。从我居住的许宁根小镇前往巴塞尔上学的路上，有一回，走着走着，突然间，我觉得一种势不可当的力量，把我从浓密的云雾中拽出来。我立即意识到：我还存在着！仿佛在我的身后有一堵雾墙，但在那堵墙后却没有我。也就在这时，我遇见了我。而在此之前，我虽然也存在着，但只是事儿发生在我身上，而我却不是我。现在，我清楚，我是我自己，我还存在着。原来是对我这么做，现在是我要这么做。这个经历十分重要而新颖，这是我身上的"权威"。奇怪的是，此时和在我神经机能症发作的那几个月里，我对阁楼上关于宝藏的一切记忆都丧失了，不然，我也许就会注意到，在我的权威感和那宝藏之间的某种关联。但事实却并不是这样，我对阁楼上铅笔盒的一切记忆都已消失了。

那时，我被邀请与在卢塞恩湖边有一栋房子的一家人一起去度假。令我高兴的是，那栋房子就建在湖边，并且带一个船库和一支划艇。房主人允许我和他儿子开这条船，但是却严厉警告我们不得鲁莽行事。然而，不幸的是，我早就知道开船、划船，都是需要站着的。因为在我家居住的许宁根镇的护城河里就有这样一条船。因此，我们在这条船上面尝试了各种鲁莽之举。而我做的第一件事，就是站在船尾，用一只桨将船划进湖水里。房主人觉得我这种做法，简直是太过分了。他吹口哨把我们叫回来，结结实实地把我骂了一顿。我低着头不敢吭声，因为我明知道，我所做的正是他严令禁止的，所以他的教训完全是对的。但是同时，我又觉得义愤填膺，这个胸无点墨的结实的乡下粗人竟然敢侮辱我。这个我，不仅成年，而且重要，是权威，是一位有职有权的人物，是一位老人，是一位令人尊重与敬畏的对象。然而，对照现实是如此的古怪，我突然有些犹豫，因为我猛地想到了一个问题："哎呀，你究竟是谁？你的反应就好像说明只有鬼才知道你是谁似的！然而，你明明知道他是完全正确的。你还不到 12 岁，还是个学生，而他不仅已经是一位父亲，而且还是一个拥有两栋房和好几匹骏马的富豪。"

令我困惑不解的是，我其实是两个迥然不同的人。其中：一个是学生，他对数学一窍不通，完全没有自信；另一个是重要的、有权威的、不可小觑的男人，比这个房主人还要有势力、有影响。他是一位生活在18世纪的老人，脚穿扣形装饰鞋，头戴着白色假发，乘着一辆高轮遮篷的轻便旅行马车，用弹簧和皮带悬挂在两个后轮之间。

我以前还有过一次奇特的体验。当我们住在许宁根小镇时，有一天，一辆从黑树林驶来的绿色古老的马车经过我的家门。这辆马车简直是个真正的古董，四轮遮篷的样式仿佛是直接从18世纪开出来的。我见到它时却非常激动："就是它！终于遇到了，它的确是来自我的时代。"我好像认出了它，因为它与我在自我想象中乘坐的那一辆是一样的。于是，一种奇特的恶心涌上来，就好像我的东西被人偷了似的，或者好像是我被欺骗了，欺骗了我可爱的过去。马车是过去的一件文物！我难以述说在我身上当时发生了什么，或者说是什么强烈地震撼了我，是渴望、怀旧，或者是一种相遇，它只是说："是的，就是它！是的，就是它！"

我还有一次指向18世纪的体验。那是我在一个姨妈家里，见到了一个18世纪的小塑像，那是一件由两个彩色人物组成的赤土陶制品。其中一位是斯蒂克尔贝格尔医生，他是18世纪巴塞尔的一位老幼皆知的名人。另一位是闭着眼睛、伸着舌头的一个女病人。这里有一个传说。传说有一天，老斯蒂克尔贝格尔正要路过莱茵桥，正在这时，这位多次麻烦他的女病人突然冒了出来，又是唠唠叨叨地一直不停地诉苦。老斯蒂克尔贝格尔便烦躁地说道："是的，是的，你肯定是哪儿不舒服了。请伸出舌头，闭上眼睛。"女病人遵命照做了，而老斯蒂克尔贝格尔却乘机走开了。女病人就那么一直伸着舌头闭着眼睛站在那儿，成为人们的笑谈。

小雕像上的老医生脚上就是穿着扣形装饰鞋，说来奇怪，我认定那鞋是我的，或者像我以前穿过的鞋。这个信念让我发狂："这就是我穿过的鞋！"我能够感觉得到这鞋穿在我脚上的感觉，但是却说不出这种奇怪的感觉是从何而来的。我为什么属于18世纪？在那时，我时常把1886年写成1786年，并且总是带着莫名其妙的乡愁。

在卢塞恩湖边小船上做的恶作剧以及受到了责罚之后，我开始将那些似乎互不相关的事组合成一幅画面：我是同时生活在两个不同时代的两个人。这幅画面让我觉得困惑和沉重，最后，得出的结论令我失望，现在我就只是个小学生，他受到的惩罚和他的举止，应该和他的年龄相称。那另外的老人必定是荒诞的，我感觉，这或许与我从父母和亲戚那里听到的我祖父的事有关。然而，这也挨不上边儿，因为，生于1795年的祖父也是生活在19世纪，并且，早在我出生之前他就已经去世了。我不可能和祖父是同一个人的。当然，这些思考大多是朦胧的、模糊的、梦幻的。我也不记得当时我是否知道传说中的歌德与我的亲戚关系。我认为当时我不知道，因为我确信我是从别人的口中第一次听说这件事的。也就是有讨厌的传言说我祖父是歌德的私生子。

除了数学和绘画之外，我还有第三个失败的科目，那就是我从一开始就讨厌的体操。我不能忍受别人规定我如何做动作。我上学是为了学习，而不是去练毫无意义的杂耍。再者，童年的那次事故，给我留下了胆怯的后遗症，直到很久以后，我才克服这种胆怯，并且这种胆怯还潜在地与我对世界的不信任联系在一起。世界虽然是美丽而令人渴望的，却充满着模糊而不可预知的危险。因此，我总想预先知道，我遇到了什么人，托付给了什么人？难道这也与曾经抛弃我几个月的母亲有关吗？当我的神经性昏厥又开始发作时，医生禁止我练体操，这正合我意，然而，我摆脱了这个负担，又吞下了另一个苦果。

同一年（1887年），一个美丽的夏天的中午，我走出学校，走向大教堂广场。天空湛蓝，阳光灿烂，太阳照射在大教堂的屋顶上，使得新铺的瓷砖迸发出夺目的光彩。美景征服了我，心想："世界是美好的，教堂是美丽的，上帝创造了这一切，他端坐在遥远的蓝天上一个金色宝座上面……"突然此时，我的思绪产生了一个巨大的空洞，让我有一种窒息的感觉。我目瞪口呆，只清楚："不要再想了！某种可怕的东西正悄然到来，那是一种我不愿想，甚至不敢靠近的东西。然而，为什么不呢？因为我会犯下大罪。那么，什么又是大罪呢？谋杀吗？不，绝不可能。大罪是反对圣灵的罪，是不可饶恕的。犯了大罪要遭天谴、下地狱。我是父母视若掌上明珠的独子，如果我要受到永生的惩罚，他们肯定很伤心。为了父母，我也不能干这种事。我千万不能再去胡思乱想了。"

可是说来容易做起来难哪！在从学校回家长长的一段路上，我一边走一边尽力让自己去想别的事情，但是我的思想，总是情不自禁转回到美丽的大教堂和宝座上的上帝方面，于是，我仿佛受到电击似的，再次将思想引到别处。我反复告诫自己："别想它了，千万别再想它了！"当我回到家时，显得很疲惫。妈妈看出了我的不对劲，便问："在学校又搞出乱子了吗？究竟又出了什么事？"为了让她安心，我老实说没出什么事。其实，我心里确实想过，要把我的胡思乱想向母亲和盘托出，也许这样对我会有好处，但是如果我这样做了，那我就得把心里所想的却根本做不到的事，全都说出来。我放弃了说出此事的念头，并设法尽可能地掩盖形迹，而我这位可爱的母亲完全没有起疑心，也无法知道，其实我已处于可怕的危险之中，犯下了不可饶恕的罪，并已经一脚迈进了地狱。

晚上，我在床上翻来覆去地难以入睡。那个我不想再去思考的问题，再三再四地想要冒头，而我奋力抵挡，不让它出来。后来的两天，我受尽了折磨，然后，母亲就断定我病了。我忍住了想要说出心事的诱惑，此时我能想到的就是，如果我说了，父母会很伤心的。

第三天晚上，我更加痛苦难当，似乎再也无法忍受了。好不容易才眯了一会儿，便又醒了，于是，又接着想大教堂和上帝。差一点我就一直想下去了！我反抗，但反抗越来越弱。我惊惧得全身冒冷汗，然后，我便从床上坐起来，睡意全消。我的心在呐喊："现在得想，一定得想，一定要先想出个答案来。我为什么要去想我不知道的事呢？肯定的，我自己并不想去想，然而，是谁要我去想的呢？是谁逼迫我去想那些我既没感觉又不想知道的事的呢？这个可怕的想法是从什么地方来的呢？另外，为什么受折磨的那个人是我呢？我本来是想赞美这个美丽世界的，我也为有此天赋而对他心存感激，那么，我为什么还要去想那些恶毒的事呢？甚至我连这恶毒的事是什么都不知道，因为我绝不应该随便向这一想法靠近，因为这便意味着我得冒立即去想它的危险。我并没有想干这件事，可它却像噩梦一样砸到我头上。这件事是怎么发生的呢？虽然我没干，却还是发生在我身上。这是为什么呢？无论如何，这不是我自己创造出来的，我来到这个世界上，是按照上帝创造我的方式而来的，也就是说，我是按我父母的样式而创造出来的。或者说，也许，这是我父母想要的吗？然而，我慈爱的父母是绝对不可能有一丝丝那样的想法的。他们是绝对不会有这种歹毒的想法的。"

当我发现我的想法极为可笑之后，我便想到了我的仅从画像上认识的祖父母。他们是那么和蔼可亲又严肃认真，这足以驱散我想将错误归罪于他们的任何想法。然后，我就在心里，把所有我不认识的祖先想了一遍，于是，就想到了亚当和夏娃，然后，决定性的想法就随之而来：亚当和夏娃是最早的人类，他们无父无母，他们是由上帝直接创造的，上帝有意想让他们成为那个样子，他们别无选择，只能成为上帝所创造的那个样子，所以，他们无法知道他们为什么各不相同。他们是完美的，因为上帝只创造完美，可是他们还是犯了罪，做了上帝不愿意他们去做的事。这是为什么呢？如果上帝不想让他们做这件事，他们原本是做不出这种事的。很显然，这是受到了蛇的诱惑，而蛇是上帝在创造他们之前就已创造了的，显然，这就是为了让蛇引诱亚当和夏娃犯错。其实，无所不知的上帝已事先安排好了一切，为的就是使人类的始祖不得不犯罪。因此，他们所犯的原罪，那原来就是上帝的本意。

这样的想法使我立刻从痛苦的折磨中解脱出来，现在我知道：是上帝亲自把我放进了这种境遇之中。刚开始，我并不知道上帝是有意还是无意，反正，我不再去想祈求明示了，因为上帝并没有考虑我是否乐意，就把我安置在这个固定的位置上，并且还扔下我不管不问。因此，我得亲自弄明白上帝的意图，并自己找到一条出路。然而，到了这时，另一个问题又出现了："那么，上帝到底要什么？是做还是不做？我不仅先要查明上帝的意图，而且还得立即查清楚。"当然，按常理，避免罪孽完全没有问题。这就是我一直在做着的事，不过我清楚，我不能再这么做下去了。我彻夜不眠，精神萎靡，心力交瘁，已经把自己束缚到无法忍受的地步。不能再这样下去了。但同时，除非我知道了上帝的意志和意图，否则我可不想善罢甘休，因为我坚信：上帝是这个终极性问题的提出者。然而，奇怪的是，我从来也没有想过，这有可能是魔鬼在捉弄我呢。那时，在我的精神世界中，魔鬼只起着微小的作用，并且无论如何，与上帝相比，魔鬼都是无能为力的。但是，大概当我从迷雾里钻出来并且意识到自我的那一刻起，上帝的合一性、伟大性和超人的威严性，便索引在我的想象里。从此，我心中的其他疑问烟消云散，只剩下上帝对我进行的考验，以及我对上帝的正确理解了。毋庸置疑，我终将被迫让步，但我不希望自己一直不清不楚，因为这事关我永生的灵魂救赎："上帝知道，我再也坚持不下去了，可他就是不来拯救我。他是全知全能的上帝，他本来可以轻松地消除我无法抗拒的冲动，然而他显然并不想这样做。也许，上帝是在考验我的忠诚与顺从呢？通过违背我个人意愿的事、违背我所信仰的宗教的事、违背他订下的戒律的事，来检验我吗？这可是非同小可，因为我惧怕永生被打入地狱。也许，上帝希望看看我能否服从他的意志呢？这极有可能就是确切的答案，但是，这只是我个人的想法，极有可能是错的，因为我对这种事情是不敢相信自己的推理的。我必须再次从头到尾把它仔细思考一下了。"

于是，我再次彻底想了一遍，然而，得到的结论却是同样的。"很显然，上帝是要我拿出勇气来。"我想，"如果真是这样，而我又经受住了考验，那么，他就会把天恩和启示赐给我了吧！"

于是，我便鼓起勇气，就像是准备去赴汤蹈火一样，然后，就在我眼前，出现了那座大教堂，蔚蓝的天空上，上帝就高高地坐在他那金色的宝座上，远离人间，而从上帝的宝座下面，有一块硕大的垃圾坠落下来，落到大教堂亮闪闪的新屋顶上之后四分五裂，并把大教堂的四壁也砸得稀碎。

就这样，我便获得了一种前所未有的轻松感，然后，那降临在我身上的就不是意料之中的惩罚，而是恩惠了，并且随之而来的，是从未体会过的无法用语言来表述的快乐。于是，我喜极而泣，感恩戴德。既然我已经屈服，上帝便向我显露了智慧和善良。我便也体会到了一种前所未有的通透感，以前所有想不明白的事情，现在也都明白了。甚至，我还体会到了我的父亲体会不到的上帝的意志。他以充分的理由和根深蒂固的想法而反对它，而这也正是他从未能体验到的天恩奇迹，而天恩是可以治疗一切并使一切变得可以理解的原因。他一直把《圣经》的"十诫"当作他的行为规范。虽然他也信仰上帝，但却只是以《圣经》所提示的方式和别人所指导的方式来信仰，然而他并不清楚，在上帝的《圣经》和教堂之上，还站着一位，既无所不能又自由自在的鲜活的上帝。他呼唤人们来分享他的自由，并且逼迫人们放弃自己的观点和信念，无条件地执行上帝的命令。在他考验人们的胆量时，无论多么的神圣，上帝都不会受传统约束。因为他无所不知无所不能，所以，他会注意在对胆量进行的种种考验里，绝对不会造成恶劣的影响。如果遵从了上帝的意志，那么便可以肯定所走的路是正确的。

上帝创造了亚当和夏娃，也迫使他们不得不去想他们不愿意想的事。上帝之所以这样做就是为了搞清楚他们是否顺服。而上帝也同样要求我做某种事，某种以传统的宗教为理由使我不能拒绝的事。由于我顺服了，所以我才获得了天恩。当有了这种体会以后，我便明白上帝的所谓恩惠是什么了。重要的是，我必须完全服从上帝的摆布，除此之外，其他的事都不重要。否则，我就是愚蠢而任性的。从那时起，我开始真正地有了责任感。对于我来说，关于上帝为什么要弄脏大教堂的问题，是很可怕的一种想法。于是，我模模糊糊地意识到了一种阴暗而可怕的秘密味道。而这个秘密笼罩了我的整个人生，让我变得沉默寡言了。

于是，我感到更自卑。我想：我不是个魔鬼就是个蠢猪，我是受人唾弃的。然而随即，我便开始翻阅《圣经》，很愉快地读着上面关于法利赛人和收税官等的章节，然后，竟然有了重要的发现：受人唾弃的往往是被上帝看中的人。如此，使我留下了一个印象：不诚实的管家受到了表扬，并且左右摇摆的彼得竟然被委以传教的重任。

由此，我的自卑感更加重了，而在我看来，上帝的天恩也越发地不可理解。我似乎从来就没有过自信。有一次，母亲对我说："你一直是个好孩子。"然而，我怎么也没有搞清楚母亲话中的意思。我是一个好孩子吗？这让我感到很新奇。因为，我自认为自己是个愚蠢的技不如人的人。

上帝和大教堂的经历，让我终于有属于自己的大秘密，就好像我一直在说天上有落石，而终于有一块落到我的手中一样。然而，事实这却是一种羞耻。被我撞破的是恶的、坏的东西，但这却又是一种荣耀。有时，我有一种不吐不快的冲动，但却不明白我究竟要说什么事。我很想搞明白，别人是否也有过类似的体验，然而我在别人身上，却一直没有发现蛛丝马迹。因此，我便觉得，我既入了上帝的法眼，又得不到恩宠；既受到了诅咒，却又得到了祝福。

我从没有公开讲述我的秘密经历，包括我梦见的地下庙宇里的男性生殖器和我所雕刻的小木人等，这种事我是绝对做不到的。实际上，一直到我65岁时，我才讲了关于梦见生殖器的事。也许，我和我妻子讲过一些其他经历，但是这都已经是我晚年的事了。

因为，从小我便知道这是一个禁区，所以，我是绝对不会跟别人说起的。

我的整个青春期的行为，都可以用这个秘密来解释。它让我产生了无法忍受的孤独感。多少年来，我最大的成功，就是我抑制住了想要把这个秘密向别人倾诉的冲动。因此，可以说，我与世界的关系是预定好了的，甚至一直到今天，我仍然与以前一样是一个孤独的人，因为，我不仅知道一些事，而且还要把别人不懂的，甚至是根本不想知道的事加以暗示。

我母亲的家族中，有6个牧师。我父亲的家族中，不仅我父亲本人是牧师，而且父亲的两个兄弟也是。因此，我便时常会听到有关宗教的谈话、神学的讨论和布道的演说等。而每当此时，我便心想："是的，是的，这都对。然而，我那个秘密怎么办呢？它也是上帝赐予我的。虽然你们对此毫不知情，你们也不知道这是上帝逼着我做的错事和恶事，以体验他的恩惠。"他们所讨论的一切完全没有意义。我心道："万能的上帝呀！一定会有某个人对此明白一些，或者在某处一定会有真理存在的。"于是，我在父亲的藏书室里翻箱倒柜地找，只要一找到与上帝、三位一体、精神、意识有关的书，我便迫不及待地开始阅读。我囫囵吞枣，饥不择食地反复阅读，然而，收获不大。于是，我便情不自禁地想："他们也不清楚。"我也读了父亲的《路德圣经》，然而很可惜，在《约伯记》中的传统训导式解说，却让我无法深入阅读，不久便对此书失去了兴趣。如果说，我在它里面还是找到一丝安慰的话，那就是在第九章第30—31节："如果我立即用雪水清洗自己……那么您就把我投进烂泥坑里。"

后来，母亲告诉我，我那时常常看起来无精打采。其实，正相反，我那时是因为这个秘密在绞尽脑汁。每当我坐在那块石头上时，内心就极为平静。而每当我想到自己就是石头，就不再纠结和怀疑了，我想："石头是稳定的，也没有想要述说的冲动，千百年来，亘古不变，而我却是一种稍纵即逝的存在，即便是有万种风情，也如喷发的火焰，悠然闪亮了，又很快熄灭了。"我是各种情感的集合体，而我身上的另一个个别的却是永恒不变的石头。

（二）

那时，我还对父亲所说的一切产生过怀疑。一听到他说关于上帝赐予天恩的话题，我便会联想到我的体验和经历。父亲所讲的都是陈词滥调，就好像是在讲一个道听途说的而自己却不相信的故事。我想帮他，但却找不到合适的方法。另外，羞耻感也阻止我告诉他我的体验和经历，或者也不想干扰他已经先入为主的成见。一方面，我感觉是我年纪太小的原因，另一方面，我还担心"第二人格"权威感被唤醒。

后来，当我18岁时，我开始与父亲进行了多次讨论，并且总是想侧面地让他了解天恩的奇迹，以此来帮助他缓解心中所纠结的苦痛。我坚信，如果他遵循了上帝的旨意，一切就会变得好起来了。然而，遗憾的是，每次我们的讨论总是不欢而散。讨论的内容刺激并伤了他的心。他常常说："哎，说什么屁话呢？你总是在思考，没用。关键的不是去想，而是要信仰。"于是，我心想："错，错，错，必须得经历了才能明白。"然而，我嘴上却说，"请你把信仰给我吧！"然后，他就会耸耸肩，无可奈何地转身走开了。

我开始结交一些朋友，当然，大部分是与那些家世普通的腼腆型男孩儿交往。于是，我的学习成绩开始提高了。在以后的几年里，甚至，我的成绩在全班名列第一。然后，我就觉察到，成绩比我低的同学，也许是出于忌妒，都在抓住每一次机会想尽力追上我。这就让我觉得很扫兴，因为，我憎恶一切的竞争，如果有人想玩竞争性的游戏，我便会退出。于是，从此之后，我的成绩就一直名列全班第二，这就让我感觉很愉快。由于我不想参与竞争，这就让完成学校的作业变得更加困难，因此，完成作业也变成了一件很讨厌的事。有不多的几位老师对我表现出了特殊的信赖，所以我对他们一直心怀感激。我特别怀念我的拉丁文老师。他是一位大学教授，是一个很睿智的人。由于父亲的指导，我6岁时就会拉丁文。于是，当拉丁文老师派我去大学图书馆帮他借书时，我便在返回的路上，尽可能地拖延时间，一边走一边扎进书里，高兴地读起来。

大多数老师都认为我既蠢笨又滑头。学校一旦出了乱子，我首先就成了被怀疑的人。如果有人吵架，就认为是被我挑唆的。然而实际上，只有一次吵架和我有关，而正是那一次，我才知道一些同学对我的敌意。有7个人设伏并对我突然发动攻击。我当时15岁，已经长得又高又壮，并且血气方刚。面对攻击，我火冒三丈，抓住了其中一个人的双臂，把他转起来，并用这个人的两条腿将其余的 6 个人打翻在地。老师们知道了这件事，我模糊记得好像我还受到了不公正的处罚。然而，我一战成名，从此，没人理睬我，但也没有人再敢欺负我了。

我不仅有对手，并且总是受到无端的指责，这虽然出乎我的预料，但却也觉得不难接受。每一件指责都刺激着我，而我却无法为自己辩驳，因为我对自己了解得实在是有限，并且即便是有限的了解也是矛盾重重，因此，扪心自问：我确实无法否认对我的任何指责。在良心上，我总有一种负罪感，并意识到了潜在的错误。因此，我对别人的指责十分敏感，而所有的指责都多少击中了我的要害，打到了我的痛处。虽然被指责说做了的事实际上我并没有做，可是我仍然觉得我是有可能会做的，甚至我还列了一张表，上面写满了各种借口，以备不时之需。如果我真的做了错事，反倒会觉得轻松了，因为在此时，我至少能了解自己在哪里问心有愧了。

当然，我通过外表的冷静来弥补内心的惶恐，或者确切地说，不用强行去操作，缺陷便自动愈合了。于是，我发现自己有罪，但又希望自己是清白的。在灵魂深处，我一直知道自己是有两重性格的人。第一重人格，我是父母的儿子，这个我上学，虽然不十分聪明，却也是专心致志，用功学习，特别是比许多男孩儿穿得要整齐干净。第二重人格，我是个成年人，确切地说是个老人，这个老人多疑而不轻易相信人，又与世隔绝，然而，他却接近大自然、地球、太阳、月亮、天气等一切事物，特别是他接近夜晚、睡梦以及"上帝"等各种事情。在这里，我把"上帝"加了引号。因为，我与大自然一样，虽然都是上帝所创造的，却都被上帝撂在了一边。谁也不能说服我的是：虽然说"按照上帝的形象"来有所创造，却为什么只用在了人身上，我认为，实际上山河湖泊、花草树木以及各种动植物，远比人更能彰显出上帝的本质，而人类，虽然身上穿着各种各样的衣服，但却内心卑鄙、爱慕虚荣、假话连篇、自私自利……所有这些，据我本人，也就是据我的第一种人格，据那个 1890 年的中学生来看，实在是太熟悉了。除此之外，还有另一个领域，那里就像是一座神殿，进去的人都发生了改变，并且由于在幻觉中获得了整个宇宙而心生感动、惊叹不已，甚至是达到了忘我的地步。在此生活着的"另一个人"，他清楚上帝是隐身的、具有人格的，但同时又有着超乎人格的秘密。在此，没有什么可以让人与上帝分开，是的，就宛如人的灵魂与上帝共同期冀着天地万物一样。

我在此所陈述的每一个句子，都是我当时从未意识到的东西，但我的的确确强烈地预感到了它的存在。每当这个时候，我清楚我就是我，我就是那真正的我。只要我一人独处，我便会逐渐进入状态，因此，我喜欢寻找"另一个人"，即第二种人格的宁静与孤独。

第一种人格和第二种人格互相作用与反作用，但是"分裂的人格"却与医学上的精神分裂症无关。相反，这发生在每个人身上，特别是第二种人格极其重要，总是竭力想占据内心深处腾出来的一切地方。第二种人格虽然具有典型性，但却很少有人能洞察得见。大多数人的理解力，是领会不到自己也是具有第二种人格的人的。

教堂逐渐变成了我的烦恼地。因为，在那里，竟然有人敢大声喧哗，（我情不自禁地想说无耻）宣讲上帝，讲上帝的旨意和布道行为，并劝诫会众应有哪些感情并相信哪种秘密。然而我清楚，这种秘密是最深奥的、最内在的，同时也是一种无法用一个确切的词来表述的。最后，我只能推断：没有人会了解这个秘密，甚至牧师也不能，因为，没有人敢在众人面前公开泄露上帝的秘密，也没有人敢用陈词滥调去玷污这些只可意会却无法言传的感情。另外，我确定，用这种方式去接近上帝是背道而驰的，因为我有切身的经历，这种天大的恩惠只赐予不折不扣地遵守上帝旨意的人。这一点虽然也得到宣扬，但从来都只是假设，并附加着要使上帝的旨意通过这种假设为人所知。而我却觉得这是最含糊与最不可知的事。探讨上帝的旨意似乎是一种责任，我虽然没有做，但需要我这样做时，我一定会去做的。第一种人格占用了我太多的时间和精力。它时常让我觉得宗教戒律正在被用来代替上帝的旨意。这确实出乎我的意料，也让我感到十分吃惊，同时，我发现其中唯一目的，竟然是要完全不必去领会上帝的旨意。于是，我的疑心一天比一天加重了，而我觉得父亲及其他牧师的布道词，都令人难堪了。我周围的所有人似乎仍然把这些莫名其妙的、含糊其词的话认为是理所当然的。他们没有动一下脑筋就囫囵着接受了这些错误百出的说法，如上帝是全知全能的，所以预知了所有的人类历史、上帝的确创造人类之类的；上帝要禁止犯罪，并且要用地狱之火来惩罚他们，而人类却仍然还是犯罪，等等。

很奇怪，有好长一段时间，魔鬼没有在我的思考中起作用了。我便认为魔鬼不过是用一条铁链锁起来的看门恶狗。除了上帝，别人无须对这个世界负责任，然而，我很清楚，上帝是太可怕了。每当听到父亲感情充沛地在布道词中请求"仁慈的"上帝、上帝爱人类、人类对上帝回报以爱时，我的疑心和焦虑就增强了。我便怀疑："他确实明白自己在说什么吗？他会把我这个他的儿子，像以撒一样，用刀杀死用来当作人祭吗？他会把我交给不公正的法庭，让他们把我像耶稣那样钉在十字架上吗？不，他肯定做不到。所以，他是执行不了上帝的旨意的。就像《圣经》中表明的，上帝的旨意是极其可怕的。"因此，人类受到告诫：必须得服从上帝而不是人类。显而易见，这种话只不过是随便或者无心地说说罢了。事情很明显，我们根本不知道上帝的旨意，因为如果我们知道，我们就会怀着一颗敬畏之心认真地对待了，就会仅仅是因为对威力无边的上帝的惧怕而如此做了，因为上帝是会把旨意强加给孤立无援的人的，就像强加在我身上一样。装作清楚上帝旨意的人也许估计到了他已经驱使我做了什么吗？无论如何，在《圣经·新约》里，却没有发生类似的事。在《圣经·旧约》，特别是《约伯书》这本里，有可能会让我眼前一亮，然而，可惜的是在当时我却对此不太了解。在当时我正接受着坚信礼的课程，而在其中我没有听过类似的指导。当然，当时是涉及了令人敬畏的上帝，但却是被当作不合时宜的"犹太式"，并且很早就已经被仁慈的上帝与基督的福音所替代了。

我年幼时种种体验的象征性及那种形象的狂暴使我极为沮丧。我自问道："谁是那样说话的呢？是谁这样不要脸，这样赤裸裸地展示其阳具，而且还是在神龛里？是谁使我认为，上帝就是以这种令人讨厌的方式摧毁了其教堂的呢？"最后，我自问道，这是否就是魔鬼所干的呢？一定是上帝或魔鬼才会这样说和这样干的，对此我是深信不疑的。我感到绝对地肯定的是，发明这种思想和形象的绝不会是我。

　　这些，便是我生活中的至关重要的体验。它使我恍然大悟：我必须负起责任，我的命运结果如何完全取决于我自己。我碰到了一个问题，我必须亲自找到这个问题的答案。可是是谁把这问题强加到我头上的呢？对此谁也无法给我以解答。我知道，我必须从我最深处的自我那里找到这个答案，知道在上帝面前的就只有我一人，并且知道上帝独自就这些可怕的事情问了我。从一开始，我便有一种命中注定感，仿佛我的生命是命运赋予我的并必须加以接受。这使我内心有一种安全感，而且尽管我从来无法对自己证实它，它却向我证实了它自己。我没有拥有这种肯定性，它却拥有了我。谁也夺不走我的这种信念：我被责成去干上帝要我去干的事而不是去干我想干的事。这给予了我力量，使我敢于自行其是。我往往有这种感觉，在一切具有决定性的事情上，我便不再是杂处于众人之中，而是单独与上帝在一起了。而当我处身"彼处"，不再是孤独一人时，我便处身在时间之外了，我属于好几个世纪，而彼时作出回答的他便是那向来就存在的，在我出生之前就已存在的他。永远存在的他就在那儿。与"另一个人"

的这些谈话是我最为意味深长的体验，一方面是流血的争斗，另一方面则是至高无上的欣喜若狂。

自然喽，我无法与任何人谈论这些事情。大概除我母亲之外，我不知道还有谁可以与之进行交流了。她似乎也像我自己那样，沿着有点相似的思路去思考的。但我很快注意到，在交谈中，她不是我的对手。她对我的态度最主要的是一种仰慕，而这对我却不是什么好事。于是，我便把这些思想独自放到了自己的心里。总的说来，我更喜欢这样，我独自一人游戏，做白日梦或独自在树林里漫步，拥有属于我自己的一个秘密世界。

对我来说，我母亲是个十分仁慈的人。她有一种发自内心的动物性的温暖，饭菜做得美味极了，对人十分友好且生性愉快。她个子长得很高大壮实，热心听别人说话。她也喜欢说话，话匣子一打开，话便像泉水一样快活地泼溅而流。她有一种显然的文艺天赋，情趣高尚并有一定深度。但是这种天赋却从未能适当发挥，而一直深藏于一个仁慈、肥硕的老妇人的外表之内。她极为好客并十分富有幽默感。她保有一个人所必须具有的所有传统性观点，但在无意之中，她的个性有时便突然出现在人们面前。这种个性是出人意料般地有力：一个城府深沉、脸相威严的人物，拥有无懈可击的权威性——而且做事毫不犹豫。我确信她拥有两种人格，其一是不抱恶意并富有人性，其二是神秘诡谲。这另一种人格只是不时有所显现，但每次显现都出人意料，使人害怕。此时，她便会像自言自语似的说起话来，但她说的话却是针对着我并往往击中要害，于是我便吃惊得闭嘴不语，一声不响。

这种情形发生的第一次，我记得大约是我六岁的时候。那时候，我们的邻居十分富有。他们有三个孩子，最大的一个是个跟我年纪相仿的男孩，另外两个则是他妹妹。他们是城市人，衣着打扮的方式往往使我觉得古怪可笑，特别是在星期天时——脚穿专利皮鞋，衣服上有白色褶边，手戴白手套。甚至在周日时，这几个小孩也涂脂抹粉，头发梳得油光水亮。他们喜欢摆出他们所喜欢的架子并急于与我这个穿着皱巴巴的裤子，脚上的鞋子破了几个洞，双手肮脏的粗鲁倔强的男孩子隔得远远的。我母亲进行比较后对我所作的训诫使我极为恼怒："嘿，你瞧那些漂亮的孩子，多么有教养和彬彬有礼呀。看看你的举动啊，真像个小傻瓜。"这种训诫使我感到受了侮辱，于是便决定给那个男孩儿一顿痛打。我确实这样干了。他的妈妈气坏了，便急忙赶到我家，就我的暴力行为大吵大闹了一场。我母亲可吓坏了，教训了我一场，而且声泪俱下，说话时间之长和感情的激动是我以前所没见过和没听过的。我一直没有意识到犯了什么过错，相反我对自己却感到很高兴，因为在我看来，我到底以某种方式为我们村子里这位陌生人所造成的不协调的情形作了补救。我对母亲的激动深为慑服，于是便带着负罪感退回到我家那架古旧的古钢琴后面我那桌子旁，开始玩起我的那些砖头瓦块来。好一阵子，房间里一片寂静。我母亲像往常那样，坐到了她那靠窗的座位上打起毛线来。然后我便听到她低声自言自语起来，从偶尔听到的一些话里，我听出她是在想着这件事，只不过现在却是另一种观点了。突然间，她大声说起话来："当然了，一个人绝不应该生那么一大堆狗崽子呀！"我立刻意识到她是在说那几个"沐猴而冠"的人。她最喜欢的兄弟是个猎人，他养了好些狗，并且总是口不离养狗哇、杂种狗哇、纯种狗哇及狗崽子之类的话。使我感到松了一口气的是，我意识到了，她也认为这几个令人作呕的小孩儿是些劣种的小狗，因此，对她给我的责骂实在不必按表面的意思来看待。但是甚至在那种年纪，我也知道必须完全保持冷静而不应扬扬自得地表露出来："您明白，您跟我想的是一样的！"她会愤慨地批驳这种想法说："你这个令人讨厌的孩子呀，你怎么敢自称知道有关你母亲的这种事呢！"从这件事里，我得了这样一个结论：我一定有过更早的、性质相似的体验，只不过我现在记不起来就是了。

我讲这个故事，是因为在我对宗教的怀疑日益增长的时候，出现了另一件事，显示了我母亲具有两重性。一天，我们围桌而坐时，谈话转到了某些赞美诗曲调的单调沉闷，也提到了修订赞美诗集的可能性。说到这里，我母亲喃喃低语道："啊，您，我爱中之爱，您，可诅咒的至福。"就跟在过去一样，我装作没有听见的样子，并尽量小心，免得高兴得叫起来，但是我还是感到胜利了。

在我母亲的两种人格之间有着巨大的差异。这就是为什么当我还是小孩子时便经常做些有关她的忧心忡忡的梦的缘故。白天，她是个可爱的母亲，但到了晚上，她便显得成了不可思议的了。然后，她便像那些预言者之一，这种人同时又是一种奇异的动物，像是熊穴里的一个女祭司。富有古风而又无情，像真理和大自然那样无情。在这种时刻，她就是我叫作"自然精神"的代表。

我也有这种好古的天性，而在我身上，它是与我的天赋联系在一起的——虽然并不都是愉快的——即把人和万物按其本性来加以看待的天赋。在这里或在别处，当我不想承认知道某一事但在心底里我却十分清楚事物实际上是怎么回事时，我便乐于让人欺骗我。在这种情况里，我就像是一只狗——你可以欺骗它，但它最后却总能闻出被藏起的东西来。这种"洞察力"是基于本能的，或者说是基于与其他人进行"神秘的分享"的基础上的。它就犹如在一种没有人参与的感知行为中，有一只"背景性的眼睛"在观看着。

这种事情我直到后来很晚的时候才认识到，当时，有些十分奇怪的事情发生到了我的身上。比如说，有过这样的时候，这时我会详细地叙述某个人的生活故事，但这个人我实际上却并不认识。这事发生在我妻子的一个朋友的婚礼上，对新娘及她一家我完全一无所知。在喜宴过程中，我坐在一个长着长长的美髯的中年绅士的对面，有人向我介绍说他是一位律师。我们俩人热烈地谈起了犯罪心理学的问题。为了回答他提出的一个很专业的问题，我编造了一个故事来加以说明，其间再润饰以各种各样的细节。我正讲着这个故事的时候，我注意到这个人的脸上出现了十分异样的表情，接着我们这桌子上的人便全都不说话了。我感到十分尴尬，于是便止住不说了。谢天谢地，我们开始吃饭后的水果了，于是我赶忙站起来走进了这饭店的休息室里。我在那里的角落处坐了下来，点起一支雪茄烟，尽力搜索枯肠把刚才的情景从头想了一遍。这时候，跟我同桌吃饭的一个客人走了过来，带着一脸责备的神色问道："您怎么竟犯了这样可怕的不慎重的过失呢？""不慎重？""对呀，就是您讲的那个故事。""但这个故事全是我编造的呀！"

使我感到惊愕和可怕的是，我讲的正是坐在我对面的那个人的故事，准确得连所有细节都毫厘不爽。就在这个时刻，我还发现，我这时却连这个故事的一句话也记不起来了——甚至直到现在，我还一直未能把它回想出来。在其《自我启示》里，佐克描述了相类似的一件事：有一次，在一个小旅店里，他竟能够揭发一个素不相识的年轻人，说他是个贼，因为在他内心里的眼睛，看到了这次偷窃的全过程。

在我生活的过程中，往往会发生这样的事，我突然知道了一件我确实毫无所知的事情。这种知识仿佛像我自己的观念那样来到我的脑海里。我母亲也有这种情形。她自己在说着话，但她自己却并不知道；它就像是掌握着绝对权威的一个声音，这个声音所说的恰好与情境相符。

我母亲往往认为，我的智力远远超出了我的年纪，于是她便像对待大人那样跟我说话。很显然，一切她不愿意跟我父亲说的事，她都会跟我说，因为她早就把我当作她的密友，把她遇到的麻烦事向我和盘托出了。就在我大约 11 岁时，她透露了与我父亲有关的事，使我感到十分吃惊。我绞尽脑汁，最后终于决定，我必须跟我父亲的某个朋友磋商磋商，这个人我从旁人的口里听说过，是个很有影响力的人。我没跟母亲打个招呼，一天下午放学后我便进了城，到这个人家里造访。给我开门的女仆说这个人出门不在家。我既失望又沮丧，于是便转身回家。但正是出于上天的恩惠，他才没有在家的。不久之后，我母亲又提起了这件事，而这一次，她给我描绘的却是十分不同且远较温和的情境，于是整个事情便烟消云散了。这使我深有感触，于是便想道："你竟相信这件事，可真是个大傻瓜，由于你愚蠢地信以为真，差点没弄成了灾难。"从那时候起，我便决定把母亲说的话一分为二地看待。我对她的信任严重地受到了影响，而这便是从此阻碍我把我内心深处的秘密告诉她的缘故。

但而后又有这种情形的时候，此时她的第二人格钻了出来，于是她在这种情形所说的一切便十分真实，真实到令我颤抖的地步。要是我母亲能就此不变，那我本可有个妙不可言的交谈者的。

对于我父亲，情形却很不同。我本来乐于把我宗教上的麻烦事摆到他的面前来征求他的意见的，但我却没有那样做，原因是我觉得，我事前就知道了他会出于对本职的尊敬而不得不作出的回答。我对此所做的假设的正确性不久之后便得到了证明。我父亲亲自对我进行有关坚信礼的教导，这使我厌烦得要死。一天，我随便地翻着教义问答，希望找到除了读来感伤、往往难以理解且枯燥无味的对我主耶稣的描述的某种东西。我偶然翻到了有关三位一体的那一段。这里面有某些东西引起了我的兴趣：一体性同时又是三位性。这个问题迷住了我，原因是它有着内在的矛盾性。我如饥似渴地等待着我们触及这个问题的时刻。但当我们进行到那里时，我父亲却说道："我们现在翻到三位一体处了，不过我们跳过去算了，因为我自己对此确实也是一无所知。"我敬佩我父亲的诚实，但另一方面，我却感到甚为失望，于是便自言自语道："问题就摆在这里了，他们对此却一无所知并且不屑对之加以思考。那么我怎么可以谈论我的秘密呢？"

我试着在某几个我认为是善于开动脑筋的同学中试探了一下，但却徒劳无功。我唤不起任何的反响，而且还起了反作用，他们的麻木不仁使我与他们疏远了。

尽管十分厌烦，我却尽最大努力去不加理解便加以相信——这种态度看来合我父亲的胃口——并为自己作好了领圣餐的准备，对此我还寄予了最终的希望。我觉得，这只是一种纪念性聚餐，某种对我主耶稣的周年性纪念活动而已。耶稣是在1860年前去世的。尽管这样，他却遗留下了某些暗示性的话，如，"拿起来吃吧，这就是我的体"。其意思就是说，我们吃圣餐面包时，应觉得像是吃的是他的体，而这说到底，原来却是他的肉。同样，我们要喝的葡萄酒却原是他的血。这对我来说实在是再明显不过了：通过这种方式，我们便把他结合进我们的身体里去了。这在我看来实在荒谬得难以置信，于是我便肯定地认为，在这种行为的背后，一定存在着某种极大的神秘，而我是乐于在领圣餐过程中参与这一神秘的。对于圣餐，我父亲似乎评价极高。

像习惯的做法那样，教会委员会的一个成员做了我的教父。这是一个友善而沉默寡言的老人，是个车轮制造匠，在他那个车轮铺里，我常常站着看他摆弄车床和手斧的高超技巧。现在，他来了，由于穿着大衣和戴着高帽子而变得正经严肃，他把我带到教堂，而我父亲穿着他那已为我所熟悉的教袍，站在祭坛后面，念起《公祷文》的祈祷词来。在铺着雪白的白布的祭坛上，放着几个大碟子，里面放满了一小片一小片的面包。我看得出来，这面包是从我们那位面包师那里弄来的，他所烘制的各式面包在味道上一般来说是淡而无味的。酒从一个大白锡酒壶斟进一个白锡杯里。我父亲吃了一片面包，喝了一口酒——这酒我知道是从酒店买来的——然后便把杯子递给其中一个老人。所有这几个人都站得笔直，脸上神情严肃正经，但就我看来却觉得没什么意思。我心急如焚地继续看着，但都看不出也猜不透在这几个老人身上会出现什么不同寻常的事情。其气氛也像在教堂举行的所有其他仪式如洗礼、葬仪等一般无二。这给我的印象是，这里这时所举行的仪式是合乎传统且是正确的。我父亲看来也只是主要关心按照规定从头到尾执行这一仪式，而他加重语气念出的和说出的一些合宜的话也同样是这一规定的一部分。对于耶稣死去到现在已过去了1860年一事却不置一词，而在所有其他纪念性宗教仪式中，耶稣去世的日期却是着重点明的。我看不出有什么伤心或快活之处，与对之加以纪念和庆祝的这个人的非同寻常的重要性相比，我觉得这次圣餐从每一方面来说都是贫乏无味的。与世俗的宴会更是无法比拟。

突然间，该轮到我了。我把面包吃了下去，正像我所预料的，其味淡而无味。至于那酒，我只吸了一小口，味道既淡又酸，显然不是上等酒。接踵而来的是最后的祈祷，仪式结束后人们鱼贯而出，既不神色消沉，也不快活得红光满面，而是一脸"唔，就是这样"的神色。

我与父亲一起步行回家，心里深深意识到我正戴着一顶黑色新呢帽，穿着一件黑色新礼服，这件衣服已经开始变成我的大衣了。这是某种加长了的夹克，在臀部处分开成小小的两翼，在这两翼中间是一个口袋的开口，我可以在口袋里塞上一条手绢——这在我看来是个已长大成人、男子气十足的表示。我觉得在社会地位上得到了提高，而这便意味着自己已被接纳进男人的社交圈里了。那一天是星期天，当天晚饭的饭菜也比往常显得更丰富。我可以整天穿着这件新衣到处走来逛去了。但在别的方面，我却感到心里空空，不知道自己有何感觉。

　　在而后几天中，我只是逐渐地恍然大悟，什么事也没有发生。我已经到达宗教点拨的顶点，本来希望会发生什么事——是什么事我可就不知道了——结果却什么事也没有发生。我知道，上帝是不会给我启示那非同小可的事情的，比如说大火或非尘世的光明之类的事情；但这次的仪式却见不到丝毫上帝的形迹——至少对于我是这样。当然了，谈到过他是肯定的，但这只不过停留于口头上的话便是了。在其他人那里，我看不出有什么极大的绝望、无法抑制的兴高采烈和天恩的大量赐予，这一切在我看来是上帝本质的构体。我细察不到"内心交流""结合""与……变为一体"的丝毫迹象。与谁呢？与耶稣吗？但他却不过是个在1860年前就已经去世的人哪。为什么一个人要与他结合成一体呢？人们称呼他是"上帝之子"——因此只是半神，跟希腊神话里的英雄没什么两样：那一个普通人怎么能与他结成一体呢？这就叫作"基督教"，但它却与我所体验到过的上帝毫无关系呀。另一方面，很清楚，耶稣这个人，的确与上帝有关系，他在客西马尼和在十字架上曾感到过绝望，因为他一向教导人们说，上帝是个仁慈可爱的父亲。那时，他一定也看到了上帝的可怕。这，我是可以理解的，但是用淡而无味的面包和酸人牙齿的葡萄酒来进行这种可恶的纪念性礼拜，其目的又是什么呢？慢慢地我才弄明白了，这种交流对我来说可真是一种毁灭性的体验。它证明是空空洞洞的，而且远不止此，它还证明是一种完全的失败。我知道，我再也不可能参加这种仪式了。"啊，这根本不是宗教，"我想，"这里没有上帝，教堂是一个我不应该去的地方。那里没有生命，那里有的只是死亡。"

对于父亲，我产生了一种驱之不去的极为强烈的怜悯感。一下子之间，我明白了他的职业和生活的悲剧性。他为之奋斗的是一种其存在他无法加以承认的死亡。他和我之间出现了一个巨大的深渊，我也看不出有可能在其上架起沟通之桥，原因是它奇大无比。我那亲爱而慷慨的父亲过去在许许多多的事情上让我自主，并且从来不强迫我服从于他；这一回，我可不能把他推入这种绝望和渎圣罪之中啊，因为要有此感，就得有过上天的恩宠的体验才行。只有上帝才能这样做。我可没有这样的权力，那将是不人道的。我觉得，上帝是不人道的，这便是他的伟大性，一切人世的事情都妨碍不了他。他是仁慈的，又是可怕的——二者同时存在——因而是一种很大的危险，而每一个人为了拯救自己，自然便竭力躲避这种危险了。人们只是单方面地依恋其爱和仁慈，但因为恐惧，他们就必定会成为诱惑者和毁灭者的牺牲品。耶稣同样也注意到了这个，因而他便教导说："主哇，指引我们，使我们不受诱惑吧。"

我与就我所知的教会和这个人类世界结合成一体的感觉被彻底粉碎了。在我看来，我已遇到了我一生中最大的失败。我所设想的并构成了我与这个世界唯一有意义的联系的宗教观解体了，我不可能再分享这普遍的信仰的欢乐了，而是突然觉得自己卷入到了某种不可表达的事情之中，卷入到了我那秘密之中，而这种情形我却无法与任何人分享。这是很可怕的，而且还是——这是最糟糕的——卑劣的和可笑的，是魔鬼对我的愚弄。

我开始陷入了深思：对于上帝，一个人应该怎样看待呢？关于上帝及大教堂的想法并不是我发明的，在我3岁时所做的那个梦就更是这样了。一个比我的意志更加强大的意志把这二者强加到了我的头上。该让自然来承担这个责任吗？但自然亦不过是造物主的意志而已。把这归咎于魔鬼也没有用，因为它也是上帝的造物。只有上帝才是实在的——他消除了地狱之火及不可言叙的天恩。

至于圣餐仪式的失败对我产生了什么影响呢？是我个人的失败吗？我极为认真地为其做了准备，亦希望能得到天恩和顿悟的体验，可是却什么也没有发生。上帝并没有到场。由于上帝的缘故，我突然发现自己现在已与教会隔断了，跟我父亲及其他任何的信仰隔断了。只要他们所有人仍代表着基督教，我就永远是个局外人。这种认识使我很是伤心，并使我入大学前的那些年月笼罩上了一层阴影。

（三）

　　我开始转向我父亲收藏的相对地显得有限的图书室——那时候这个图书室似乎给了我很深的印象——在那里搜寻能够给予我有关上帝的知识的图书。开始时，我只找到了些述及传统观念的图书，但这些却不是我所要找的，我要找的是思想独立的作家所写的书。最后，我无意中找到了比德曼的《基督教教义》，此书是1869年出版的。显然，这是一个独立思考的人，提出的是他个人的观点。我从他那里懂得了，宗教是"一种精神信仰的行为，这种行为存在于人所建立的与上帝的关系之中"。但我不同意这种看法，因为我认为宗教是上帝作用于我身上的某种东西；这是一种上帝方面的行为，对此我只能屈服，因为他是强者。我的"宗教"不承认任何人与上帝的关系，因为有谁能与如上帝那样的、人们知之甚少的东西产生关系呢？我必须更多地了解上帝，好与他确立起一种关系。在比德曼书中"上帝的性质"那一章里，我发现，上帝表现自己具有"可以按照类似于人的自我来加以理解的人格：包含整个宇宙的、独一无二的、完全超尘绝俗的自我"。

　　对于《圣经》，就我所知，这一定义似乎是合适的。上帝具有一种人格，他是宇宙的自我，就像我自己是我的心灵和肉体存在的自我一样。但在这里，我却遇到了一个巨大的障碍。说到底，人格显然意味着个性。是呀，个性是并非模棱两可的东西；就是说，它包含着特有的属性。但是上帝要是一切，那他怎么会仍然具有一种可以分辨得出的个性呢？另一方面，要是他确有一种个性，那他只能是一个主观的、有限的世界的自我而已。此外，他能有何种个性或何种人格呢？一切均取决于这一点，因为除非一个人能知道这个答案，否则他便无法与上帝建立起一种关系了。

我心里产生了一种最强烈的抵制感，抵制按照我的自我来进行外推这一方式来想象上帝。这在我看来实属狂妄至极，要是还不算是彻头彻尾的渎圣的话。我的自我在任何情况下对我来说都是甚为难于把握的。首先，我知道，它具有两个互相矛盾的方面，即第一人格和第二人格。其次，在这两个方面里，我的自我是极为有限的，受制于自我欺骗、错误、心绪、感情、冲动和罪孽的各种可能性。这种情形所遇到的失败要远多于胜利，它是幼稚的、爱好虚荣的、自私自利的、轻视他人的、贪婪的、要求别人的爱的、不公正的、敏感的、懒惰的、不负责的等。使我大失所望的是，它缺少我所羡慕和忌妒的别人身上所具有的那许多的美德和才华。这怎么可能就是我们据之以设想上帝的性质的那种类似性呢？

我热切地查找上帝的其他特征，结果发现它们全都被开列了出来，根据我从坚信礼中所得到的教导来看，其方式也为我所熟悉。我发现，按照第一百七十二条，"上帝的超尘绝俗性最直接的表达是（1）否定性的，他不为人所见到，等等；（2）肯定性的，他居于天堂，等等"。这可真是灾难性的，因为我脑海中马上就产生出渎圣性的想象，这种想象是上帝直接或间接地（就是说通过魔鬼）来强加到我的意志上的。

第一百八十三条告诉我，"上帝的超世绝俗性相对于道德世界来说"就在于他的"公正无私"，这种"公正无私"不只是具有"明断性"，而且还是"其神圣存在的表示"。我本来希望，这一段能谈到给我带来了这许多麻烦的上帝的阴暗面的某些东西：他的喜欢报复性，他那给人带来灾难的愤怒、对利用其全知全能来创造的造物的不可理解的行为；由于他那全知全能，其造物的种种缺陷他一定也是深有所知的，但他却以把他们引入歧途为乐，或至少是以考验他们为乐，尽管他早已知道他所作的考验的结果了。的确，上帝的个性是什么呢？有这种行为的一个人我们该怎样说呢？我实在不敢把这个问题一直想到底。然后，我又读到，尽管上帝"本身即已自足且除本身之外一无所求"，但他还是"出于自己的满意"而创造了这个世界，并且"作为一个自然界，他已以自己的仁慈而充实之，而作为一个道德世界，他则希望以自己之爱而充实之"。

最初，我对含义令人难解的那个词"满意"深思再三。对什么满意或是对谁满意呢？显然是对这个世界，因为他看了看自己的工作并认为这很好。但这一点正好是我永远无法理解的。肯定无疑，世界是无限地美丽，但同时它又使人十分可怖。在乡下的一个小村子里，人口很少，也没有多少事情发生，"年老、疾病和死亡"比起别的地方来，人们体验得更深刻，在细节上更具体及更显眼。我尽管还没到 16 岁，我已看到了许许多多人和畜生生命的现实，而在教堂和学校里，我则听到了足够多有关这个世界的苦难和腐败的事儿。上帝最多只能对天堂感到"满意"，但那时他便已处心积虑，为使天堂的荣耀与欢乐不要为时久长，便在其中安放上那条毒蛇即魔鬼。他对此也觉得满意吗？我觉得肯定的是，比德曼并没有表示这样的意思，而只是以进行宗教教导所特有的粗心大意的方式喋喋不休地说个没完，连他自己写的全是废话甚至也觉察不出来。正如我所看出的，假定上帝不管怎样却意在创造一个充满矛盾的世界，一个一种造物吞噬另一种造物的世界及一个生命只意味着有生就必有死的世界，并非是完全没有道理的，然而他大概在人和飞禽走兽的这种不应得的痛苦中并不感到有任何此种残酷的满意感。"奇妙的协调"或自然法则在我看来更像是通过可怕的力量来制服的一团混乱，而沿着其早已确定的轨道运行的"永恒的"星空则显然更像没有轨道或意义的、各种天体乱飞乱撞的一大堆东西。因为没有人真的能看得见人们所谈到的各种星座，它们只是些武断的图形而已。

对于上帝以其仁慈充满整个自然界的说法，我既不理解也不甚为怀疑。这显然是这些观点中的又一个观点，是只许相信而不许以理性度之的。实际上，要是上帝是至善的，那么他所创造的世界，却为什么如此不完美，如此腐败，如此可怜巴巴的呢？"显然它是受了魔鬼的感染并被投进了混乱之中。"我想。但是魔鬼也是上帝的一个造物哇！我只好大读特读有关魔鬼的书。他看来到底显得极为重要。我再次打开了比德曼论基督教教义的那本书，给这个急需解答的疑问寻找答案。忍受痛苦、不完美和邪恶到底有什么原因呢？结果我什么也没有找到。

这对我来说可真是完蛋了。有关教义的这本沉重的巨著结果不过是些出自想象的胡话，更糟糕的是，它是一个骗局或者说是一种非同寻常的愚蠢，而这种愚蠢的唯一目的则不过是为了掩盖真理而已。我感到幻灭了，甚至还感到了愤慨，并再次为对父亲的怜悯而觉得痛苦，因为他已成了这种邪教的牺牲品了。

但在某个地方及在某个时候，一定有过像我现在所作的那样寻求真理的人们，他们合理地进行思考，不希望自欺欺人并拒绝接受这个世界的现实使人伤心的看法。大约就在这时候，我母亲，或者说是她的第二人格，突然开门见山地说道："这些日子你一定得读读歌德的《浮士德》呀。"我们家正好有某种歌德集的版本，我于是把《浮士德》找了出来。它像一种产生奇效的奇香那样沁入我的肺腑。"这里，"我想，"终于有某个严肃地把魔鬼加以对待甚至还与他订下可怕的契约的人啦——是与具有能力挫败上帝的计划并使世界臻于完美的敌人订下契约的人。"我对浮士德的行为感到懊悔，因为照我的看法，他不应该那么片面，那么易于上当受骗。他应该更为聪明和更有道德才对。他那么毫不在乎地拿自己的灵魂打赌是多么幼稚呀！浮士德很明显是有点儿空谈。我有这样的感觉，觉得该剧的分量和意义主要在于靡非斯特这一方面。要是浮士德的灵魂果真进了地狱，那也不会使我难过。他是罪有应得呀！我并不喜欢末尾处"魔鬼受骗"的做法，因为说到底，靡非斯特一直是很了不起的而不是个愚蠢的魔鬼，而他被傻里傻气的小天使所骗，对他来说也显得不合逻辑。在我看来，靡非斯特是在一种十分不同的意义上被骗的：他没有得到他曾被答应过能获得的权利，因为浮士德这位显得没有什么个性的家伙把他这一骗局一直进行到来世。不可否认，到了那时，他那幼稚便显露出来了。但正如我所理解的，他是不配享受洞悉那伟大的神秘的指引的。我倒是愿意让他尝一尝那炼狱之火的滋味。就我看来，真正的问题是在靡非斯特方面，他的整个形象给我留下了最深刻的印象；此外，我模模糊糊地觉得，他还与各种本源的神秘有联系。不管怎样，靡非斯特及末尾处的上帝的指引，对我来说一直是接近我那意识世界的边缘的一种奇妙而神秘的体验。

最后，我终于证实了，曾经有过或一直有这样的人，他们理解邪恶及其具有的无穷威力，还有就是——这是更为重要的——在使人从黑暗和苦难中解脱出来时它所起的神秘的作用。在这一方面，在我心目中，歌德便成了一个预言者。但是我却不能原谅他通过单纯的诡计，通过小施欺骗，便把靡非斯特打发掉了。对我来说，这太富神学气了，太轻率了，也太不负责了，我深感遗憾的是，歌德竟也堕落到去使用这种狡猾的手段，通过这种手段来使邪恶变得无害。

在阅读该剧时，我发现，浮士德还多少算是个哲人，尽管他厌恶哲学，他显然还是从中学到了对真理在一定程度上采取接受的态度。直到现在，我实际上还未听说过有关哲学方面的事，于是，一个新的希望萌发了。我想，也许会有对这些问题一直在冥思苦想的哲学家，他们可能就这些问题能给我以启示。

在我父亲的图书室里没有什么哲学家的著作——他们因为进行思考而成了可疑的人——因此我便只好满足于克鲁格的《哲学科学通用词典》了，此书是一本 1832 年的再版书。我一头钻进了有关上帝的条目。使我很不满意的是，它始于对"上帝"（God）这个词作词源性的解释，说这个词"不可争辩地"导源自"善"（good）这个词，意指"最高的存在"或"完美"。它继续说道，上帝的存在是无法证明的，上帝的观念的固有性也是无法证明的。然而后者在人的方面却是先验地存在的，如果不是在实体性上有任何潜在的存在的话。在任何一种情况里，我们的"智力"一定"在其有能力生发出如此崇高的一种观念前已发展到了某种程度了"。

这种解释实在使我吃惊得目瞪口呆。这些"哲学家"出了什么差错呢？我实在纳闷。显然，他们对上帝的了解只不过限于道听途说而已。然而，神学家们在这方面却有所不同，他们至少确信上帝是存在的，尽管他们对他所作的表述是自相矛盾的。这位词典编辑者克鲁格在表达自己的意思时个人成见太多，因而很容易看出他是乐于断言说，他是极为相信上帝的存在的。那么他何以如此直言不讳呢？为什么他要装出这个样子，仿佛他确实认为，是我们"生发出"了上帝的观念，而要这样做首先就得达到某一发展水平呢？就我所知，甚至赤身裸体地在原始森林里四处游荡的野蛮人也有这种观念。而他们肯定不是"哲人"，会坐下来"生发出上帝的观念"的。我就从未生发出过有关上帝的观念。当然，上帝是无法加以证明的，因为比如说，一个蚀衣蛾虽然吃的是奥地利产的羊毛，它却怎么能够向别的蛾子证明奥地利是存在的呢？上帝的存在并不取决于我们的证明。我是怎么得出有关上帝的确然性的呢？人们告诉我各种各样有关他的事情，但我却什么也不相信，没有一件事能使我心悦诚服。我的观念并不是从那里来的。实际上，它根本不是什么观念——就是说，不是从思考中得出来的。它并不像是想象有某种事情，经过思考而得到确认，然后便对之加以相信。比如说，有关我主耶稣的一切我便向来加以怀疑，并从来不确实相信，尽管这给我的印象远比上帝的还要深刻，因为上帝往往只是含糊其词地加以暗示而已。何以我就得把上帝作为理所当然的呢？为什么这些哲学家们装出一副样子说，上帝是一种观念，是一种他们生发出来与否都可以的任意的假设呢，而实际上上帝的存在却极为易懂，易懂得就像一块砖头掉到你头上一样？

我突然间明白过来，上帝——至少对于我是这样——是最为肯定和最为直接的体验之一。说到底，我并没有捏造与那大教堂有关的那种令人毛骨悚然的形象啊。相反，它是强加在我身上的，而我便不得不以最恶毒的方式来思考它，后来，那种获得天恩的无法表达的感觉便在我身上出现了。对于这些事情我是根本支配不了的。我慢慢得出了这样的结论：这些哲学家们一定是出了什么毛病，因为他们竟有上帝是一种假定，是可以加以讨论的这样古怪的看法。我觉得极不满意的还有，这些哲学家们对上帝的可怕行为却既没有看法又不做任何解释。在我看来，这些是值得哲学加以特别注意和考虑的，因为它们构成了一个问题，构成了一个我认为神学家们是极为难以解决的问题。使我更觉失望的是，我发现哲学家们显然也没有听说过它。

因此，我便转向了另一个引起我兴趣的题目，也就是关于魔鬼的词条。我读到，要是我们认为魔鬼一开始就是邪恶的，那我们便会陷入显然的自相矛盾之中，也就是说，我们便会落到二元论里。因此，我们最好假定魔鬼最初被创造出来时原是一个良善的生物，只是由于骄傲才堕落了。然而，正如这一条目的作者所指出的——我很高兴看到这一点被加以指明——这一假设预先假定存在有它企图加以解释的邪恶，亦即骄傲。至于其余的造物，他继续说道，邪恶的起源是"无法解释的和无法说明的"——这对我便意味着：像神学家们那样，他并不想对此加以思考。有关魔鬼及其本源的条目，同样证明是无法给人以启示的。

我在这里所作出的叙述是我一系列思想和观念的发展变化的总结，这种情形延续了好几年，时有较长时间的中断。它们只是在我的第二人格之内发生，并且严格地是属于私人性的。我未经我父亲的许可便偷偷地利用起他的图书室来进行这些研究探索。时不时地，我的第一人格公开地阅读格斯塔克的各种小说，还有便是译成德语的英国经典小说。这时我也开始读起德国的文学作品，主要是些经典性作品。在学校里，这些作品的易懂明显之处，老师却对之加以吃力不讨好的解说，不过这却并没有使我失去兴趣。我阅读的范围很广泛，也没有目的性，戏剧、诗歌、历史均读，后来连自然科学的著作也读。读书不但有趣，而且是一种很好的、很有益的娱乐和消遣，使我得以从第二人格的先入之见中解脱出来，因为第二人格正在越来越深地使我陷入悲观沮丧之中。在宗教问题的王国里，不论在哪里，我遇到的是大门深锁，吃尽了闭门羹，而要是真的碰巧有某道门打开了，我却对其门后的货色感到失望。别的人似乎全都有着完全不同的兴趣。在我认为肯定无误的事情方面，我却感到完全孤立。我比以往更想与人交谈交谈，但却在任何方面都找不到共同的话题；相反，我反而在别人身上觉察到了某种敬而远之感，某种不信任感，某种提心吊胆感，因此我便只好欲言又止。这种情形，也很使我感到沮丧。对此我不知如何去办才好。何以没有人有与我相似的体验呢？我百思不得其解，何以学校的教科书对此只字不提呢？具有这种体验的只有我一个人吗？我绝不认为我自己可能疯了，因为就我看来，上帝的光明和黑暗这两个方面都是可以理解的事实，甚至尽管这两个方面使我的感情受到压抑也还是如此。

我觉得自己成了孤家寡人，被迫成为某种对人有威胁的东西，因为这便意味着受孤立，而这对我来说是更为不愉快的，而我也较以往更为经常地和不公平地成了替罪羊。此外，在学校里还发生了一件事，更增加了我的孤独感。在德文课方面，我成绩平平，因为在科目内容上，特别是德语语法和句法方面，我是一点儿也不感兴趣。我对之又懒又烦。其作文题目在我看来常常显得浅薄或愚蠢，于是我的作文不是东拉西扯，就是矫揉造作。我的成绩在中等上滑来滑去，而这对我却很有好处，因为它合乎我不想引人注目这一总的倾向的胃口。总的说来，我同情出身穷人家庭的同学，因为他们也像我一样，来自默默无闻之处，我喜欢的是不太聪明的同学，但同时又对他们的愚蠢无知往往极为不快。原因就在于他们有某种为我深深地渴求的东西：在他们的淳朴里，他们看不出我身上有什么不同寻常的地方。我的"不同寻常"逐渐开始赋予我一种令人不愉快的、相当可怕的感觉：我一定是拥有排他性的气质，对此我虽然毫无意识，却使我的老师和同学们对我远远避开。

在这些先入之见中，下面一件事却像炸雷那样在我头上炸响了。老师给我们布置了一个作文题目，就这一次，我对这个题目产生了兴趣。因此，我便劲头十足地开始写了起来，写出了就我看来是精心写作的和成功的一篇作文。我本希望这篇文章至少能得九十多分——当然不是一百分，因为那样便会使我显眼，而是接近一百分的分数。

我们那位老师喜欢评点我们的作文的优劣。他评点的第一篇是全班成绩最好的那个男生写的。那是自然的。接下来的是其他一些人的作文，我等着提到我的名字，可是等了又等，却白等一场，我的名字还是没被提到。"这不可能，"我想，"我的那篇竟差到比不上他提到的那几个可怜虫的作文吗？这是怎么回事呢？"我简直"不宜参加竞赛"吗？而这便意味着受孤立和以极为可怕的方式来引人注意了。

当所有文章都评点完后，老师停了一下。然后，他便说道："现在，我还有一篇文章，是荣格写的。它是写得最好的，我本应打它个一百分。但不幸的是，这却不是他写的。你是从哪里抄来的呢？你给我坦白！"

我猛地站了起来，既感震惊而又火冒三丈，大声说道："我不是抄来的！我费了好多麻烦才写成了一篇好作文呢。"但老师却对我大声嚷道："你撒谎！你绝对写不出那样的作文。谁也不会相信的。唔，好了，你是从哪里抄来的呢？"

我赌咒发誓说我被冤枉了，但是没有用。那老师坚持他的看法并吓唬我说，"我要告诉你：要是我查出了你是从哪儿抄来的，你就得被开除学籍。"然后，他便转身走了。我的同学们向我投来了令人难堪的目光，我意识到，他们正在心里说："哈，原来是这么一回事。"我提出抗议，可是却无人理睬。

我感到，从现在起，我被打上了犯罪的印记了，而且，本来有可能使我摆脱与众不同的所有道路也全被堵死了。我深感沮丧和受了侮辱，发誓一定要对这位老师进行报复，而要是后来真有机会的话，以强力进行报复的事也就发生了。可是说到底，我怎么能够证实，这篇文章不是抄来的呢？

一连好几天，我心里翻来覆去总在想着这件事，再三再四地得到结论说，我是无能为力的，愚蠢而盲目的命运跟我开了个玩笑，给我打上了说谎者和骗子的印记。现在，我认识了许多我以前所不能理解的事——比方说，当我父亲问及我在学校的表现时，其中有个老师便说："呀，他只是一般就是了，但是他很用功。"这到底是怎么回事，我这时便明白了。他们认为我相对地显得笨和浅薄，那确实并不令我感到不快。但使我冒火的是，他们竟认为我会骗人，而这便等于在道德上判了我的死刑。

我的悲愤就要失去控制了。而后，发生了某件事，这件事以前有好几次我在自己身上就已注意到了：内心突然间寂静起来，仿佛一道隔音的门把一间吵吵嚷嚷的房间给关上了。它犹如一种冷漠而好奇的情绪突然落到了我的身上，于是我自问道："这到底正发生了什么事呢？好吧，你激动了。当然了，那老师是个白痴，他不了解你的本性——也就是说，并不像你了解得那样多。因此，他就跟你一样是不可信赖的。你不信赖你自己和其他人，而这就是你与那些天真、淳朴和易于被人看透的人站到了一边的缘故。一个人对事物不能理解时，他就会变得激动起来。"

按照这些既不偏颇而又不动气的考虑的指引，我心里又袭来与那一系列想法相类似的思想，在我并不愿意去思考那不许思考的观念时，它却极为有力地铭刻在了我的心上。在那时，尽管我无疑仍然看不出第一人格和第二人格之间有什么差别，尽管我仍然声称第二人格的世界是我个人的世界，但在背景的深处，我却总是感到，除了我自己之外，还包括有某种东西。仿佛由一片星星和无边无际的空间所组成的一个广袤的世界触到了我，或者说仿佛一个灵魂不为人所见到那样地进入了房间——这是一个死去很久的人的灵魂，这个人虽已死去，但却不受时间限制地永远存在着，一直存在到很遥远的将来。这类人的结局往往笼罩着一圈指导精神（numen）的光环。

当然了，在那时，我不可能以这种方式来表达自己，我也无意把我现在的意识状况归因于当时并不存在的某种事情上。我只是想表达那时我所具有的感觉并借助我现在所懂得的事情来说明那个朦胧的世界就是了。

刚才所描述的那事过去了几个月之后，我的同学便给我起了个外号"亚伯拉罕大爹"。第一人格是无法理解其原因的，因而便认为这是愚蠢的和可笑的。然而在背景的某处，我却觉得，这个外号却是击中了要害的。对这一背景所作的一切暗示对我来说都是痛苦的，因为我看得越多，我对城市生活就越熟悉，我下述的印象也就愈加强烈：我现在慢慢知道凡是真实的东西是属于另一类事物的，不同于我在其间长大的那个世界的景象，不同于那乡下，那些河流和树林及在一个小村子里的那些人和动物，它们沐浴在阳光下，上面有风吹着，有云彩飘飞，为黑夜所笼罩并在黑夜里会发生某些事。它不只是地图上的一个地方，而是"上帝的世界"，是由他所安排的并使之充满了秘密的含义的地方。但很显然，人们并不懂得这一点，而且甚至连各种动物也在一定程度上失去了感知它的知觉。比方说，在母牛那悲伤的、失神的神情里，在马那逆来顺受的两眼里，在狗的忠心耿耿及其对人类的极度依赖性里，而且甚至在选择房屋及粮仓作为其居处及狩猎场的猫的那自信的步伐里，这一点便可以明显地看出来。人也像动物那样，并像它们那样无知无觉。他们低头向地上看或抬头向树上看，就是为了看出有什么可以加以利用和用于什么目的，他们也像动物那样，群居、结对成双和争斗，但却看不出来他们是栖息在一个统一的宇宙里，栖息在上帝的世界里，栖息在一切已经生育出来和一切都已经死去的一种永恒里。

因为它们与我们相类似并像我们一样不知不觉，因此我热爱所有的热血动物；它们有着和我们一样的灵魂，而且，我想，与它们在一起，我们便具有一种本能性的理解力。我们全都体验过同样的快乐与悲伤、爱与恨、饥与渴、害怕与信任——所有这一切都是生命的本质性特征，所不同的只有语言、更敏锐的意识及科学。而我虽然像一般人一样对科学表示敬佩，不过我还是看出了，它会造成对"上帝的话"的疏远和背离，从而导向动物所不会有的堕落。动物是可爱可亲的和忠诚的，永不变心并值得信赖。

我并不认为昆虫是严格意义上的动物，而我认为冷血型的脊椎动物则是在向下通向昆虫的途程上的一个相当低等的直接阶段。在这一类别里的各种造物是可供观察和收集的实物，只是些奇珍而已，是异己的和不属于人类之列的，它们是非人类生命的表现形式，更接近于植物而不是人类。

"上帝的世界"在地球上的表现形式始于植物的王国，以此作为一种与之直接进行沟通的方式。这就犹如有人从上帝的肩膀上方进行偷看一样，而造物主上帝自以为没有人在看他，于是便做起玩具和各种装饰品来。另一方面，人和严格意义上的各种动物，均是上帝身上的一些儿，只不过独立了出来就是了。这就是何以他们能够随心所欲地到处走动并选择他们的居处的原因。植物则注定得待在原地，不论这地方是好是坏也得如此。它们不但表现出美，而且还表现了上帝的世界的观念，而它们本身则没有意图也没有偏向。特别是树木，它们是神秘的，而且在我看来是直接体现了生命的不可理解的含意的。由于这种原因，树林就是我认为最接近于其最深含意的地方，也是最接近其激起人的敬畏的作业现场的地方。

当我逐渐熟悉哥特式大教堂后，这种印象便得到了加强。但是在这里，宇宙的无穷性、有意义和没有意义的纷乱、非人格化的目的与机械法则的纷乱，均被石头包裹起来了。这包含着而且同时又是存在的深不可测的神秘，亦即精神的体现。我朦胧地感到我与石头有着密切关系的是在这二者的神性，在死物和活物中的神性。

正如我已说过的，在那时，具体而系统地阐述我的感觉和直觉是超出了我的能力了，因为它们全都以第二人格的形式出现，而我那主动的和具有领悟力的自我却一直处于被动状态并被融合进属于千百年的那个"老人"的范畴中。我以奇怪的不假思索的方式体验到了他及其影响力，当他出现时，第一人格便会淡薄到近于不存在的地步，而当自我愈来愈甚地变得与第一人格一般无二并左右了这情景时，那老人，如果到底没有被忘掉的话，这时便显得像是一个遥远而又并不真实的梦了。

在我 16 岁和 19 岁之间的年月里，使我陷入了困境的迷雾慢慢消散了，我沮丧的思想状态也有了好转。第一人格显现得越来越清晰了。学校生活和城市生活占去了我的时间，而我所获得的更丰富的知识则逐渐渗入了或压制住了那直觉的预感的世界。我开始系统地探究起我有意地拟定的各种问题了。我阅读了一本哲学史简论，这样，我便得以对在这方面被加以考虑过的一切有了一个大概的了解。使我大为满意的是，我的许多直觉竟有历史上的类似物。最重要的是，我被毕达哥拉斯、赫拉克利特、恩培多克勒及柏拉图的思想所吸引住了，尽管这些思想的论述带有苏格拉底式的冗长感。他们的思想很美并有学术气，像画廊里的各种图画一样，但显得有点遥远。只是在梅斯特·埃克哈特的著作中，我才感到了一股生气——这并非说我懂了。经院哲学家们使我觉得冷冰冰，而圣·托马斯那种亚里士多德式的唯理智论在我看来则要比沙漠还更没有生气。我心里想道："他们全都想通过逻辑的各种把戏来强迫某种东西呈现出来，而这东西他们并没有权力得到并且并非真正懂得。他们想要给自己证明这是一种信仰，然而实际它却是体验方面的事儿。"他们在我看来显得像是那种听说有大象存在但却从未见过一只的人，而且现在还竭力想通过辩论来证明：根据逻辑，这样的动物是一定存在的而且形体也像它们实际上的那样。由于明显的原因，18世纪的批判性哲学最初根本引不起我的兴趣。在19世纪的哲学家们中，黑格尔由于他作品中的语言既盛气凌人而又不流畅，使得我也只好敬而远之，我对他带有明显的不信任感。在我看来，他显得像是禁闭在其词语的大厦中并在其牢笼中夸夸其谈的一个人。

但是我的求索最后获得了一个大发现，它就是叔本华。叔本华是第一个提到这个世界的痛苦的人，这种痛苦触目惊心地就在我们周围，他还提到了混乱、情欲、邪恶——所有这一切其他人均似乎从未注意到过并总是极力使之纳入那无所不包的协调和可以理解性里。在这里，终于出现了这样一个人，他敢于认为在宇宙的基础里，并非一切都是向善的。他既不提造物主的全智全仁的天意，也不提宇宙的协调和谐，而是率直地指出，在人类历史那充满悲伤的进程及大自然的残酷无情里，潜伏着一种带根本性的缺陷：创造世界的意志带有盲目性。这种情形不但为我早期对因有病而慢慢死掉的鱼、许多狐狸、冻僵了或饿死的鸟儿所作的观察所证实，而且还为掩盖在鲜花盛开的草地里那无情的各种悲剧所证实：蚯蚓被蚂蚁折磨致死，昆虫互相把对方撕成一片片等等。我与人所打的交道也教会了我远非只是相信人性本善且正直等许多事情。我因为对自己知道得太清楚了，因而便懂得了，实际上我只是逐渐地在把自己和动物区分开来。

叔本华对世界所作的阴暗的描述得到了我毫无保留的赞同，但是他的解决办法却为我所不喜欢。我敢肯定，由于使用了"意志"这个词，他实际上便意味着指的是造物主——上帝，并且等于说，上帝是盲目的。我因为从经验中知道，上帝并不会因为不敬他的行为而生气，相反，他甚至可能还鼓励这样做呢，因为他乐于唤起的不光是人的光明而有积极意义的一个方面，而且还乐于唤起人的阴暗性和邪恶性，因此，叔本华的观点并不使我感到苦恼。我认为这是一个为事实所证实了的定论。但他下述这样一种理论却使我大失所望：理智只消面对那盲目的意志及其形象以促使它改变过来。意志竟然是盲目的，那它到底怎么能看得见这一形象呢？而且即使它能看得见，但形象既然能随心所欲且毫发不爽地显现自己，那它为什么因而就应会被说服并改变自己呢？还有就是，理智是什么呢？它是人的灵魂的一种功能，不是一面镜子，而只是一面镜子无穷小的一小片，跟一个小孩儿拿在手里对着太阳的一小片差不多，可他却希望用它把太阳照得花了眼。使我不解的是，叔本华对这样一个理由不充分的回答却竟然感到满意。

由于这个，便促使我更彻底地研究他，对于他与康德的关系，我的印象也越来越深。于是我便开始读起这位哲学家的著作来，其中特别是《纯粹理性批判》，使我陷入了深深的沉思。我的辛劳获得了报偿，因为我发现了叔本华哲学体系的根本性缺陷——我就是这样认为的。他犯了一个致命性的过错，即把一个形而上学的主张人格化了，他还犯了赋予一个单纯的本体——一种自在之物（Ding an sich）——以各种特性的过错。我是从康德的知识论那里认识到这点的，而知识论则使我获得了，如果这是可能的话，比叔本华那"悲观的"世界观甚至还要大的启发。

　　这种哲学上的发展从我 17 岁时起一直延续到我就读于医学院之后的一小段时期。我使自己对世界和人生的态度产生了一种革命性的改变。以前，我一直胆小羞怯，充满了不信任，苍白瘦弱，而且显然健康状况不稳定；而现在，我却开始对所有的方面产生了极大的求知欲，我知道自己需要什么并动手去追求它。我也变得明显地不那么落落寡合，而是喜欢与人交谈了。我发现了，贫困对人并无妨碍，也远不是产生痛苦的主要原因，有钱人的孩子并不比衣衫破旧的穷孩子有什么优越性。幸福与否有着远更深刻的原因，而不是取决于一个人口袋里装有多少钱。我结交了比以前还要多的更要好的朋友。我觉得脚下的土地更坚实了，甚至还敢鼓起勇气公开说出自己的观点。但我很快就发现，这却造成了误解，我自己也为此感到后悔。因为我不但遭遇了别人的白眼和嘲讽，而且还遇到了怀有敌意的反驳。使我感到吃惊和狼狈难堪的是，某些人认为我是个吹牛大王、装腔作势者和骗子。以前指责我欺骗的说法又再次死而复生了，只不过这一回形式比较温和就是了。这一次，依然还是跟一个引起我的兴趣的作文题有关。我认认真真写出了作文，费尽心机地对文章加以润饰，结果却得到了毁灭性的打击。"这里是荣格的一篇作文，"那老师说道，"它的确写得文采飞扬，不过却是粗心大意地一挥而就的，因此很容易就可以看出来，对它并没下什么认真严肃的功夫。荣格，我可以告诉你，态度如此不认真，在生活里可是行不通的。生活需要严肃认真和自动自觉，需要勤奋用功。你看某某的作文，他没有你那种文采，但他是诚实、认真并且是花了工夫的。这才是在生活中走向成功的道路。"

这一回我的感情所受到的伤害不像第一回那样严重，因为不管他怎么说，老师对我的这篇文章还是印象很深的，并且没有指责我是文抄公。我对他的责备进行了反驳，但他却以这样的评论作结道："《诗学》认为，最优秀的诗歌是把创作的辛劳加以掩盖的诗歌。但你的作文却无法使我相信这个，因为这是轻率地一挥而就的，其中没花什么力气。"我知道，我那文章还是有些别有见地之处的，但是这位老师却懒得费心加以讨论就是了。

对于这事我感到有点痛苦，但我那些同学的怀疑却是一件更为严重的事，因为他们威胁说要像从前那样孤立我，使我像从前那样垂头丧气。我绞尽脑汁，极力想弄清楚我到底干了什么事以致引起他们污蔑我。经过仔细的打听我才发现，他们之所以讨厌我，是因为我经常对我自己可能也不懂的事情加以评论或进行暗示。比如说，我假充懂得点儿康德和叔本华或甚至那时我们学校尚未开设的古生物学。这些令人震惊的发现向我表明了，实际上，所有受到热烈争论的问题是与日常生活毫无关系的，它们如同我最隐蔽的秘密那样，是属于"上帝的世界"的；对于这，你最好只字不提。

从此以后，我便变得谨慎起来，不再在我的同学间提到这些深奥难懂的事情了，也不再在我所认识的成年人中提及这些事了，因为我知道，不管与谁交谈，难免不被人认为是个牛皮大王和骗子。在所有的事情中，我最大的痛苦莫过于我虽设法阻止但却无法克服自己内心上的分裂，即我内心被分成了两个世界。由于事情一而再，再而三地发生，使得我只好从日常的一般生活中脱离出来而进入到那无边无岸的"上帝的世界"。

"上帝的世界"这种说法，在某些人听来可能显得感伤，但对我来说却根本不会有这种情形。一切超人的事物都属于"上帝的世界"——耀眼的光线、深渊的黑暗、无穷的空间和时间的冷漠与无动于衷、命运机遇的无理性、世界的神秘古怪等。

（四）

我越是年岁增大，我父母和其他人便愈益经常地问我，想成为什么样的人。在这方面我尚未有清楚的想法。我的兴趣把我引向了不同的方面。一方面，我被科学所强烈吸引，因为其真理是建立在事实上的，另一方面，我又为与比较宗教学有关的一切所迷住了。在科学方面，我主要被动物学、古生物学及地理学所吸引；在人文科学方面则为希腊、罗马、埃及及史前考古所吸引。当然了，那时候我并未认识到，这种最为广泛的学科选择是多么符合我内心的一分为二的特性了。科学中使我感兴趣的是具体的事实及其所具有的历史性背景，而在比较宗教学中使我感兴趣的则是精神性问题，而这则还牵涉到哲学。在科学里，我忽略了意义的因素；而在宗教学里则忽视了经验主义的因素。科学在很大的程度上满足了第一人格的需要，而有关人的或历史的研究则为第二人格提供了有益的教导。

我在这两个极端之间被拉来扯去，好长一段时间在任何事情上都无法作出决定，我注意到，母亲娘家一家之主的舅舅，这位巴塞尔圣·阿尔班教堂的牧师，正在朝神学的方向轻轻地推着我。有一次，当他与他的一个儿子——他几个儿子都是神学院学生——讨论有关宗教的一个问题时我正好一直坐在桌子旁边听着，我那不同寻常的专心致志的样子被他注意到了。我不知道是否有这样的神学学者，他们与大学那令人头晕目眩的学问有着密切的联系，因而知识比我父亲还要丰富。他们的这类谈话绝对不会给我留下他们关心的是实际经验这样的印象，他们所关心的当然只是有似我的体验的那种体验。他们所谈论的只限于《圣经》本文里所叙说的那些教义性观点，所有这些观点显然使我觉得很不舒服，因为《圣经》里有着太多仅能勉强令人相信的奇迹故事了。

每个星期四，我便上大学预科的高中里听课，这时我便可以在我这位舅舅家里吃午饭了。我对他很是感激，因为不但午饭不错，而且还机会难得，可以偶尔在吃饭时听到一次成年人的、明智的和理智的谈话。发现任何这种事情到底有所存在对我来说实属一种极为奇妙的体验，因为在我家中的环境里，我从未听到过任何人就学术性的问题进行讨论。有时候我也想与父亲严肃地谈谈话，但遇到的却是不耐烦和急忙作出的躲闪，这实在令我不解。直到后来几年，我才慢慢知道，我那可怜的父亲是害怕进行思考的，原因是他也为他内心的各种疑问烦透了。他要躲进自身里面去，因此便信守信仰是盲目的做法。作为恩赐，他实在无法加以接受，因为他要"通过斗争来赢得它"，要痛苦地费一番功夫来强迫它到来。

我舅舅和表兄们可以心平气和地讨论历代教皇的教规与教义及现代神学研究家们的各种观点。他们似乎安全地置身于一种不言而喻的世界秩序里，在这种秩序里，尼采的名字根本不被提起，而对雅各布·伯克哈特则只勉强地给以赞扬。伯克哈特是"自由派"，"一个十分过火的自由思想家"，我因而猜到，在事物的永恒的秩序里，他站立得却有点歪斜了。我知道，我舅舅从不怀疑，我与神学相隔遥远，而我对于不得不使他失望深感遗憾。我从来不敢把我的问题摆到他面前，因为我知道得太清楚不过，这会给我引来多大的灾难。我也不说什么来替自己辩护。相反，第一人格却很快走到了前头，于是我的科学知识，尽管仍然很贫乏，却彻底为当时的科学唯物主义所浸透。它只是痛苦地为历史的见证和康德的《纯粹理性批判》所牵制，而在我周围，后者却显然没有人能理解。因为尽管我那神学家的舅舅及表兄们以赞扬的口吻提及康德，但康德的原理只用来使反对性观点名声扫地，却绝对不会用到自己一方的观点。关于这个，我也是不置一词的。

因此，当我与舅舅及其一家坐到桌子旁吃饭时，我便开始感到越来越不舒服了。由于我有习惯性的犯罪意识，这些星期四对我来说便变成了不吉利的日子。在社会安定、精神适意的这个世界里，我越来越感到不自在了，但同时我又如饥似渴地汲饮那偶尔滴出的使理智得到激励的点滴甘泉。我自觉不诚实与可耻，于是我便对自己承认说，"对呀，你是个骗子；你说谎，你骗对你怀有好意的人。这些人生活在一个社会与理智均具有确实性的世界里，他们根本不懂得贫困，他们的宗教是一种受雇佣的职业，他们完全没有意识到上帝本人可以把一个人从他那秩序井然的精神世界里揪出来并使他遭万人唾骂等，这一切均不是他们的过错。我没有办法向他们解释这一点。我必须自己背上这个黑锅并学会忍受它。"但不幸的是，直到目前，我的这种努力尚未获得什么重大的成果。

随着这一道德冲突的紧张程度的增加，第二人格对我来说便变得越来越令人怀疑和令人讨厌了，而我也不再为自己掩饰这一事实了。我尽力想消除第二人格，但这也未能获得成功。在学校和在朋友面前，我可以忘记他，而在我学习科学时他也会消失不见。但一到只有我自己一个人，在家里或去乡下时，叔本华和康德便又猛烈地返回到我头脑里，这时，同时回来的还有"上帝的世界"的威严壮丽。我的科学知识也构成了它的一个部分，并使这大画布上布满了生气勃勃的各种色彩与人物。这时，第一人称及其有关选择一种职业的忧虑便沉浸不见；这是我在19世纪最后十年期间的一个小小的插曲。但当我从过去许多世纪的远征返回到现实中时，我便会随身带来一种不适感。我，或者说第一人格，生活在此时此地，并且迟早总得形成一种他希望选择什么职业的确切想法。

有好几次，我父亲与我进行了严肃的交谈。他说，我拥有学习我所喜欢的任何东西的自由，但我要是愿意接受他的建议，那我应该不要选择神学。"成为你所喜欢的什么人都行，但不要做神学家。"他加重语气说道。到这个时候，我们之间达成了一种默契，某些事情可以说也可以干，而且还不会受到说短论长的非难。我经常尽可能地不上教堂，也不再参加圣餐仪式，他也绝不会责备我了。我离教会越远，我越感到好受。我所想念的唯一事情是那管风琴和那合唱音乐，但当然不是"宗教界"。"宗教界"这个词对我毫无意义，因为经常上教堂的人比起"俗人"来，在我看来实在算不上属于什么"界"。后者可能不那么有德行，但在另一方面来说却是更正派的人，他们感情自然，更为合群和欢快，心肠更热情并更真诚。

我可以肯定地告诉父亲说，我没有一点儿想成为一个神学家的意思。但我仍然在科学和人文科学之间继续摇摆不定，主意不决。二者都有力地吸引着我。我开始意识到，第二人格是没有立足之地的。在他那里，我超越出了此时此地的范围；在他身上，我觉得自己是在一个千眼宇宙中的一只独一无二的眼，但却不能如地上的石子那样经常移动。第一人格反抗这种被动性，他不想闲得无事，但在目前，他却陷入了无法解决的矛盾之中。显然，以后会发生什么，我只好等着瞧了。要是有人问我想成为什么样的人，那我就会习惯地回答说："语言学家。"表面上是这样说了，但暗地里，我却喜欢有关亚述和埃及的考古学。然而在实际生活中，在业余时间里我却继续学习哲学和科学，在假期时就更是如此了。每逢这时，我便在家与母亲和妹妹度假。我跑到母亲那里，抱怨说"我烦透了，我不知道该干什么"的日子早就过去了。假期现在成了我一年中最美妙的时光，这时我便可以不受拘束，一个人自得其乐了。此外，至少在暑假期间，我父亲不在家，因为每到这时，他便会像往常那样到萨克森度假去了。

只有一次发生过我也到外地去过一事。当时我 14 岁，由我们那位医生作了预约，于是我便被送往昂特列布希进行治疗，希望我那时好时坏的胃口及当时不稳定的健康状况能有所改善。我有生以来第一次单独一人处身于陌生的成年人之间。我住在一位天主教神父的家里。对我来说，这是一次既可怕但同时又是引人入胜的冒险经历。我很少能见到这位神父，而他的那位管家也说不上是一位使人吃惊的人，但却动不动就发火。没有发生对我有一点儿威胁的事。我由一位年老的乡村医生监护，他开设了一家旅社式疗养院供各式各样康复期的病人入院治疗。这群病人可谓五花八门，有农民、下级官员、商人和几个来自巴塞尔的很有教养的人，这几个人当中有一个是化学家，其荣耀已达顶点——获得了博士称号。我父亲也是个哲学博士，但他只是个语言学家和语音学家而已。这位化学家对我来说是个迷人的新发现：这里终于有了一位科学家啦，他也许是那些懂得各种石头的秘密的人中的一个。他仍然是个年轻人，他教我打槌球，但他一点儿也没有给我他是个知识可能极为渊博的人的感觉。而我还过于不好意思，过于不善言辞和过于无知，结果什么也没有问他。我尊敬他，觉得他是我所遇见过的第一个活生生的人，他已洞悉大自然的种种秘密，或至少洞悉其中一些秘密。他与我同坐一桌吃饭，吃的是与我一样的饭菜，偶尔也与我谈上那么几句话。我突然感到进入了成年人的更为庄严的领域。这种地位的上升由于我被许可参加为寄宿者所安排的各次郊游而得到了证实。在这些偶尔进行的一次外出旅行里，我们参观了一个造酒厂，主人还请我们尝了尝样品酒。用诗歌的文字来表现就是：

可是现在送来的却是忘忧，
你知道，这种东西就是美酒。

我发现这各种各样的小杯子很有启发性，我飘飘欲仙，进入到一个全新的和出乎意料的意识状态。再也不存在什么内部和外部，再没有什么"我"和"他人"，第一人格和第二人格也不见了，谨慎和胆怯无影无踪了，天和地、宇宙和在其中爬行、飞翔、转动、上升或落下的一切，全都变成一体了。我原来是丢脸地、快乐无比地、凯旋般地喝醉了。我仿佛沉没进一片极乐至福的冥想的汪洋里，但因为波浪的猛烈起伏，便只好使眼睛、双手和两脚紧贴着一切坚实的物体以保持平衡，我只觉得街道在起伏，房屋和树木在摇摆。"太妙了，"我想，"不幸的只是多喝了那么一点点。"这种体验却落了个相当痛苦的结局，但不管怎么说它却是一种发现，一种美和意义的征象，只是因为我愚笨才把它破坏掉了。

在那里疗养即将结束时，我父亲便来接我了，于是我们便一起到卢塞恩旅行——真是快乐极了！——我们坐上了轮船。这样的东西我以前还从未见过。蒸汽发动机的动作我怎么看也看不够，可是突然之间，却有人告诉我们说维茨诺到了。一座大山向下俯瞰着这个村子，我父亲这时便向我解释说，这就是里基，一条嵌齿铁路向上一直铺设到那里。我们来到一个小火车站，那里停靠着一个世界上最古怪的火车头，其锅炉是竖着安放的，倾斜的角度显得很古怪。我父亲在我手里塞进一张车票，说道："你可以独自一人坐车，一直坐到山顶。我就在这儿等着，两个人都坐太贵了。小心点千万别摔下来了。"

我高兴得说不出话来。我就站在这座大山脚下这儿，这山比我见过的任何一座山都高，并且与我那遥远的童年时所见到的火红的山峰十分相近。确实，到了现在，我差不多是大人啦。为这次远足，我买了一根竹杖和一顶英国骑士帽——对于一个世界旅行家来说，这可是最合适不过的物品了。而且现在我就即将登上这座奇大无比的山了！我不知道哪个更显巨大了，是我呢还是这座大山。这辆奇妙的机车大声扑哧扑哧地喷着气，晃动起来并咔嚓咔嚓地响着，一直把我拉到令人头晕目眩的山顶，在这里，我眼前显现了种种崭新的深渊与变化无穷的景象，到了最后，我站到了空气十分稀薄的峰巅，放眼向无法想象的远处望去。"对呀，"我想，"这就是它，就是我的世界，就是那真实的世界，就是那秘密，在那里没有老师，没有学校，没有无法回答的问题，在那里一个人可以无求于人而存在。"我小心谨慎地沿着小路行走，因为周围有巨大的悬崖峭壁。一切都显得十分庄严，我觉得，一个人登上了这里，就得谦恭有礼，沉默无言，因为他已处身于上帝的世界了。在这里，它是有形的现在。这是我父亲曾经送给过我的最好和最珍贵的礼物。

这种情景留给我的印象是如此深刻，使得此后在"上帝的世界"里发生的一切，在我的记忆中被完全抹掉了。但在这一次旅行中第一人格又具体显现出来了，他所留给我的印象使我终生难忘。我仍然看见了我自己，长大了而且独立了，头戴一顶硬挺的黑色帽子，手拿一根贵重的手杖，坐在一间气势极为华贵的宫殿式大饭店的草坪斜坡上；这样的大饭店，在鲁塞纳湖边还有很多。或者，我就坐在维茨诺市美丽的花园里，坐在一张小巧的、覆盖着白布的桌子旁边，喝着早上的咖啡，头上则是洒满了阳光的带斑条的天篷，同时还吃着新月形面包，面包上涂满了金黄色的奶油和果酱，设想着可以占满这漫长的夏日的各种远足计划。喝过咖啡之后，我可以镇定地、不激动地并以不慌不忙的速度，慢慢踱到一只轮船上，这条船便载着我驶向戈哈德和这样的大山的山脚，而这些山的山峰上则覆盖着皑皑白雪，银光闪烁。

以后好几十年，每当我由于工作过度而想找到一个休息处时，这种形象就会浮现在脑海中。在现实生活中，我一再指望能见到这种壮丽景象，但却从未如愿以偿。

这是我的第一次意识历程，过了一年或两年之后，我又做了第二次这样的旅行。我被同意前去看望我那在萨克森度假的父亲。从他那里我获悉了一个令人印象深刻的消息：他与那儿的天主教神父交了朋友。这在我看来是一种非同小可的大胆行为，我不禁暗地里敬佩起父亲的勇气来。在那里，我参观了弗鲁埃利的隐修处和克劳斯修士的圣物，后者此时已被宣扬说已经升天了。我弄不清楚，天主教徒们怎么会知道他已处于一种至福至乐的境界的。也许他还在四处游荡并告诉人们是这样的？我对当地的这位守护神印象极深，我不但能够想象如此全心全意地献身上帝的一种生活是可能的，而且甚至还能理解它了。但我这样做时，心里却不禁打了个寒战，并且还产生了我不知该怎么回答的问题：他的妻子和孩子们怎么会一生下来就注定有一位圣者来当丈夫和父亲呢，而我父亲特别喜欢我显然就不是他的过错和缺陷吗？"对呀，"我想，"有谁能跟一个圣者生活在一起呢？"他显然明白这是不可能的，因此他便只好去当隐士了。尽管这样，他隐修的小屋距他的家还是不是那么远。我想，这个主意倒是不错：让家里人住在一间屋子，而我则住在与之相隔一段距离的小屋里，屋里摆着一堆书和一张写字台，还生着一堆明火，可以烤几个栗子吃吃并用一个三脚架吊个锅煮汤喝。作为一个神圣的隐士，我再也无须上教堂去了，相反倒有一个供自己使用的小教堂了。

我从这隐修处漫步向山上走去，一路上陷入了沉思之中，正当我要从上面下山时，一个年轻姑娘的苗条身影出现了。她穿着当地人的服装，长着一张漂亮的脸庞，跟我打了个招呼，一双蓝蓝的眼睛显得很友好。仿佛这是世上最自然的事情似的，我们一起向下面的山谷走去。她年纪跟我相仿。因为除了我的表姐们外，我什么姑娘也不认识，因此我便感到十分尴尬，不知道该怎么跟她说话才好。于是我便犹犹豫豫地解释说，我是在这里度一两天假的，我在巴塞尔准备升大学的高中念书，以后想进大学学习之类。当我正说着时，一种命里注定的奇怪感情袭上了我心头。"她就是在这个时刻出现的，"我在心里想道，"而她很自然地跟我一起向前走，仿佛我俩是天生的一对似的。"我斜着看了她一眼，在她脸上看到了一种既害羞又羡慕的混杂表情，这使我狼狈起来并有点感动。我思忖道，莫非这就是命里注定的事？我在这儿碰见她只是偶然？一个农家姑娘——这可能吗？她是个天主教徒，但也许她那位神父就是那个我父亲与他交了朋友的人？她根本不知道我是谁。我当然不能跟她谈什么叔本华和意志的否定之类的事了吧？然而，在任何方面，她显得并不邪恶。也许她那位神父并不是穿着黑色道袍鬼鬼祟祟地走来走去的耶稣会会士呢。但我也不能告诉她，说我父亲是个新教的神职人员。这可能会吓坏她或得罪她的。而至于谈哲学，或谈魔鬼，都是完全不可能的——尽管魔鬼比浮士德重要，而且歌德还使后者成了个易于上当受骗的人。她仍然居住在属于天真无邪的遥远的国土内，可是我却一头扎进了现实之中，扎进了造物的威严壮丽和残酷之中，听到这些她怎么受得了呢？我们之间矗立着一堵无法穿越的厚墙，我们之间无法有也不可能有任何关系。

我感到很伤心，于是便把心里的想法压了下去，把话题转向不会引起什么麻烦的话题上。她要到萨克森去吗，天气真不错啊，风景多美呀，等等。

从表面上看，这次相遇是完全没有意义的。但从内心里看，它却有很重的分量，因为它不但好几天在我心里萦绕不去，而且还像路边一座神龛那样，永远留在了我的记忆之中。那时候，我仍然处于那种幼稚的状态，认为生活是由单一的、各不相关的各种经历所构成。因为有谁能发现命运之线竟会从克劳斯修士一直连通到这位漂亮的姑娘那儿呢？

我这个时期的生活充满了各种互相矛盾的思想。首先，叔本华和基督教就无法互相一致起来；再者，第一人格也想从第二人格的压制或忧伤中把自己解放出来。感到沮丧的并不是第二人格而是第一人格，是在第一人格仍然忘记不了第二人格的时候。而正是在这个时候，由于对立双方的互相冲突，我一生中第一个系统的幻想诞生了。它的出现是逐渐的，而且就我所记得的，它还有其根源，植根于使我激动不已的一次体验。

有一天，强劲的西北风呼呼刮着，把莱茵河刮得波起浪涌，白沫飘飞。我上学的路正好沿着河边。突然间，从北面驶来了一条船，船上张着一张很大的主帆，顺风向莱茵河的上游驶去。这在我的经历上是某种全新的东西——莱茵河上的一条帆船！这给我的想象插上了翅膀。如果它不是一条水流湍急的大河，而是整个阿尔萨斯都成了一个大湖，那我们便可以有各种帆船和大轮船了。这时，巴塞尔就成了一个港口；这就几乎跟住在大海边一样美妙了。然后，一切便都会有所不同，而我们也就会生活在另外一种时间里和另外一个世界里了。那就会没有这间高中，没有上学所走的这一长段路，而我便会长大并能如愿以偿地安排我的生活了。湖中会兀立着一座山或一块大石头，由一狭窄的地峡与大陆相连，地峡被一条宽阔的运河所切断，运河上架着一道木桥，通向两侧是高塔的一道大门，门内是建筑在四周斜坡上的一个很小的中世纪城市。岩石上矗立着一个防卫森严的城堡，上有一个高楼，一个瞭望塔。这就是我的家。在城堡里面，没有美丽优雅的大厅或任何富丽堂皇的迹象。房间全都很简朴，木板镶嵌，但很小。里面有一间不同寻常的吸引人的图书室，值得知道的一切的有关图书你都可以找到。里面还有收集来的各种各样的武器，城堡上还架着大炮。除此之外，城堡里还有一支由五十个武装人员组成的卫戍部队。这个小城市有几百个居民，由市长和元老所组成的市议会治理。我自己则是治安法官、仲裁人和顾问，只是时不时地在开庭的场合才露露面。在朝向陆地的那一边，这个小市镇有个港口，港内停靠着我的一只双桅快船，船上装备有几门小炮。

这整个布局的关键及存在目的在于城堡上的塔楼的秘密，而这秘密只有我一个人知道。这种想法像电击一样来到我心中。因为在塔楼内部，从雉堞到有拱顶的地下室是一根铜柱，或者说是一根像人的手臂那样粗的沉甸甸的电缆，这根铜柱在其顶部处分叉成很多极细小的分枝，就像树冠一样——或者更恰当地说——像一条主根及其许多小根头朝下倒了过来伸向天空一样。这些小根从空气中吸收某种不可想象的东西，这些东西集中起来后沿着这根铜柱导到地下室。在这地下室里我有同样难以想象的一种装置，某种实验室，我就在这实验室里用铜根从空气中吸取的神秘物质来制造金子。这实在是一种奥秘，我对于这种奥秘的性质既没有也不想形成任何的观念。对于这种炼金过程的性质，我的想象力也不想为之费心思。这种想象只是圆熟地并有点紧张地回避开这实验室实际上在进行着的事情。实验室里面还有一种禁忌：一个人最好不要对之加以深究，也不要问从空气中萃取的是什么物质。正如歌德在提到母亲们时说的："甚至连提及她们，也会使勇者沮丧。"

当然了，"精神"对我来说意味着某种不可言喻的东西，不过在心底里，我并不认为它跟极纯净的空气有什么本质上的差异。这些小根所吸收并输送到铜柱去的是一种精神性的本质，这种本质在地下室里变成了黄澄澄的金圆，于是便变成了可见的了。这当然并非念咒施符的法术，而是大自然的一种可敬的和极为重要的秘密，这种秘密究竟怎样使我领悟的我是不知道的，并且还得掩盖起来使市议会的元老们也无从知道，而且在某种意义上还得连我自己也不让知道。

以前我上学和放学所走的这一段又长又腻烦的路，现在开始几乎是极为愉快地缩短了。几乎是一走出学校大门我便进入了那城堡，城堡里的社会结构正逐渐发生变化，市议会举行了一系列会议，作恶者受到了惩处，争端作出了仲裁，大炮也开炮射击。快船的甲板清理好了，船帆扯起来了，于是这条船在和风的吹送下小心地驶出了港口，然后，当它从那岩石背后驶出来后，便转舵一直向西北方向驶去。突然之间，我发现自己已走到家门口，这一段路仿佛只走了几分钟似的。我像从毫不费力就把我送回了家的马车上下来一样，从自己的幻想中走了出来。这种甚为令人愉快的消遣一直续了好几个月，然后我才讨厌起它来了。这时，我便觉得这种幻想很愚蠢和很可笑。于是，代替这种白日梦的，我便开始用小石子、泥土和灰浆建筑起城堡和防卫森严的炮台来——胡宁根要塞，这个要塞当时还完好无损，于是，便成了我的一种样本。我研究了有关伏班的一切可以到手的防御规划，这样便使我很快就熟悉了各种各样的防卫技术。我又从伏班转到现代的各种防卫方法，然后便尽力用有限的手段来建造各种不同类型的防卫模型。这事占去了我的所有空闲时间有两年多。在这段时间里，我对于自然科学和具体事物的知识稳步地增多起来，这当然是以牺牲第二人格的利益为代价的。

对于现实的生活只要我还是知之甚微，我想，对它们进行考虑那是毫无意义的。谁都可以异想天开，但具有实际知识却又是另一回事了。我父母同意我订阅一份科学期刊，结果我便兴趣盎然地读得着了迷。我搜寻并收集了在我们那朱拉山脉所能找到的各种化石，还有一切可以到手的各种各样的矿物，此外还有各种昆虫及猛犸和人的种种骨头——猛犸的骨头是在莱茵兰平原的沙砾坑里找到的，而人骨则是从靠近胡宁根地方、下葬时期是1811年的群葬墓里弄到的。各种植物也引起了我的兴趣，但却不是在科学的意义上。我之所以被植物所吸引是出于一种我无法加以理解的原因，是出于它们不应被拔起来而被晒死这样一种强烈的情感的。它们是有生命的东西，它们只有在生长和开花结果时才具有意义——一种潜藏着的秘密意义，上帝的一种想法。应该对它们敬畏地看待并以哲理式的好奇来对它们加以沉思默想。生物学家对它们所发表的看法是很有趣的，但那不是根本的东西。然而这根本的东西是什么，我却无法给自己加以解释。比如说，植物与基督教或与神的意志的否定是如何发生了关系的呢？这可是我无法加以深究的事。它们显然带有天真无邪的神的情态，而这最好是不要去加以破坏。通过对照可以看出，昆虫是变性的植物，是花和果实，它们转而用腿和长足到处乱爬，或用像花瓣那样的翅膀四处乱飞，整天忙于啮食各种植物。由于这种无法无天的行为，它们便受到大量杀灭的惩罚，六月甲虫和各种毛虫便是受到人们这种讨伐的主要目标。我对"所有生物的同情"是严格地只限于热血动物的。在各种冷血的脊椎动物中唯一例外的是青蛙和蛤蟆，原因是它们与人有某些相似之处。

第三章：大学时代

尽管我对科学的爱好日渐增高，我却不时返回到我所爱读的哲学方面的书中来。我该选择一种职业的问题已迫在眉睫。我急不可耐地盼望中学时代的结束，然后我便可以上大学了，并学习——当然是自然科学了。这时，我便会掌握某种实际的知识。但我一旦给自己作出这种许诺，心里的怀疑也就接踵而至了。我不是更喜欢历史和哲学吗？还有就是，我不是对埃及和巴比伦的一切都很感兴趣并极想成为一名考古学家吗？但是除了巴塞尔之外，要到别的什么地方去上大学我可就没钱了，而在巴塞尔，可没有教这门课的老师呀。于是这一计划便很快化为乌有了。好长一段时间，我下不了决心，于是便不断地把作出决定的时间往后拖了。我父亲心里十分焦急，有一次，他说："这孩子对可以设想的一切都感兴趣，却不知道他自己要的是什么。"我只好承认说他说得很对。随着大学入学考试时间日近，我们便只好决定报考哪种专业了，我草率地报了科学，但我的同学却摸不清我的底，不知道我到底肯定地要学自然科学呢还是人文科学。

这显然是突然作出的决定也有其背景。几个星期以前，就在第一人格和第二人格在竞争拥有做决定的权力之时，我做了两个梦。在第一个梦里，我梦见自己处身于沿着莱茵河面生长的一大片阴暗的树林里。我走到一座小山丘上的一个坟堆前，接着便动手挖掘起来。过了一会儿，使我吃惊的是，我竟挖到了一些史前动物的遗骨。这使我兴奋不已，但同时我又知道：我一定得了解大自然，了解我们在其中生活的世界，了解我们周围的各种东西。

接着我又做了第二个梦。这次我又梦见自己处身在一座树林里，树林里溪流纵横交错，在最幽暗的地方，我看到了一个圆形的水塘，水塘四周丛生着茂密的灌木丛。半身淹没在水里的是一种最古怪和最奇妙的生物：一只圆鼓鼓的动物，身上闪烁着乳白色的光泽，它由无数的小细胞，或者说是由形状犹如触手的各种器官所构成。这是一只巨型深海放射目动物，身粗大约三英尺。这一威严的生物竟躺在那儿，躺在这不为人知的地方，躺在这清澈的深水中，谁也不来打扰它，这在我看来实在是妙不可言。它在我身上激起了一种强烈的求知欲，结果我醒来后心还在怦怦地跳着。这两个梦对我作出喜欢科学的决定起了压倒一切的作用，同时也消除了我的所有疑虑。

我心里清楚了，我是生活在一个人必须挣得其生活资料的时代和世界里。而要这样，一个人就得成为这样那样的人，而我所有的同学全都痛感有此必要并且不作他想，也给我留下了深刻的印象。我觉得自己反而在一定程度上有点古怪。何以我就不能下定决心并使自己埋头于某一确定的事情中呢？甚至连我那德文老师认为学习努力而且自觉、可做我的楷模的那位死抠硬背地学习的家伙某某，也早已决定要学神学了。我明白了，我必须定下心来，好好把这件事想通想透。比如说，我要是学动物学，那我将来就只能当个中学教师，或最多也不过是在动物园里当个雇员就是了。

在这方面是没有前途的,甚至在你要求不高的情形下也是一样——当然了,比起来我更乐于在动物园工作而不愿度过那当中学老师的粉笔生涯。

在这种进退两难的情况下,我突然灵机一动:我何不去学医呢?奇怪的是,这一点以前我却连想也没有想到过,尽管我那听别人谈过很多的曾祖父曾经是个医生。也许正是由于这一缘故,对于这种职业我以前便有一种抵触感。"一切均可,但切不要步人之后"便是我的座右铭。但现在我却告诉自己说,学医至少是与科学性的科目结缘的。在这方面,我便可以干我所愿意干的了。此外,医学这个范围包容很广,因而以后要钻研某个方面,也总是机会很多。我肯定地选择了科学,而唯一剩下的问题便是:如何去办呢?我得挣得自己的生活费用,而我既然没有钱,我便无法到国外上大学,因而也就无法获得有可能使我有机会从事科学性生涯的那种训练了。我充其量最多只能成为科学方面的一个半瓶醋而已。既然我又有一种个性,使我的许多同学和说话算数的人(就是老师们)不喜欢我,我也就没有希望找到一个会支持我的追求的资助者了。因此,在我最终选定了医学时,我的心情却是不那么痛快的,总觉得它不是步入生活的一件好事并能有远大前程。不管怎么说,既然我已作出了这不可逆转的决定,现在我总可以如释重负地大大松口气了。

然后,那痛苦的问题便显现出来了:从哪里弄到这笔钱呢?我父亲只能筹集一部分。他向巴塞尔大学替我申请定期生活津贴费,这使我觉得很丢脸,但却居然被批准了。我之所以觉得丢脸,主要原因不是说我们家的贫困被暴露在了光天化日之下，使所有的人都知道了，而是因为我向来私下里相信，所有"上层"的人，所有说话能"算数"的人，对我都抱有成见。我从来不指望从他们那里获得这种好处。我显然是由于我父亲的名声而得到了照顾，因为他是个仁慈而又胸怀坦荡的人。然而我觉得自己跟他却是完全不同的人。实际上，我对自己抱有两种不同的观念。从第一人格的眼里来看，我觉得自己是个落落寡合、天分中等却又心比天高的年轻人，具有一种不受约束的气质且态度暧昧，一会儿天真热情，一会儿又孩子气地易于失望，在其本质的最深处是个隐士和蒙昧主义者。另一方面，第二人格把第一人格看作是一种困难的和吃力不讨好的道德任务，是一门必须以某种方式通过的课程，这一课程由于下述五花八门的过失如一段时间的懒惰、泄气、沮丧，对没有人认为有价值的想法和事情却有不适当的热情、轻信别人的友谊、见识有限、易抱偏见、愚蠢（在数学上！）、对别人缺乏了解、在哲学问题上看法不明确且又混乱、既不是个诚实的基督徒又不是别的什么人等而变得复杂起来。第二人格是根本没有什么明确的性格的；他是一种永存的生命，出生了、活着、死了，集一切于一体，一种无所不包的生活幻觉。关于他自己虽然无情地清楚，他却无法通过第一人格那浓厚的、阴暗的媒介来表达自己，尽管他渴望这样做。在第二人格处于支配地位时，第一人格便被包含在他里面而被湮没了，这就恰如反过来，第一人格把第二人格看作是一个内里一片黑暗的区域一样。第二人格觉得，关于他的任何可以想象的表达，均像掷到世界的边缘上空的一块石头，最后只能毫无声息地掉进那无穷的黑暗之中。不过在他（第二人格）身上，光明处于统治地位，其情形恰如一处王宫的那些宽敞的大厅，其高大的窗子全都朝着洒满了金色阳光的风景洞开着一样。在这里是意义和历史的连续性，它们与第一人格生活中的不连贯的偶然性形成了强烈的对比，后者与其环境并没有真实的接触点。另一方面，第二人格觉得自己暗中与《浮士德》所体现的中世纪相一致，与一种过去的遗产相一致，这一遗产显然使歌德内心深处激动不已。因此，对于歌德来说，第二人格也是一种真实——这，因此对我来说便是一种极大的安慰。我现在震惊地认识到，《浮士德》对我来说所含有的意义，要远胜于我那可爱的圣约翰的《福音书》了。在《浮士德》里有某种可直接作用到我的感情上的东西。圣约翰所说的基督在我看来显得古怪，但更古怪的还是其他几本福音书中所说的那位救世主。另一方面，《浮士德》是第二人格的活生生的等同物，而且我相信，浮士德就是歌德给其时代所作出的回答。这种顿悟不但对我很有安慰作用，它还给予我一种更大的内心安定感及一种我属于人类社会的感觉。我不再是孤立的了，也不再只是一个怪人，一个残忍的大自然的嘲弄对象。我的教父和权威是伟大的歌德本人。

大约就在这个时候，我做了一个梦，这个梦既吓坏了我也鼓舞了我。梦中我身处某个不知名的地方，时值黑夜，而我则顶着强劲的大风缓慢而痛苦地前行。浓雾到处飘飞。我把两只手作成杯状来护一盏小灯，而这灯似乎随时都有可能熄灭。一切均取决于能否保住这盏小灯使之不灭了。突然之间，我觉得背后有个东西正向我走近。我回过头去，看见一个硕大无朋的黑色人影正跟在我后面。但与此同时，尽管我吓坏了，却还清醒地意识到，虽然有各种各样的危险，我还一定得保住我这盏小灯，以便度过这个狂风之夜。我醒过来后，便立刻意识到这个人影就是"布洛肯峰的鬼魂"，亦即我自己的影子在我带着的这盏小灯的灯光照射下投放在飞旋的浓雾上而形成的。我还知道，这盏小灯就是我的意识，我所拥有的唯一一盏灯。我自己的理解力是我所拥有的唯一财富，而且还是最大的财富。相比起来，与黑暗的威力相比，这盏灯虽然显得无穷的小和脆弱，但它却仍然是一盏灯，我的唯一的灯。

这个梦对我是一个很大的启示。现在我才知道，第一人格就是那提灯者，而第二人格则像一个影子那样跟随着他。我的任务是护住那灯并不要回过头去瞧那永存的生命力，后者显然是一个为一种不同的光所照耀的、一个禁止人们涉足的王国。我必须迎着风暴前进，而后者则尽力要把我推回到无穷黑暗的一个世界里，一个人在那里，除了背景中各种事物的表面之外是什么也意识不到的。在第一人格的角色里，我必须前进——我得学习、挣钱、负各种责任、受各种拖累，糊涂不清、犯各种错误、忍辱负重、经历各种失败等。把我向后推的风暴是时间，它不停地流向过去并不停地紧跟在我们后面。它发出一种巨大的吸力，贪婪地把一切有生命的东西吸进其身体里；只有吃力地前进，我们才能逃脱其魔掌，而且还是暂时的。过去是可怕地真实并且是存在着的，谁要是不能以满意的答案来保住自己的性命，它就把谁攫在手里。

我的世界观又一次发生了九十度角的转变；我清楚地认识到，我的道路通向外部世界，进入到具有三维特征的有限区域和黑暗之中。在我看来，亚当一定曾经以这种方式离开过伊甸乐园；伊甸乐园对他来说已变成了一个幽灵般的使人恐惧的东西，而他得满头大汗地耕种满是石头的土地这种活计也就成了一种轻松的活儿了。

我自问道："这样一个梦到底是从哪里来的呢？"直到那时我还理所当然地认为，这样的梦是直接由上帝送来的。但现在我却吸收了大量的认识论的观点，因而便使我怀疑起来了。例如，人们可以说，我的顿悟是经过了好长一段时间才慢慢成熟起来，然后才突然以梦的形式破壳而出的。说实在的，它就是那么发生的。但是这种解释却只是一种描述就是了。真正的问题在于，为什么会发生这种过程和为什么它以意识的形式破壳而出。我并没有故意地干过任何事情来加速任何的这样一种发展；相反，我的同情心却在另一个方面。因此，在这些景象之后一定有某种东西在起作用，是某种理智在起作用，至少是某种在理智上胜过我的东西在起作用。在意识之光的照耀下，内心王国之光便以一个硕大无朋的影子显现出来了，这一非同寻常的想法确实不是某种我会自发地想到的东西。现在，完全是突然之间，我明白了许多以前对我来说是无法解释的事情——特别是以前每当我间接提到使人会想起内心王国的任何事情时，人们脸上便会掠过显得尴尬和疏远的冰冷阴影的神情。

很清楚，我一定得把第二人格丢到脑后去。但无论在任何情况下，我都该向我自己否认他或宣布说他是无效的。这只会等于是自残手足，此外还只会使我失去解释这些梦的起源的可能性。因为无疑在我心中，第二人格与梦的制造是有某种关系的，而我也可以很容易就认为他具有必要的更高的理智了。但我却觉得自己日渐与第一人格同一了，而且这种状态反过来证明只是远更富有理解力的第二人格的一部分就是了；由于这一原因，我又觉得自己与他又不再是同一的了。他确实是一个幽灵，一个精灵，能够与黑暗世界对抗而立于不败之地。这是我在做此梦前尚不知道的某种东西，而且甚至就在此时——回想起来我确信这个——我只是模模糊糊地意识到了它而已，尽管我绝不怀疑在情感上我是认识它的。

不管怎样，我和第二人格之间却产生了分裂，结果，"我"被指派给了第一人格，并在相同的程度上与第二人格分隔了开来，后者因而可以说便获得了一种独立的人格。我并不把这与任何一种肯定的个性的想法联系起来，而这种个性乃是一个幽灵所可能有的；由于我是在乡下长大的，这种可能性在我看来本不应显得奇怪才是。在乡下，人们按照情况的不同，是相信这样的事物的，即是但同时又不是的事物。有关这个精灵的唯一明确的特征是其具有历史性的特性，即他在时间上有延展性，或更确切地说，他是没有时间性的。当然，我并不用这样多的话来告诉自己这一点，对其在空间的存在也没有形成任何观念。在我那第一人格的存在的背景里，他起着一种要素的作用，从来不是明确地限定了的然而又是确定地存在着的。

小孩子对于大人所说的话所作出的反应，远比不上对在周围环境下摸不着猜不透的事物所作出的反应更甚。小孩儿是潜意识地使自己适应于它们的，而这便在他身上产生了具有补偿的种种相关性。甚至在我最幼小的儿童时期便逐渐拥有的特定的"宗教"观念，便是一种自发性的产物，只可以认为是我对我父母的环境及对时代精神所作出的反应。我父亲后来只好屈从对宗教的各种怀疑自然便只得经历一个很长的酝酿时期。自己的世界及大体整个世界发生的这样一种剧变，便会把其影响向前推进；这种影响的时间越长，我父亲的头脑便会愈加拼命地反抗其威力。我父亲所具有的预感使他处于一种坐立不安的状态，尔后这种种不安又传到了我身上，这也就没什么好奇怪的了。

我从来没有这种印象，认为这些影响是从我母亲方面发散出来的，因为她是以某种方式扎根于深深的，不可见的土地上的，而这在我看来，绝不是出于她对基督教信仰的坚信。对于我来说，它是以某种方式与动物、树木、山脉、草地及流水联系在一起的，所有这一切，与她那信仰基督教的外表及她通常对信仰加以维护的做法形成了最奇妙的对比。这一背景与我自己的态度很好地对应了起来，因而没有使我产生什么不适感；相反，它反而给予了我一种安全感，使我自信这就是使我可以在其上站稳脚跟的坚实地面。我从来不觉得这一基础是十分"异教徒式的"。我母亲的"第二人格"在这种冲突中给予了我最强有力的支持，这一冲突那时已在父亲的传统与我那潜意识因而一直受到激励而创造的奇异的、补偿性的产物之间展开。

回顾起来，我现在可以看出，我童年时的发展，在多么大的程度上已预示了我未来的事件并为我在适应父亲在宗教信仰上的崩溃及为有关这个世界的破坏性的新发现的这种种情形扫清了道路——今天我们大家都明白的新发现并不是经过一两天就形成了，而是事先就已长时间地在发生影响。尽管我们人类拥有我们自己的个人生活，然而我们在很大程度上却是其岁月以世纪作单位来计算的一种集体精神的代表者、牺牲者和促进者，我们很可能终生都在认为，我们向来是凭本能行事的，并且可能永远不会发现，在大多数情形下，我们不过是世界戏剧舞台上的跑龙套的角色而已，尽管我们并不知道，但是却存在着种种因素，使我们的生活不由自主地受其影响，而要是这些因素不为我们所觉察，其影响的程度也就更甚了。因此，我们的生命至少有一部分是生活在好几个世纪里的——这个一部分，只供我自己利用并给它起了个名字叫"第二人格"。它不是一种个人的玩物，这种情形可以由西方的宗教所证实。这种宗教明确地把它自己施加到这个内在的人的身上，并在为时两千年的时间里一直认真地竭力使他认识带有其个人的先入之见的我们的表面意识，"无须到外面去找，真理就潜藏在这个内在的人的身上"。

在1892—1894年间，我与父亲进行过一些相当热烈的讨论。他曾在戈廷根学习过东方语言并就阿拉伯版的《所罗门之歌》写了学位论文。随着最后一次考试的结束，给他带来荣耀的日子也就结束了。此后，他在语言上的才华便给湮没了。作为一个乡村牧师，他落进了一种感伤的理想主义里，落进了对他大学时期的黄金时代的回忆里并继续用他当大学生时的长柄烟斗抽烟，他还发现他的婚姻并非如他先前所想象的那么美满。他做了许多的好事——实在太多了——而结果则往往是使人生气的。父母都极力过着虔诚的生活，但结果两人之间互相反目的情形却实在太经常了。这些困难，虽很可以理解，但后来却粉碎了我父亲的信仰。

那时候，他的烦躁易怒和不满日有所增，而他的状况使我对他很是关心。我母亲避开一切可能刺激他的事并拒绝与他进行争吵。尽管我觉得这是最好的办法，但我却往往控制不了我自己的脾气。在他大发脾气时我便顺从地不发一语，而在他显得比较和气时，有时我便设法找些话与他交谈，希望得悉点他内心的想法及他对自己的了解情形。在我看来，很清楚，某种甚为特别的事情正折磨着他，而我怀疑此事乃是与他的信仰有关。从他无意中作出的一些暗示里，我可以肯定地说，他是在忍受着由于对宗教产生了种种怀疑而带来的痛苦。这在我看来，肯定就是他是否已获得了那种必要的体验的那种情形。从我设法与之进行的讨论里我看出了，实际上，某种那样的东西却是缺乏了，因为我所提出的一切问题，他都给以同样的、听腻了的、毫无生气和合乎神学规范的回答，或无可奈何地耸耸肩膀，而这便在我身上产生了一种矛盾的心情。我不明白他为什么不在吵架时抓住这些机会并跟其景况妥协。我明白，我那些批判性的问题很伤他的心，但尽管这样，我却不想进行一次建设性的谈话，因为在我看来，他竟没有过对上帝的体验这一所有一切体验中最显著的体验，实在几乎令人难以设想。我对认识论知道不少，因而便认识到，这样一种知识是无法加以证明的；而且我还同样清楚，这实在也跟夕阳西下之美或黑夜的恐怖一样，是无须加以证明的。毫无疑问，我曾笨拙地设法向他传达这些明显的真理，满怀希望地帮助他承受起不可避免地落到了他身上的这一灾难。他是得与某个人争吵的，于是他便与他家里的人和他自己吵起来了。他何以不与上帝这位一切造物的阴沉的创造者进行争吵呢？因为只有他才应为世上的各种痛和苦难负责呀。上帝肯定会以答案的方式而让他做一下那种奇妙的、无限深刻的梦；尽管我没有向他请求，上帝却让我做过这种梦并让这种梦来决定了我的命运。我并不知道其原因，它只是这样就是了。对呀，他甚至让我瞥了一眼他自己的本形。这是一个重大的秘密，我是不敢也无法向我父亲揭示这一点的。要是他能理解有关上帝的直接体验，我本可能向他揭示这一点的。但在我与他的交谈中，我却从来没有走出这么远，甚至从不走近到会遇到这个问题的范围，因为我总是以一种非心理学的和理智的方式来处理它并尽一切可能来避开会引起感情冲动的各个方面。这种方法每一次都像对着公牛的一块红布那样，导致了我所无法理解的种种恼人的反应。我实在无法理解，一种完全合理的争辩，怎么竟引起了这种感情上的抵制行为的。

这些毫无结果的讨论触怒了父亲和我，最后我们便放弃了这些讨论，各自背负起自己所特有的自卑感来。神学使父亲和我互相疏远了起来。尽管我觉得并不孤独，我却感到再次遭受到了一次重大的失败。我模模糊糊地预感到，他正无法逃避地屈从于他的命运了。他孤独，没有一个朋友可以与之交谈。至少我知道，在我们的熟人中是无法找到一个我可以加以信任让他来说这种能有所帮助的话。有一次，我听见他在祈祷。他拼命斗争着要保有自己的信仰。我心里震动起来但同时又极为气愤，因为我看出了，他是多么不可救药地陷入了教会及其神学思想里而不能自拔了。它们堵塞了他本可直接接近上帝的一切通路，可是然后又不守信用地抛弃了他。现在我终于明白了我较早那次体验的最深刻的含意了：上帝本人已拒绝为神学及建立在神学之上的教会负任何责任。另一方面，上帝又宽恕了这种神学，就像他宽恕过许多别的什么一样。设想人应为这种种发展负责，这在我看来实在荒唐。说到底，人究竟是什么呢？"他们就跟小狗一样，生下来就又聋又瞎，"我想，"并像上帝所有的造物那样，只拥有最模糊的一点光，这点光绝不足以照明他们在其中摸索前进的那一片黑暗。"我同样确信的是，我所认识的神学家们没有一个人曾亲眼见到过"那照亮了这片黑暗的光明"，因为如果他们确实看到了，他们就不可能去教一种"神学的宗教"了；而这种宗教在我看来是有很大的不足的，因为它与此毫无关系但是要不抱什么希望地相信它。这就是我父亲以前极力英勇地这样做了的，但结果却碰了壁。他甚至无法保护自己不受精神病医生的那种可笑的物质主义的侵犯。这也像神学一样是某种人们得加以相信的东西，但只是在相反的意义上就是了。我比以前任何时候都更确信，这二者均缺少了认识论方面的批判及体验。

我父亲显然受到这种印象的左右，即精神病医生已在人脑中发现了某种东西，这种东西证明了，在精神本应该所在的地方，有的却只是物质，而"精神的"东西却什么也没有。所以有这种想法是因为他预感到，要是我学医，我应以上天的名义起誓绝不要成为一个物质主义者。这种警告对我来说意味着，我应该什么也不相信，因为我知道，物质主义者相信的是他们的定义，就跟神学者相信他们的定义一样；我还知道，我那可怜的父亲简直就是跳出油锅又入火坑。我认识到，他这一著名的信仰曾恶毒地捉弄过他，不但捉弄过他，而且还捉弄过我所认识的大多数有教养的严肃的那些人。信仰的最大罪过，在我看来，就在于它排斥经验。神学家怎么竟会知道，上帝有意地安排了某些事物同时又"许可"别的某些事物存在的呢，而且精神病学家又怎么知道物也被赋予了人的心灵的种种特性的呢？我要是屈服于物质主义，那是不会有什么危险的，但我父亲却肯定不可能这样。显然，有人低声就"联想"说了点什么，因为我发现，他正在阅读伯恩海姆译的西格蒙德·弗洛伊德有关联想的那本书。这是一个崭新的和重要的开端，因为以前我从未看见，父亲除了小说及偶尔读读游记之类的书外，是别的什么都不看的。一切"有吸引力的"和有趣的书都属禁忌之列。但是阅读精神病学方面的书根本不能使他稍稍愉快起来。他的沮丧情绪变得越来越经常、越来越剧烈了，他自疑有病的情形也是如此。一连好几年，他一直在抱怨有各种各样的肠胃病症状，然而给他看病的那位医生却一直未能确切地检查出他身上出了什么毛病。现在，他又抱怨说"腹部有结石"的感觉。好长一段时间，我们对此并不加以认真对待，但后来那医生却也怀疑起来了。这大约是在 1895 年的夏末左右。

那年春天，我已进入巴塞尔大学开始学习。我一生中所感到厌烦的唯一的那段时间——我在高中上学的那些日子终于结束了，而通向"文科大学"与学术自由的金色大门正为我洞开着。现在，我可以听到有关大自然的真理了，至少可以听到有关大自然的最根本的一些方面的真理了。我将会学到有关人的解剖和生理学方面现已为人所知的一切，并掌握有关各种疾病的知识。除了这一切之外，我还被批准加入了我父亲以前所属的一个佩戴彩色徽记的兄弟会。在我还在大学一年级时，他赶来参加了兄弟会的一次远足，这次远足的地点是马克格拉芬县下属的一个种葡萄酿酒的村子，他在那里还发表了一篇异想天开的演说。令我快慰的是，他大学时代的那种快乐精神在他的演说里再次表现了出来。我一刹那间认识到了，在他毕业之时，他的生活停止不前了，一首大学生歌曲的歌词便同时回响在我的耳际：

他们垂头丧气地迈步
走回到市侩的国土，
啊呀呀，我的老天，
往昔的情形已发生了巨变！

这些话重重地击中了我的心灵。从前，他在大学一年级时也是个充满热情的学生，情形就跟我现在一样；世界向他打开过大门，就跟它现在对我那样；知识的无穷财宝摆在了他的面前，就跟现在摆在了我面前一样。后来，一切对他来说却枯萎了，变得充满了辛酸，这种情形怎么竟发生了呢？我找不到答案，或者说找到的答案太多了。那个夏夜喝过葡萄酒后他所发表的那篇演说是一次最后的机会，使他得以跳出回忆，而像他本应似的那样度过了一段时光。此后不久，他的健康情况恶化起来了。到了1895年秋末，他卧床不起了，1896年初便去世了。

上完课后我回了趟家，问及了他当时的情况。"唉，还是老样子。他身体很虚弱。"母亲说道。他低声向她说了点什么，她把这向我作了转述，然后使用眼色向我示意，提醒我他已处于神志昏迷状态了："他想知道你是否通过了国家级考试。"我明白我必须撒次谎。"通过了，考得还挺好。"他如释重负地叹了口气，接着便闭上了眼睛。稍后，我又进屋去看了他一次。他独自一人，母亲在隔壁房间收拾着什么。他的喉咙发出咯咯的响声。我知道他已处于临死前的痛苦中。我在他床边站着，被这种情境迷住了。以前我还从没看见过人死去。突然之间，他停止了呼吸。我等着，等着，等着他下一次的呼吸，可是却再也没有出现。于是，我想起了我母亲，便跑进了另一个房间，看见她坐在窗前打毛线。"他已在弥留之际了。"我说道。她跟着我来到床边，看见他已经死掉了。她仿佛觉得十分奇妙似的说道："这一切过去得多快呀。"

随后的几天是一片忧伤和痛苦，没有多少留存在我的记忆中。有一次，母亲用她的"第二"声音跟我，或者说跟她周围的空气说道："他为您及时地死去了。"这句话的意思似乎是说："你们并不互相理解，而他可能已经变成了妨碍您的东西啦。"这种看法在我看来是符合我母亲的第二人格的。

"为您"这个字眼儿给了我可怕的沉重的一击，我感到往昔的日子的一小部分已经一去不复返地永远结束了。但同时，男子汉和自由的一小部分则开始在我身上觉醒。我父亲去世后，我便搬进了他的房间并取代了他在家里的地位。比如说，我得每星期把家用开支的钱亲手交给我母亲，原因是她不会计划家庭经济开销，也不会理财。

在他去世六个星期后，我父亲对于我便显得像是一个梦。他会突然之间站在我面前，说他就要度假回来了。他的健康已得到很好的恢复，现在正在回家。我觉得，由于搬进了他的房间，他可能会讨厌我的。可是一点儿也不是这样！虽然如此，我仍觉得于心有愧，原因是我想象他已经死掉了。两天之后，我又做了这样的一个梦。我父亲恢复了健康并且正在回家，于是我便再次责备我自己，因为我认为他已经死掉了。以后，我便不断地自问道："我父亲在梦中回转家来，而且他的样子又显得那样逼真，这到底是什么意思呢？"这是一次无法忘却的体验，而这便迫使我第一次思考起死后的生活的事来。

随着我父亲的去世，关于我继续在大学读书的困难问题便出来了。我母亲的一些亲戚认为，我该在商行里谋个小职员的工作，以便尽可能快地挣钱养家。我母亲最年幼的弟弟提议资助她一把，因为她的钱财几乎不足以养活她自己。我父亲这边的一位叔父则同意资助我。在我读完大学时，我欠了他3000法郎。其余部分我则是靠当助教和帮助一位年老的姑妈转卖她收集的那一小部分古董而挣得的。我以高价一件件地把它们卖掉，从中便可抽取相当不错的一个百分比的钱数。

我绝对忘不了这段穷困的日子，这时我懂得了珍惜价钱便宜的东西。我仍然记得有过这么一次：有人把一盒雪茄当礼物送给了我，我喜欢得不得了。这盒雪茄我足足抽了一整年，因为我只准许自己在星期天抽一根。

我的大学生活对我来说是一段美妙的时光，一切均充满了理智的活力，它还是一个交朋结友的时候。在兄弟会的几次会议里，我就神学和心理学方面作了几次讲演。我们还进行过许多热烈的讨论，但并不总是医学方面的问题。我们就叔本华和康德进行争论，我们还懂得西塞罗文体的优美的一切，我们还对神学和哲学有兴趣。

在大学期间，在有关宗教问题上我受到了很大的启发。在家时，我获得了一次很好的机会，与以前曾是我父亲地区的主教的一位神学家谈过一次话。他不但以胃口非凡而著称——这我是望尘莫及的——而且还博学异常。从他那里，我学到了许多有关教会神父和教规历史方面的东西。他还给我大略地讲了些有关新教神学方面的一些新知识。里敕尔的神学在当时十分流行。这种神学的历史循环论使我很感气愤，特别是那用铁路火车来作出的比较。在兄弟会里我与之进行过多次讨论的神学系的学生们，对于基督的一生所给予历史的影响的这一理论似乎全都觉得很满意。但这种看法在我看来却不但显得愚蠢，而且还没有丝毫的生气。

我也无法赞同这种倾向，即把基督推到前台并使他在上帝与人的戏剧中充当决定性人物的角色的做法。在我看来，这是绝对违背基督本人的这一观点：产生了他的圣灵，会在他死后取代他在人世间的地位。

在我看来，圣灵是无法想象的上帝的化身。圣灵的活动不但是崇高庄严的，而且还带有那种奇异甚至是令人怀疑的特色，而这种特色又是雅克威的行为所特有的；对于雅克威，我是天真地把他等同于上帝的基督形象，这是我在接受坚信礼时他们所教导我的（这时我仍然不知道，严格地说来，魔鬼也是与基督教同时产生的）。我主耶稣对我来说无疑是一个人，因而便是一个也会产生错谬的人物，要不就是圣灵的喉舌而已。这种甚为不正统的看法，是跟神学上的看法相去甚远的，自然便使人觉得完全不可理解了。我对此所感到的失望便逐渐导致我产生一种无可奈何的麻木不仁，此外还证实了我的看法：在宗教问题上，只有体验才是重要的。

在大学一年级期间，我发现，科学虽然打开了通向大量知识的大门，但在提供真正的顿悟方面却少得可怜。而这种顿悟，总的来说是有着特有的性质的，我从哲学著作的阅读中懂得，心灵的存在是造成这种情境的原因。没有心灵，便不会有知识，也不会有顿悟。然而关于心灵，却不见有只字提及。它到处都被认为是理所当然的，因而甚至当有人提及它时——例如，C. G. 卡鲁斯就是这样——却显出对它没有真正的了解而只有哲学式的沉思冥想，而这实在是太容易作出这种那种的冥想了。对于这种言论，我实在无法理解。

在第二学期末，我却又有了新的发现，这一发现将产生重大的结果。在我一位同学的父亲的藏书室里，我无意中找到了一本论述精神性现象的小书，出版日期为19世纪70年代。这本书叙述了唯灵论的起源，其作者是一个神学家。我最初的怀疑很快消失了，因为我忽然明白了，书中所述的，总的说来，大都是自童年时代以来我在乡下所再三再四地听到的那些同样的故事。毫无疑问，其材料是可信的。但是这些故事是否具有物质的真实性，对这一重大的问题所作出的回答却不能令我满意。虽然如此，但可以肯定的是，在各个时代，这些同样的故事却在全世界各个地方再三再四地有所报道。这其中必然有某种原因，而且这种原因不可能就是到处都具有同样的宗教观念这一显著的缘故，因为很显然情况并不是这样。相反，它是必须与人的心灵的客观行为相联系的。但就这个主要问题——心灵的客观性——而言，除了哲学家们所说的东西之外，我却绝对找不出什么东西来。

唯灵论者的观点，在我看来是古怪的和值得怀疑的，然而就客观心灵现象而言，它们却是我所见到的首批记录。诸如像左尔纳和克鲁克斯等人的名字便给我留下了深刻的印象，于是我实际上便读完了那时我所能到手的全部这方面的书籍。很自然，我也把这些事情给我的朋友们谈起过，使我吃惊的是他们的反应既有嘲弄或表示不信的，也有急忙起而抗辩的。我奇怪的是他们竟会态度肯定地断言说，像鬼魂和转动桌子这一类事情是不可能有的，因而也就是骗人的，而在另一方面，他们这样做时又显然表明他们是采取不说有也不说无的守势态度的。我自己也不敢肯定这些报道的绝对可靠性，但是说到底，何以就不应该有鬼魂呢？我们怎么竟会知道某种事是"不可能的"呢？而且，最重要的是，这种急急忙忙地表明态度又是什么意思呢？对我自己来说，我觉得这种种可能性是极为有趣和极为吸引人的。它们给我的生活增添了又一个新天地；世界具有了深度和背景。比如说，梦有可能与鬼魂有点什么关系吗？康德的《一个看见鬼魂的人的梦》的出版真是十分及时，而且我还很快就发现了卡尔·杜普雷尔这个人，他的著作从哲学上和心理学上对这些观点进行了评价。我还挖掘到了埃斯肯梅耶、巴萨旺、吉斯提奴斯、克尔纳和格雷斯的著作，还读了斯威登堡的七卷著作。

我母亲的第二人格全心全意地对我的热情表示同情，但我所认识的其他所有人却显然使我感到泄气。在这以前，我只是撞到了传统观点所筑成的厚墙而已，但现在，我却撞在了人们的偏见及完全不承认有异乎寻常的可能事物的看法所筑成的铜墙铁壁。甚至在我最亲密的朋友中我也遇到了这种情形。对他们来说，所有这一切要比我专注于神学还要更加糟糕。我有这样的感觉，觉得我已经向前走到了世界的边缘，对我来说具有极大兴趣的，对别人来说却觉得空虚无聊，甚至还使人见了就觉得可怕。

怕什么呢？为此我找不到任何解释。不管怎样，认为有可能有越出了空间、时间和因果关系的有限范畴的事件的这一看法，是没有什么荒唐乖谬和惊世骇俗的呀。动物能够事前就预感到暴风雨和地震，这是人所共知的。确有预见到某些人死亡的梦，确有在人死的一刻停止了走动的钟，确有在危急时刻破碎了的镜子。所有这些事情在我童年的世界里被认为是理所当然的。而到了现在，我却显然成了曾经听到过这种事的唯一一个人。我以十分认真的态度自问道，我跌跌撞撞地走了进去的到底是一个什么样的世界呢？很明白无误的是，城市的世界对于乡村的世界，对于山脉、树林和河流的世界，对于动物和"上帝的思想"（植物和各种晶体）的现实世界，是一无所知的。我觉得这样一种解释使人觉得舒服。不管怎样，这种解释支持了我的自尊心，因为我认识到，尽管它是个学识的宝库，城市的世界在精神方面却是十分有限的。这种顿悟证明是很有害的，因为它诱使我落进了不时地自觉优越、批评不当和盛气凌人的陷阱之中，弄得我令人讨厌——这可真是自作自受。而这终于又使我重新产生了旧日的各种怀疑、自卑感和情绪抑郁——而这种可恨的情形我是决心不惜一切代价要加以冲破的。我不再愿意站在这个世界之外，享受那种我是个怪人这种令人难堪的声誉。

我开始时的引论性课学完之后，我便变成了解剖学方面的低级助理教员，随后的一个学期，示范老师让我负责讲授组织学课——对此我极感满意，这是不用说的了。我自己主要对进化理论和比较解剖学有兴趣，我还因此熟悉了新生机论。而使我最着迷的是最广义的形态学方面的观点。它是与生理学正相反的学科。后者由于要进行活体解剖，所以我对这个科目很为反感，而活体解剖的目的，则不过是为了进行示范而已。热血动物跟我相似而并非只是有理智的动机，这种感觉我一直无法排除掉。因此，只要我能够，我就把示范课去掉。我认为，我们是得用动物进行实验的，但是，进行这种实验的解剖示范在我看来却是可怕的、野蛮的，而最主要是没有必要的。只要根据描述，我便足以想象出解剖示范整个过程的情景。我对动物的热爱并非来自叔本华哲学里那种佛教式的装点门面，而是基于一种原始的意向态度更深厚的基础之上的——基于潜意识地与动物等同的基础上。当然了，当时，对于这一重要的心理学上的事实，我是完全一无所知的。我对生理学是如此反感，因而这一科目的考试成绩便相对地差，幸而总算还混了个及格。

随后的两个学期是有关临床的学习，这使我忙得不亦乐乎，几乎没有什么空闲的时间可供我涉猎与此无关的其他方面的书籍了。只有在星期天，我才有时间研究康德。我还刻苦地研读了爱德华·冯·哈特曼的著作。有一段时间，尼采也列入了我的计划，然而我却迟迟没有开始阅读其作品，原因是我觉得自己还未做好充分的准备。那时候，他受到人们的广泛讨论，但大都贬多于褒，讨论者多是据说有能耐的哲学方面的学者们；从这些褒贬中我可以推想出他在高层人士们中引起了多么大的敌意了。当然，这些人中的最高权威是雅各布·布尔克哈特了，他那各式各样的对尼采的批评性评论到处可见。此外，我们大学还有些与尼采本人有些过从的人，此时便到处散布有关他的各种各样并非恭维的琐事闲言。这些人中的大多数人对于尼采的著作连一个字也没有读过，因而便只好就他的外表性的怪癖大做文章，如摆绅士的架子，他弹钢琴的架子、他文体的夸张——这些怪癖使当时巴塞尔市有身份的人士们很觉碍眼。使我推迟了阅读尼采著作的当然不是这些事情——相反，它们倒起了最强烈的推动作用。我之所以推迟了，是因为我暗地里害怕，我也许也会像他那样，至少是在那种"秘密"方面会像他那样，结果导致与周围的人和环境隔绝。也许是——有谁会知道呢？——他曾有过内心的种种体验和种种顿悟，而不幸的是他又企图对此谈论谈论，结果却发现没有人能理解他。很明显，他是或至少被人认为是个怪物，是个大自然的嘲弄对象；而这，无论在什么情况下，我都不想成为这样的。我担心，我可能会被迫承认，我也是另一个这样的怪人。当然了，他是个教授，写出了大本大本的厚书，并因此而获得了难以想象的荣誉。但是，他也像我那样，是个牧师的儿子。但不同的是，他出生在国土辽阔的德国，国土一直远伸至海边，而我却只不过是个瑞士人，出身自位于边境的小村子的一个安分守己的牧师家庭而已。他讲的是优雅的高地德语，懂拉丁文和希腊文，可能还懂法文、意大利文及西班牙文，而我有把握地运用自如的唯一语言却只有瓦格斯－巴塞尔方言。他，拥有所有这些堪属可引以为荣的东西，即使被人当作是某种怪人也没有什么关系，但我却绝不能让人发现我在多大程度上也像他一样啊。

尽管心里有这种种担心顾虑，我还是受到了好奇心的驱使，最后便决心读读他的著作。《不合时宜的思想》是我阅读的第一本书。我被其热情弄得心醉神怡，不久后我便读了《查拉图斯特拉如是说》。就跟歌德的《浮士德》一样，这本书对我来说是一次重大的体验。《查拉图斯特拉如是说》便是尼采的《浮士德》，他的第二人格，而我的第二人格现在便对应于查拉图斯特拉了——尽管这有着把一个鼹鼠掘起的土堆比作布朗山之嫌。而查拉图斯特拉——对此可以说绝不必怀疑——是病态的。我的第二人格也是病态的吗？这种可能性使我十分惊恐，我也好长一段时间拒绝承认这一点，但这个想法在不合时宜的时刻却再三再四地涌上我的脑际，使我冒出一身冷汗，因此到了最后，我便只好进行自我反省了。尼采只是在晚年才发现了他的第二人格，这时他已年过中年，而我却自童年时代起便认识我的第二人格了。尼采曾幼稚地和不谨慎地谈到过这个阿尔希顿，这个无以取名的东西，仿佛它是很合适的。但我很快就注意到，这只会引起麻烦。在他还是个年轻人，对自己的前途将会怎样还不必顾及时，他来到巴塞尔大学当教授，实在是太有见地了。他是如此聪明，本该及时注意到有些事出了毛病才对。我觉得，那就是他那病态的误解，即他毫不担心地和毫不怀疑地在一个人们对这种事情一无所知和毫不理解的世界里却把第二人格放出来乱跑。他被一种幼稚的希望所促动，想找到能够分享其狂喜及能把握其"对一切价值观念进行重新评价"的思想的人们。然而他却只找到了有教养的市侩们——使他悲喜交集的是，他本人就是这样的一个人。像他们中的其余人那样，在他冒冒失失地一头撞进那不可言喻的神秘里并想向愚钝的和为上帝所抛弃了的大众对这种神秘进行赞美时，他却对自己一无所知。这就是他之所以语言夸夸其谈、譬喻堆砌重叠、赞美诗式的欢乐情调的原因所在——全都是妄图引起已把其灵魂卖掉以换取一大堆互不连贯的事实的大众的注意。结果他——他宣称自己是走钢丝表演者——便落进了超出了他自己的想象的深渊。他并不认识，自己在这个世界的回头路并且像一个着了魔的人似的，成了一个人们只能极为小心谨慎地加以对待的人。在我的朋友和熟人中，我只听说有两个人是公开地宣称自己是尼采的追随者的，这两个人都是同性恋者，其中一个以自杀告终，另一个则像个被人误解的天才，成了一个废物，我其余的朋友并没有被《查拉图斯特拉如是说》的现象惊得目瞪口呆，而只是对其大受欢迎无动于衷而已。

就像《浮士德》为我打开了一道门那样，《查拉图斯特拉如是说》则砰地给我关上了一道门，而且在以后的很长一段时间里一直关着。我觉得自己就像那个老农夫一样，发现自己的两头牛显然是中了邪术，把它们的头套在了同一个笼头里。"这样的事是怎么发生的呢？"他的小儿子问道。"孩子呀，这样的事人们是不会加以谈论的。"他的父亲回答说。

我认识到，一个人除非跟人们谈些他们所知道的事，否则便只能是对牛弹琴。幼稚的人并不意识到，与其友人谈论些后者所不懂的事是一种什么样的侮辱。只有当前者是个作家、记者或诗人时，他们才会原谅这种毫不客气的行为。我逐渐明白了，一种新思想，或甚至只是旧思想的一种异乎寻常的一个方面，只有依靠事实才能与别人沟通。事实是站得住脚并且不会被扫到一边去的；某个人或迟或早总会遇到它们并认识到他所发现的是什么。我认识到，我谈话，原因就在于我缺少某种更好的东西，认识到我应该是在提供事实，但这些事实却是我所完全缺乏的。在我手中，什么具体的东西也没有。以往很多时候，我发觉自己常常凭经验行事。我开始责怪哲学家们当经验正缺乏时却喋喋不休，而当他们本应用事实进行回答时却把嘴闭了起来。在这方面，他们全都似乎跟浅薄的神学家们没什么两样。我感到，在这个或那个时候，我已穿越过了一个满是金刚石的山谷，但是我却无法使任何人相信——在我更仔细地观察它们时甚至连我自己也说服不了——说我所带回来的样品并非只是些石块而已。

这是1898年，此时我已开始比较认真地考虑起当一个医生了。我很快得出结论，觉得自己必须学有所长。这种选择看来在于外科和内科之间。我倾向于选择前者，原因是我受过解剖学的专门训练，此外我还很喜爱病理学，而要是我拥有足够的资金，便很有可能使外科成为我的职业了。向来，为了上学而使自己债台高筑，一直使我痛苦不堪。我知道，期末考试之后，我便得尽早地开始挣钱养活自己了。我设想过在某个县级医院当助理医师的生涯，在那种地方比起在一个诊所来，更有希望谋得一个有薪金的职位。此外，在一个诊所的职位，在很大程度上得取决于其负责人的支持或其个人的利害关系。由于我人缘有问题，与别人又落落寡合——这种体味我实在太多了——因此我不敢设想会好运临头，于是便只好满足于在一所地方医院谋个职位这种并不过高的前景了。其余的便取决于努力工作，取决于我的本事和申请了。

然而，在暑假期间，却发生了某件注定要对我产生深刻影响的事。一天，我正坐在我房间里学习功课。隔壁房间的门洞开着，我母亲就坐在里面织毛线。那房间是我家的饭厅，里面就摆着那张胡桃木圆餐桌。这张桌子原是我祖母的嫁妆，到这时已大约有七十年了。我母亲坐在窗前，隔那桌子约有一码之远。我的妹妹上学去了，而女佣则在厨房里。突然间，砰地响起了一声似手枪射击的声音。我一蹦跳了起来，快步冲进了传出爆炸声的那房间，只见我母亲目瞪口呆地坐在扶手椅上，毛线团从她手里落到了地上。她结结巴巴地说道："出、出、出了什么事啦？就在我身边！"然后她便盯着那桌子。顺着她的目光，我看到发生的事情了。那桌子从边缘到中心以外处裂开了一条缝，而且还不是沿着榫眼处裂开的；这裂缝直穿这硬硬的木材。我像遭了雷击那样呆了。这样的事情怎么竟会发生呢？风干了有七十年的一张硬胡桃木桌子——怎么竟在夏季的一天，在我们这里气候所特有的、湿度相对地高的时候，裂了缝呢？如果是在寒冷干燥的冬天，它又摆在一个火炉旁边，发生这种情形倒还是可以想象的。到底是什么原因造成了这样一种爆炸呢？"古怪的事肯定存在着。"我想。我母亲脸色阴沉地点点头，"是呀，是呀，"她用她那第二人格的声音说道，"这一定是意味着什么。"虽然出于不得已，我却印象极深，而由于找不到什么话好说，我便生起自己的气来。

大约两个星期之后，我在傍晚六点钟时回到家里，结果发现我们全家——我母亲、我那14岁的妹妹及那女佣——全都处于一种十分激动的状态。大约在一个小时之前，又发生了一声震耳欲聋的响声。这一回，却不再是那已裂了缝的桌子了，响声是从餐具柜的方向传来的，这东西是一件沉甸甸的家具，早在19世纪初就买来了。她们已经从上到下把它查看了一遍，但却找不到有什么裂缝的迹象。我立刻动手把这柜子细细检查了一遍，连其周围的地方也细细检查了，但也同样毫无结果。然后，我便开始检查起这柜子的内壁来。在存放着面包篮的碗柜里，我发现了一条面包，在其旁边放着的，则是一把切面包的刀子。刀刃的大部分崩成了几块碎片，刀把躺到了四方形的面包篮的一个角落里，在其余的三个角落里，每个角落躺着一片刀刃。这刀子不久前刚使用过，是在四点钟喝茶时用的，然后便被放到了一边。过后便没有人到餐具柜里取过东西。

第二天，我把这把坏了的刀子拿到镇上一个最有名的刀具商那里去。他用放大镜仔细检查了裂痕，然后便摇了摇头。"这把刀子完全没有什么毛病。"他说道，"钢是没有问题的。一定是有人故意把它一片片地弄坏的。这是可以做得到的，比如说，可以把刀刃插进抽屉的裂隙里，然后一次折断一片。也可以用别的办法，如从高处把它朝下落到石头上。但是好钢是不会炸裂的。一定是有人在跟您开玩笑吧。"我小心地把这些刀子的碎片一直保存到今天。

我母亲和我妹妹那时正好在那房间里，这突然的轰响使她们吓了一跳。我母亲的第二人格意味深长地瞧着我，但我却找不到什么话好说。我完全感到莫名其妙，对于已发生的事做不出任何解释，我只好承认，这件事给我留下了深刻的印象。桌子裂开缝和刀子破碎了，这是为什么和怎么发生的呢？假定说这是偶然发生的巧合，这样说却实在太过了。出于偶然的机会，莱茵河竟有一次倒流了，这在我看来也是极不可能的——而其他一切可能的解释也被自动地划掉了。那么，这到底是怎么回事呢？

几个星期以后，我听说有几个亲戚在搞桌子转动的事已有好些时候，他们还有一个降神者，一个15岁半的年轻姑娘。这几个人一直想让我见见这个降神者，据说这个人能使人进入梦游状态并能招魂。当我听到这个消息，立刻便想到了在我们屋里的那种古怪的现象，于是我便猜想，它们可能以某种方式与这位降神者有联系。于是，我便开始列席他们的降神会，这种降神会每星期六傍晚定期在我亲戚家里举行。我们在沟通的形式和墙的四壁及桌子发出啪啪声方面果然有了结果。不依赖于降神者，桌子会移动是令人起疑的，而且我很快发现，对这种实验增加某些限制性的条件一般来说会有妨碍性效果。因此，我同意桌子是自动发出啪啪声的，随后便把注意力转到传递信息的内容方面来。在我的博士论文里，我列举出了这些观察的结果。经过大约两年的实验，我们全都对此变得相当厌烦了。我发现了这位降神者通过诡计来企图使人产生异象，而这便使我从此不再参加这些实验了——我后来对此甚觉后悔，因为我从这个例子中懂得了一个第二人格是怎样形成的，懂得了它是怎样进入一个小孩儿的意识里并最后使后者结合进她本身里。她是那些早熟的异人之一，由于肺结核病，她在26岁时便死掉了。在她24岁时，我又见过她一次，并获得了她具有个性独立并成熟这一永久性印象。在她死后，我听她家里的人说，在她生命的最后几个月里，她的个性一点儿一点儿地解体了，到了最后，她竟回复到一个两岁的小孩儿的状态，而她就是在这种状况下去世的。

总而言之，这是一次重要的体验，它把我较早期的所有哲学一扫而光并使我得以获得一种心理学上的观点。对于人的心灵，我已发现了一些客观的事实。然而这种体验再次又是那种我无法言喻的体验。可以把这整个故事对之加以讲述的人我却一个也找不到。我于是只得再次把这个尚未解决的问题搁到一边去。直到过了两年之后，我的专题论文才问世。

　　在那医务所里，弗列德里希·冯·穆勒取代了老伊玛曼的位置。在穆勒身上，我发现了一个吸引住了我的很有才华的人。我看到了，一种深邃的理智是如何把握住了问题并提出了疑问的，而在这些疑问中，这个问题便等于解决了一半。在他那方面，他似乎在我身上看出了某种东西，因为到我实习将近结束时，他提议说，我作为他的助手，应该跟他一起到慕尼黑去，因为他已接受了到那里的任职。这一邀请差点儿使我决心献身于内科了。要不是与此同时还发生了一件事，一件消除了我对有关未来的职业的一切顾虑的事，我是会那样做的。

　　尽管我一直在听着精神病学和临床的课，但当时那位讲授精神病学课程的老师讲的却不是那么使人感兴趣和启发思路的，而当我回忆起精神病院的体验对我父亲的影响时，这就无法使我对精神病学抱有好感。因此，在准备回家考试期间，精神病学的教科书我是到了最后才拿起来的。我并不希望从中获得什么，因此我仍然记得，当我打开克拉夫特·埃宾所编著的教科书时，我便想到了："好呀，现在让我们看看，一个精神病学家为了自己到底有些什么话好说吧。"专题讲座和临床示范只留给了我微乎其微的印象。在医院里所见到的病例我连一个也记不起来，我所有的是厌烦和恶心。

我开始读序言，一心想看看一个精神病学家是如何概述其科目的，或到底是如何证实其存在的理由的。通过为我这种趾高气扬的态度所作的辩护，我一定清楚地表明了，在那时候的医疗界，精神病学一般来说是十分被人看不起的。没有人真正对此有所了解，也没有把人当作一个整体来加以考虑并把人的各种病理变化包括进这一总体图景里的心理学。医院院长及其病人被关闭在同一个医院里，而这个医院又同等地切断了与外界的联系，就像古时候的麻疯病院与其病人，被隔离在城郊之外一样。没有人愿意朝这个方向看上一眼。而其医生们则也几乎像门外汉一样知之甚少，因而他们的感受也跟这些人一般无二。精神病是一种无望治愈的要命之病，这种看法也影响到了精神病学。精神病医生在那时被看作是个怪人，而这，我不久后就获得了亲身的体验。

该书在序言中这样写道："精神病学教科书多少带有主观推测特征，其根源可能是因为在这一知识领域具有特殊的、需要改善的地方。"作者在后文中把精神病称作"个性化疾病"，这让我心跳加速，心情激动起来，感觉内心深处豁然开朗，就仿佛命运之舟在迷雾中突然找到了航向，此时此刻，精神病学就是我的人生目标，前途一片光明，人生兴趣的两个洪流在此汇合一处，生物学学识和精神世界体悟借助同一条河道，汇聚成一片奇妙的世界，深深吸引了我的全部注意力。

当读到克拉夫特·埃宾论述"主观特征"的时候，我再一次沉迷其中，清晰认识到，这本教科书在一定程度上就是作者的主观自白，他以自身全部的生活状态来支撑他学术认知的客观性，把自身存在的全部人格一一印证"个性疾病"，这些是从临床教师那里从未听过的事情。虽然这本教科书和其他同类书籍并无本质区别，都存在这样那样的问题，但是这些不成熟的暗示还是给精神病学赋予了神奇的光芒，这些神奇之处让我无法自拔地沉迷其中。

我下定决心，并把自己的人生决定告诉内科老师，他当时失望极了，并且充满惊讶。他看向我的目光变得陌生、疏远，还有痛惜。现在的我更加理解对方的心情了。在当时，很少有人会对这一冷门的研究领域感兴趣，当初的自己也没有想到。大家都无法理解我的决定，觉得我是个十足的傻瓜，怎么可以放弃内科这样远大的人生前程和风光的人生机会，转行研究精神病学这个可有可无毫无用途的专业呢。在当时，内科是深受人们认可，让人羡慕的热门职业。

我这一次的人生抉择显得非常突兀，没有人支持这样的决定。但是我内心是坚定不移的，这仿佛是命运的安排，内心深处深藏多年的两股洪流汇流一处，推动着我去寻找远方的奇妙风景，从此再也无法回头了。在这种人生激情的驱动下，我以第一名的好成绩通过毕业考试。在这一过程中，我自认为十拿九稳的病理学解剖课程，却出了小小的纰漏。

我犯了一个低级的错误，觉得除了各种碎屑，一个标本似乎只包含上皮细胞，却忽略了存在鹅口疮菌的那个角落。在其他课程的考试中，我甚至凭借直觉都知道会遇到什么问题。就是这样一个情况，我一路连胜高唱凯歌，并幸运绕过一些难关，接着在最自信的科目上，以最愚蠢的方式阴沟里翻船，遭遇小部分失败，不然，我将以全科满分的成绩通过国家考试。

当时有一位考生的成绩和我一样出色，他是一个孤僻的人，喜欢独来独往，让人难以琢磨，除了一些学习上的交流，其他方面乏味得让人毫无印象。他习惯对周遭一切保持神秘的微笑，让人联想起埃伊纳城神庙墙壁上人物浮雕的微笑。他的身上似乎充满矛盾，总是显得不合时宜，和周围环境格格不入，这让我感觉费解。唯一可以确定的是，他的学习成绩非常优秀，除了医学知识学习，似乎再无可以吸引他注意力的东西了，非常不幸，大学毕业没有几年，他就患上精神分裂症。这件事，似乎验证了人生诸多事件是平行关系的一个典型例子。在我的第一本著作中，致力于精神分裂症心理学研究，以自己人格中存在的"先见之明"去定义"个性疾病"：从广义上说，精神病学就是患者的患病心灵和医生所谓的健康心灵进行心灵层次的沟通、对话，是患者对诊疗者原则上同样主观的人格进行审视、解析。我努力证明，人自身存在的妄想和幻觉，不仅是精神病患者的典型症状，也是人人普遍存在的一种现象。

在考完最后一门课程的那个晚上，我平生第一次走进剧院，用渴望已久的方式犒劳自己。在此之前，经济上的窘迫是不允许我这么铺张浪费的。但是通过兼职古董收藏品推销工作，让我攒下一部分钱财，不仅满足观看歌剧的小小愿望，还实现了去慕尼黑和斯图加特旅行的目标。

乔治·比才那如无垠大海一般的音乐巨浪让我陶醉其中，第二天，火车穿越边境线，把我带入了一个更加广阔的世界。此时，《卡门》的旋律尚且在脑海里萦绕。

在慕尼黑，我第一次看到真正的古典艺术品，这些有形的艺术品和无形的音乐作品一样，烘托出一种神秘的气氛，只能尽心推测，却无法真正把握其中的深度和神秘意义。那种心绪如沐春风般舒爽，又如新婚燕尔的激动。外部世界却是 1900 年 12 月 1日至 9 日，一个阴沉沉的星期。

在斯图加特，我人生最后一次看到姑妈赖默尔·荣格博士，她是我的祖父 C.G. 荣格教授在第一次婚姻中和维尔日妮·德拉索生育的女儿，她高雅迷人、热情奔放，蓝色眼睛神采飞扬，她的丈夫是精神科医生。这是一位美丽的女人，让人感觉她周围的世界充满不可触及的幻想，以及让人沉醉不知归路的迷惘，散发出已经消失的、不可再现的古典佳人的历史余韵，让我童年时代的怀古情怀得偿所愿。

1900 年 12 月 10 日，我在布尔克赫尔茨利岭的苏黎世大学精神病院履职，担任助理医生。我是十分愿意前往苏黎世的，因为熟悉的巴塞尔越来越狭隘了。在巴塞尔人的眼里，他们只接受巴塞尔，认为这里是唯一繁华的，比尔瑟河对岸是贫穷落后地区。朋友们都不理解我为什么选择离开这里，并且认为我过不了多长时间就会回来的。但这是不可能的，因为在巴塞尔，我必须永远戴着牧师父亲保尔·荣格之子和祖父卡尔·古斯塔夫·荣格之孙的家族帽子，属于某个有脸面的家族，被划入特定的社会阶层，我已经厌烦了这样的社会角色，不愿意接受这样的外界定位。

在精神方面，巴塞尔的氛围十分融洽，四海一家的气度令人向往，但是自我感觉传统的压力是巨大的。到了苏黎世，这种感受差异是十分明显的。苏黎世和世界的联系不是学术精神方面，而是通过贸易进行。我十分看重这种自由自在的氛围。虽然具备丰富的文化底蕴，但是丝毫不让人感觉到千百年的沉重暮气。直到今天，我依然偏爱着巴塞尔，为之牵肠挂肚，虽然明明知道它已经不是最初的美好了。我依然清晰记得那个时候，有巴霍芬、雅各布·布尔克哈特，在大教堂后面还有古老的牧师协会礼堂，以及半木质结构的莱茵古桥。

我的离开让母亲十分难受。但是我知道，这种离别的痛苦是无法避免的，她勇敢地接受了这个现实。她和我的妹妹一起生活，这个小我 9 岁的妹妹从小体弱多病，性格和我完全不同，她一生都没有结婚，似乎生来就适合过着老处女的生活。但是她优秀的人生品格让我赞叹。她似乎天生就是淑女，一辈子严格律己。后来在被迫接受一次危险性很低的手术中不幸离世。手术之前，她谨小慎微地安排好了一切，这让人印象深刻。其实，在生活中，我们俩的关系并不亲密，但是对她是非常尊重的。在为人处世方面，我习惯了感情用事，她虽然性格敏感，但是从来都是从容不迫、镇静自如。我可以想象出，她的世界就仿佛一处高贵的修道院，正如祖父唯一的妹妹曾经就生活在这样一个女子修道院中。①

在布尔克赫尔茨利岭的苏黎世大学，从工作的那一天起，我的生活就沉浸在完全的现实世界，内心坚信意愿、严格自觉自律、承担义务和责任，这是进入人间的修道院，遵循誓言，笃信寻常平凡之俗事，平平淡淡、简简单单、轻轻松松，不去想那些职业之外的琐事，以及人生所谓的重要大事。我完全敞开心扉，放空自己，重新开始，习惯接纳这陌生的全新的一切事物，斩断一切和专业无关的知识，摒弃之前的墨守成规，聚焦这片等待开拓的处女之地。

大概有半年的时间，我把自己关在这医学院的院墙之内，不断适应习惯这疯人院的生活模式和思维方式，并且从头学习了整整五十本的《精神病学汇刊》，以便自己充分了解精神病的心理思维状态。我想知道在人生自我毁灭的状态下，这个人的精神世界是什么样子的，又做出什么样的反应。因为我已经认识到，精神病症状可以充分清晰表达所谓健康精神看到精神病时候的生物学反应。在我的眼里，专业的同行们和精神病患者都是非常有趣的研究对象。所以，在以后的那几年，我对瑞士同行的遗传先天

---

① 在妹妹死后，荣格曾写下这样的文字：我的妹妹盖特鲁特跟随母亲在巴塞尔生活至1904年，随后和母亲一起迁往苏黎世，最开始居住在措利孔镇，1909年起直到去世，一直生活的屈斯纳赫特镇，1923年母亲去世，她开始独自生活，看上去生活平静、深居简出，只是和亲朋好友们交往。她和蔼可亲、彬彬有礼，从未向周围人吐露自己的内心世界。她也是这样平静地离开这个世界，对待自己的人生命运毫无怨言，甚至只字不提，毕生内心充实、举止完美，从来不人云亦云、轻信诱惑。

条件秘密地开展了富有成效和启发性的统计，这么做既是为了个人学识的培育，也是为了全面了解精神病症状。

长期的深居简出，专心于自身的研究，这样的状态让同事们惊诧不已，他们当然也不知道，这样的研究让我陶醉其中，不能自拔，当时的我非常重视探索精神病患者的心理状况，当时只是单纯的研究，只是这些正常状态的变体强烈吸引着我，而不是寻找治疗的兴趣，因为这些症状提供了一种可能性，去加强对心灵世界的理解。

就是在这样的前提下，我开始了精神病学研究之路，我的主观实验，从中可以窥见我的客观生活状态。一个人是没有办法脱离自身局限，以旁观者的角度客观观察记录自己的命运的。我也会犯下自传者常犯的一些常识性错误，或者滋生诸如本该如此的错觉，或者为自己撰写生命之歌的辩护词。归根结底，一个人是无法对自己做到客观评价的，总会受到各种思维惯性的干扰，无论好坏，都需要他人的评判。

第四章：踏入心理治疗领域

在布尔克赫尔茨利岭的苏黎世大学精神病医院期间，是我职业上的见习期，我感兴趣和关注、研究的中心问题是精神病患者身上到底发生了什么？这是一个令人焦躁不安的问题。在当时，大家是不理解的，同行中也很少有人关心这个问题。当时的精神病学教学过程，只满足于诊断、症状描述、做统计学，本意上缺乏对患者的关注。当时流行所谓临床观点，医生并不尊重精神病患者是同类，一个患有个性疾病的同类，而是通过一长串诊断，进行贴标签式的症状确定，拿现成样本扣帽子，只是进行形式上的诊断，对患者的心理治疗根本毫无益处，也起不到真正的帮助。

在这样的研究氛围下，弗洛伊德的研究成果给我带来很大启发，尤其是他对躁狂症和梦的解析的基础性研究，给我指明了抓住个案特点进行深入探索的方法道路。弗洛伊德先生本人并非精神病科医生，但是一位出色的精神病理学家，是他把心理学研究融入精神病学领域。

我依然清晰记得，当时有一个令人印象深刻的病例，在我的诊室里，有一名少妇，住院期间被贴上"忧郁症"的标签。大家已经习惯了按部就班给她做各种检查：包括既往病史询问、测试、体检等，诊断结果是：精神分裂症。或者也可如当时命名的，称为"早发性痴呆"，干预治疗之后，复诊结果很糟糕。

一开始，我是不敢怀疑这个诊断结果的，当时毕竟还是一个初出茅庐的年轻新手，对自己缺乏自信，不相信自己做出的不一致诊断，但是这个病例非常奇怪，我只是觉得不是精神分裂，而是普通常见的抑郁，于是决定按照自己的办法给这名患者做治疗。当时，我正在进行联想方面的诊断研究，就跟她做联想实验，跟她探讨了梦境，通过这样的方式了解了她很多不为人知的过往生活经历，获得寻常检查不可能涉及的关键信息点，可以说，是直接通过潜意识获得信息，也说明了她有一段悲惨暗淡的故事。

这名女士在结婚之前，曾结识一个男人，出身于一个显赫的实业大家族，当地所有的姑娘都渴望和这个男人交朋友。这位女士认为凭借自己出众的美貌，一定会吸引住这个男人，可以紧紧抓住这个男人的心。可惜，从表面上看起来这个男人对她根本不感兴趣，后来，这个女士另嫁他人。

5年以后，一位老朋友来看望她，共同回忆往事，友人突然提及，她的结婚，对那位男人而言是一种打击。这就是患病的契机，自此开始，这个女人开始变得抑郁，几个星期后，发生了一起悲剧。

她给两个孩子洗澡，先是4岁的小姑娘，然后是两岁的小儿子。因为生活在乡下，供水方面存在差异，有可以饮用的洁净泉水，还有只能洗澡、洗衣服用的受污染河水。当时在给女儿洗澡的时候，她注意到了孩子在吸舔海绵，但是未加阻止，她甚至还给小儿子喝了一杯洗澡水。这些当然都是无心之举，或者当时的她已经被抑郁症笼罩，头脑并非完全清醒。

不久，过了潜伏期的女儿因为伤寒病发身亡，那是她宠爱的孩子，幸运的是，小男孩并未受到感染。在那一刻，她的精神彻底崩溃，于是来医院接受治疗。她是导致女儿死亡的凶手，通过联想实验，我观察到了这一事实，包括她内心深处许多秘密的细节，我明白了她为什么会患上抑郁症，这些信息足以导致她内心世界的崩塌，这是非常严重的心理障碍。

她接受的治疗，只是服用镇静剂，治疗失眠症，因为有自杀倾向，她受到医院的监控，除此之外，再无其他治疗办法。当然，她的身体状况没有问题。

我意识到，是否应该对她的心理进行一次大的手术，撕开所有伪装，敞开心扉地好好和她谈一谈。这是一件非常棘手的事情，涉及内心的良知、职业的责任感，以及各种社会道德约束的冲突，但是又不得不开展这样的谈话，和她一起面对内心的魔障。如果就这个问题去请教我的同事们，他们肯定会告诫我，千万不能这么做，这会导致对方彻底疯狂的。

依据我的想法，这样的治疗效果或许是良好的。反正在当时的心理学研究中，尚未形成什么不可触碰的真理。对同一个心理问题，可以有很多不同的治疗方案，要考虑不同的潜意识因素。当然，我也意识到自己在拿职业荣誉和前途进行赌注，一旦治疗失败，女患者变得更加糟糕，我也将陷入糟糕的境遇。

尽管有很多顾虑，但是我最终决定冒险采用结果未知的治疗办法。我开诚布公地告知女患者通过联想实验发现的一切。这是一个艰难的沟通过程，毕竟直言不讳地指出某个人就是杀人的凶手，这可不是什么开玩笑的小事情。听闻这一切并接受这样的结果，对于这位女患者来说是艰难和残忍的。但是效果非常明显，两周之后，她康复出院了，以后也再没来过精神病院。

当时还存在一些其他方面的原因，促使我对同事们绝口不提此事，生怕他们对该病例进行讨论，抛出一些情理范围内的疑问，虽然无法证实女患者做了什么，但是这样的讨论对她有可能造成灾难性后果。我觉得比较恰当的方式，就是让她回归生活的正轨，在生活中抵消自己的过错，毕竟这样的命运惩罚非常悲惨。在走出医院大门的时候，她的内心深处背负了沉重的负担，在身患抑郁症、接受隔离监护的时候，她已经意识到自己的罪过，而女儿的去世，更是她生命不能承受之巨痛。

在许多精神病患者的病例中，都隐藏着许多不为人知、刻意回避的往事真相。对我来说，只有在充分研究一个人的完整病史之后，才算是开始真正的治疗。这既是病人为之心力交瘁、有苦难言的秘密，也是实施治疗、有望痊愈的关键钥匙。身为医生，必须熟悉获得关键信息的方法路径，所提问题也要切中患者内心的关键部位，而不是浮于表面、无关痛痒。大多数情况下，查看已知现有材料是不够的，还需要通过联想实验开辟心灵通道，通过解析梦境了解内心，或者和患者建立信任，进行长久、耐心、平等的亲切沟通。

1905 年，我获得精神病学科大学任教的资格，同年成为苏黎世大学精神病医院的主治医生，任职达 4 年之久，此后的 1909 年，因为工作压力实在太大，被迫辞职。在这些年内，我的私人诊所急剧膨胀，大到管理起来力不从心了。但是作为编外讲师的工作一直保持到 1913 年，主要讲授心理病理学，弗洛伊德心理分析基础，以及原始人心理学。最初几个学期，我在大型课堂上主要讲解催眠术，以及让内和弗鲁尔努瓦的学术思想，在后期，弗洛伊德的心理分析研究成为重点内容。

在给学生们上催眠术课程的过程中，我也时常向学生介绍病人的个人病史，并进行探讨。现在依然清晰记得这样一个病例：

有一次诊所来了一位老妇人，大概 58 岁，看起来像是宗教信徒。她拄着拐杖，由女仆人引路。左腿的麻痹症已经折磨了她 17 年了，让她痛苦不堪。我让她放松身体，坐在舒适的椅子上，接着询问她的既往病史。她开始讲述自己的痛苦，包括个人病史以及生活中乱七八糟的无奈，统统诉说出来。实在忍无可忍，我打断她滔滔不尽的话语："好了，先这样吧，时间有些不够用了，咱们现在还是开始催眠吧。"

我话音刚落，她就合上了眼睛，迅速进入深度昏睡状态，这让我惊讶极了。因为我尚未作出任何催眠的动作，但是也不好意思打扰她。她喋喋不休，讲述千奇百怪的梦境，这些都是潜意识状态下的深度体验，但是，我在很久之后才明白这些。当时的我估计是已经被病人弄糊涂了。那个场面非常令人尴尬，因为还有在场的二十多名学生，我本来是想给他们进行催眠术演示的。

半个小时的时间过去了，我开始尝试唤醒老妇人，但是她没能迅速醒来，这是不祥的一幕，我甚至怀疑催眠术触动了老妇人潜在的精神病。等到最终把老妇人唤醒，时间已经过去 10 分钟了。这期间，我努力保持镇定，绝对不能让学生们察觉到我的焦虑。

老妇人苏醒后，变得晕头转向。我尝试着去安抚她："不要怕，我是医生，这一切都是正常的。"她叫嚷道："我现在感觉非常好，我已经痊愈了。"说完，她就扔掉拐杖，开始行走。这一幕，让我满脸羞红，不知道该如何处置。最后硬着头皮，对学生们说："各位已经看到了，催眠术还是非常有效的。"虽然，当时的我对这一切一无所知。

这是促使我放弃催眠术研究的原因之一，因为结果的不可预测性。但是，那位女士确实痊愈了，她欢天喜地地离开。我请她随时通报自己的情况，因为估计一天后她的病情会复发。但是老妇人再也没来复诊，我虽然心存疑虑，但是不得不接受她已经痊愈的事实。

第二年的夏季学期，在第一次上大型课堂的时候，这位老妇人又来了。这一次，她诉说前不久自己的后背出现剧烈疼痛。我有理由怀疑，她的后背剧痛和我的这次大型课程有关系，或许她从报纸上看到了我开课的预告。我开始询问，什么时候开始疼痛，因为什么事情引起的。她却什么都回忆不起来，不知道那个特定的时间点了，也不知道该如何阐述。

最后，我从她琐碎的话语里查明，她确实是通过报纸知道我开课的信息，并且后背开始感觉到疼痛。这虽然证实了我的猜测，但是我还是不知道是什么原因导致了她上一次的神奇痊愈。我再次对老妇人进行催眠，也就是说，她再一次自动进入昏睡状态，随后摆脱疼痛的折磨。

授课结束之后，我留住了老妇人，深入了解她生活的细节。

通过沟通，得知她有一个智力低下的儿子在我所在的医学院里接受治疗。我对她的这些情况，事先是不知道的。因为她用的是第二任丈夫的姓氏，而她的儿子则是第一次婚姻中的独生子。她始终希望有一个健康聪慧的孩子，可惜这个孩子年纪轻轻就患有精神疾病，为此她深怀内疚。当时的我显然是一位年轻有为的医生，恰好体现了她对一个优秀儿子的完美想象。因此，身为一位老年妇女，她把自己长久以来的美好愿望映照在我的身上，其行为可谓用我这个"名义上的儿子"，昭告天下精神疾病可以治愈的神奇疗效。

事实确实如此，我从此在当地有了"魔术师"的美誉，要归功于她，把这件事通过口口相传的方式，传播开来，最后连我最初私人诊所的患者也深信不疑，赞美连连。这就是我心理治疗实践的成功案例，开始于一位可怜的母亲，把我当成她那患有精神病的儿子！

当然，我当时对她耐心解释其中的思维关联，这位老妇人也深为理解，并最终接受了这一切，后来再没有复发。这是我第一次真正意义上的治疗实践，是一次宝贵的成功的经验，我清晰记得当时和老妇人谈话时候的场景，她非常聪慧，真切感谢我的认真诊治，我对她和她儿子的命运非常同情，这种同情心对她来说很珍贵。

在开办私人诊所期间，最初的时候，我还会使用催眠术进行治疗，但是很快就选择了放弃使用，因为这是一种黑暗中摸索的办法，充满极大的不确定性，不知道病情进展情况，也不知道痊愈之后能持续多长时间。我始终反对任何形式的不能理性确定的治疗工作，同样也不喜欢随意性很大的治疗方案。我更加认可从患者角度了解病情的发展方向，因此，需要深入分析研究梦境和其他潜意识状态下的病征表现。

1904—1905年，我在精神病医院设立了实验心理病理学实验室，带着一些学生对心理反应进行研究。其中有老弗朗茨·里克林在我的指导下工作，路德维希·宾斯万格当时撰写的博士论文，论述联想实验结合心理电反射的效果，我当时撰写了《论心理事实诊断》这篇论文。当时还有一些美国来的留学生，包括卡尔·彼得森和查尔斯·里克斯赫，他们的论文发表在美国专业杂志上。我后来于1909年受邀前往克拉克大学进行学术交流，也应该归功于这一期间的心理联想研究。当时，弗洛伊德先生也是同时获得邀请，但是我们两人并无关联，在克拉克大学，我们二人都获得了法学荣誉博士学位。

同时，也是通过进行心理联想实验和心理电反射实验，使我在美国广为人知，私人诊所很快就接待了众多来自美国的患者。在最初的众多病例中，我清晰地记得有这样一个特殊案例。

一位美国同行把一位患者打发到我这里来，他的诊断结论是"酒精性神经衰弱症"，估计"无法医治"。我的那位美国同行已经估计到我的治疗实验效果有限，为了以防万一，他已经劝说这位患者可以随后找柏林的某位神经医学权威就诊。患者来就诊时，通过简单沟通交流，我初步判断这个人患上了平常的神经症。他对心理困惑一无所知。我对这个患者做了心理联想实验，确诊他饱受可怕的恋母情结困扰。他出身于名门望族，家里有着美丽的妻子，表面上看似乎衣食无忧、生活优渥。但是，他有贪杯的坏习惯，这是一种绝望情绪下的自我麻醉，借此缓解压抑的生活处境，当然，这种方式也是于事无补的。

他的母亲是一位大企业主，在这个企业里，这个聪慧的儿子身居要职。他一直对自己的角色非常郁闷，不想工作在母亲的视线之下，但是又舍不得牺牲这么耀眼的职务，所以只能长年依附母亲的照顾，也屈服于母亲的工作干涉。每当心情郁闷的时候，他就开始酗酒，以此麻醉自己的真实情感，摆脱来自母亲的压力。归根结底，他违背自己的本心，沉沦于富裕生活和舒适环境的诱惑，毫无跳出暖巢的主观意愿。经过短暂治疗，他停止了酗酒，认为自己已经痊愈。

我劝诫道："如果回归以往的生活，你会旧病复发的。"这位患者不相信我的话，信心十足地返回美国去了。

没过多久，他又开始酗酒了。他的母亲在途经瑞士的时候，前来拜访我。可以看出来，这是一个非常聪明的女人，但也是权力欲极强的女人。我能看出她的儿子一直以来抗争的是什么，也知道这个可怜的男人是无力抗争的，他身体羸弱，也不具备战胜母亲的勇气。

因此，我决定另辟蹊径，暗地里给他的母亲出具了一份鉴定书，证明她的儿子已经嗜酒成性，不适合在公司里长期履职了，为了公司的发展前途着想，应该给予解职。他的母亲听从了我的建议，他得知这个结果之后，对我当然是大为光火。

在这种情况下，我的治疗决定违背了一位医生的良知，但是为了患者的健康，我必须承担责任，勇敢决断。

或许是恰恰因为我的这一服猛药，这个男人就此因为我的诊断书离开母亲的公司，开始独立创业，后来获得辉煌成就。他的妻子因此事非常感激我，因为她的丈夫不仅成功戒酒了，还成为一位成功人士。我本人对这位患者是心怀内疚的，因为这份鉴定书违背了患者的意愿，但是也只有这样的方式，才能迫使他离开母亲的监护，这也就从根源上切断了神经症的产生心理基础。

另外一个病例同样让人印象深刻。一位夫人前来就诊，她一开始都拒绝说出自己的名字，当然名字无关紧要，她本意只是进行咨询。这显然是一位上流阶层的贵妇，她声称自己曾经也是一名医生，所谓倾诉也是一种自我忏悔。在二十多年以前，出于嫉妒心理，她暗中毒死了自己最好的一位闺密，因为想霸占对方的丈夫。按照她的思维逻辑，只要没有人发现，所谓谋杀也不是什么大不了的事情，想获得对方的男人，就把对方杀掉，这就是她的办事逻辑，所谓道德羁绊从来不在考虑之列。

后来，这个女人得偿所愿，只可惜那个男人英年早逝。随后几年间，发生很多怪事，这次婚姻所生的女儿成年后就马上离开了她，早早结婚远嫁，亲情疏远，直至杳无音讯。这位女士热爱骑马，拥有很多马匹。有一天，她发现圈养的马儿在她身边烦躁不安，甚至就连最喜爱的马也受惊了，把她狠狠摔了下来。最终，她不得不放弃骑马，现在开始养宠物狗，她特别喜欢一条漂亮的狼狗，非常不巧，这条狗瘫痪了。她已经受够了这些悲伤，她觉得自己的人生开始崩溃。受困于曾经的罪恶，她开始忏悔，因此前来找我。

这个女人是一个杀人犯，她不仅杀害了无辜的人，也杀害了自己的灵魂，她的犯罪摧毁了自己曾经的清白灵魂。她已经把自己处死了。在社会中，若是有人犯罪被捕，则由法律作出裁决；但是这个案例表明，若是逃脱了表面的制裁，纵使当时没有丝毫道德上的忏悔，但是在以后的岁月里，终究会有醒悟的那一天，真相大白之时，也将是命运惩罚之日。现在看起来，一个人纵使瞒过了所有人，也瞒不过万物生灵的眼睛。

因为谋杀，甚至连动物都不愿意和她亲近，她的生活了无生趣，为排遣寂寞，拿我作为倾诉对象。她需要一个知情者，来分担她内心的惶恐，她渴望得到一个可以无条件接受她忏悔的人，这样一来，也意味着某种程度上重新建立和他人的人际联系。但是又不能去找专业的忏悔神父，只能找专业的心理学医生，因为若是对神父忏悔，她不相信对方能否真心去倾听。生怕对方无法接受这样的残忍事实，因此对自己做出道德审判。她已经经受了亲人和宠物们的抛弃，遭遇过沉默审判的打击，她已经无法再承受来自其他方面的惩罚了。

我始终不知道她是谁，也无法验证她说的事情是不是事实。后来有时候想起这件事，也去猜想她以后的生活该如何继续下去。她的故事显然还未结束，也许她最终无法承受心理折磨自杀身亡，我想象不出在这样的极端孤寂环境中她如何活下去。

对于治疗而言，临床诊断固然是重要的，因为通过这种方式可以提供某种治疗定位，但是对患者而言不一定有真正的帮助。关键问题是对患者的病史进行充分了解，这其中蕴含患者的生活背景和他痛苦的根源。医生真正意义上的治疗应该从这个源头开始，有一个病例就清晰明确地向我们揭示了这一点。

在女性病区有一位老年患者，一个 67 岁的妇人，她已经卧床 40 年了，入院时间长达将近 50 年，具体时间已经无人记得，在此期间，其他人都死了，只有一位在医院工作 35 年之久的护士长对她的病史了解更多一些。老妇人已经说不出话来，只能进食流食或半流食，用手指吃东西，把些许食物塞入口中，有时候过两个小时就喝一杯牛奶。她不吃东西的时候，就用手和胳膊做一些奇怪的有节律的动作，大家都不知道这是什么意思。我对精神病可能造成的毁灭程度是深有了解的，但是也不知道这种行为如何解释。在临床教学上，虽然把她的行为定义为偏执型早发痴呆症进行讲解，但是这具体是什么概念，我是不知道的，因为对奇怪动作的含义和成因，我一无所知。

这个病例给我留下的深刻印象，也充分表明了我当时对精神病学的认识，任职助理医生的时候，感觉自己对专业知识一知半解，和上司和同事们比起来，自己学识浅薄，他们都举止熟练，因此我只能暗中摸索，每每一筹莫展。我始终坚信，精神病学的主要任务是了解病人内心发生过的事情，但就如何实现还是毫无办法的。这也说明，我当时是凭着一腔热血，一脚踏入完全陌生的行业。

有一天晚上，我经过科室，看到老妇人又在做着神秘的动作，忍不住自问："她为什么执着这个动作呢？"于是就走向那位老资格的护士长，打听老妇人是否一直这个样子。老护士长回答说："是的，我的前任告诉我，她以前做过鞋。"于是，我再次查阅她以前的病例档案，那里写着，她做的动作像是制鞋。以前，制鞋师把鞋子夹在两膝之间，用类似的动作穿针引线、缝制皮革，如今仍然可以在乡下鞋匠那里看到这个动作。

患者不久之后就死去了。她的兄长前来出席她的葬礼，我就问他："你的妹妹为什么会患病？"他说，自己的妹妹年轻的时候爱过一名鞋匠，但对方不知道什么原因不愿意娶她，从那时候起，她就精神错乱了。那个神秘的制鞋动作代表着她一生的执念，一直到死亡始终深爱着那个鞋匠，并以鞋匠的情人自居。当时，我就初步预感到所谓早发性痴呆症的心理起源，也是从那个时候开始，我全身心致力于神经症内在意义关联的研究。

我初步对精神病有一定理性理解是借助一位女患者的病史，主要涉及"荒唐妄想"的心理背景，在这个病例中，初次了解此前业内人士定义的无意义精神分裂症患者的语言。患者叫芭贝特·S，我在1908年在苏黎世市政厅做了关于她的医疗报告，公布了她的病史。

患者出生于苏黎世老城区，一个肮脏贫穷的小巷子里，她出身低微，父亲是个酒鬼，姐姐是个卖淫女。在她39岁的时候患上了偏执型早发痴呆症，有典型的自大狂妄症状。我第一次遇到她的时候，她已经住院治疗20年了。几百名医科大学生从她那里学习认识到精神分裂过程那种令人不寒而栗的深刻印象。她是医院典型的教学展示对象。芭贝特完全疯掉了，说着人们听不懂的话语。在艰难的接触治疗过程中，我努力尝试去理解她杂乱无章的话语。

例如，她说："我是罗蕾莱。"面对医生反复询问，她试图表明态度的时候总是重复说："我不知道这是什么意思。"或者表达不满情绪："我代表苏格拉底。"通过仔细观察发现，她的这些话语代表着自己和苏格拉底一样受到了不公平的待遇。她的怪话还包括："我是综合科技大学不可替代的。""我是玉米糁底子上的李子蛋糕。""我是只用甜黄油做的日耳曼妮娅和赫尔维蒂娅。""那不勒斯和我得给全世界提供面条。"这意味着她抬高自己的身价，对内心的自卑感进行优越感补偿。

通过对芭贝特和其他类似病例的深入研究，让我确信，我们以前在精神病患者身上看到的许多所谓毫无意义的事情，看起来并不是那么混乱无章的。我不止一次体验过，这些患者胡言乱语的背后都隐藏着"真正的自己"。他是正常的，并且某种程度上在旁观，偶尔会发表完全理性的评论和异议，多数是通过声音或者梦境，甚至在躯体患病的时候又从幕后走向前台，此时的患者显得和正常人没有区别。

有一次，我接诊治疗一位老年精神病分裂症患者，我十分清楚他的躯体内隐藏着一个正常的本人。那是无法治愈、只能看护的病例。和任何医生一样，我也有无法治愈只能陪伴他到生命终点的患者。那名妇人声称全身散布着一种声音，在胸腔内有"上帝之声"。

"我们必须信赖它。"我惊讶自己的勇气，大胆告诉她。

通常情况下，这种声音是非常理性的，借助平和的声音，我和患者能够和睦相处。

有一次，那个声音说："上帝要考你的《圣经》。"

她带着一本破烂不堪的《圣经》，于是我每次都指定一个章节让她阅读，下一次就考问她。这件事情我坚持了7年多的时间，每两周一次，一开始还觉得自己扮演的角色有些奇怪，但是过了一段时间以后，我就明白这种练习意味着什么，通过这种方式可以让患者保持自己的专注力，使她不至于陷入潜意识的错乱梦境中。治疗的结果就是7年之后，遍布患者全身各处的声音收缩到了她身体的左侧，右侧声音消失了。这一种现象并不是左侧身躯强度加倍，而是一如既往。可以说，患者至少痊愈了一半了，这是出乎预料的成功，因为从来没想过阅读《圣经》能够起到治疗作用。

通过对这些患者的悉心研究，我明白了一个秘密，受迫害妄想和幻觉包含的核心意义就在于，其背后隐藏着患者的人格、生活经历、人生希望和愿望，若是我们不了解这些，问题就出在我们医生身上了。我初次了解，精神病症状中隐藏着一般人格心理学，这里也是重现昔日人类的心理矛盾。即便这位患者表现得麻木不仁、无动于衷或者笨头笨脑，但是其身上发生过的事情也一定比表面上看来更加复杂，并且是合理存在的。归根结底，我们在患者身上并没有发现新的事情或者未知的事情，而是遇到自身本性的根基，就仿佛看清楚镜子里的自身。在当时，这种清晰认识对我而言，带来一种强烈的情感刺激。

最让人感慨的是，从精神病学发端，到专注研究精神病内容，深入其运行机理，经历了太久的研究历程。这期间，甚少有人主动询问，患者的幻想意味着什么，为什么每一名患者的幻想都是独特的，为什么一个人坚信受到了耶稣教会的迫害，另外一个人认为犹太人想要毒害自己，而第三个认为警察在追踪自己。没有人认真分析这些幻想的内容，而是以"迫害妄想"泛泛定义，诸如此类，稀里糊涂。另外遗憾的地方，就是历史上的研究，现如今已经失传殆尽。在 20 世纪之初，我就用心理治疗法对精神分裂症患者进行治疗，这种办法并不是新发明的，但是耗时许多年才把心理学纳入心理治疗的范畴。

当我还在医院工作的时候，开始慎重对待每一位患者，小心翼翼，生怕遭受异想天开的无端指责。在当时，精神分裂症或者"早发性痴呆症"被人们认为是不可治愈的疾病。若是精神分裂症得以成功治疗，有人就会说这不是精神分裂症。

1908 年，弗洛伊德到苏黎世来看望我，我给他展示了芭贝特这个医疗病例。后来，他对我说："荣格，您知道吗？在这个患者身上所发现的事情肯定很有研究价值。但是，您怎么忍受得了长年和这个奇丑无比的老女人待在一起？"

我当时无言以对，因为我从未有过类似的念头。我觉得，在一定程度上，她是一位和善的老妇人，因为她的幻想是那么美妙，说出那么多有趣的话语，毕竟，在她身上，虽然云山雾罩胡说八道，但是也显露出真实的人性。对芭贝特的治疗没有太大进展，并且她患病程度太深了。但是我接手的其他病例，持续此类的研究取得了有益的进展。

从外表来看，精神病患者身上呈现了悲剧性的自我毁灭，就其本质来说，疏远我们的是那逐渐死亡的心灵。在那个患上偏执型精神分裂症的年轻女患者身上，我深刻体会到表面现象是很容易欺骗人的。

这个女患者18岁，出身书香门第，15岁的时候遭遇兄弟的诱骗，被同学糟蹋了，16岁开始变得性格孤僻，时常躲避人群。后来，只能与隔壁家的一条恶犬进行情感沟通，试图成为恶犬的同类。她变得越来越孤僻，17岁的时候被送进疯人院，被囚禁了一年半的时间。她开始幻听，拒绝进食，完全沉默不语。我第一次见到她的时候，她处于典型的偏执型精神分裂状态。

经过许多个星期的接触，我才逐渐使她开口说话。她在克服了剧烈的拘束心理之后，声称自己生活在月亮之上，上面还有其他人类居住，但她一开始只看到男人，这些男人马上把她抓起来带走，把她送到一处"月下"的居所，和他们的妻儿在一起生活。在高高的月山之上，栖息着可怕的劫杀妇幼的吸血鬼，导致月球人族有灭种之患，这也是女性人口都躲藏在"月下"的原因。

我的这位女患者于是决定为月球人族做些事情，她计划消灭吸血鬼。经过长时间的准备，她建造了一座塔楼，在上面的观景平台观察吸血鬼。经过很多个黑夜之后，她终于看到一只乌黑大鸟飞过来，她拿出长刀藏在长袍里，等着吸血鬼的到来。吸血鬼忽然站在她的面前，用好几对翅膀覆盖全身，让她除了羽毛什么都看不到。她非常惊讶，迫切想要看清楚吸血鬼的模样。她手握长刀向吸血鬼靠近，这个时候，吸血鬼的翅膀突然打开，一个天使郎君站立眼前，对方用铁掌把她抓进羽翼里，令她无法摆脱，拔不出刀来。并且，她被吸血鬼的目光迷住了，浑身毫无力气。吸血鬼把她带离地面，飞向远方。经过这次启示之后，她又可以正常说话了，被拘束的心理马上开始冒头。

我阻断了她的幻想，告诉她，再也不能离开地球了，月球回不去了。这个世界确实不美好，月球上很美好很有意义，但是回不去。不久之后，她的偏执型精神分裂症再次复发，有一阵子变得躁狂不已，让人无法接近。

两个月之后，她出院了，她变得正常了许多，可以正常交流了，她已经逐渐认识到，除了在地球上终老一生别无他途，但是后来她绝望地抗拒这种无法避免的结果，又导致病症复发入院治疗。

一次，我去她的病房探视，对她说："这样做，对您毫无益处，您回不到月球。"她面无表情、无动于衷地听着。这次，她短期内就出院了，仿佛听从了命运的安排。

她后来从事一家疗养院护理员的工作，在那里有一位助理医生有些冒失地试图接近她。她开枪射击，幸好只导致对方轻伤。这个女人居然搞到了一把手枪！并且随时携带。在结束治疗的最后一天，她给我带来了这把手枪，面对我的惊讶提问，冰冷地回答道："你若是治疗无效，我就会崩掉你。"

枪击事件触发的激动情绪平复之后，她康复返回故乡，她结婚了，并且生儿育女，在东部地区生活，熬过了两次世界大战，旧疾从未复发。

面对这样的病例，我能说什么来解释患病的机理呢？因为少女时代遭受乱伦之苦，她觉得在周围人的眼里低人一等，在自身幻想的王国里，却高高在上，把自身放入神话王国里。因为根据传统伦理，乱伦是国王和众神的特权。由此，她变得和世界隔离，出现精神病症状。就像出离人间，身处宇宙之中，和人类失去联系，遭遇漫天飞舞的恶魔。在治疗的时候，她把对恶魔的情感转移到我的身上，这符合认知规律，能够说服她过上正常生活的人暗示有性命之忧，我当然存在这个客观事实。通过讲述，她在某种程度上向我交出了"内心的恶魔"，从此自身堕落凡间，回归现实生活，甚至可以结婚生子。

从此以后，我开始对精神病患者的痛苦报之以同理心，因为现在的我认识到，在他们的内心深处正经历着激烈的斗争。

时常有人询问我心理治疗法或者进行分析的方法，我是无法明确回答的。治疗手法各不相同，如果有医生告诉我，他严格遵循了这样或者那样的治疗步骤，我是不敢苟同的。在医疗文献资料中也常常谈及患者存在拘束心理，看起来有人想要设定一种规范模式，而最管用的治疗方式本该在患者身上具体体现出来。进行心理治疗和分析，因为患者不同而千差万别。我尽可能地给患者制定贴切的治疗方案，因为解决问题的办法会因人而异，由此，也只能尽量保守地制定普遍性规则。也只有充分掌握心理学真理的时候，这种方式才是有效果的。我不会拿着某些现成的治疗方案，去考虑是否适合这位患者。

同时，医生必须认识到所谓妙法，最忌讳按部就班去实施，要小心应用理论依据，今天这种依据或许有效果，明天可能有效果的是其他理论依据了。在我进行病理分析的时候，不用所谓妙法，我有意选择不同推理方式，对我来说，面对患者必须设身处地进行沟通了解，对待患者可能用到不同的谈话方式。所以，在我进行一次病理分析的时候可能用到阿德勒的方式，在另外一次病理分析的时候可能用了弗洛伊德的手法。

问题的关键在于，我作为一个人类面对着另外一个人类，对两个人类伙伴参与的谈话进行分析，医生和患者四目对视，相对而坐，医生要说什么，患者也在猜想。

在进行心理治疗的时候，关键的问题不是进行所谓妙法的运用。所以，仅仅进行精神病学理论研究是不够的。我本人必须进行长期的学习各种知识，直到具备一名心理学医生进行治疗的知识储备。1909年，我就认识到了这个问题，如果不能理解潜伏在精神病患者体内的各种抽象事物，是无法进行沟通治疗的。于是在当时就开始神话知识的研究。

如果遇到那些有良好教育并且聪慧的患者，精神科医生需要的不仅仅是专业知识，还必须在不拘泥于一切现实理论的前提下，解析患者心中翻腾的真正念头是什么，否则必然是自寻烦恼，触发患者的抵抗情绪。治疗的实质不是要验证某种心理学理论，而是认识到患者理解自己的与众不同。然而，如果医生不能掌握涵盖广泛的人类思想，就不可能做到真正治疗。在这里，仅有的医学训练远远不够，因为人类心灵的视野何其广阔，远非小小心理医生的专业眼界所能覆盖的。

心灵的构成，比躯体更加复杂多样，常人难以企及。可谓是一个全新的世界，抽象而玄妙，只有在真正意识到这一点的时候，它才是存在的。因此，心灵问题不仅是个人问题，也是世界性难题，而精神科医生需要和一个陌生的全新世界打交道。

现在看来，这个问题是前所未有的，我们大家面临的难题和危险并不是来自自然界，而是来自人的内心，来自个人和众生的心灵。人一旦心理发生病变，就变得十分危险。生活的一切秩序，都取决于我们的心灵是否正常运转。若是某些医生不能正确开启这个开关，患者内心的世界有可能发生毁灭。

另外，心理医生不仅要真正理解患者，也要正确理解自身，这一点十分重要。所以，心理学教育必不可少的一点是进行自我分析，也就是训练分析。对患者的治疗可以说从医生自身就已经开始了，只有懂得与自己打交道，处理好自身问题，才能教会患者也如此行事，但是首先自己率先到了那一步才行。进行训练分析的时候，医生必须认清并认真对待自己的心灵，如果自己都做不到，那么患者也不可能学会，患者就此缺失一部分本可以治愈的心灵，而医生也失去了自己不能理解的那块心灵。

因此，医生在进行训练分析的时候，掌握一个概念体系是不够的，作为精神分析的对象，还必须认识到，分析涉及自身，是现实生活的一部分，而非单纯字面意义上的、可以熟记的知识方法。医生或者治疗师在训练分析的时候，不领会到这一点，以后必然会因为这一点付出高昂的代价。

虽然有所谓"小型化的心理治疗"，但真正分析的时候，是要求患者和医生齐心协力、全身心去冲破心理障碍。毕竟存在着许多不进行自我牺牲，就无法痊愈的病例。若是触及重要内容，此时此刻，最关键的是医生能否把自己看成事件的一部分，还是把自己当成了旁观的权威。在人生遭遇重大危机，在生死存亡的关头，这个时候一些诱导性的招数会失效，医生和患者都会遭遇挑战。治疗师要随时向自己说明，如何在与患者产生对立时做出什么样的反应，不仅用意识做出反应，还要始终自问，我的潜意识如何体验这样的情境，也就是必须尝试理解自身的梦境，密切注意观察自己和患者的反应，否则，整个治疗可能流于形式。在这里，讲一个事例。

我曾经遇到一位患者，她是个非常聪慧的女人，由于一些原因，感觉她十分可疑。一开始，分析进行得很顺利，一段时间过后，我觉得解梦的时候情况不对劲，当时以为是谈话太肤浅的缘故，所以决定和患者深入探讨一下。因为，当时情况不对劲，一定也逃不过她的眼睛。在下一次接诊的前夜，我做了一个奇怪的梦。

夕阳西下，我漫步在乡间小路上，穿越峡谷。右侧是陡峭的山岩，一座巍峨的宫殿矗立在上面。在那最高的塔尖上，一位妇人坐在栏杆上。为了看得真切，我不得不仰视，此刻脖颈一阵痉挛，于是就醒过来了。在梦中我就认出来了，那位妇人就是我即将接诊的患者。

我立刻就明白如何解梦了，在梦中不得不以此种方式仰视患者，在现实场景中我有可能是鄙视她。梦境确实是对清醒状态的一种补偿。我把梦境和自己的解析都告诉了对方，沟通局面马上就改观了，以后的治疗变得顺畅了。

身为医生，我必须保持头脑清醒，时刻坚持自省，患者给我带来了什么信息？患者对我意味着什么？若是他无关紧要，我也就失去职业价值。只有当医生正视自己的人性弱点，患者才会产生变化，当我们审视患者的时候，患者也在审视着我们。如果医生一开始就戴上人格的面具，患者当然不能了解医生为人，也无法信任医生。所以，医生要认真对待患者，或许我们都面临着同样的心灵问题。这件事也确实常常发生，患者恰巧是适合医生弱点的"良药"，由此也会给医生带来认知困境。

每一名治疗师的身旁，应该有第三者督导，这样是为了保留另一个视角。即便是教皇也需要忏悔神父。我总是这样劝告身边的同行："给自己找一个忏悔神父或者忏悔修女吧！"因为女人们有此天分，她们的直觉常常出类拔萃，评语也是一针见血，能够一眼看穿男人的念头，也许还有她们不经意间的女性意向轨迹。她们能看见男人看不到的方面，所以，没有哪个妻子坚信自己的丈夫是超人。

若是有人得了神经症，会理所当然地接受治疗；若是这个人自认为是正常的，就不存在这类强迫做法。但是，我可以保证，关于正常状态，有过惊奇的体会。曾经遇到一个完全正常的从医的学生，他是医生，给我带来一名老同事的问候，他是后者的助理医生，接手了诊所。这个人事业有成，过着常人的生活，诊所很普通，妻子也是普通人，子女们身心健康，住在普通小城镇里的一个不大的房子里，他的收入也一般，料想日常起居也没有特别之处。

这个人想成为一名心理分析师。我告诉他："您知道这意味着什么吗？就是说，你必须先清楚了解自己，分析的工具就是你自己，如果你自己不对劲，就不可能正确分析患者，如果一些事情连你自己都心存质疑，又如何让对方信服呢，你自己必须经得起考验和质询，如果自己存在那样或这样的弱点，就会把患者引入歧途。所以，你得主动分析自己。"

他非常赞同我的观点，马上对我说："我本人没有什么问题。"这种回答本身就是有问题的。我说，"好吧，那让我们看看你的梦境是什么样子吧。"他回答说："我自己从来不做梦。"

我说，"你很快就会做梦的。"

这种情况，若是换成其他人，很可能在当天晚上就会做梦。但是这个人却不记得自己做梦。大约过了两周以后，我觉得有些不对劲。

后来，他讲述了一个令人印象深刻的怪梦。他梦到自己搭乘火车，列车在某个陌生城市停留了两个小时。因为自身不熟悉这个城市，又很好奇，于是就去了市中心，他在那里看到一个中世纪的楼房建筑，很可能是市政厅。于是，就走了进去。穿越长长的走廊，进入一个豪华的大厅。里面的墙壁上挂满古画，还有织花的壁毯，古玩珍宝随处可见。他看到窗外天色渐暗，心想自己该回到火车上去了。

此时此刻，他发现自己迷路了，不知道出口在何处，自己惊恐极了，同时也意识到他在这栋大楼里一个人都没遇到，让人毛骨悚然，他加快脚步飞跑，渴望遇到一个人，可是什么人都没有遇到。最终看到大门，如释重负地走过去，心想这就是出口了。

当他打开门，却发现置身于一个巨大的房间里，昏暗得连对面的墙壁都看不清楚。他大吃一惊，飞快地穿越房间，希望在厅堂的另外一侧找到出口。就在这个时候，他看到在房间中央的空地上，有白色的东西，走近发现是一个大约两岁的傻孩子坐在夜壶上，浑身沾满粪便。在这一瞬间，他大喊一声，惊醒过来，心慌意乱、满头大汗。

听到这些内容，我就十分有把握地确定，对方患有潜在的精神疾病。在尝试着帮助对方摆脱噩梦的时候，我紧张得几乎出汗了。我不得不努力解释这个梦境其实并无大碍，避免探讨细节。

梦境所述内容，可以大致解析如下：开头的旅行是前往苏黎世，但是他在那里只是短暂停留。处于大厅中心的孩子是他自身两岁时候的形象。对于幼儿而言，有这样的怪异举动虽然很奇怪，但是还算是可能存在的。粪便吸引了他的注意力，因为有颜色，有气味。若是这个孩子在城市里长大，可能是在家教严格的家庭里，就很容易发生这样的事情。但是，现在做梦的是一位成年人，不是儿童。所以，他梦中位于中心位置的奇怪形象是禁忌的象征。在他讲述梦境的时候，我就意识到，现在他具备的正常状态只是一种补偿。我在梦境的最后一刻逮住了他的异常，唤醒了他，因为潜在的神经症差一点爆发出来，并且迹象明显，所以我必须阻止。最终，借助他的这个梦，给训练分析找到了可以信服的结局，我们俩都感谢这样的结局。

我不让他知道我真实的诊断，但是梦境告诉他，一旦遇到危险的精神病人纠缠，他自身就会察觉到自身的异常，后果会很严重。这位医生随后返回家乡，不再触及自己的潜意识，生活恢复正常状态，稳定这种人格，在随后的日子里，这样的稳定人格不会因为与潜意识对立而受到阻碍，也会突破潜意识的禁锢。这些潜在的精神病是作为一位心理治疗师的眼中钉，是非常棘手的事情，因为它们通常极难诊断。在这样的情况下，对梦境进行正确解析，就变得极为重要。

到这里，就涉及非专业分析的问题。我本人支持非医学人士也可以学习并从事心理治疗职业，但是一旦遇到潜在的精神疾病的时候，他们就会容易出问题。因此，我有条件赞成非专业人士从事心理分析师这份工作，但需要接受专业医生的督导，一旦有丝毫不确定性存在，应该立即向后者请教。对于专业医生而言，确诊并治疗潜在的精神分裂症是非常困难的事情，对于外行人来说，那就更加困难了。但是现实情况是我一再体会到，非专业人士长年致力于心理治疗，并且自己也接受分析训练，会学好几种心理学分析技能。更现实的问题是，专业的应用心理学医生缺口非常大，根本不够用。这项职业需要漫长且全面扎实的专业学习和训练，需要全面广泛的教育，只有极少数的学生能够得到这种学习培养。

在治疗过程中，若是患者的情感发生转移，或者医患之间不自觉产生认同，医患之间的关系偶尔也会导致类似心灵感应这种现象的发生，我本人就有很多类似经历。有一个特别的病例，我使患者摆脱了精神性抑郁。后来，他返回家庭结婚了。后来我见到他的妻子，印象并不好，我能感觉到，因为我治好了这个患者，他对我心存感激，但是就成了他妻子的眼中钉。经常发生这样的事情，妻子一方并非真心爱着自己的丈夫，只是天生善嫉，习惯破坏丈夫和朋友之间的友谊。她们只希望丈夫完全属于自己，因为她们并不属于丈夫。嫉妒的核心就是缺乏爱。

这个妻子的态度成了那位患者难以忍受的心理负担，在这样的压力之下，婚后第一年，他就重新陷入抑郁。我能预见有这样的可能情况，曾经与他约定，一旦察觉情绪低落就要立即联系我。但是他没有这么做，这其中不无其妻子推波助澜的作用，她对丈夫的情绪变化毫不在意。这位患者从此音信全无。那个时候，我在B城做学术报告。做完报告后，和几位友人共进晚餐，在午夜时分住进旅馆，上床后久久无法入睡。

在将近凌晨两点的时候，突然惊醒，确信有人进入房间，还觉得好像房门被匆匆打开。我马上开灯，却什么都没有，心想是不是有人走错了房间，就往走廊里看了看，可是那里一片死寂。我当时非常奇怪，感觉刚才确实有人进入了房间。于是努力回想，想起来因为梦中隐隐作痛才被惊醒的，就仿佛被硬物碰到额头，然后撞到后脑勺上。第二天，我收到了一封电报，说那位患者吞枪自尽了，后来得知子弹卡在后脑勺上。

在这里涉及的共同时空现象，在原型死亡情境中并不罕见。通过潜意识，把时空连接起来，我有可能感知到发生在别处的全部事情。集体无意识行为，是人类共同拥有的本能，这也是古人所说的"万物感应"的理论基础。在这个病例中，我的潜意识知道了患者的状况，整个晚上都觉得出奇地心神不宁、内心烦躁，和平时不同。

我从来不强迫患者皈依某个教派，也不强加于人，一切都取决于患者自身得出的看法。在我这里，无论是异教徒，还是基督徒，或者犹太人，他们就是他们，遵从命运安排。

我清楚记得一个丧失信仰的犹太女人。事情开始于我的一个梦。在梦里，有一个陌生的少女前来就诊，她陈述自己的病情，我一边听，一边想：我根本听不懂她说的话。我不明白这是什么事情！可是猛然想到一个关键点，她有异乎寻常的恋父情结。这就是梦里的场景。

第二天，我的日程安排是四点开始会诊。这个时候，一个少女走了进来，是个犹太女子，一位银行家的掌上明珠。她长得俊俏艳丽、气质优雅，显得非常聪慧。通过了解，她之前接受过心理分析，但是那位心理医生喜欢上了她，最终无法忍受情感折磨，恳求这个女孩儿就此分别，生怕因此毁掉自己的现实婚姻。

这个姑娘长期以来遭受重度焦虑性神经病患的折磨，当经历了糟糕的心理治疗之后，她的病情越发严重了。我从她的既往病历开始分析，没有发现什么异常之处。她已经入乡随俗，不再是传统的犹太人，思想非常开通。一开始，我并无法理解这样的病例，忽然之间想到了我做的那个梦，心想："上帝呀！果然是这样一个小妞！"

但是，我暂时无法断定她有恋父情结的痕迹，接下来就按照此类情况的处理惯例进行询问。首先询问对方祖父的情况，看到这个女孩儿闭眼思考片刻，我马上就知道了问题的症结所在，这其中肯定是有问题的。接下来，就请这个女孩儿讲一讲自己祖父的情况。得知她的祖父曾经是一位拉比，属于某个犹太教派。

　　我饶有兴趣地问道："你说的是哈西德教派吗？"

　　"是的。"她老实回答。

　　"他当拉比的时候，是不是还属于圣贤一样的人物？"我追问。

　　"是的，人们都说他就像圣人，拥有未卜先知的能力。但是，这些都是胡说八道，这都是没影儿的事。"女孩儿的情绪有些激动。

　　到这里，我算是弄清了女孩儿的既往历史，也知道了她神经症的根源。接下来，对她解释道："现在我想讲一些你或许不接受的事情。在你的家族里，你的祖父是圣贤，但是你的父亲背叛了犹太教义，他泄露机密，遗忘了上帝。而你的神经症根源就是是否敬畏上帝的矛盾心理。"

　　女孩儿顿时如雷轰顶，呆坐在那里。

　　接下来的一个夜里，我再次做了一个梦。在梦里，我正在接待客人，那个小姑娘也站在旁边。她向我走来，询问道："你有伞吗？雨下得真大呀！"我也真心去找了一把伞，并试图为她撑开伞。但是接下来发生了令人瞠目结舌的一幕，我双膝跪地，十分虔诚地向她奉上雨伞。

　　再次诊治的时候，我对这个女孩儿讲述了我做的这个梦。一个星期以后，小姑娘的神经症消失了。这个梦境向我揭示了一个道理，这个女孩儿不是普通人物，在她的身后有圣人的影子。但是她不认同神话学说，所以身上丝毫看不出来圣洁的一面。她只学会了这个年龄段该有的样子，例如喜欢穿衣打扮、喜欢卖弄风情、喜欢谈情说爱和两性交往等，根本不了解更多的世界本质，虽然脑子聪慧，但是生活过得一塌糊涂、毫无意义。

其实，她是上帝的宠儿，应该实现上帝赋予的神性。我借机唤醒了她身上的宗教信仰，让她重新拥有了精神生活的支柱。从此，她的生活会开始变得富有意义，自然神经症就消失得无影无踪了。

在这个病例当中，我并没有运用心理分析的窍门，而是得见神灵的存在，由此对女孩儿做了开诚布公的解释，使她的心理矛盾化解开来，神经症得以痊愈。在这里，起作用的是对上帝神灵的敬畏之心，和心理学知识无关。

我也时常观察到，人们一旦拘束于生活问题的错误解答或者得不到正确回应，很容易钻牛角尖，变得神经过敏。人们热衷于追求社会地位、美满婚姻、社会名望、外在事业的成功或者万贯家财，即便得偿所愿，依然欲壑难填、闷闷不乐，这样的人多数是思想狭隘，生活缺乏内涵，人生毫无积极意义。他们如果能够加强学习全面发展，神经症多半会自动消失。所以，对我来说，人生发展的思想观念从一开始就具有决定性的神圣意义。

我的大部分患者都不是信徒，而是丧失信仰的人，都是"迷途的羔羊"前来找我问路。现在，信徒们有很多机会到教堂去体验那种心境，可以实现弥撒、洗礼等经历，还可以思考《效仿基督》

（师主篇）里许多的事情。但是这些象征意义的心理体验和经历，需要以信徒的认真参与为前提，而现在许多人失去这种耐心。在神经症患者身上多半可以观察到这些共同特点。在这样的情况下，我们只能采取观察的办法，看一看患者的潜意识活动能否自发触动这些象征意义的活动，这些象征行为可以代替清醒状态下无法完成的事。一个人拥有了相应的梦境或者幻觉，但是能否保证他可以真正理解这些含义并积极去实现，这个关键问题始终无法真正解决。

在《论集体无意识的原型》这篇著作中，我描述了这样一个病例。有一位神学家，时常做重复的梦。他梦见自己站在山坡旁，在这里可以远眺深谷密林的美丽景色，他知道肯定有什么东西阻止人们接近那里。这一次，他决定亲自付诸实施，在接近远处湖泊的时候，水面幽深、波光荡漾，感觉阴森森的，一阵微风忽然吹过，把他从梦中惊醒。

一开始，这个梦境是让人费解的，但是作为神学家本人，应该很容易想起《新约·约翰福音》里那个关于"池塘"的小故事，当天使搅动毕士大池的池水时，池水拥有神奇疗效，把五个躺在走廊里的病人浸入水中，马上痊愈了。在这里，微风代表了天使的气息，所以使神学家惊恐万分。梦里暗示，在这片神秘的天地里隐居着神灵，人们在神灵面前瑟瑟发抖。做梦者本人是不愿意承认毕士大池这一联想的，因为这类事物只存在于《圣经》当中，充其量在礼拜天上午布道的时候出现的，这是工作的一部分罢了，与心理学毫无瓜葛。并且，也只有在隆重场合会谈及神灵，这也不是经验之谈。

我明白，做梦者本人应该克服这种恐惧，把梦中的荒诞抛弃脑后，但是如果患者无法做到，我也不会固执己见，强迫患者去做。我不会凭空假设患者的不听话是常见的对抗心理。尤其在遇到患者情绪激动的时候，更应该重视，因为有可能是无法忽视的警告。所谓灵丹妙药不一定人人都可以承受，对一些人来说可能是毒药，或者是致命的禁忌手术。

因为事关内心体验，涉及个人最隐私的地方，所以多数人重复遇到这样的怪梦都会不寒而栗，他们会选择落荒而逃，就像这位神学家。我当然能够理解，神学家的心理压力比普通人大许多，因为他们从事宗教事业，同时受制于教会烦琐的教条。他们内心体验的风险和精神上的冒险对常人而言都是陌生的，于自身就像家常便饭一样时常经历。这种精神世界和现实世界的矛盾冲突，多少会产生"超自然现象"或者"来自历史的启示"，反复作用于心理，面对满脑子的问号，突然爆发意料之外的对心灵的藐视，这种可能性是无法避免的，也是一定存在的。

现在的心理治疗过程，时常要求医生一定程度上和患者情感与共，我认为这不是一定的，有时候也需要医生主动介入患者的状况。

有一次，一位贵妇人前来问诊，她患有强迫性神经症，动不动就会掌掴雇员，包括给她治疗的医生。她曾在一家医院诊治，很快就赏了主治医师一记耳光，在她眼里，把对方当成了高级男仆人，因为自己付钱了，就有惩罚的权力。这位主治医师打发她去找另外一位医生，结果不言而喻。贵妇并非疯疯癫癫，只是显得十分强悍，无奈之下，被打发到我这里就诊了。

这个女人身材魁梧，身高足有六英尺。我知道自己也有可能挨揍，我们一开始谈得很融洽，后来到了不得不说难听话语的时候，她果然暴跳如雷，威胁要殴打我。我也站起身来，满脸正色："好吧，您是女士，你可以先动手。女士优先，但是我接下来会还手的。"

我确有此意。她跌坐回去，变得垂头丧气，抱怨道："还没有人对我说过这样的话。"

从这一刻起，对于她的治疗开始有了成效。

这位女患者需要阳刚的反馈，在这个病例中，我的同行们都搞错了，一味纵容对她毫无益处。她患上强迫性神经症，就是因为无法在道德上坚持自律，也正是因为强迫病症丧失本性的约束。

在多年之前，我对自己治疗病例的结果做过一个统计，具体数字记不清了。保守估计，三分之一的治愈了，三分之一的大有好转，三分之一的毫无作用。但是，恰恰是那些不见好转的病例让人困惑，因为有些事经过很多年之后才得到认识和理解，也只有那一刻治疗才真正发挥作用。有很多次遇到以前的患者给我写信："我在您那里治疗十年之后，我才真正意识到究竟发生过什么。"

有少数患者离我而去，只有极个别情况，我不得不把患者打发掉，但是其中也有一部分后来给我正面反馈，所以，经常难以真正判断治疗效果是否成功。

在医生漫长的职业生涯当中，也会遇到对其本人有重要意义的人，这是自然而然的。遇到这样的患者，无论是否幸运都是人们不曾关心的，也恰恰是因为这种超乎常人的才华，其人生经历也是少见的蜕变甚至是灾难。有些人生来就是天才，外人或许对此狂热不已，但是他们自身却处于幸福烦恼的矛盾心态里。大家也不知道是和天才打交道，还是在和疯子打交道。

在无法量化的情况下，实现心灵财富的兴旺发达，是很容易的事情，人们也很少在平庸的社会中想到这些。实现心理治疗效果，需要医患关系和谐，双方有一定心理默契，医生也会对患者形成大致印象。这种心灵默契是需要持续保持，不断适应变化不断进行比较的，对彼此面对的心理现实进行辨证分析。如果这些内心印象出于什么别的原因造成一方或者双方沟通失灵，则心理疗程会变得彻头彻尾地失效。如果一个人不能成为另外一个人的关注焦点，当然也就无法找到心理症结的答案。

在我们现在的这个时代，所谓的神经症患者，不少人在过去社会是不会患病的，也不会和自己的内心产生冲突。他们如果生活在一个舒适的时代，可以通过神话或者祖先历史，进而与自身经历进行联系，而非仅仅侧面获得，就可以为心灵找到疏解出口，能够避免产生身心矛盾。那些无法接受神话式微的人，对外部世界，也就是现在的自然科学世界观无法形成理性认识，就会无法满足幻想性心灵需求，这种需求和智慧无关，需要智力支撑。

这个时代饱受心灵分裂的受害者，纯粹是"官能性神经症患者"，自我与潜意识之间的裂缝得到修补填充之后，看上去病症也会消退。切身体会这种分裂过程，可以更好理解潜意识中的心理过程，避免心理学家面临那种典型的人格扩张。如果面对这种负面作用，又没有了解病症原型经验，那么治疗效果就十分有限了。这些心理学初学者或者高估或者低估患者症状，因为自己只有知识概念，缺乏经验尺度。

这个道理不仅适用于心理学研究，人们决策的歧途大多源于此。第一条就是尝试以智力取胜，心有主意，不受制于原型，进而躲避开实际经验，有利于得到人为造就的一个结果，这是一个二维世界的概念，这个概念逻辑简单，掩盖复杂的现实生活。

通过植入全新概念而剥夺经验实质，使概念徒有其名，用名称代替现实。没有人愿意受困于概念，都想避开经验，追求认知的舒适感。人的精神并非生活在这些浮泛的概念当中，而是存活于行为和现实之中。仅仅靠只言片语是不可能把狗从壁炉边引开的。尽管是这个道理，但是人们还是习惯了故技重演。

因此，依据我的从业经验，除了习惯性撒谎者，最棘手费劲、吃力不讨好的患者莫过于所谓的知识分子了。因为在他们的逻辑里，一只手从来不知道另外一只手做什么，他们培养了分割心理状态。当智力不受情感制约的时候，一切难题都好解决。但是，人们还是会患上精神疾病。

我有幸结识了很多愿意充当精神分析对象的实验合作者，通过分析他们，以及很多的患者，给我呈现出多姿多彩的心理世界，我从中学习到很多知识，尤其是洞察人心方面，不仅仅是科学知识，而且从迷失的认知和失败案例中也学到很多经验。我的精神分析对象很多都是女性，她们异常认真负责，善解人意、创造性强，我能够在心理学研究道路上闯出一条新路，离不开她们的贡献和帮助。

有一些分析对象成为我真正的学生，把我的学术观点引向全世界，其中一些人和我的友谊经历几十年岁月的考验。我的患者和我的精神分析对象，让我无限接近人生现实，得以获悉人生本质。和形形色色、心态各异的人们相遇相识，对我的人生意义远远高于和社会名流的社交活动。毕竟，平生最美妙、最富有成果的谈话往往都是匿名的。

第五章：西格蒙德·弗洛伊德

成为精神科医生之后，我就开始在思想上进行冒险，懵懂地开始从临床或者外部观察精神病患者，遇到引人注意的心理过程，就会记录下来进行分类，丝毫不理解其中蕴藏的足以评估为病态的内容。随着时间推进，我的兴趣越来越多地聚焦到我可以进行理解的那些患者身上。也就是偏执型、狂躁型和精神障碍这些症状上。

自从走上精神病学研究道路，除了皮埃尔·让内的学术论文，布罗伊尔—弗洛伊德的研究成果给我提供了丰富的滋养，让我深受启发。尤其是弗洛伊德解析梦境的方法，对理解精神分裂的表现形式提供了极大裨益。1900 年，我就阅读了弗洛伊德的《梦的解析》，因为当时尚未完全理解，就把该书放在了一边。因为凭借当时 25 岁的人生经验是无法对弗洛伊德的学术理论进行验证和领会的，直到后来才实现开悟。在 1903 年，我再次阅读《梦的解析》，发现和我自己的学术理论不谋而合。[1]

---

[1] 1939 年 10 月 1 日《巴塞尔新闻报》上，刊登了荣格对弗洛伊德的悼文。荣格把《梦的解析》称作"划时代著作"而且，"可能是做过的最大胆学术尝试，在貌似根深蒂固的经验领域，把握潜意识心理之秘密……对于我们这些当时年轻的精神科医生而言是开悟之源，而对于我们那些年长的同行而言则是嘲讽的对象"。

这本著作尤其让我感兴趣的是，把源于神经症心理学的"压抑机制"概念应用于解析梦境这一领域。这对我是十分重要的，因为在话语联想实验当中，频繁遭遇压抑情形，患者对某些刺激性话题不知道该如何进行联想回答，或者回答的反应时间明显延长。后来的实验结果表明，如果刺激性话题触及患者心灵痛楚或者产生内心冲突，那么每一次实验均出现类似紊乱。但是，大多数患者在这种情况下并未意识到异常，当询问原因的时候，他们往往装模作样进行掩饰。在阅读弗洛伊德的著作之后，可以得知，在这种情况下，是压抑机制在发挥作用，我观察到的实际情况和他的学术理论是一致的，我的实验证实了他的解释。

至于压抑的内容并不完全符合，我并不能完全认同弗洛伊德的理论。他把性心理创伤作为压抑的原因，这是不能让人信服的。我在治疗实践当中，了解到众多神经症病例，性在其中只是次要作用，而其他因素则是重点，例如，社会适应情况差、生活状况悲惨而导致的性格内向、情绪压抑、没有面子等心理问题。后来，我把这些医疗案例交给弗洛伊德，但是他并没有重视性因素以外的其他情况，这让我十分不满他的做法。

如果让我在人际交往中给予弗洛伊德恰当的位置，或者对我们俩的关系进行适宜调整，我一开始觉得并不容易做到。在了解弗洛伊德这个人的时候，我即将完成在大学里取得进展的一篇重要的学术论文，前途一片光明。在当时的学术圈子里，弗洛伊德非常令人讨厌。因此，和他的友谊，并不利于任何学术声誉。心理学研究大师们从不在全体大会上讨论他，顶多只会在会场过道里偷偷提及。由此可见，敢于断定我的联想实验和弗洛伊德的理论相一致，绝非是令人愉快的事。

有一次，在实验室里研究这些问题的时候，仿佛有个魔鬼在我耳边私语："我有权利发表实验结果和结论，不必提及弗洛伊德的名字。"在对他有所了解之前，我的实验确实早就完美了。但是也同时听到第二人格的声音："要是装作对弗洛伊德一无所知，就是活生生的自我欺骗，生活不能依靠谎言。"内心挣扎就此了结，从那时起，我公开自己的学术观点，站在弗洛伊德那一边，共同对抗学界反对势力。

首次为弗洛伊德辩护是在慕尼黑的一次学术会议上，报告人做了关于强迫性神经症的报告时，故意忽略了弗洛伊德的名字。紧接着，在1906年，我为《慕尼黑医学周报》撰写文章，以《弗洛伊德的歇斯底里学说，回应阿沙芬堡的批评》为题，论述对理解强迫性神经症，居功至伟的是弗洛伊德的神经症学说。为了这篇文章，两位德国教授给我写了告诫信，提醒我如果继续站在弗洛伊德一边，继续为他的学说辩护，我的学术前途有可能会毁于一旦。

我这样回信："若是弗洛伊德学说是符合实际的，我就会赞成。不承认真相、限制学术自由，若是前程以此为前提，我羞与为伍。"

接下来，我继续支持弗洛伊德理论及其观点。但是基于自身实际经验，我依然无法承认一切神经症均由性压抑或性心理创伤所导致，这或许切合某些病例，但是不适用于其他病例。无论如何，弗洛伊德开辟了心理学研究的全新领域，在当时，学术界对他的诋毁行径让我觉得十分荒谬。

我对《早发性痴呆心理学》中表达的理念不甚理解，同事们也嘲笑我的坚持，但是我因为这篇文章联系了弗洛伊德，他邀请我前往探讨。1907年，我们在维也纳第一次会面，在一点钟碰面，然后一口气畅谈了13个小时。弗洛伊德是我遇到的第一位真正的学界名人，以我当时的人生阅历，这番经历可谓无人能及。他的学术观点毫无平庸之见，闪烁智慧之光，我觉得他异常聪慧、思维敏锐，在任何方面都值得学习。不过，我对他的最初印象依然说不清楚，一定程度上也感觉无法完全理解对方。①

他关于性学理论给人留下深刻印象，但是他的话语无法打消我的疑虑。就这一点，我不止一次提出异议，但他每一次都以我缺乏经验进行反驳。弗洛伊德言之有理，我当时确实没有足够的研究经验来论证自己提出异议的理由。可以看出，无论是在个人还是在哲理理解上，性学对他都意义重大。这令人印象深刻，但是我不清楚，在他那里这种正面评价和主观设想，与可资证明的经验之间有几分相关。

我尤其怀疑弗洛伊德对待人类精神的态度，无论是遇到人类学说还是文学艺术，一旦出现智慧这个术语，他就怀疑并暗示和性压抑有关。在不能直接解释为性欲的时候，他就转化为"心理性欲"。我对此提出异议，若是按照这样的逻辑进行推理，他的假说会导致对人类文化的全盘否定，文化成了闹剧，是性压抑导

① 1906年，荣格将其关于"诊断联想研究"的文章寄给弗洛伊德之后，两位学者就开始通信，书信往来一直延续到1913年。

致的病态结果。他确认道："正是如此，这是命运的诅咒，我们无能为力。"我坚决不愿意承认他的理论逻辑，也不愿意就此作罢，但是当时自觉还无法应对这样的讨论。

初次见面的时候，还谈到了其他重要的事情，我却在我们绝交之后才想通并且理解。显而易见，弗洛伊德对他的性学理论是坚信不疑的，每当谈论起来，他的语调就变得急切，仿佛忐忑不安，他那吹毛求疵、怀疑一切的本性不见踪影，无法解释的异常激动使他表情丰富，这一幕让人印象深刻。性学说对他意味着神圣敬畏，不可亵渎。大概三年以后，我们在维也纳再次交流的时候，更加证实了我的感觉。

我对当时的情形记忆犹新，弗洛伊德对我说："亲爱的荣格，请你保证永远不放弃性学，这是最根本的要求。您看，我们应该使它成为人生信条，永远不可动摇的堡垒。"他当时的神情充满热情，说话的口吻仿佛一个父亲忠告自己的儿子："好孩子，你要向我保证每个礼拜天都去教堂。"

我有些惊讶："成为堡垒？又抵抗什么呢？"

"抵抗黑色的污泥浊水。"他正色回答，迟疑了片刻，又补充说，"神秘主义的黑色污泥浊水。"

一开始是让我吃惊的"信条"和"堡垒"只有在意欲一劳永逸压制一切怀疑的时候才会制订信条，也就是不可以进行讨论的教义，但这种表述和学术研究是毫不相干的，只涉及个人的权力控制欲。

这是对我们通过学术研究建立友谊的一次沉重打击，我知道自身是绝对不能忍受这种压制的，弗洛伊德似乎对"神秘主义"所做的定义包括了全部的哲学和宗教思想，也包括那些刚刚兴起的心灵学说，以及心灵学说的相关理论论述。对我而言，性学同样属于玄妙学说之一，和其他许多思辨的观点是一样未经证明的学术假说。科学真理对我而言是满足当下的假设，却并非任何时候都适用的人生信条。

当时，我并没有真正理解这个问题，但是感觉到弗洛伊德骨子里渗透了潜意识的宗教因素，很明显，他是想争取我和他一起对抗潜在的怀疑因子。

这次谈话让我更加困惑了，因为此前我从未认为性是神圣事物，人必须对这一点忠诚膜拜，因为忠诚往往遭受背叛。由此可见，性对弗洛伊德的重要性超乎常人，对他来说，性是"必须恪守的宗教信条"。对此类话题，心里有抵触，人们通常拘谨、羞于表达，因此在吞吞吐吐探讨几句之后，我就不再搭话了。

我当时内心抵触、迷茫、十分为难，感觉忽然之间看到一片未知新天地，许多新的想法纷至沓来。有一点是确定的，始终不相信宗教的弗洛伊德已经为自己的学说编好了教条，或者说，他为自己完成了加冕，不是世俗的宗教神灵，而是另外一番无法摆脱、关于性的图景。这样的举动同样是咄咄逼人、独断专行、胁迫他人，呈现道德和行为上的矛盾。强势的心理和可怕的言行，使得他获得匹敌神魔的评语，而"性力比多"在他的学术里承担了隐身神灵的角色。

对于弗洛伊德而言，这种学问的变形，可以拥有巨大的好处，令人敬畏的新原则使他的学术立于不败之地，摆脱掉一切世俗宗教的负担，自觉无可挑剔。从理性来讲，作为对立面的耶和华与性是无法进行比较的，这种心理特性令人敬畏，只不过是称呼变了，当然，视角也改变了，人们不再从上层，而是从底层寻找失落的信仰。可是这么称呼或者叫别的名称，对于好强的人是毫无用处的。

如果无关心理学，只是一个具体对象，人们可以摧毁这个对象，然后选择其他。事实上，在心理体验领域，紧张、胆怯、强迫等心理活动根本没有消失。问题依旧是存在的，如何克服或者摆脱焦虑、内疚、负罪感、强迫症、潜意识和内在驱动力，如果从理想主义的康庄大道走不通，那么或许从生物学角度的繁衍进化法则行得通。

这些念头犹如闪光的火焰在我的脑海里闪过，很久以后，在思考弗洛伊德的性格的时候，曾经的念想变得重要起来，并且显示出其中的含义。最令人关注的一种性格特征就是，弗洛伊德喜欢怨天尤人，这一点在我们初次见面的时候就很明显地感觉出来，我长时间不能理解这一点，直到在他对性学的态度中，看出这种愤世嫉俗的特点。

对弗洛伊德来说，性学虽然是令人敬畏的事情，但是在他的学术理论当中，仅仅是作为生物学功能进行表达。不过，他说到性的时候，总是情绪激动，由此让人感觉他的话听上去一定有深刻道理。至于从我的角度感觉，他终究是想教训人的，从内在逻辑，性学包括一定的智慧和意蕴，但是他的具体论述语言过于偏激狭隘，承载不起这种宏大的理念。所以，归根到底，我从他那里得到的印象就是，他的具体工作和他的宏大目标背道而驰、自相矛盾。最糟糕的地方莫过于自我树立强大的敌人，按照他本人的说法，自觉受到了"黑色污泥浊水"的威胁，尤其是试图挖掘出敌对的潜意识。

弗洛伊德从未认识到，自己为什么抓住性学喋喋不休，为什么这个念头从未中止，从来没有意识到，"反复单调的解释"反映出下意识逃避自我、躲避自己身上那种"玄乎"的意识。并且，如果不能坦然承认这一点，他就永远无法使自己协调一致。他对矛盾的潜意识内容视而不见，不知道潜意识中浮现出的一切都具有正反两方面的意义。如果说具体外在表现，那么不仅要关注事物的另外一面，也要符合潜意识中产生的反作用。

对弗洛伊德的这种片面性逻辑，我深感无可奈何，或许只有他亲身的内心体验才能够让他真正睁开眼睛，也可能他的个人悟性也会自动把这种片面性归结到"单纯的性学"或者"心理性欲"的层次。他专注于自己的世界，正因为如此，我把他看成一个悲剧性人物。虽然他是个伟人，但是更是一个感情用事的人。

自从那次维也纳二度交流之后，我也理解了之前并未重视的阿尔弗雷德·阿德勒的权力假说，阿德勒像许多儿子一样，学会的并非父亲的言语而是行为。于是，性学问题和权力问题仿佛千斤巨石一样压在我的心头。弗洛伊德曾告诉我说，他从未读过尼采的著作，现在我把他的心理学说看成人类思想史的一步妙棋，从另外一个方面补充了尼采对权力原则的崇拜。

症结关键显然不是"弗洛伊德对阿德勒"，而是"弗洛伊德对尼采"，这其中的意义不仅仅是心理病理学的同门相争。我醒悟到，性爱和权力的内在驱动力如同激发性心灵力量的父兄失和，或者父子失和，这种力量正如正负电荷，以相反的方式在人类经验中体现出来，一个是作用对象——性爱，另外一个是实施者——权力驱动力，这种关系相反也会成立。性爱需要权力驱动，正如后者也需要前者一样。如果没有对象，内驱力也不会存在。人们都是一方面受制于内心的驱动力，另一方面又试图克服它。

　　弗洛伊德的理论表明，客体如何屈服于内心的驱动力，而阿德勒的学说则表明他是如何利用后者来压制客体的。听任命运摆布并选择屈服的尼采，不得不创造出"超人"。所以，我可以断定，弗洛伊德必然对性爱的威力深信不疑，把它奉作宗教的守护神，甚至意图把它永远升格为宗教的信条。众所周知《查拉图斯特拉如是说》是福音的宣布者，而弗洛伊德意图和教会竞争，意在使自己的理论成为学界典范。他做这些事情是低调的，却怀疑我想让人们把他奉为先知。他提出了却又避开悲剧性的要求，人们大多会像这样对待敬畏的事物，这么做是恰当的，因为它们一方面符合实际，另一方面又名不副实。

　　拥有令人敬畏的学术经历，既可以功成名就，也可以身败名裂。性学是令人敬畏的，它是神灵和魔鬼的化身。如果弗洛伊德稍微考虑到这样的心理实际，就不会困于生物学范畴了。而尼采如果更多尊重人类生存的基础，或许就不会因为过分热情而脱离人类世界。

只要心灵因为外在令人敬畏的成就而丧失平静，那么维系其上的联系就有断裂的危险。由此可见，有一个人绝对赞成你，必然会有另外一个人绝对反对你。我深深记得有一句古老的东方谚语："无欲无求。"精神世界的钟摆，在有意义和无意义之间摆动，而不是正确和不正确之间摇摆。功成名就者最大的危险就在于，这种荣誉容易诱使其走上极端。所以，人们要把部分真理视为真理，把小迷惑看作灾难性的迷途，始终保持警醒。世间一切都会过去，昨天的真理成为今天的迷惑，前天还是错误结论，明天可能就是成功启示，尤其在我们确实知之甚少的心理学研究领域，我们远未研究明白，如果缺乏这样的基本认识，那么一切研究都是缺乏根基的。

通过和弗洛伊德的交流，能看出他担心其对性学研究的智慧之光芒会遭到"黑色污泥浊水"的扑灭。也由此产生了神话情境的联想：这是一场光明和黑暗的战争。这样也就能解释，这事会让人敬畏，会需要宗教对抗手段，需要树立教条进行辅助。在研究人类英雄之争的心理学的下一本著作中①，我会着手考虑弗洛伊德的奇怪心理反应有什么样的神话学识背景。

随着研究岁月的推移，一方面用性学来解释，另一方面需要"教条"的权力制约，这些都把我引向心理类型学，以及心灵的极性和能量学，随后持续几十年研究"神秘主义的黑色污泥浊水"，我一直试图揭开我们当下心理学中意识到的和未曾意识到的人类历史前提。

---

① 1912 年，《力比多的变化和象征》。

我感兴趣的地方，是大概听取了弗洛伊德关于告知先觉和心灵学说的观点，1909年，在维也纳拜访他的时候，我问他对这个问题怎么看。处于唯物主义立场，他拒绝回答这一系列的问题，认为是没有意义的，同时举例证明这些都是肤浅的实证主义观点，我尽量保持冷静，不与他争辩。又过了几年，弗洛伊德这才承认了心灵学的严肃性，以及"玄妙"现象存在的真实性。

在弗洛伊德提出论据的时候，我突然有了奇妙的感受，似乎体内的横膈膜由铁皮做成，此刻变得炽热无比，我的体内变成了一个火炉。而就在这一瞬间，旁边的书柜里发出一声爆裂声。把我们俩都吓坏了，生怕柜子倒下砸在我们身上，那个声音听起来就仿佛要发生这一切。

我对弗洛伊德说："现在就是心灵催化的外在表现。"

他愤然否定："你真是一派胡言。"

我回答道："不是的，教授，您错了。"为了证明自己的观点，我就预言，马上还会有爆裂声。

事情果然如此，我的话音刚落，柜子里就开始发出同样的爆裂声。

时至今日，我依然不知道当时为什么会有这份自信心，但当时心里确实知道会再次爆裂。弗洛伊德当时震惊极了，惊恐地打量着我，我不知道他当时内心怎么想，也不知道他看出什么。无论怎样，这一次经历导致他不再信任我，我感觉让他遭遇了什么打击，也再未跟他谈论过这件事。

1909年，是我们俩的关系发生变化的关键之年。当时，我受邀到马萨诸塞州伍斯特城的克拉克大学做关于联想实验的学术报告。弗洛伊德也受到了邀请，因此我们决定共同前往。我们选择在不来梅碰头，费伦茨陪伴并招待我们。在不来梅，弗洛伊德昏迷这件事引发广泛议论，是因为我谈及"沼泽尸体"而间接诱发的。

据我所知，在德国北部某些地区发现了所谓的"沼泽尸体"，是溺亡的或掩埋于泥潭的史前人类尸体。泥水中存在腐蚀性酸性物质，使尸体骨骼消融殆尽，把皮肤和毛发完整无缺地保存下来。然后发生自然的干瘪过程，沼泽的重力作用会把尸体完全压制平整。在荷尔斯泰因州、丹麦和瑞典，在煤矿工人挖掘泥煤时候偶尔会见到。

当时在不来梅，我想起了这些曾经了解过的关于沼泽尸体的知识，但是记忆混淆，把它们和不来梅储铅地窖的干尸混为一谈。我的兴致勃勃让弗洛伊德心情烦躁，他一连询问了好几次："你问这些尸体有什么目的？"

他显得气愤极了，情绪激动得甚至在办公桌旁昏厥过去。后来，他解释说，误认为我关于干尸的话题意味着希望他死去。我对这样怪异的看法深感意外，他居然幻想严重导致昏厥，这让我惊恐不已。

在另外一个相似的环境下，弗洛伊德再一次在我面前昏厥过去。那是1912年的慕尼黑心理学分析代表大会期间，有人以阿孟霍特普（阿肯那顿）四世为话题，强调他出于对父亲的憎恶而摧毁后者墓碑上的旋涡装饰，另辟蹊径创立一神教，隐藏着其恋父情结。这样的推论让人无法信服，我试图证明，阿孟霍特普是善于创造者，也是笃信宗教的人，不能用其单纯的反抗父权来解释他的具体行为。恰恰相反，他缅怀父亲，破坏掉的也只是针对阿蒙神，命人毁掉神的标志，或许，在其父亲的墓碑上的旋涡装饰中恰巧有这类标志物。另外，其他法老也会用自己的名字代替纪念碑和雕像上真正的或神灵一样的先祖，觉得自己有理由成为神灵的化身，但是他们未曾开创新风气，也未创立新宗教。

也就在那一刻，弗洛伊德突然丧失知觉，从椅子上跌倒，大家束手无策，团团围在他的身边。我马上上前抓住他的胳膊，把他扶到旁边的房间，平放在沙发上。在搬动他的时候，他就恢复了部分知觉，他看过来的眼神，我永远都不会忘记。他的眼神非常无助，就仿佛我就是他的救世主。无论还有其他什么因素助推这次昏厥发生，两个病例的共同之处，就是对弑父的幻想过度。

弗洛伊德之前曾反复暗示我就是他的接班人，这些含糊其词的话语一度让我非常尴尬。因为我知道自己绝对不会按部就班地继承他的学术观点。但是当时的我还无法挑明自己的立场，并且得到他的尊重。我对他非常敬重，不愿意要求他做到泾渭分明。他仿佛不经许可就把带头人的担子加在我的身上，有很多想法让我反感这样的决定，我是不适合做此类事情的。我不能牺牲个人的独立精神，也厌恶这样的学术光环，因为这条道路偏离了我真正的人生目标，我一心希望探索真理，而不是照顾某个权威的学术面子。

1909 年，我们从不来梅启程前往美国，历时七周，每天都在一起对我们的梦境进行分析。当时，我做过几个重要的梦，弗洛伊德却无从下手，我也没有指责他，因为最好的分析师也不可能解开所有的梦。这是情有可原的，谁都有失手的时候。也没有因此中断我们的解梦工作，相反，我非常重视这件事，此时的友谊异常宝贵。我觉得弗洛伊德是年长者，一位成熟的资深学者，对待我就仿佛对待孩子。不过，当时发生的一件事却给我们的关系带来破坏性的影响。

当时，弗洛伊德做了一个梦，在此，我无权披露他人隐私。我尽己所能对这个梦境进行解析。并且告诉弗洛伊德，若是他愿意告诉我更多生活中的细节，我或许能解读更多的内容。因为这些话，弗洛伊德奇怪地看着我，眼神中充满了猜疑，他说："我不会拿个人威信进行冒险！"在他说出此话的那一刻，他就永远失去了自己的威信。这句话，我也同样铭记在心，对我而言，这意味着我们亲密关系的终结。因为，弗洛伊德把个人威信置于真理之上。

我之前已经说过，弗洛伊德只能残缺不全地或者根本解释不了我当时的梦境，那些梦境都是带有集体意识的梦境，带有很多象征性的内容。其中一个梦，对我十分重要，因为这个梦境，让我首次想到"集体无意识"这个心理学概念，因而形成我的著作《力比多的变化和象征》的一种理论前提。

梦境是这样的：我在一个陌生的二层房间里，这里是我的家。内部摆放着装饰有洛可可风格的旧家具，非常漂亮，墙上挂着珍贵的古画。我非常吃惊，心想有这样的房间，真心不错。但是想到楼下还不知道是什么样子，于是我沿着楼梯走到楼下，那里更加古老破旧。我能看得出，这房子大约始建于 15 世纪或者 16 世纪，物品陈设都是中世纪风格，红砖铺地，一切都显得那么昏暗。我从一个房间走向另外一个房间，心里考虑着要把这个房间好好检查一番。

我来到一扇沉重的门前，打开发现里面是一条石阶，通往幽深的地下室。我走了进去，最后置身于一个有着漂亮拱顶、古色古香的房间里。经过检查发现，都是常见的方石砌墙，之间有砖层，灰浆中包裹着碎砖，凭此断定，墙壁建设于古罗马时期，我的兴趣高涨起来。又开始仔细检查石板铺就的地面，在其中一块石板上，发现了一枚戒指。

当我取下戒指，石板自动升起，露出下面的台阶，狭窄的石阶通向更深处。我走了下去，进入一个低矮的岩洞，里面积尘满地，内有骨头、破碎的器皿，像一个原始部落遗迹。我发现了两块显得非常古老的、呈半腐蚀状态的人类颅骨。接下来，我就被惊醒了。

弗洛伊德对这个梦境最感兴趣的地方，是那两块颅骨，一再提起，并建议我从中找出一种潜在愿望。他追问我对颅骨究竟有何看法？是何人留下？我当然明白他的意思，他认为此处暗示有人会死去。我在想，是的，他究竟想要干什么，我到底愿意谁死去呢？我对这样的解释是非常抗拒反感的，也猜测到这个梦境可能真正意味着什么，但是当时并不敢相信自己的判断，而是想先听听弗洛伊德的意见，想借此向他学习。所以，我就顺着他的意思说了下去："我的妻子和妻妹。"因为我必须说出某个重要的、令其信服的愿意死去的亲人的名字。

我当时正值新婚燕尔，确定自身并没有这类愿望的迹象，不过，我不想向弗洛伊德坦诚自己对梦境的看法，而遭到不解甚至是强烈反感，也自觉无法说服他，也害怕因此失去他的友情。另外，也想知道按照他的学说进行回答，会有什么样的结果，他会做何反应。所以，我就对他撒谎了。

我完全了解，自己的行为在道德上是欠缺的，但是也不会让他窥视我的内心世界，我们之间的思想已经产生巨大的鸿沟。事实上，弗洛伊德好像因为我的回答，而得到某种程度的解脱，我也由此可以断定，他对此类梦境是毫无办法的，只是以机械教条应对。我却看重这个梦境，并从中找出真实的含义。

我知道，房子代表着心灵世界，也是自己当时的意识状态和此前潜意识的相互补充，房间代表意识的特征，虽然古色古香，但是有居住的氛围。潜意识在底层就开始了，越往深处走，就越发陌生猜不透。在岩洞内发现的原始遗迹，也就是我身上隐藏的原始人心理世界，意识很难进一步抵达或者澄清那个世界。人的原始心灵类似于动物的生活，正如原始人类会把动物居住的洞穴占为己有。

我当时清醒地认识到，自己十分强烈地感受到和弗洛伊德之间巨大的学术思想差异。我的思想发源于18世纪末巴塞尔浓烈的历史氛围中，我有幸阅读旧时代哲学家的著作，从而对心理学发展史有所了解，如果深思潜意识的梦境和内容，从来离不开和历史做比较。在大学时代，也因此经常使用古老的克鲁克哲学百科辞典，尤其对18世纪末至19世纪初的哲学家们比较熟悉。这个学术世界构成了我二楼的居住室氛围。相比之下，通过交流我在弗洛伊德那里得到学术印象，似乎其心理学发展史来源于毕希纳、摩莱肖特、杜布瓦·雷蒙、达尔文。

这个梦境所描述的意识状态还增添了新的内容，先是早就无人居住的中世纪风格的一楼，然后是古罗马式样的地下室，最后是史前洞穴，它们代表着逝去的思想时代和陈旧过时的意识发展阶段。

在这个梦境之前的那几天，有许多疑问困扰着我。让我迫不及待地了解，弗洛伊德的心理学发展于哪个学派前提，它属于人类思维的哪个范畴，排他性的人格主义和一般历史前提之间有什么联系，这个时候，我的梦境给了我答案，它显然追溯到人类文化发展史的起源，一脉相承的意识发展史，呈现出了人类心灵构造史的框架结构，这些都客观地展现在我面前。

这个想法对头了，正如英国人强调的开悟，但是当时我还不知道，这个梦境将成为心理学分析的样板，在随后不久得到证实，让人们初次推测出个人心灵发展的集体先天性，我一开始是把这种集体先天性领悟成为潜意识运转方式的一种轨迹，后来随着经验增多，证据更加可靠之后，才得出这样的结论，即这样的运转方式是本能的样子，是心理原型。

我从来就不认为，弗洛伊德所谓梦是后面隐藏真实含义的外衣。一种已知道的意义，却恶意地对意识进行隐瞒。对我来说，梦境是天然的，没有欺骗的意图，只是尽其所能地叙述，如同生长的植物，或者四处觅食的动物那样，只是一种本能罢了。所以，眼睛所看到的是真实存在的，只是我们有可能因为近视产生错觉，或者因为耳背而听错了，但是这不是耳朵的错误。

在没结识弗洛伊德之前，我早就把潜意识还有其他直接表现梦境的呈现，看成自然过程，这个过程不是随意的，也不会随意变化，我无法理解有什么理由要假设意识会耍花招，甚至作用于潜意识的自然流露过程中。恰恰相反，日常经验告诉我们，潜意识一直在顽强地对抗有意识行为的阻挠。

关于房间的梦境大大启发了我，使我对考古产生兴趣。在返回苏黎世之后，我找到一本关于古巴比伦发现文物的书籍，开始阅读关于神话传说的若干著作。弗里德里希·克劳泽伊尔的《古代诸民族的象征和神话》有幸落到我的手里，我高兴极了，读得如饥似渴，甚至急不可耐地跋涉于神话学说的书堆里，包括诺斯替教派①的神秘材料。到了废寝忘食的地步，收获了满脑子的迷惘，这种状态有些类似于医院里那些神智混乱的病人，我当时试着理解精神病的思维状态，感觉自己成了疯人院的病人，开始自我诊断并分析克劳泽伊尔书中各种奇怪生物的思想状态。包括那些半人半兽、仙女、诸神和女神，就仿佛他们是我的患者，在等待我的诊断。通过做这项工作，很容易找到古典神话和原始人心理学的密切关系的切入点，也促使我可以深入对后者进行研究。弗洛伊德对这方面的研究也感兴趣，这让我并不开心，因为我认为已经看出，和历史事实相比，他更加喜欢进行理论方面的创造。

在进行这项研究的时候，我偶然结识了一位年轻的美国女士

---

① 古罗马帝国时期，在希腊罗马世界的一种秘传宗教。

193

米勒小姐，她发表的幻想材料，由我非常敬重的友人泰奥多尔·弗卢努瓦公布在《心理学档案》（日内瓦）上。这些幻想出的神话，随即给人们留下深刻印象，它们对我脑海里闪现的杂乱无章的念头起到了催化作用，逐渐使我获得对神话学说的认识形成《力比多的变化和象征》一书。

在创作过程中，那个意味深长的梦境已经暗示了我将和弗洛伊德决裂。这个梦开始于瑞士与奥地利边界附近的山区，在傍晚时分，我看到一个老年男人身穿奥匈帝国的海关官吏制服，弓腰驼背从我身边走过，对我视而不见，他的样子很不高兴，一副郁郁寡欢、非常恼火的神态。当时旁边的人悄悄告诉我，这个老人是不存在的，只是几年前去世的一位海关官吏的幽灵，据说，他是那些死不了的人中间的一个。这是梦境的第一部分。

在我着手进行分析的时候，我马上由海关联想到"检查"，由边界联想到意识和潜意识的边界，另外联想到我和弗洛伊德学术观点的边界。在海关需要开箱检查，看是否存在违禁品走私货物，这种极为严格的检查似乎代表着心理分析。在这方面发现了潜意识的现实前提，老年海关官吏的工作是索然无味的，始终不满意，使其面对世界愁眉苦脸。这就让我自然联想到弗洛伊德。

对我来说，当时的弗洛伊德（1911 年）虽然在某种程度上丧失了学术权威的地位，但他依然是一位杰出的学界大人物。我就像敬爱父亲那样敬爱他，而且这种敬爱在做这个梦境的时候依然是存在的。一旦受到主观性的干扰，人就无法做到客观公正，会形成分裂性判断，一方面依赖，另一方面抗拒。做这个梦的时候，我还高度评价弗洛伊德，另外，我也有自己的批判力。这种分裂的判断态度表明，我在梦境中是无知无觉的，不曾进行反思，这是所有情感投射具备的特征，这个梦让我要厘清此事。

鉴于对弗洛伊德人格的深入了解，我尽量放弃自己的判断，压制自己的判断，这是开展合作的前提，我一再告诉自己："弗洛伊德远比你聪明，有经验，你现在必须听他的话，向他学习。"于是，在梦境里，我惊讶地发现他变成了愁眉苦脸的奥匈帝国的海关官吏，是已经死去的依然在作祟的海关督察。

难道这就是弗洛伊德暗示的愿意某个人死去吗？我无法证明自己身上有一般人怀有的此类愿望，因为我一直是全力以赴地与人合作，并且毫不畏惧地和他人分享研究经验，而且我非常看重我们之间的友谊，所以，我没有任何理由希望他死去。梦境存在修正作用，可以弥补我自觉的尊敬和钦佩，但是这个梦显然不是我的本意，补充过头了。梦境里暗示的更是一种批判性态度，我对这一点大为震惊，虽然梦境的结论似乎暗示真理的不朽。

关于海关官吏这一梦境的插曲尚未结束，随即开启梦境的第二部分，我身处意大利的一座城市，中午 12 点至 1 点之间，烈日炙烤着大街小巷。城市建立在山丘之上，令人想起巴塞尔的一个地方——科伦贝克（煤山）。绵长的街巷从那里通向穿城而过的比尔西希河谷，一部分是阶梯式小巷，一条这样的台阶向下通往光脚会信徒广场，那是巴塞尔。但是这里是一座意大利城市，有点像贝加莫。

夏日艳阳高照，万物充满光辉。许多人迎面而来，我知道，现在打烊了，人们赶回家吃午饭。人流中有一位身穿盔甲的十字军战士，他拾级而上，健步而来，他头戴帽形头盔和链条甲胄，外罩白色外衣，前胸和后背编织着一个红色的大十字架。

可以想象一下，在一座现代化的城市里，在交通繁忙的时刻，一个十字军战士向我走来，是何等的震撼。尤其特殊之处，许多路人似乎看不到这个十字军战士。仿佛他是隐形的。我扪心自问，这种现象是什么意思呢？此时，犹如有人在回答："这是定时现象，十字军战士总是在这个时间段经过此地，而且很久了，已经几个世纪了，人人都知道这件事。"

梦境令人印象深刻，但是当时我完全不明白这是什么意思，内心惶恐不安、闷闷不乐。

这里的十字军战士和前面的海关官吏是相反的人物，海关官吏的形象隐约像无法死去的某个人，是逐渐消退的幽灵，十字军战士则更加生动逼真。第二部分梦境让人萌生敬畏之心，边界场景冷静客观，并无太多意味，这里进行的思考更加让我震动。

随后，我对十字军战士这个莫名其妙的人物思量更多，却总是找不到要领。对这段梦境冥思苦想很久之后，才略微猜测一二。在梦里就知道，这是 12 世纪才存在的十字军战士，那个时候炼丹术刚刚兴起，人们开始寻找圣杯。对我来说，圣杯的故事从年轻时代就有重要作用。15 岁的时候，我第一次读到圣杯的故事，这是一辈子都忘不掉的经历，从此这个印象再也挥之不去。我预感到里面隐藏着一个秘密，此时的梦境唤出圣杯骑士的世界和对它的追寻，这是顺理成章的事情，因为在内心最深处，这意味着我的内心世界，和弗洛伊德是毫无瓜葛的。我的全部身心都用来寻找未知的事物，这样可以赋予我平淡无奇的生活更多意义。

让我深感失望的地方，就是用理智竭尽全力寻根究底，在心灵深处发现的也无非是一些再熟悉不过的人之常情。我在乡间农村长大，在厩栏里学不到的，通过农民拉伯雷式的幽默以及民间艺术可以获悉。对我来说，乱伦之事和错误的性取向这些东西不是什么大不了的新鲜事，无须过多解释，它们和犯罪一样都是那种乌黑的沉淀物，只会败坏我对生活的兴趣，只会再清楚不过地把人类丑恶和无意义的一面摆在眼前。粪肥可以使卷心菜长得更加茁壮，这是理所当然的，但是也要承认，其中并不存在有益的见识。我对这些令人反感的事情早就厌烦了，心里想着，这些城里人对大自然和牲畜圈舍一无所知。

对大自然一无所知的神经症患者也是存在的，因为他们无法适应现实生活，像孩童一样幼稚，必须进行心理启蒙，让他们接受和旁人一样的事实。但是，这些尚未康复的患者，必须在他们摆脱日常生活的污浊之后才能康复，然而他们已经依赖于之前受压抑的痛苦，如果没有更加吸引他们注意的其他事物，他们是无法摆脱旧生活的。假如心理学理论只让他们局限其中，只是劝他们搁置最后放弃幼稚行为的这样所谓明智理性的决定呢？这只会使心理学医生无能为力，在没有发现更加先进的理论之前，他们是无法做出突破的。如果不能实现一种全新的生活方式，旧有的生活方式就无法摆脱。根据生活经验，人们通常情况下是不可能完全依靠理性进行生活的，更何况人们本身就仿佛神经症一样依靠感性存活。

我现在终于明白了，为什么对弗洛伊德个人的心理状态充满抑制不住的兴趣。我无论如何都想弄清楚，他的理性解决之道是什么样的，这是我迫切需要的，为了得到答案，我愿意付出任何代价。现在这个答案就清晰无疑地摆在我面前。

在我们美国之行的旅途当中，我发现他患有神经症，而且症状十分明显，足以诊断确认。他当时教导我说，人人都有些神经症，因此需要宽以待人。我对这一点是不满足的，我更想知道如何避免这些神经症。能看出来，无论是弗洛伊德本人还是其他弟子都不明白，如果心理学大师对付不了自己的神经症，这对进行心理分析研究和实践意味着什么。他后期的行为，表明有意把自己的理论和方法进行教条化，我再也无法忍受这种合作，除了退出别无选择。

在即将完成《力比多的变化和象征》这本著作的时候，在"牺牲"这一章节，谈到对乱伦的看法，力比多概念的关键性变化，以及和弗洛伊德其他观点的区别，我已经预知这样做将失去和弗洛伊德的私人友谊。对我来说，乱伦只是在最罕见情况下才意味个人陷入糟糕境地，大多数代表着极富宗教色彩的内容，因此也只是在几乎所有宇宙演变论和众多神话传说中发挥关键作用。但是弗洛伊德坚持按照字面意思去理解，不去理会乱伦作为象征意义在精神世界的作用。我知道，我的这种理论他绝对不会接受的。

我和妻子谈论到自己的担心，她试着安慰我，她认为弗洛伊德即便不能接受我的见解，也会豁达地给予肯定，我自己坚信他是无法做到这一点的。在长达两个月的时间里，我陷入矛盾痛苦之中，无法继续动笔。应该隐瞒自己的思索，还是拿友情冒险呢？我最终决定写出来，这样做让我丧失了弗洛伊德的信任和友谊。

在和弗洛伊德决裂之后，所有的亲朋好友都开始疏远我，认为我的理论是学术糟粕。我被看作神秘主义者，所有友情就此了结。到最后，只有克林和梅德对我不离不弃。不过，我也预见了自己的寂寞境遇，对所谓友谊不再抱有幻想。这一点我考虑得非常透彻，知道事关全局，我必须为了自己的信念勇于承担责任，看来《牺牲》这一章节也意味着自我做出牺牲。有了这样的认知，我又可以创作了，虽然预估到没有人能理解我的思想。

现在回顾往事，可以说当时只有我合乎逻辑地进一步发展了弗洛伊德最关心的两个心理学问题：远古孑遗和性学问题。众人误认为我认识不到性学的价值，这是广为流传的误会。恰恰相反，性学在我的心理学研究中作用巨大，即便不是心理整体的唯一表现形式，也是有实质表现的。但是我主要关心的是，在性学的个人意义和具有生物学功能这种意义之外，研究并解释性学在精神层次和它令人敬畏的人生价值，也就是想要表达出弗洛伊德心驰神往却无法领会的事物。《移情心理学》和《结合的奥秘》，这两部著作就包括了我对这一主题的看法。作为黑暗神秘精神的代表，性学意义重大，因为那种精神代表了"上帝的另一副面孔"是上帝形象的暗影。自此接触了炼丹术的思想，黑暗神秘精神的问题一直牵动着我。其实，在之前那次和弗洛伊德的交流中，就激发起类似问题，只是当时感觉他因性学而大受触动，却无法对我进行解释。

弗洛伊德在心理学上的最大贡献，可能在于他严肃认真地对待每一位神经症患者，深入研究其特有的个体心理状态，他大胆地让人说出病史，用这种方式钻研病人的心理状态，以病人的心理去研究病人，对疾病痛苦的理解超越前人，在这一点上，他立场客观，有魄力，克服了大量的成见。他就像《旧约》中的先知一样，只手推翻虚伪的诸神，揭下伪善和欺诈的帷幔，无情地把腐朽的时代心灵暴露在光天化日之下，不惧怕自己的壮举受到万般阻遏。

他通过这种方式给予心理学研究文化前进的动力，就在于发现了通往潜意识探索的通道。他确认梦境是涉及潜意识发展过程中最重要的信息源，让似乎无法挽救的珍宝免于消逝和遗忘。他凭借学术经验证明存在潜意识的心理，后者此前只是作为哲学假设存在，也就是只存在于卡尔·古斯塔夫·卡鲁斯和爱德华·哈特曼的哲学思想中。

只要稍微在哲学上进行反思，也可以说，虽然经历了半个多世纪的潜意识理论和成果的发展，当今时代的文化意识依然尚未完全接受这一切。我们人类的心理生活存在两极定位，能够达成这样一个普遍认识依然是未来人们的任务。

第六章：直视潜意识

与弗洛伊德分道扬镳之后，我一度陷入迷茫，内心变得不再自信。因为找不到自己学术研究的立足点，感觉身心处于悬空状态，因为当时主要关注对患者进行治疗的新突破，所以决定暂且无条件聆听患者们主动讲述的内容，选择随机而变。

不久之后的情况表明，他们会自发告知梦境和幻想，我只是提几个简单的问题："你还想起了什么？"或者"你自己如何理解这件事？""这件事情为什么会发生？"从患者的回答和联想当中，一些解释唾手可得。我把理论观点扔到一边，只是单纯地帮助患者主动去理解那些场景。

我很快就意识到，原原本本地把梦境作为解释的基础是完全正确的，因为它们本意如此，它们本来就是我们应该作为出发点的事实基础。当然，通过我的办法，产生了几乎难以忽视的多样视角，越来越需要一种执行标准，我几乎可以肯定：需要初始定位。

当时，我极其清晰地回顾迄今为止所走过的每一条研究之路，一一在心头闪过，心底在想："现在你拥有了开启神话大门的钥匙，有可能打开人类潜意识心理的所有大门。"但是，心里又有另外一种声音在低语："为什么要打开所有的大门呢？"所浮现出的问题就是，我究竟想要完成什么任务。

我试着解释已经消逝的民族神话，可以写出关于英雄、关于人类居于其中的神话书籍。

"但是，人类如今居于哪一则神话当中呢？"

"可以说，居于基督教神话当中。"

"你自身居于其中吗？"我扪心自问。

"实话实说，没有！我自己不相信神话。"

"那么，我们就不再拥有神话了吗？"

"对，我们显然已经没有神话了。"

"可是，究竟什么是你想要寻找的神话？是你居于其中的神话吗？"这样的思索让人头痛，我无法继续下去，内心思维显然处于临界状态。

1912年的圣诞节前后，我做了一个梦，梦见自己置身于意大利画廊里，这栋建筑雄伟壮观，带有高大的柱子，大理石地面，还有大理石围栏，端坐的椅子是金色的，具有文艺复兴时期的风格，眼前是满桌子的精美艺术品，桌子是由绿色的石头制作而成，好像是翡翠。画廊高居在宫殿的尖塔之上，我坐在那里远眺，子女也都陪坐在桌前。

这时候，忽然落下一只白色的小鸟，像是小海鸥或者鸽子，它优雅地站在桌子上，我马上示意孩子们保持安静，生怕吓走这只可爱的小鸟。随即，这只小鸟化身为一个8岁的金发小姑娘，随着孩子们跑开玩耍去了，他们在富丽堂皇的宫殿走廊里一同嬉戏。

我依旧沉思在方才经历的境遇中，这个时候，小姑娘回来了，她温柔地用胳膊搂住我的脖子，然后忽然消失不见了，小鸟重新出现，只见它用人类的声音缓缓地说道："只有夜里的前几个小时，我才能幻化出人形，至于雄性鸽子则忙着对付 12 名死者。"它说完，振翅而去，飞入蓝天，我随后就醒来了。

关于这个梦境，我唯一可以解释的是，我的潜意识特别活跃。但是我不知道有什么技巧可以对内心的演变进行解析。一只雄鸽和 12 名死者有什么联系呢？至于翡翠桌子，我想到了赫尔墨斯·特里斯墨吉斯忒斯炼丹时候传奇的"翠玉牌"故事，据说他留给人们一块牌子，上面用希腊文镌刻着炼丹智慧的结晶。我还联想到十二圣徒、一年十二个月、黄道十二宫，但是找不到线索，最后不得不放弃，除了等待，继续活下去，注意自己的幻想，别无他法。

当时，反复出现骇人的幻想：死而复生，例如，把尸体放入焚化炉，情况表明，其中还有生命。这些幻想在一个梦里反复出现，又突然消散：当时的我身处一个地方，类似阿尔勒城附近的阿利斯康墓园，那里有一条林荫大道。里面的石棺最早可以追溯到墨洛温王朝时代。

在梦里，我是从城里过来的，看到了眼前有一条类似的林荫道，坟墓排列成行，有石板基座，上面安放着死者，他们躺在那里，身着古装，双手合拢。如果古老的墓地小教堂里，有身披盔甲的骑士站立。存在差异的地方，就是梦中的死者并非以石头雕刻而成，而是以奇怪的办法制作成了木乃伊。

我在第一个坟墓前驻足，细细打量死者。这是一个 19 世纪 30 年代的男子，我认真观察他的服饰，他陡然跳起来，复活过来，分开双手。我知道，发生这样的场景，只是因为我在注视他。我心情压抑，继续前行，来到另外一处 18 世纪的死者墓前。类似的场景故技重演，我端详死者的时候，死者就复活了，活动僵硬的双手。

我就这样，沿着一整排的坟墓前行，直到大致迈入 12 世纪的坟墓，来到一个身穿锁子甲、同样双手合拢躺在那里的一位十字军战士的坟墓前，他像是木雕的，我长久凝视，感觉他确实死了，却突然发现他左手的一根手指在悄悄活动。

这个梦境长久牵引着我，当然，我一开始和弗洛伊德的看法是一致的，认为潜意识里有着旧经验的遗存。此类梦境，以及对潜意识的实际体验，让我意识到，这些遗存并非过时的形式，而是属于鲜活的心灵。我后来的研究，也证实了这种假设，在研究岁月的进程中，逐渐形成了"原型学说"。

梦境令人印象深刻但是无法帮助我摆脱迷惘。反而使我生活在这种压力之下，有时候，甚至让我怀疑自身有心理障碍，因此，我先后两次细细检查审视人生当中的一切细枝末节，尤其是涉及童年的成长记忆，因为考虑到或许过去什么经历成为障碍的成因。但是经过回顾一无所获，不得不承认自己是无知的，就安慰自己，既然一无所知，那么现在干脆想起什么就去做什么。

从此，我沉溺于潜意识幻想之中。心里首先浮现出的是童年的成长记忆，也许当时是 10 岁多，当时我非常喜欢玩积木。我现在还清楚记得，如何用积木建造房屋和宫殿，如何用瓶子把门做成拱形，后来就用自然石材和充当灰浆的黏土。在很长一段时间里，这些建筑物让我着迷。令人吃惊的是，当这段记忆浮现出来的时候，还伴随着某种情绪。

我告诉自己的内心："看，这就是生活！小男孩儿还在，具有我失去的生命力和创造力。但是我现在又如何找回来呢？"自觉无法跨越眼前成年男人和 11 岁小男孩儿之间的人生差距。如果想重新建立和童年时代的联系，没有别的办法，只有回归那时候的心境，试着重新接纳那个可以无忧无虑玩积木的孩子。

此刻正是我生命的转折点，在异常反抗之后，我选择了屈服命运的安排，开始游戏人间。现实生活只能听天由命，除了游戏心态，已经无能为力，必须痛苦地经历这种屈辱。

于是，我开始搜罗适合的石材，一部分在湖边，一部分在水边，然后开始建造小屋、一座宫殿，甚至整个村庄，还缺少教堂，自己就做了一个正方形的建筑，上面加上六角鼓和正方形穹顶。教堂里应该还有圣坛，但还是害怕建造它。

如何才能解决这个问题，我一直思考着。有一天，我一如往常沿着湖边行走，收集岸边的砾石，突然看到一块红色的石头。大概四厘米高的四边形锥体，那是碎石，在湖水里滚磨成形，纯粹是偶然间形成的。我知道，这就是我想要寻找的圣坛了！我把这块石头放置在穹顶下方的中间位置，在做这些事情的时候，我想起了童年时期梦中的地下阳具，这种关联实现了我心理的满足感。

只要天气允许，我每天午饭后都来造房子，吃完就玩，直到患者上门问诊。到了晚上，如果工作结束得早，就又去造房子。在这个过程中，我渐渐厘清了自己的思想，能够把握隐约感受到的幻想了。

当然，我也会担心这种游戏的意义，会问自己："你究竟想要干什么？是建设一处小小居民点，还是要完成一项仪式？"我无言以对，但是内心可以确定在走向自己的神话，因为建设房子只是开始，这个开端引发了如潮的幻想，后来自己事无巨细地一一记录下来。

这样的事情在我身上持续下去，在后来的工作生活当中，只要出现停滞不前的情况，我就会绘画或者摆弄石头，成为随后想法和工作的开场仪式。在这一年，我写下了《当下和未来》《现代神话》《论良知》，都脱胎于我妻子去世后所做的石头游戏。妻子的离世，还有我在此过程中明悟的事情，帮助我极大地摆脱了人生困境，没过多长时间，我的人生状态就恢复稳定，可以说与石头的接触，对我的人生大有裨益。

大概是1913年的秋天，我感觉自己内心的压力逐渐转移出去，就仿佛空气中多了一种东西，我感觉天空似乎比以往阴暗了许多，问题不是出在心境，而是出于现实，这种印象越发强烈。

10月，在我只身旅行的途中，突然幻觉来袭：我看到大洪水覆盖了北海和阿尔卑斯山脉之间地势低洼的北部各国。大洪水由英国蔓延至俄国，从北海之滨逼近到阿尔卑斯山脉。当洪水到达瑞士的时候，我看到山岭越长越高，仿佛在努力保护我的祖国。可怕的灾难发生了，我看到洪水波涛汹涌澎湃，文化建筑的废墟在波浪中漂浮，还有密密麻麻、成千上万人死去。然后，汪洋变成血海，这个幻觉持续了大概一个小时的时间，让人心神恍惚、恶心难受，我对自己的虚弱无力感到羞愧。

两周之后，幻觉在同样的情况下再现，只是血海幻化出的景象更加让人恐惧。内心有一个声音在呐喊："快看吧，全都是真的，事实如此，毋庸置疑。"

随后的那个冬天，有人问我对世界形势的下一步发展趋向有什么样的看法，我说心无所思，只看到血流成河，这种幻觉挥之不去。

我也反问自己，这种幻觉是否暗示着革命，但是怎么能想象出结果呢，最后得出结论，这个幻觉和自己有关，认定自己患有神经症，但是没想到是战争。

不久之后，那是1914年的春夏之交，一个梦重复了三次，夏天里袭来北极寒流，大地冰封，我看到整个洛林地区及其河流都冻结了，各地空无一人，所有植物全被冻死，这个梦境开始于1914年的四五月间，最后一次在6月。

在第三个梦里，还有来自太空的极寒降临人间，梦的结尾却出乎意料，一棵有叶无果的树坚强挺立着（我想到了那是代表我自己的生命之树），叶片经过冰冻变得充满了神水仙浆的甘甜葡萄，我摘下一串串葡萄，送给翘首企盼的大量人群。

在1914年的7月末，我接受英国医学会的邀请，前往阿伯丁市，需要在一次会议上就《潜意识在心理病理学中的意义》做学术报告。我已经有即将发生什么大事的心理准备，因为这类幻象和梦境都是上帝的启示。以我当时的状况和担忧，甚至感觉到如同命运的劫数，必须在那个时候宣讲潜意识的重要意义。

8月1日，第一次世界大战爆发了。现在，我的任务确定了，必须尝试理解这个世界发生了什么，自己的经历和人类集体的经历是有关联的，所以必须首先进行自我认知，于是我开始记录在建造房子的时候冒出的各种幻想，这项工作从此成为常态。

由此引发的幻觉开始源源不断，我竭尽所能在潜意识的世界前行，在不迷失方向的前提下寻找正途。感觉自身无助地进入一个陌生世界，一切都让人觉得繁杂费解。我的心情始终保持高度紧张，感觉到仿佛有巨石断木向我袭来，雷雨交加。我坚持下来了，是因为身体健硕，其他人则心力交瘁，尼采还有荷尔德林以及其他许多人。但是我身上具有魔力，从一开始就认定，我必须找出幻觉中经历之事的含义。必须经受住潜意识的冲击，难免要听从凌驾于我理智之上的意志，这种感觉指引我去完成任务。

我时常心潮澎湃，被迫通过练习瑜伽来排解心绪，为了了解内心世界发生的事，我必须通过练习使自身安静下来，直到能够处理潜意识为止。一旦感觉自己恢复自我，就中止练习，让内心的画面开始说话。当然，印度人练习瑜伽的用意却是排除内心的虚妄。

我成功做到把情绪转化成为画面，也就是隐藏在情绪中的画面，内心同样平复下来。如果陷入情绪当中，就有可能被潜意识的内容撕扯得四分五裂，或许可以试图分裂潜意识画面，但是就会难免患上神经症。最终，这些内容将会把我毁掉。通过实验，我意识到，从治疗的角度出发，非常有益于促使自己认识到情绪背后的画面。

我努力记录下幻觉的画面，也努力表达出它们浮现时的背景，但是受制于文字的能力。一开始，我喜欢用优雅的话语表述所感知的幻觉，因为这种方式和原型风格相似。画面原型说话多是慷慨激昂甚至华丽无比，这种文风过于浮夸，让我反感。就仿佛有人用钉子在石膏墙壁上或者用刀子在盘子上刮擦，但是我不知道这代表什么意思，只能别无选择地依靠潜意识所选择的文风进行记录，有的时候仿佛用耳朵倾听，有的时候用舌头去细细品味，这种情况下，我能听到自己在窃窃私语。在意识阀门之下，一切都显得生意盎然。

从一开始，我就把面对潜意识的领悟，当成发生在自身的一次科学实验，实验结果让我十分满意。当然，今天也可以肯定地说，那是一次对自己做的实验。对自己来说，最大的困难之一就是在对付负面情绪上。我自愿沉浸在无法赞同的情绪当中。记录下的幻觉时常如同胡闹，让人觉得反感，因为在不解其意的时候，它们就是崇高与可笑事物的可怕混合物。能够坚持到底，付出了难以忍受的代价，但是遵循命运的安排，我最终费尽九牛二虎之力，才摆脱思维的迷宫。

想要把握住推动潜意识的幻觉，必须让自己落入其中。对此，理性的情感是有抵触心理的，而且感觉到非常焦虑，担心失去自我，成为潜意识的俘虏。这意味着什么，作为精神科医生再清楚不过了，但是又不得不冒险去抓取这些画面。如果不这么做，所冒风险就是对心理学研究缴械投降。

在考虑这些潜在危险的时候，有一个情况构成重要动机，那就是不能指望患者那样做出我自己不敢做的举动。患者身边有协助者，这样的托词对我自己是不起作用的。所谓的协助者就是我自己。如果对事情没有亲身体验，而形成认知，至多是从理论上进行推测，对事情天然存在成见，并且对这些成见是否有正向价值并无把握。我甘愿卷入冒险之旅，不仅是为了个人的学术研究，也是为了患者，这个想法在多次危机阶段对我帮助很大。

1913年的基督降临节，我决定迈出关键性一步（12月12日），我坐在写字台前，对自己的担心再三考虑，然后不再坚持自我。那个时候，仿佛天塌地陷，双耳生风，直接坠入黑暗深渊，吓得惊慌失措。突然，在不太深入的地方，落脚于一堆绵软的污泥之上，我顿时长松一口气，周围一片黑暗。过了一段时间，眼睛开始适应周围的沉沉暮光，面前呈现通往暗洞的入口，那里站立着一个侏儒，仿佛一具皮囊，类似于木乃伊。

我从他的身旁挤过去，进入狭窄的入口，蹚过齐膝而又冰冷刺骨的冰水，到达洞穴的另外一端。在这里的一条岩石带上有一块发射赤色光芒的晶体。我一把抓起石头，却发现下面是一个空洞，一开始什么都看不清，慢慢地发现深处有水流奔涌。有一具尸体漂浮而过，是个金发少年，在他的身后跟着一只巨大的黑色圣甲虫。从深水里冒出新生的红日，光芒四射，我想把石头放回原处，就在这个时候，却有液体涌出，是鲜血！一股粗壮的血柱迸射出来，让我一阵恶心，觉得血流源源不断，直到我无法忍受的时候，血流枯竭了，幻想至此结束。

这些奇异的画面让我震惊不已，当然，这些画面的含义包括英雄与神话、死亡和复生的戏码，埃及圣甲虫代表着重生，故事的结尾应该是迎来崭新的一天，谁能想到是难以忍受的血流，这绝对是一个反常现象，当我想起这年秋天的血浪幻象，就放弃了进行进一步理解的尝试。

1913 年 12 月 18 日，也就是 6 天之后，我又做了一个梦。

我发现自己跟随一个棕褐色皮肤的陌生少年野人行走在人烟稀少的大山之中，四周都是岩石。东边已经见亮，星辰即将隐没。这个时候，山上响起齐格弗里德的号角（古代日耳曼神话传说中的屠龙英雄），我知道，我们必须干掉他。我们带着枪支在一条狭窄的石缝间隐藏，伺机伏击。

忽然，在山脊高处，齐格弗里德出现在旭日的第一道光柱中，他端坐在骸骨制作的车上，顺着布满石头的山坡疾驰而来，在他拐过一个角落的时候，我们朝他射击，他随即中弹身亡。

我对于亲身杀死传说中的英雄，倍感厌恶和悔恨，转身迅速逃离，生怕有人发现这起谋杀。这个时候，暴雨滂沱，一切痕迹都将消除。我逃离了犯罪现场，现实生活可以继续，但内心深处却要忍受深深的负罪感。

当我从梦中醒来的时候，思来想去，始终无法理解，所以又试着再次入眠，但是一个声音突然响起："你必须马上明白这个梦境！"内心不停地催促。直到一个可怕的瞬间，那个声音说："如果你不能明白这个梦境，就得自裁！"

当时，在我的床头柜上放着一把上膛的左轮。我吓坏了，开始反复思索，后来恍然大悟："这就是现实世界上存在的问题呀！"

齐格弗里德代表着德国人真正想要得到的东西，那就是英勇地贯彻自身意志。有志者事竟成，梦境表明，他所体现的态度不符合我的心意，所以我必须干掉他。

犯罪后的心情是低落的，仿佛那个死去的人是自己，其中也流露出我的命运和英雄的命运何其相似，也体会到一个人在被迫牺牲理想和信仰的时候所经历的那种痛苦。但是，我又不得不终结自身对英雄主义的认同感，因为有更高的价值观凌驾在我的个人意志之上。

这些想法让我暂时安稳下来重新入睡。

梦中的少年野人陪伴我一起行动，并且抢先动手，代表着原始意志的阴影。下雨代表着主动意识和潜意识之间的紧张关系握手言和了，是一种消解并和解。

当时，我能够理解的梦境意义虽然不外乎隐约的迹象，但是也释放出新生力量，帮我完成潜意识实验。

为了掌控这种幻想，我常常设想着深深潜入，到达最深处，甚至可能需要多次尝试。第一次大概抵达三百米的深度，第二次是无法估量的深度，如同前往月球或者太空。最先呈现出的是一个棘头虫的形象，仿佛身处死亡国度。在一处悬崖峭壁的底部，看到两个身影，一个是长须老翁，一个是美少女。我鼓起勇气，就像面对真人一样走上前去，关注他们都说些什么。老人表明自己是以利亚①，让人震惊。那位姑娘更加让人震惊了，她自称是莎乐美②，她失明了。这两个人太蹊跷了，以利亚表示他和莎乐美一向休戚相关，这种关系让人晕头转向。还有一条蛇跟他们在

---

① 《圣经》中的一位重要先知，生活在公元前9世纪，是活神的代表。

② 罗马统治时期犹太国王希律的女儿。

一起，显得对我爱慕有加。我找以利亚聊天，因为他是三者当中相对明智的人，显得极有智慧。我不信任莎乐美。我们俩促膝长谈，但是我始终不得要领。

我还尝试着用家父曾经的牧师身份去理解幻想中的一切，思考为什么会出现圣经中的人物，但是还是什么都不明白。老者意味着什么？莎乐美代表着什么？他们为什么混在一起？几年之后，随着人生阅历的增加，我才开始觉得老夫少妻是很正常的事情。

因为在类似的梦境，经常遇到有少女陪伴的老者，在许多神话故事当中也出现过这种配对的例子。根据诺斯替教派的传说，修行邪术的西蒙和据说在妓院捡来的少女海伦四处漂泊。克林索尔和孔德丽，老子和舞女都属于此列。

前文已经提及，在幻觉中除了以利亚和莎乐美，还有第三个形象——大黑蛇。在神话故事当中，蛇常常是英雄的对手。关于它们的关系，有许多记载。例如，据说英雄有蛇眼，或者死后化身为蛇，这种蛇形会得到供奉，或者蛇是其母亲，诸如此类。在我的幻觉中，有蛇出现，就预示着英雄神话。

莎乐美是女性形象，失明代表看不出事物本质，以利亚是老年睿智的代表，代表着认知，莎乐美代表着性爱。可以说，两个人的形象结合起来，代表着圣人之言，涵盖万物之道、神圣之理、两性之爱。但是这样进行界定，又有些侧重理智，比较合适的是暂时让这些形象作为感觉到的东西，代表潜意识的一幕。

在这个幻想之后不久，另外一个形象又从潜意识里冒出来了，由以利亚蜕变形成，他叫腓利门，是一个异教徒，带着埃及古希腊的文化气息，具有诺斯替教派的色彩，该形象第一次呈现在梦里。

海洋一样的蓝天之上，没有云层分布，而是堆满褐色的土块，看上去土块碎裂，其间布满湛蓝色的海水，这水就是蓝天。忽然从右侧飘来带翅膀的生灵，是一个长着牛角的老人。带着一串钥匙——上面有四把钥匙，他手里还拿着一串钥匙，仿佛准备开锁。他的翅膀仿佛翠鸟的颜色。

因为不能理解这个梦境，我就描绘出来了，以便更好地加以研究。在忙于这些事情的那几天，我在园子的湖畔发现了一只死去的翠鸟。当场就惊呆了，因为在苏黎世附近是很少出现这种翠鸟的，所以，这种看似巧合的一幕，让人极为震惊，这只鸟似乎刚刚死去两三天的样子，看不出任何外伤。

腓利门和其他幻觉形象给我带来了决定性的认识，在心灵里的一些事物不是我能决定的，而是自然存在，有自己的生命力。腓利门代表着我尚未拥有的一种力量，在幻想中，我和他进行交流，他说出了我不曾思考到的事情。我确切感觉到，是他在演说，而不是我自言自语。他对我说，我对待想法仿佛是我生产了它们，依他之见，这些想法有着自己的生命力，就如同树林里的鸟兽，或者天空中的飞鸟。他开导我说："如果看到房间里有人，你不会说这些人都是你造就的，或者你需要对房间里的人们负责。"就这样，他的话让我逐渐明白内心的客观性，也就是心灵的现实性。

通过和腓利门的交流，我认识到自身和思想客体之间的差距。他是从客观角度看待我的。我也知道，自己身上存在一种事物，可以说出我不知道的事，以及并不是我意会的事，甚至是针对我自身的事。

在心理学当中，腓利门代表一种更优的认知，对我而言，这是神妙莫测的存在，甚至让人觉得是近在咫尺一般的存在，我和他徘徊在花园中，对我来说，这就是印度人常说的导师。

每当出现一种新的人格变化，我就觉得认知失败，感觉自己的愚昧无知，连这些都不知道。焦虑感越来越严重，新人格队伍的形象似乎无穷无尽，自己或许会坠入无底深渊。尽管表面上的学术成功不断激励我，但是自我仍然感觉一文不值。当时，我身处精神世界的黑暗当中，最大的愿望莫过于找到一位可以引导我的导师，认知能力高于我，可以帮助我厘清幻想中那些纷繁复杂的构造。承担这个任务的是腓利门，在这方面，必须承认腓利门是心理矫正大师，切切实实给我很大帮助，传授我很多令人觉悟的观点。

经过十五年甚至更久远的时间，有一位印度长者来访，他是甘地的朋友，一位知识渊博、极富教养的人。我们探讨印度的教养，尤其是师生之间的关系。我犹犹豫豫地询问："你能否解答一下关于自己导师的本性、人格如何吗？"

他很客观地回答道："是的，是商羯罗。"

"您说的是那位《吠陀》的注释作者吗？他已经在几百年前就死去了。"

"对，我说的就是他。"这样的回答让人万分惊讶。

"那你说的是精灵吗？"我继续追问。

他证实道："当然是精灵。"

此刻，我想到了腓利门。

他补充说："大多数人以活人为师，但是总有一些人以精灵为师。"

这一消息既让人宽慰，又使人茅塞顿开。由此可见，我并没有脱离人世、特立独行，并且获悉，热衷于脱离人世、与世不同的人可能有不同的遭遇。

在后来，随着我称之为护卫灵的另外一个形象的地位上升，腓利门相对弱化了。在古埃及，"国王的护卫灵"被看作国王在人间的形象，是有形的灵魂。在我的幻想之中，护卫灵来自地下世界，如同出自幽深的矿井。我试着描绘出他的形象，类似赫尔墨斯头柱，石头基座，上半部是青铜，显露翠鸟的翅膀，在他的脑袋周围是漂浮的星辰光芒，熠熠生辉。护卫灵的神色很阴沉，类似鬼气，他一只手托着类似彩色宝塔或者圣人的遗物，另一只手握着刻刀，主动说话："我就是那个用金子和宝石埋葬诸神的人。"

腓利门跛了一只脚，却拥有翅膀，而护卫灵是一种伏地魔或者金属魔鬼。腓利门是精神方面的，护卫灵是自然精灵，就仿佛希腊炼丹术中的矮人，但是当时的我还不知道希腊炼丹术。护卫灵很实干，却包裹着翠鸟的精神特质，或者是代表着一种永恒之美。

随着时间的推移，通过研究炼丹术，我逐渐把两个形象合二为一。

当写出这些幻想的时候，我忍不住问自己："我究竟在做什么研究呢？这些事情肯定和科学研究无关。但是这些又是什么呢？"

就在这个时候，有一个声音从心底冒出："这是艺术。"

我十分惊讶，因为想不到自己的幻觉和艺术有什么联系，我暗暗告诉自己："或许我的潜意识世界塑造出的人格并不是本来的我，这种人格依据自己的观点发言。"

我知道，这个声音来自一个女人，而且是一位女患者，她是一个有天赋的心理变态者，她曾经强烈爱恋我，成为我心里印象深刻的人物形象。

我现在的所作所为当然不是科学，那么除了艺术，确实没有别的门类了。似乎全世界也只有这两种可能性，这是典型的女性辩论方式。

我非常抵触这个观点，对那个声音解释道："我的幻觉和艺术是无关的。"女性声音不再响起，我开始继续写作。不久，声音再次袭来："这就是艺术。"

我对此坚决反对，相反，这仅仅是本性。我准备继续反驳，但是对方再无反应。

心里暗想，潜意识的女性人格似乎没有语言中枢，就让她尝试着用我的语言进行沟通交流。她接受提议，即刻长篇大论解释其立场。

内心深处有一个女性人格跳出来干预我的想法，这是一件令人感兴趣的事情。我想，大概是原始意义上的"心灵"，就追问为什么人们把"心灵"看作"女性意象"呢？为什么人们设想其是阴性的。后来，我看出来了，男人潜意识中的典型形象或者原型，涉及女性人物的可以称为"女性意象"，把女人潜意识中相应的男人形象称为"男性意象"。

首先，女性意象的消极面给人留下深刻印象，就仿佛反感一种隐形的存在。于是，开始尝试以别的方式和它取得联系。我开始摹写幻想，视为给它写的信。也可以说成给我的另外一部分写信。这一部分人格所持有的立场和本身的意识是相左的，得到的回复也是非比寻常、让人意外的。我觉得自己仿佛是在一位女性灵魂那里接受心理分析的患者。每天晚上，我都会着手描绘，心里想着，如果不给女性意象写信，它就无法领会我的幻想。当然，这番兢兢业业，也有另外一个缘故，这么做就避免了女性意象歪曲无赖耍阴谋。在这里，有很重要的一个原则，那就是仅仅是叙述什么，还是真正写下来。我在"书信"当中尽量做到诚实，遵循着古希腊的古训："抛却私心，才会领受。"

我渐渐地也学会了区分自己的想法和女性意象的说法，例如，当她把陈词滥调强加于我的时候，我就说："你说得没错，但是都是我之前的想法和感觉，我没有责任一直受累于此，现在又何必提及。"

最关键的地方是，把意识和潜意识的思考内容区分开来，对待潜意识的内容必须将其孤立，而最容易做到的办法就是把它们人格化，然后从意识上和它们建立联系，只有这样做，才能摆脱掉它们在其他情况下对自我意识施展的威力。因为潜意识的内容拥有某种程度的自主性，这种小技巧并不复杂。潜意识的内容具有自主性，所以要习惯这一事实，情况就截然不同了，就可以和潜意识打交道了。

说实话，在我心里发声的那个女性患者对男人的影响祸害巨大。她曾经说我的一名同事是怀才不遇的艺术家，同事信以为真，最终因此心力交瘁。我这个同事遭受惨败的原因就在于，丧失自信，依靠别人的奉承生活，这是很危险的事，因为不自信，就容易接受女性意象的暗示，这种出自潜意识的话语，往往具有诱惑的魔力，非常狡猾，而又神秘莫测。

我如果觉得潜意识的幻想是艺术，就会用内心之眼内视查看，或者在脑海里过电影，除了某种感知，不会再有更多的说服力包含其中，也不会让我产生对它们的伦理责任和义务。

女性意象的迷惑性就在于促使我相信自己是怀才不遇的艺术家，而这种自命不凡的艺术家气质会赋予我罔顾现实的权利。但如果我听命于女性意象的声音，有朝一日，它或许会对我说："你太自以为是了，胡闹怎么会是艺术呢？根本无从谈起。"

这就是潜意识的传声筒，女性意象所带来的逻辑混乱，这有可能摧毁一个男人。执行最后一击的是意识，它接受了潜意识的指挥，并代替潜意识表态。

另外，女性意象也有积极的一面，通过它把潜意识的画面传递给意识，这是我看重的地方。在几十年的研究生涯中，每当我感觉情感受到干扰，处于惶恐不安的状态时，总会找女性意象求助，于是在潜意识中形成情意组合（围绕一个核心意念的思想感情组合），每当这个时刻，我就问女性意象："你现在怎么样，看见了什么？请告诉我。"

几番抵挡之后，它常常展示出感知的画面，一旦画面出现，我的紧张感或压抑感就消失了，情绪的能量转化为对画面内容的兴趣和好奇。于是，我和女性意象谈论这些画面，因为我必须像对待梦境那样尽可能理解画面的含义。

现如今，我已经不需要再和女性意象谈论这些内容了，因为这类情绪已经消除。但是如果有这类的情绪，我依然会采取这种方式进行。我会直接接受理念，因为学会接受并理解潜意识的内容，知道如何应对内心画面，可以直接从梦境看出画面的意义，因此不再需要中间媒介。我把当时出现的幻觉写进《黑书》，后来转用到《红书》当中，书中包括了大多数的曼荼罗画。①

在《红书》当中，我费力地尝试着尽量完善自己的幻想，但是始终无法完成。我认识到，在尚未掌握巧妙的谈话方式时，还是需要画面进行转换的，所以继续致力于认真领会，放弃了美化的表面文章。我还认识到，要理解这么庞杂繁多的幻想，需要坚实的基础，我必须首先回归人间，对我来说，这些人间现实是做科学的理解之需，必须从潜意识给我传达的认识当中发掘、总结得出结论，这也是我毕生为之奋斗的事业。

不论我多么不愿意，对《红书》内画面进行完善，是非常有必要的，通过这个途径可以认识画面所蕴含的伦理，这也在很大程度上影响了我的现实生活。我知道，这种画面语言是无法代替生活的，若是试图这么做，不仅会毁坏这些画面，也会毁坏我的生活。为了摆脱掉潜意识横断专行，必须做到两点，一方面履行

①　《黑书》是用黑皮装订的六小册，《红书》是红皮装订的对开本，包括相同的幻想，形式和内容进行了润色及完善，按照中世纪手抄本的版式，以哥特体进行书写。

理智的义务，另一方面是伦理的义务。

有一个十分好笑的事情，作为精神科医生，在实验的时候，时常遭遇神经症的心理素材，总是一步步遇见。这种情况常见于疯人院，是潜意识画面进行操控的世界，使精神病患者们精神错乱，但同时也是一个摇篮，在这里诞生的幻想会形成神话。这个摇篮在理性时代是销声匿迹的，虽然神话的幻想处处存在，但是遭到人们的唾弃和恐惧。

有时候，也会进行危险的、毫无把握的冒险，把自己扔进通往潜意识深处，一个前途未知的小路上。那条小路被视为迷途，模棱两可和误解的路途。

我想起了歌德的话语："竟敢撞开人人都想要绕行的门路……"

《浮士德》的下半部不仅仅是文学艺术的尝试，更是金链中的一环，从富于哲理的炼丹心术，灵知主义起源，直至尼采的《查拉图斯特拉如是说》，构建成为前往世界另外一个极端的发现之旅。

在致力于摹写幻想的时候，我恰恰需要现实的依托，也可以说，这对我而言，就是家庭和事业工作。我迫切需要进行一种顺其自然、回归理性的生活，以此和不一样的内心世界进行抗衡。家庭和职业是我始终可以立足的现实基础，也证明自己是现实存在的正常人。潜意识的活动有时候会让人难以忍受。但是我知道自己有医学学位，必须对患者提供帮助。我还有妻子，还有5个子女，居住在屈斯纳赫特镇湖街228号，我的家庭和这些现实去战胜我的精神世界。

这些都一如既往地证明我是现实存在的，不会变得像尼采那样受到神灵的驱使，变得人生飘零。因为尼采没有立足现实基础，他所拥有的无非是其内心的思想世界。况且，潜意识对他的占有，胜过了他所能控制的内心。他在地球上丧失根基，只会沉迷于夸张和不切实际的幻想，这种脱离现实的游离对我来说，就是陷入恐惧的化身，因为今生今世确实深深扎根内心。即便我现在神游八方世界，纵使经历万事总还知道目的在于现实，所追求的是不断充实生活的深度和广度。我的人生座右铭就是：现在就看你的表现了！

因此，能够拥有家庭和事业，是令人欢喜的最大现实，可以保障我正常并且真实地生存和生活。

在我的身上逐渐发生转变，在1916年已经察觉到创作的冲动，这是一种难以抑制的行为，所要表述的在某种程度上可能是由腓利门所说的话，所以就有了语言特别的《致死者训词七篇》。

我内心开始惶恐不安，也不知道这意味着什么，或者被迫要做什么。我身边的氛围变得蹊跷，感觉空气中幽灵密布。然后，家里开始闹鬼，大女儿夜里看到白色人影穿墙而过。另外一个女儿说，有两次在夜里被人扯走了被子。9岁的儿子做了噩梦，早晨他向母亲要彩笔，平时从未绘画的他，用画笔描绘了梦境，并称之为《渔夫像》。画面中间是一条河流，有一个渔夫手持钓竿站立在河畔，他捕到了一条鱼。渔夫的脑袋上有一个烟囱，蹿出了火焰，烟雾升腾。在河流对岸，魔鬼凌空飞来，诅咒这条鱼会被偷走。但是渔夫头上飘着一个天使，说道："你不能把他怎么样，他只捕捉恶鱼。"这就是我儿子在一个周六的早晨勾勒出的画面。

在周日下午大概 5 点，门铃突然叮当作响，那是个晴朗的夏日，两个女用人都在厨房里忙碌，从那里可以眺望门前的空地。我在附近，听到门铃响声，看到铃铛在摆动。大家马上跑过去开门，门外却空无一人！大家都面面相觑，连空气都凝固了。我就知道，现在必然出事了。整栋楼房都被精灵堵塞。他们仿佛站在门槛那里，让人感觉喘不过气来。当时，心怀疑问："天哪，这到底是怎么回事？"

感觉内心深处回荡着一个声音，仿佛精灵们在异口同声大喊："我们从耶路撒冷归来，那里一无所获。"这些话和《致死者训词七篇》的开篇是一致的。从此，我开始文思泉涌，用了三个傍晚就创作完成，每当起笔，一切魑魅魍魉妄想就消失得无影无踪，不再出来作祟干扰，房间内恢复清净。到了第二天晚上，幽灵又开始聚集，如此反复如初，那是 1916 年的事情。

无论如何，对这些经历只能顺其自然，也有可能和我当时的情绪状态有关系，在这样的心态下，会出现灵异现象，那是一种潜意识的情意聚集，我深知，这种情感特色包括神明的原型。

机缘合适，所以它显灵了！

理智会妄称对这一现象有自然科学认识，或者更希望把从头到尾的经历作为违反规律而统统否定。不违反规律的世界，是多么让人失望啊！在经历这些之前，我记下了离魂出窍的幻觉，这是意义深长的事件。

灵魂、女性意象创建了和潜意识的关系，从某种意义上来说，潜意识也是和死者集体有关系，因为潜意识对应神话式的死亡国度、祖先的发源地。若是在幻想中，灵魂迷失，就意味着潜入了潜意识或者死亡国度。这也就是所谓的失魂落魄的常见现象。在死亡国度，灵魂会实现神秘复活，具体显化列祖列宗的遗迹，以及潜意识的集体内容，就像通灵师给死者提供媒介协助，实现表现的可能性。所以，是灵魂消失不久之后，"死者"在我这里显灵，于是创作出《致死者训词七篇》。

并且从那以后，我对感知死者的事变得越来越清晰，胜过感知未来之事、未解之谜以及求救者的声音。这是命中注定，我必须回应死者的疑问和要求，这些声音并非从外界扑面而来，它们就发自我内心的世界。因此，和死者的交谈形成"训词"，这构成我借助潜意识告知世界之事的前提，带有潜意识的一般内容的规律和解释。

时至今日回首往事，思考自己在研究这些幻想时候的遭遇有什么价值意义，感觉到似乎有信息脱颖而出。那些画面中的事物不仅仅关乎我自己，还关系到其他很多人。我的人生已经不单纯归属于自己，也就是从那个时候开始，我这一生开始属于大众。我所在意的、并且竭力追求的尚且不属于当时的科学。我不得不依靠自身获取原始经验，还尝试着把这种体验放置于现实的基础上，如果不这么做，这种状态就会失去生命力。当时，我致力于心灵探索，对它既喜爱又痛恨，但是它是我最大的财富之一。把自己的生存状态作为研究的整体对象，坚持到底成为一生的追求，唯一能够做的只能是献身于自己的心灵世界。

现在可以骄傲地说，我从未偏离自己的研究初衷。从1912年起，到现在的将近50年，我全部的论文学术，所有一切精神上的创造，都来自最初的梦境和幻想。后来进行的一切所作所为，都蕴含其中，包括一开始的情绪或者潜意识画面。

让自己摆脱潜意识的混乱，唯一的手段和可能性就是我的心理学研究，不然，这些素材就会像牛蒡果实和沼泽植物一样束缚在身。我格外谨慎小心，尽力理解每一幅画面和每一项内容，尽量把内容合理分类，并且在生活中加以显现，这是人们大多视而不见的事。人们对这些浮现的画面或许感到惊讶，如果至此为止，不进行深入理解，又怎么可能得出基于现实伦理道德的结论，反而会受制于潜意识的反噬引发负面作用。

如果有谁对这些画面能够略知一二，以为明白就可以了，那就犯下了危险的错误。因为人们如果不把对错误的认知作为伦理道德的人生义务，就会受制于强权思维，可能因此产生破坏性作用，不仅给他人带来不幸，还会摧毁认知者本身。潜意识画面会给人加上沉重的责任，不加以理解，以及缺乏伦理道德的认知基础，就会剥夺生而为人的整体性，并赋予个体生命残缺不全的难堪人格属性。

在潜心研究潜意识画面期间，我决定离开担任编外讲师长达8年之久的苏黎世大学（1909年开始任教）。这些潜意识的经历和历练，极大妨碍并影响了我的智力。在写完《力比多的变化和象征》（1911年）之后，有长达三年的时间，我都无法正常阅读哪怕一本科学书籍，所以，产生了在思维世界严重落后的紧迫感。

即便面对心中牵挂的事宜，也无法顺畅说出来了。从潜意识中暴露出的那些材料让人变得无法言语，当时理解不了，也找不到办法进行解析。考虑到在大学授课，必须抛头露面惹人注目，在全盘怀疑精神的状态下去指点青年学子，这是不公平的行为，所以感觉自己还是首先找到人生的定位。[1]

我当时的人生面临抉择，要么继续从事教学事业，前面是一片坦途的学术生涯；要么遵循内心的呼唤，听命更高的理性，延续这项奇妙的任务，继续自己对潜意识研究的解析。

我主动放弃学术教学生涯，在实验结束之前，不可能在公众面前亮相。我认识到自己现在的遭遇是人生大事，从永恒角度来看，更加重要，这么做会更加充实我的生活，围绕这一目标，愿意付出任何代价。[2]

放弃大学教授职位是何等重要之事，不仅仅限于世俗荣耀，当然让人恼火，甚至迁怒命运，十分难受，但是这种情感转瞬即逝，这些虚名本来就毫无意义。另外一件事则是真正重要，如果专注于内在人格的目标和理想，这种痛楚就会很快过去。

我经历过很多次类似的事，不仅是现在放弃学术生涯，在孩童的时候就有类似的心理体验。在青年时代，我的脾气不好，容

---

[1] 在此期间，荣格极少动笔创作，只有几篇论文和《正常与病态内心生活的潜意识》，1921年发表《心理类型》。

[2] 1933年，荣格在苏黎世的瑞士联邦工业大学重新开展高校教学活动，1935年获任名誉教授，1942年，因为健康原因放弃职位。1944年，前往巴塞尔大学心理医学获聘专设正教授，第一次大课之后，因为重病被迫放弃教学活动，一年后辞职。

易暴躁发火，但是极端情绪达到定点之后，总是迅速回转，从此世界太平。我远离这些，就是仍然容易引起情绪激动的事情，一切都变得属于遥远的过去。

要做出这样的决定，忙碌于包括自己在内所有人都无法理解的事物，结果肯定是非常孤独寂寞的，我很快就体会到了这一点。我的想法无法和他人言说，一旦说出来只会遭遇他人的误解。我曾经深刻地经历过外界和内心世界的对立，当时还无法领悟，只看到内外世界对立而无法调和，现如今，我懂得两个世界是可以相互影响的。

我一开始就懂得，如果想要和外界和人们亲近，必须竭力表现出自己的心理经验和心理内容都是现实的，不仅仅是我个人的情感经历，而且也是在他人身上可以重复体验的集体人生经验。在后来的学术工作中，我试图去证明这一点。一开始我无所畏惧，总是把最新想法告诉亲近的人，我知道，如果不这么做，就会越来越孤独的。

在第一次世界大战即将结束的时候，我才逐渐熬过这昏暗的日子。有两件事推动了我的转变。有一个贵妇人试图暗示我的幻想具备艺术价值，我后来与她断绝交往。但是主要因素是1918—1919年，我开始理解自己的曼荼罗画。在1916年的时候，在创作完成《致死者训词七篇》之后，我画出了第一幅曼荼罗，当时是不理解其中的含义的。

1918—1919年，我在厄堡镇英军战俘营当指挥官的时候，每天早晨会把一幅小圆圈速写在一本小册子上，一个曼荼罗似乎能够代表当时的心境。借助图画，我可以日复一日观察心理变化。有一次，我收到那名文雅贵妇人的来信。她在信中固执地再次认定，我那些源自内心的幻想具有艺术价值，就是艺术。这封信件让我心烦，这不是愚蠢，而是阿谀奉承。现代艺术家确实可以通过追求潜意识来打造自己的艺术。这封信字里行间都流露出功利主义和狂妄无理，引发我内心的怀疑，我不确定这些幻想确实是自发的和自然的，而并非是我随心所欲虚构编造的。我无法摆脱普遍的先入之见和人性中的傲慢，也就是说，我把每一个漂亮的奇妙幻想都想当作自己的功劳，而卑下的反应则是出于偶然，或者源自他人创造。第二天，由于这种内心的迷乱和身心的不一致，我画出了一个变形的曼荼罗，有一部分圆形脱落了，破坏了对称性。

我就此慢慢醒悟，曼荼罗原来就是塑造、改变、永恒保持的意义。这个就是自我，就是整体的人格，如果一切情况良好，整体人格就是和谐对称的，不会自我欺骗。

我的曼荼罗图画是每一天都能送达的关于自我人格状况的暗号。我看见了自我，也就是看到自己的整体如何工作运转。一开始只是模糊理解，当时就是觉得那些画面很有意义，视若珍宝。我清楚感受到这件事的重要性，随着时间的推移，对自我也有了更加生动的想象，觉得自我就是一个单子[1]，我就是这样一个单元，这就是我的世界。曼荼罗表现出的这些单元，符合心灵世界的微观天性。

我记不清当时画了多少曼荼罗，有很多。每当全神贯注画画

---

① 哲学用语，意思是一个再无法分割的单元，构成世界的最基本单位。

的时候，内心一再浮现疑问："我的人生将走向何方？我的目标在哪里？"由自身经验可知，我是无法选择出觉得值得信赖的目标的。最终彻底放弃自我高于一切的这种理念。经历这样的失败，原因就在于，在《力比多的变化和象征》中，开始对神话进行学术研究，目标是继续下去，但是无法实现。被迫经历了潜意识过程，任由这股洪流胁迫而去，不知道会引向何方。我在画出曼荼罗之后才明白，所走过的各条道路、所迈出的每一步，都会返回到原点，也就是中间位置。我越来越明白，曼荼罗代表着中心，代表一切途径归于一点，是寻找中心的路。

1912—1920 年前后这些年，我认识到心理学发展的目标是自我。自我不是线性发展，只是循环往复。也只有循环往复，最多一开始时候是单向的，后来，一切将回归中心、指向中心。这种认知让人坚定，内心也逐渐恢复宁静。我知道，以曼荼罗表达自我，达到自己的终极目标。或许存在另外一个人格对此认识更深刻，但不是现在的我。

等到了 1927 年，我通过一个梦境，证实了关于中心和自我的关系。我把梦境的精髓用一个曼荼罗表达出来，称之为"进入永生之地的大门"，这幅图画附在《金花的秘密》中。一年之后，我画出了第二幅，同样是曼荼罗，中央是一座金色大殿。画完之后，我自言自语："为什么有这么浓郁的中国风？"

当时感觉中国绘画的形式和色彩让人印象深刻，虽然曼荼罗表面上毫无任何中国元素，但是这幅图画就是让人产生这样的印象。不久之后，就接到了卫礼贤的一封信，这种巧合非比寻常。

他寄过来题为《金花的秘密》，其中关于中国道家炼丹术的论文手稿，让我点评。我马上一口气读完这些手稿，因为文章内容意想不到地证实了我对于曼荼罗和围绕中心循环运转的想法，这是冲破我孤寂状态的第一个事件，我心中由衷感觉到，我走的道路并不孤独，可以结交很好的朋友。

为了纪念这种巧合，纪念时空的重叠性，我当时就在曼荼罗画面下方写道："1928年，作图表现防守严密的金色宫殿的时候，法兰克福的卫礼贤寄来的关于不朽的起源，皇宫的千年中国古经。"

在1927年的一个梦境也画成了曼荼罗，我之前已经指出过。

我发现自己身在一座脏乱不堪的城市中，一身灰尘，那是在阴暗有雨的冬夜的利物浦，自己跟着一帮瑞士人，大概有六个人，行走在黑暗的街道，感觉我们从海上归来，从港口走过，真正的城市高悬在悬崖峭壁之上。我们朝那个方向前进，这让我想起了巴塞尔，市场在下方，需要穿过死人巷到一片高地，然后到达彼得广场和彼得大教堂。

我们来到高地上，发现一处街灯朦胧的宽阔广场，许多街道在此汇聚，市区围绕广场呈现辐射状排列，在中间是一个圆形的池塘，里面有一座中心小岛。烟尘雨雾灯光，还有寂寥的暗夜覆盖这一切，小岛上却熠熠生辉阳光灿烂，那里孤零零长着一棵玉兰树，挂满红色的花朵。似乎树生长在日光中，自身就是光源。同伴们都没有发现这棵树，只是对可恶的天气抱怨不休，谈论的是利物浦的另外一个瑞士人，大家都困惑他为什么偏偏居住在这个糟糕的地方。我沉迷于树木开花之美，以及阳光沐浴下的小岛之美，心生灵犀："我已经知道这一切代表什么了。"随即，我从梦中醒来。

关于这个梦境的一些细节，我事后还进行了补充，各城区围绕中心点呈现放射性排列，这个中心点形成了开放性的小广场，周围点亮更大的路灯，如此，这就成了小岛的复制品。我知道，"另外一个瑞士人"就住在这样一个次中心的附近。

这个梦境代表了我当时的人生处境，我现在还清晰记得，褐黄色的雨衣被雨水淋湿后散发出的光亮。这种遭遇会让人心情沉闷，因为黑暗中一切都模糊不清，正如当时的感觉。但是我却看到了超凡脱俗的美景，因此可以继续生存下去。利物浦是"生命之池"的含义，按照传统说法，肝代表着生命之所。

对我来说，这个梦境的经历和尘埃落定的人生感觉相连。我看到这里表现出的目标，中心就代表着目标，人们永远无法摆脱中心。梦境告诉人们，自我是原则，是定位与人生意义的原型，其中包含治疗的功效，我由此也开悟了自己对神话产生的最初推测。

做完这个梦之后，我从此不再绘制曼荼罗。这个梦境也代表了潜意识发展的顶峰，提供了我人生处境的最完整景象，毫无保留地满足了我的内心需要。这个时候我尚且不能理解这些曼荼罗的真正含义，并且周围人都不明白，无法给我提供良好建议，我只能尽量保存好这些画面。期待未来梦境更加清晰，给我提供更加客观的内视观察。

如果没有这些心灵幻想，我的人生方向或许会迷失，最终被迫放弃自己的研究行动，在这里通过这种方式表达出人生的真正意义。与弗洛伊德在学术上分道扬镳之后，我知道自己的研究处于落后状态，不知道下一步该怎么办，除了弗洛伊德的学术建议，自己的确没有更好的提升之道，但是在这个时候，我勇敢地迈入未知之地。这些潜意识梦境的到来，是我人生的恩典。

我把这些心灵探索经历记录下来，并且运用学术上的研究载体加以描绘进行研究，前后花费了大概45年的时间。在青年时代，我的人生目标是在心理学研究上有所成就，但是我随后遇到这股潜意识激流，其中蕴含的深邃哲理重塑了我的生活。这些原始材料的不断堆积，迫使我努力把这些材料结合我所处的世界，重构我的世界观，这样一份工作概括来说总体上是成功的。把最初的幻想和梦境激烈交融，形成智慧的结晶，这些结晶就是我研究的硕果。

致力于描绘心灵画卷的那些日子，是我一生最重要的时光，最终的收获是此时的定局，当时的发端，以及随后的细节只是补充和说明，此后人生的全部活动都是在加工处理那些原始材料，那些从潜意识显化，一开始差点儿把我淹没了的心灵启示，是我岁月中最宝贵的积淀。

第七章：著述来源

我对潜意识的真正深入研究，开始于我的后半生，这项工作旷日持久、艰辛琐碎，花费大约 20 年的时间，我才对我的潜意识获得了一定程度的理解。

一开始，我首先要证明内心体验的历史发源地，也就是对"自我意识觉醒的历史节点"进行回答。如果不能证明这个问题，就无法证实自己的想法。偶遇炼丹术，成为研究的决定性经历，正是通过它，才诞生之前朝思暮想的历史根基。

从原则上来讲，分析心理学属于自然科学的一部分，但是又比任何一门学科都受制于观察者本人的心理偏见所左右，并且高度依赖对历史的研究，需要进行大量文献的发掘整理比较，做出清晰准确的判断，消除重大学术错误。

大概从 1918—1926 年，我对诺斯替教派学说进行悉心钻研，因为他们也遇到了潜意识混沌世界的问题，他们对潜意识内容和景象进行探讨，并且混杂着内驱力世界。他们最终以何种方式理解这些景象，实现内心平衡，很难说清楚，因为历史资料太匮乏了，我之所以能得到这些遗存信息，一大部分原因还是要感谢他们的信仰对手——教父。但是他们并不具备心理学研究观点。就我的学术研究而言，我也不可能继承他们的成果，因为诺斯替教派在历史长河中间隔太久远了。

我认为，诺斯替教派和当代世界之间的传承，断裂很长时间了，也找不到从诺斯替教义（或者新柏拉图主义）到当代的联系。我是在钻研炼丹术的时候，才认识到它和诺斯替主义的历史渊源，也是通过炼丹术重新建立了从历史到当代的连续性，作为中世纪的自然科学，炼丹术架设起桥梁，既通往过去的诺斯替主义，也连通未来，也就是现代潜意识心理学。

弗洛伊德采纳了经典的诺斯替教派的性动机，另外则利用父亲权威包装推荐潜意识心理学，于是诺斯替教派的耶和华与造物主上帝浮现于弗洛伊德关于先祖和源自天父的超人神话当中，在其中，他化身为魔鬼，创造出失望、错觉和痛苦的世界。炼丹术在研究潜意识材料的秘密时，已经预先确定并发展为唯物主义，导致阻碍了弗洛伊德眺望诺斯替主义本质另一方面的视线，也就是等级更高的另一个上帝的精神原型。

按照诺斯替教派的传统，这个高高在上的上帝送来酒罐，意味着充满思想的容器，是思想更新再生的子宫，方便更高意识者进行洗礼。在这里，酒罐是阴性属性，在弗洛伊德的父权世界是找不到位置的。当然，在学界，也并非是弗洛伊德一家之言，所以有很多附议观点。在天主教的思想界，徘徊长达几个世纪，不久之前，圣母和修女才得以纳入神界的家庭，至少是得到了确认。[1]

圣父一如既往主宰新教和犹太教世界，另外，炼丹术的哲学

---

① 荣格在此是影射教皇比乌斯十二世发的训谕，于 1950 年宣布圣母升天的教理。其中声称，马利亚作为新娘和圣子，作为索菲亚和上帝是在天国的婚房进行结合，由此，阴性原则靠近阳性三位一体。

里，阴性原则扮演了更加突出的角色，和阳性原则是平起平坐的。炼丹术中最重要的阴性象征之一，是在其中完成物质转变的容器，这也是我的心理学研究发现的中心一点，即内心的转化过程：个性化演变。

在接触炼丹术之前，重复出现的梦境始终有着相同的部分，房间旁边还有房间，也就是我不熟悉的偏房或者厢房。每一次，我都会在梦里惊讶，因为自己不了解这栋房屋，看起来它早就在那里了。最终来到一个梦境，我来到另外一间厢房，在那里发现了一间奇妙的藏书室，藏书大部分是 16 世纪和 17 世纪的，都是猪皮装订的大开本厚书，靠墙而立，其中有一些装饰有铜板画面，插图里包含了未曾见过的神奇符号，当时不知道这些代表了什么含义，很久之后才确定这些是炼丹符号，我在梦里体验了它们和整个藏书室散发出的难以描述的氛围，那是关于古籍的中世纪收藏。

我不知道厢房是属于个性的一部分，代表本人的另一面，代表自己所有但是当时尚未认识到的某些事物，它，以及图书室，代表了同样不熟悉的即将研学的炼丹术。大概 15 年之后，我确实收集到了大致类似的藏书。预演我和炼丹术相遇的关键梦境大约于 1926 年来临。

在战争之地，南蒂罗尔，特伦蒂诺—上阿迪杰大区，是意大利前线，我从前线战区搭乘一个小个子农夫的马车返回驻地，四周炸弹轰鸣，我知道必须尽快赶路，因为沿途情况十分危险。接下来，我们必须过桥，穿越一条隧道，拱顶部分已经毁于炮火。

来到隧道尽头，豁然开朗，眼前是一片阳光灿烂的地方，这里是维罗纳省。脚下就是城市，天气良好。我顿时如释重负，我们开始向着草木繁盛、鲜花遍地的伦巴第草原飞奔而去。

我们穿行在美丽的春色中，稻田、橄榄树、葡萄架——映入眼帘。我看见道路旁边有一栋巨大的建筑物，庄园规模宏大，围绕主宅的配楼很多，类似意大利北方诸侯的宫殿。犹如罗浮宫，有一条道路穿过整座大院。马车驶入一扇大门，由此透过远处的二道门，随后又看到大片沐浴在阳光里的风景。我环顾了一下四周地形，右边是庄园主宅的正面，左边是仆人们的居所和马厩、仓库以及其他连绵不断的附属建筑物。

我们来到院子中央，正在此时，一声沉闷的巨响，两扇正门轰隆关闭。农夫从马车上跳下来，惊慌叫嚷："我们身陷17世纪了。"

我也有些心灰意冷："是的，是这么回事。"可是，该怎么办呢，我们现在被关住，也不知道要多少年才能离开。随后又宽慰自己，不管怎样，终究会脱身的。

做完这个梦之后，我一头钻进浩瀚的世界史、宗教史、哲学史的文献书海之中，也没有找到解释这个梦境的线索。许久之后，才明白这个梦境涉及了炼丹术。因为炼丹术的发展高潮就在17世纪。令人奇怪的是，我居然全然忘记了海伯特·西尔贝雷创作的炼丹术之书，也就是1914年的《神秘主义问题及其象征》，这本书出版的时候，我觉得炼丹术涉及许多稀奇古怪的事情，思想偏激，虽然我非常欣赏西尔贝雷对《圣经》的神秘性进行建设性的诠释视角，我当时还写信给他，表示学术思想的赞同。

但是，西尔贝雷后来自尽身亡，这个悲剧性结局表明，他的学术思想观点并未遵循理性原则。西尔贝雷主要采纳了我无法汲取的后期材料，后期的炼丹术充满幻想，绮丽无比，也只有深入其中，才能认识到内在蕴藏的珍宝。

1928年，我从卫礼贤处获得来自中国炼丹术的著作《金花》。[①]这本书一开始搁置了两年，有时候也会注视书中的图画，每次都大呼，天哪，太荒唐了，根本不明白什么意思。但是钻研的念头始终无法摆脱，于是决心深入研究此书。第二年的冬天我就开始了行动。很快发现内容让人着迷激动。

这些经文虽然让人觉得好像是在胡说八道，但是也常常遇到令人意味深长的地方，有时候甚至认为自己彻底理解了其中的含义。最后，我断定这些涉及的符号都是似曾相识。这真是奇妙哇，我必须学着领悟。随后，就陷入其中，不可自拔了。只要时间允许，我就会埋头于那些书卷。有一天夜里，我又在钻研经文，忽然想起曾经的那个梦境，其中说道："我已经身陷17世纪了。"现在总算明白是什么意思了，就是现在这么回事，现在我注定要从头钻研全部的炼丹术。

我花费了很长的时间，在炼丹术的思想迷宫里寻找头绪，因为手里并没有阿里阿德涅赠予的线团。我注意到，《玫瑰园》里

---

① 太乙金华宗卷经文，通过它才更加接近炼丹术的本质，从此才真正了解炼丹术士。我托付一名慕尼黑的书商，希望他能帮助我收集丹书。不久之后，我首先获得《制金术二卷》（1593 年），这部拉丁文文集内容包罗万象，其中记载了一系列的"经典"。

经常重复着一些奇怪的话语。例如"分解和化合""一件容器""青金石""初始物质""水银"等。[①]

我能够看出来，这些词汇用在一些特定含义上，并且反复使用，但是我却无法把握要领，后来决定编制词条词典，进行对照使用。随着时间的推移，我逐渐积累起成千上万个词条，形成了卷册进行摘录。我严格遵循纯语言文学的范式，就像在破译一门未知的语言，通过这种方式，逐渐获得炼丹术语言表达的真正含义。这项工作繁重无比，让我连续十余年不得停歇。

我很快就意识到，分析心理学和炼丹术的逻辑出奇一致。炼丹术的经验就是我的研究经验，他们所面对的世界在某种意义上就是我所面对的世界，这对我来说简直是最理想的发现了。因为，我找到了潜意识心理学在历史上的参照物，这也就为我的潜意识心理学说找到了历史依据。它可以和炼丹术相比对，在精神探索上与诺斯替主义一脉相承，这两点支撑了潜意识心理学的实质内容。通过研究古老文献，一切豁然开朗。幻想中的图景世界，在实践中累积的经验材料，还有据此得出的结论。现在我开始认识到，这些内容在历史长河的视角下意味着什么，对它们的典型特征的深入理解，已经为我的神话研究工作铺平道路，现在更是得到深化。

原型及原型的本质开始进入我研究的中心视野，我也认识到，没有历史就没有心理学，更无潜意识心理学。潜意识心理学可以

---

① 《智者的玫瑰园》（1550年），匿名之作，记录于《制金术》第二卷当中（1593年）。

满足于个体认知自己的生活，仅仅就对神经症做出解释所进行的思维深度，就不啻对意识世界的新发现。如果在治疗中做出不同寻常的正确决定，梦境就会上门，解梦所需要的不再只是个人的回忆。

在研究炼丹术的过程中，我还认知到自身和歌德的内在联系，歌德的秘密就是，历经几个世纪的原型变迁过程在支配着他。他把自己的《浮士德》视为敬神祭礼，这是他的人生主业。所以，他的生活都框定在戏剧当中，人们印象深刻唤醒知觉，这出戏剧当中一直存在并发挥作用的活跃核心，是超脱个人的演变历程，是原型世界的巨大梦想展演。

我自己也同样受到这一梦境的支配，人生事业从 11 岁就开始了，纠缠我一辈子的事情概括为一句话，我的事业和目标就是钻研人格的秘密，一切行动都围绕着这个中心点进行展开，全部的著作都是这唯一的主题。

真正意义的学术研究工作开始于 1903 年的联想实验，当时开始尝试表达自己的观点，我把这一点视为从事自然科学活动的首要工作。先是发表《诊断性联想实验》，随后是《早发性痴呆心理学》和《精神病内容》。在 1912 年，《力比多的变化和象征》出版，和弗洛伊德的友谊也就此终结，无论是否心甘情愿，独立自主的研究之路从那个时候开始了。

我着手研究自己的潜意识图景，开始独立上路。这个时间从1913 年持续到 1917 年，幻想洪流随后退潮。等待心情平复一段时间之后，我不再受困于魔山，开始深入思考，客观看待。当时的首要问题就是"拿潜意识怎么办"？作为对这一问题的回答，我创作了《自我与潜意识的关系》。1916年在巴黎，我围绕这一主题做了学术报告，同年在日内瓦以文章的形式发表于《瑞士地区心理学档案》。

1928年，该论文扩展成书，以德文出版，我在其中描写了潜意识的一些典型内容，证明了意识对它们如何取舍绝对不是无关紧要。与此同时，我还忙于《心理类型》（1921年出版）的前期创作工作。

后者的中心思想就是回应这样一个问题，我的学术和弗洛伊德的区别，和阿德勒的区别，我们的学术见解有何差异？每每深思，总是遇到类型困扰，也正是类型的不同，从一开始就决定并限制了个人的判断。这本书主要处理个体和世界的冲突，人和人之间，以及人和物之间的关系，阐述了意识的不同方面，意识对世界认知的态度，可以说是从临床视角观察，来阐释意识的心理学。

这本书中汲取了许多文献精华思想，包括施皮特勒的著作，尤其是他的《普罗米修斯和厄庇米修斯》，另外还有席勒、尼采和古典时期以及中世纪思想史。我还斗胆给施皮特勒邮寄了一本，他不曾搭理，之后在一次学术报告中指正了他的著作存在瑕疵，例如：《五月来临》比《奥林匹克之春》更适合咏唱。

《心理类型》这本书带来了全新的认识，个体任何的心理判断都受制于其构建的心理类型。任何观察方式都是相对性的，也由此产生了关于统一性的疑问，统一性可以抵消这种认识的多样性，也直接把我引向了"道"这一中国古老理念。在前文，我已经提到自己内心认识的发展和卫礼贤邮寄来的道教经文息息相关。1929年，我们两人共同编纂的《金花的秘密》成书出版。当时，我通过深思和研究，已经到达自己的心理学中心，也就是自我认知理念，之后才重新回归世界大道。我开始做学术报告，进行短途旅行。这期间，数量众多的单篇文章和学术报告，在一定程度上构建了我内心经年累月专注思考形成的产物，这其中包含了对患者和读者所提问题的解答。

从《力比多的变化和象征》这本书开始，我就牵挂一个问题，那就是力比多理论。我把力比多理解成为身体能量在心理上的对应物，类似于数量的概念，因此拒绝在质上对力比多的本质进行定义。我看重的是能够摆脱现存力比多学说的具体特征，也就是取代了饥饿驱动力、攻击性驱动力、性驱动力等概念，而是把这些现象全部视为心理能量的各种表现形式。

在物理学当中，也涉及能量的多种表现形式，包括电、光、热等。在心理学当中，同样如此，即便事关能量的强度、多寡，表现方式可能是完全不同的。从力比多的能量观念形成了观点上的统一性。力比多是什么性质，它是性、神秘力量、饥饿或者别的东西，这些疑问虽然尚无定论，但是已经不重要了。

在自然科学当中，存在统一性，作为广义能量学定义，我所关心的正是为心理学设置这样一个统一性，这就是我在《心灵能量学》（1928年）这本书中阐述的一个中心主题。例如，把人的内在驱动力看成能量释放的表现形式，进而形成类似于光热等的力量。

现代物理学家是不会想着只从热中提取一切力量，在心理学领域也是同样道理，也不存在把一切内驱力归结于神秘力量或者性驱动的概念，这也是弗洛伊德最初的学术迷误，后来，他通过假设"自我驱力"加以纠正，再后来，赋予超我以至高无上的地位。

在《自我和潜意识的关系》这本书中，我只是确定自己如何潜入潜意识世界，却没有说明潜意识自身是什么本质。研究自身的幻觉，可以传递一种预感，潜意识在发生变化，或者在引导现实变化。在了解炼丹术之后，我才明白潜意识是一个过程，自我和潜意识的内容关系，就在于从心理上引发真正的变化或者触发蜕变。个别极端情况下，可以通过梦境和幻想观察到这一过程。在集体领域，这一过程也突出反映在不同宗教体系以及象征的变化过程中。通过研究个体和集体的变化过程，通过理解炼丹术的象征意义，我得出了本人心理学说的中心概念：个性化过程。

我的论文存在一个根本基点，那就是早早地触及世界观问题，处置心理学和宗教学说的对峙问题。但是就这个问题，直到 1940年发表《心理学和宗教》、1942 年发表《帕拉切尔苏斯理论》，在书中才真正详细论述这件事。尤其是第二篇著作《作为精神现象的帕拉切尔苏斯》在这方面论述精深。帕拉切尔苏斯的著作包括大量的奇特想法，其中明确提出了炼丹术的问题，采用的是后来的绮丽发展阶段。也正是通过研究帕拉切尔苏斯，才最终促使我认识了炼丹术的本质，而且想通了其与宗教、心理学之间的联系。或者也可以说，炼丹术作为宗教性质的哲学启示发挥了作用。

以上观点，在 1944 年出版的《心理学和炼丹术》一书中

——阐明，也算是把本人在 1913—1917 年的研究经验进行了总结，因为当时的经历过程和该书中叙述的炼丹术转变过程是相对应的。

当然了，我也多次面对潜意识的象征意义和基督教的联系，以及和其他宗教的关系问题，进行深入研究。我对基督福音敞开了心扉，因为它处于西方人关注的中心，但是需要一个全新的解读视角，以适应和符合时代精神的历史变迁。否则，它会和时代脱节，全人类会和它远离。我努力在文章当中阐明这一观点。我对三位一体学说教义，以及弥撒经文在心理学上进行解释，还把弥撒经文和 3 世纪的炼丹术士及诺斯替教派信徒帕诺波利斯的索西穆斯的文本进行了比较研究。于 1942 年发表了《弥撒中的转变象征》，尝试着把分析心理学和基督教观点进行对比，最终也导致我探索成为心理学人物的基督。最早在《心理学和炼丹术》一书中，我就证明了炼丹术关于"石头"的中心思想中存在着和基督一样的神圣人物。

1939 年，我开展了关于伊纳爵①的《神操》的学术研讨课程。同时，我正忙于《心理学和炼丹术》的创作。有一天，我夜里醒来，看到床尾十字架上的耶稣沐浴在亮光之中，他虽然没有真人大小，但是十分清晰地现身，他的身躯被淡绿色的金子覆盖，眼前的美妙景象让我吃惊沉醉。这类幻象本身并非非常神奇的事情，因为我时常在半睡半醒之间看到这种幻象。

---

① 伊纳爵，1491—1556 年，天主教耶稣会创始人，西班牙罗耀拉城的贵族。

当时，我对一篇出自《神操（灵修篇）》的文章沉思默想，对《基督的女性意象》也多有深思。这些幻象暗示我沉思时有所遗漏，这就是基督和炼丹术士的神奇金属——绿金，有相似之处。这番景象表明炼丹术的中心象征，也就是关联了炼丹术士的基督幻想，想通这一点之后，我感到十分慰藉。

绿，在宗教中代表了自然万物的基本力量，代表着精力和活力。炼丹术士看重的绿金不仅体现在人类身上，在自然界也是万物存在的鲜活特性，代表了精神、世界灵魂，或者宏观意义上的宇宙因子，活跃于全人类社会。这种精神存在于无机质，也存在于金石中。我的幻想就是基督神像上的金属类似物，也是宏观宇宙因子的结合。如果绿金未曾引起人们的注意，我也会进行假设，这是自身"基督观念"的根本支撑。换句话说，我自身的传统印象是有缺陷的，需要对基督的变迁进行学习。在幻想中，绿金是那么的耀眼，表明了炼丹术士非常明确地将基督视为精神鲜活而肉体死亡的物质结合体。

1951 年发表《万物永存》，重新开始对基督教的研究。这个时候所关心的不再是思想史上的类似，而是其形象和心理学上的对立验证。并不是把基督看作摆脱各种面貌的核心人物，而是想指出，他之所以延续了几百上千年的信仰，其表现出的宗教内容在不断变迁。还重点考虑到，如何利用占星术预言基督，如何通过各个时代的社会精神，在两千年的进程中对基督进行理解，这正是我想阐释的，不同时代进程聚集到他身上所产生的不同奇特表现。

在工作期间，也顺应产生了对历史人物、对耶稣其人的质疑，这个人物之所以意蕴丰富，是因为代表了时代的集体心态，可以说是当时形成的情意团的原型，也就是人类的原型映照到近乎神灵的犹太先知耶稣身上。古典时期的人类理念一方面源自犹太教传统，另一方面根植于埃及何露斯 ① 神话。因为他的出现，符合当时的时代精神，所以在基督纪元开始，就打动了人心。关于"人子"、上帝之子，他与这个世界的原有统治者"神明的奥古斯都"对峙。这个想法使弥赛亚这个原本的犹太问题成为世界事务。

但是，木匠之子耶稣宣布福音，成为救世主，如果把这看成单纯的"巧合"，一定会带来严重误解。这个人必定是天赋异禀的人物，能够圆满表达并解说潜意识中代表的时代的普遍期待。除了耶稣本人，没有人可以成为这类福音的传递者。

罗马的强权使一切宗教活动自惭形秽，这体现在近乎神人的恺撒身上。在当时，罗马的强权创造了一个世界，不仅剥夺了无数个人，而且剥夺所有民族自主的生活方式和精神上的独立性。当今世界，个人和文化共同面对相似的威胁，也就是从众化的隐忧。

因此，多地宗教界人士已经开始讨论基督是否有再现人间的可能性，甚至产生了憧憬性的谣言，表达渴望救赎的愿望，但是这种救赎性期望如今以这样一种形式出现，这种形式和以往并不

---

① 何露斯是古代埃及神话中法老的守护神，是王权的象征，同时也是一位战神。他的形象是鹰首人身，头戴埃及王冠，腰围亚麻短裙，手持沃斯权杖和安柯符号，分别代表能量和生命。

一样，是"技术时代"的典型产物，于是不明飞行物的发现新闻蔓延全球。①

因为我的研究目标，是全盘展示自己的心理学在何种层次上是炼丹术的对应产物，或者反向比对，所以除了解决宗教疑问之外，还要结合炼丹术著作查找涉及心理治疗的专门线索。医学心理治疗的中心问题，也是主要难题是移情问题，弗洛伊德和我在这一点上的认知是完全一致的。

我也能够证明炼丹术核心要义也有相似之处，也就是关于"结合"的概念上，这一点的重要性已经引起了西尔贝雷的注意，在《心理学和炼丹术》一书中已经表明了相似的地方。两年之后的1946年，我的研究形成了《移情心理学》这篇论文，最终于1956年编辑出版《结合的奥秘》一书。

无论是涉及人性认知，还是学术研究，我所困扰的所有问题都伴随着梦境的产生，或者由梦境引出问题，"移情"概念的出现也是如此。有这样一个梦境，通过其中一幅巨大而醒目的画面暗示了这一个问题和基督是存在关联的。

我梦到自己家的房子加盖了从未见过的大厢房，我准备进去看一看。我走了进去，来到一扇巨大的折叠门前，一开门，就仿佛置身于实验室当中。窗前是一张桌子，摆放了许多玻璃器皿，以及动物实验室的各种器材，这是家父的工作场所，但是他不在。靠墙书柜里摆满了成百上千个玻璃容器，里面有各种超乎想象的鱼类标本。我十分惊讶："现在父亲开始研究鱼类学了！"

---

① 《现代神话——天空可见事物》（1958年）。

我站在那里，环顾四周，发现有一道帘子不时舞动，仿佛有劲风吹拂。乡间青年汉斯突然走了进来。我请他查看一番，帘子后面是不是窗户大开。他走过去看了看，过了一会儿回来了，他的神色十分恐惧，惊慌失措地对我说："那里有些问题，闹鬼了。"

我于是走了过去，发现有一扇门通往母亲的房间，那里没有人，气氛十分惊悚。房间里十分宽敞，天花板上吊着两排大箱子，各有五只。高出地面两英尺，看上去就像大概两米见方的空中小木屋，里面都摆放着两张小床。我知道，此处是为了方便有人来拜访早已经逝去的母亲，她在这里为精灵们安排了睡眠设施，可以让成对到来的精灵夫妻在里面过夜或者安然度过白天。

母亲房间里还有一道门，我打开门来到一个大厅。这里容易让人联想起宾馆的大堂，摆设着圈椅、几案等，一切都富丽堂皇。大厅里正在演奏着铜管乐，虽然始终能听到音乐声响，但是找不到来自何处。厅内没有人，只有那铜管乐队高奏着舞曲。

宾馆大堂里的铜管音乐表明欢乐的氛围，和人间的俗气。没有人会在这种吵闹的环境下猜测到大宅子里还隐藏着另外一个世界。厅堂的梦境代表着我和善或随和的社交漫画，但这只是我的外表，内心却有迥异情怀，无论如何，也不可能在这个嘈杂的环境下进行学术探讨。鱼类实验室和悬垂的鬼屋，都是印象深刻的景象，是一片诡异的静谧。我能够感觉到，这里是夜的世界，而厅堂代表白昼世界的嘈杂和浮浅。

这个梦境最重要的景象是鱼类实验室和"鬼魂接待室"，前者暗示我研究本身是鱼类的基督，后者以怪异的方式表示结合或移情问题，这两者均是我十余年不曾松懈的研究内容。

值得注意的地方，梦里把研究鱼类加在父亲身上，他是基督教徒的管理员，按照旧有观点，这些人是被彼得网捕获的鱼。另外奇怪的地方，是母亲化身为辞世灵魂的守护者。双亲在梦里都经受着牧灵的折磨。这其实是我的人生任务。有些事情看来尚未完成，因此仍然牵连在父母处，也就是仍然潜伏在潜意识中的问题等待将来解决，因为我还没有对炼丹术中的核心要义"结合"进行探索，还没有回答基督徒灵魂对我提出的那个问题。我妻子以研究圣杯传说这一重大工作作为毕生追求，但是尚未完成。我回忆起在研究《万古永存》中的鱼类符号的时候，《寻找圣杯》和渔王的形象多次闯入我的脑海。如果不是顾虑妻子的工作，我一定会把圣杯传说纳入对炼丹术的研究当中。[①]

想起家父，就想起了忍受安福塔斯之伤的那个人，他就是伤口无法愈合的"渔王"，接受基督教义下的惩罚，炼丹术士为此寻找灵丹妙药。作为积极参与的"幸运儿"帕尔齐法尔，我青春年少时代亲历这种疾病，和他有着相同的痛苦。[②]

家父从未研究过兽形基督象征学，终其一生都经历基督预言世人受难的折磨，从未明确意识到《师主篇》的后果，他把受难

[①] 1955 年，荣格丧妻之后，玛丽-路易丝·冯·弗朗兹博士开始研究圣杯工作，在 1958 年圆满结束。可以参考两人合著的《心理学视角下的圣杯传奇》，卷十二，苏黎世，1960 年。

[②] 安福塔斯，意为"渔王"，是传说中的国王，圣杯守护者。因为向贵妇献殷勤遭受惩罚，伤口无法愈合，只能以捕鱼作为消遣。帕尔齐法尔为其治病，他由此得救痊愈。于是把圣杯王国统治权让给了帕尔齐法尔。

作为人生追求，并且私下里向医生请教，并非普通基督徒的受难。在《加拉太书》第二章第20节，"我活着，但不再是我，而是基督在我身上活着"。

他并不清楚这句话的深刻含义，因为在宗教方面，他拒绝一切思考，只满足于信仰，不过，后面这种行为属于背信弃义，这就是错误地理解付出牺牲就能获得补偿。[1]

"并非人人，而只有获此语者才会领悟……有阉割者为了天国而自宫。能领会者就会悟通！"[2] 如果盲目接受这些，从来不思索解决之道，只会导致停滞，并成为后代的负担。

带有兽形象征，表明诸神不仅在超人领域，而且超越生活的非人范围，一定程度来讲，动物是他们的影子，自然而然给光明的正面形象附加了这样的阴影。"基督教徒是小鱼"这句话也表明，跟随基督的人们都是鱼，是具有潜意识性质的心灵，需要牧灵进行指引。作为鱼类实验室的幻象，就代表了教会司牧，供受伤者进行自我疗伤。最典型的地方就是，梦中的关键活动都是由死者对死者发起的，也就是说，在意识的彼岸，就是潜意识当中。

实际上，当时的我还没有意识到人生任务的本质，因此也无法进行满意的解析，只是隐约揣测其中的含义。我克服着巨大的心理压力，直至写出《对〈约伯书〉的回应》一文，才得以解脱。

这篇文章因《万古永存》而形成，在那本书内，我对基督教进行心理学解析，约伯在一定程度上代表着基督，是受难的理念

---

[1] 天主教要求教徒在信仰事物上放弃个人意见。

[2] 《马太福音》第十九章第11节以下。

把两者联系起来。基督是受难的上帝的选民，约伯也是。在基督身上，是世界的原始罪孽导致受难，而基督徒受难是他们对此的回应。这就不可避免地产生疑问：这种原孽到底是谁的过错？刨根问底，是上帝创造世界的时候造成的罪孽，他不得不以基督的形象遭受人类的命运。

《万古永存》当中，可以找到关于上帝形象阴暗一面这一问题的启示。上面列举了"上帝义怒"[①]，要敬畏上帝这条戒律，"不要让我们陷入诱惑"[②]。上帝的形象如此矛盾，在《圣经·约伯书》中起了决定性作用。约伯期待着能够借助上帝的力量对抗另外一个上帝，表现出了悲剧的对立性，这种悲剧的对立性成为《对〈约伯书〉的回应》的主题思想。

这篇文章的成因是当时我的现实环境。来自公众和广大患者的许多疑问，迫使我对现代人的宗教信仰问题进行明确表态。我多年来一直犹豫不决，因为充分意识到一旦公布，将会掀起怎样的舆论风暴。但是最终，考虑到问题的迫切性和难度，被迫做出回应，采取的是遭遇意外的方式，以此让人心绪难平。我选择这种方式，也是为了防止给人们造成"我宣布了永恒真理"这种错觉。

这篇文章只是进行个人的声音和疑问，也希望和期待着公众进行沉思，从未想到，会有人认为我想发表空泛无意义的真理。

---

① 上帝义怒，在基督教《新约》当中属于信仰的内容。末日审判，也被描述成为"义怒日"，代表上帝彻底反对并惩罚邪恶势力。

② "不要让我们陷入诱惑，但救我们免于凶恶"见于《新约圣经》中的《马太福音》第6章节等。

但是神学家们都这么指责我，因为神学思维的习惯就是致力于永恒真理的追求。如果哲学家说原子具有这样的性质，可以设计出一种模型，并不意味着以此表达永恒真理。但是神学家们不了解自然科学的思维，尤其是心理学思维方式。在分析心理学当中，所采用的材料和根本性事件都是人为描述，而且常常是不同地点、不同时间相互验证地出现。

包括对约伯问题的追问及后果都是在梦里进行提前预告，我在梦里去探望逝去多年的父亲，他住在乡下，不知何处。我看到一栋18世纪样式的房子，显得十分宽敞，有一些较大的配房。这座房子原来是温泉浴场的客栈，我也得知，陆续有大人物、社会名流和王公贵族在这里下榻。还听说一些人在这里死去，在附近的教堂地下室摆放着他们的豪华棺椁，父亲作为教堂执事管理着这些。

但是很快发现，父亲不仅是教堂的执事，和生前恰恰相反，还是一位独立的大学者。我在书房里遇到他，非常奇怪，年龄和我相仿的Y大夫和他的儿子也在场，二者都是心理科医生。不知道是自己提出一个疑问，还是家父主动想解释什么，他从书架上取下一大本《圣经》，厚厚的大开本，类似于我的藏书中梅里安作插画的《圣经》。

这本《圣经》装订奢侈，外面包裹着锃亮的鱼皮。他打开《旧约》，我猜测是《摩西五经》，他开始解释某段文字。他是那么的熟练，知识渊博，让人跟不上思路，只觉得他所说的话透露出大量的各类知识，其中含义只能猜测一二，但是根本领悟不了。

我看到 Y 大夫也是满头雾水，他的儿子显得很开心。他们以为，我父亲处于老顽童的兴奋状态，莫名其妙地滔滔不绝。

但是我非常清楚，这绝对不是病态的兴奋，更不是胡言乱语，而是一种睿智博学的展现，而我们愚蠢至极。书中内容是令他着迷的重要思想，所以他反复强调，充满深邃的思考。我生起闷气，真可惜呀，他面对的是三个笨蛋。

此时此地，两名精神科医生坚持狭隘的医学立场，我也是医生，当然也无法避免自己的局限。作为父子，可谓造成我两层的阴影。

随后的场景发生改变，父亲和我站在房前，对面是库房，堆着满满的木柴，那里能听到砰砰的声响。仿佛有人在把木头扔起落下来。我感觉至少像两个工人在劳作。但是父亲示意里面闹鬼，是吵闹鬼在制造喧嚣。

随后，我们走进去，看到墙壁非常厚实。我们沿着狭窄的楼梯来到二楼，那里出现神奇景象。这是一间厅堂，完全是苏丹[①]阿克巴[②]在法赫塔布尔西格里城（都城）的市政厅地下室的布局。是圆形高大的房间，沿墙是一道走廊，有四座桥通往布置成水池形状的中心。池子架在一根巨型柱子上，成为苏丹的圆形王座。他端坐其上，正在对沿墙盘坐在廊台上的顾问和哲学家们讲话。这一切都构成了一个巨大的曼荼罗，完全对应我在印度见过的市政厅地下室。

---

① 某些伊斯兰教国家最高统治者的称号。

② 印度莫卧儿王朝的皇帝 1556—1605 年在位。

忽然一道陡峭的梯子从中心沿着墙壁突兀地出现，这是和现实不符的地方。上面是一道小门。父亲对我说："现在我将带你去觐见圣主。"然后，他非常虔诚地跪下来以额头触地，我也依照去做，同样进行虔诚的跪拜。不知道什么缘故，我的额头始终无法触地，始终保持毫厘差距。但是我摆出同样的姿态，或许是父亲的原因，让我幡然领悟，上面门后幽居着大卫王的统帅乌利亚，大卫王为了乌利亚的妻子拔示巴，而可耻地出卖了他，命令武士在面对敌人的时候抛弃乌利亚。对这个梦境，我必须进行解释。

一开场的描绘，是说明我尚未认知到我的人生任务对以后的影响，我把这个任务留给了父亲，也就是相应的潜意识场景。他显然努力钻研《圣经》，并力求向我们表达他的思想。鱼皮包装是《圣经》打上了潜意识的烙印，因为鱼是默默无语并且毫无知觉的。父亲无法让我们理解，倾听者有的是能力不够，有的是故意装傻。

这次挫败之后，我们来到吵闹鬼作祟的房间。吵闹鬼代表着青春期之前的青少年时代，也就是说那个时候的我还不成熟，对周围事物懵懂。印度风格的图解，预示着这一切，在印度市政厅地下室曼荼罗表现涉及核心要素，让人印象深刻。最中心的位置是阿克巴大帝的王位。他统治着次大陆，像大卫王一样是世界之主。但是比他更高地位的是那个无辜的受害者、忠诚的统帅乌利亚，他把后者出卖给了敌人。乌利亚代表着遭受上帝遗弃的神人基督。大卫王还把乌利亚的妻子占为己有。我后来才明白，对乌利亚的这些推测意味着什么，我不仅发现自己被迫公开自己的言论，披露《旧约》中的上帝矛盾形象及后果，属于自作自受，并且死神还夺走了我的妻子。

这些潜意识当中隐匿着我需要面对的未来，我不得不屈服于命运的安排，本该以额头触地，以示俯首称臣。但是至少有一种因素阻碍了我这么做。心里似乎有个声音："这样倒是没错，但不完全是。"我身上的抗拒因素，就是不想成为一条缄默不语的鱼。如果自由人身上不具备这些特性，那么在基督诞生之前的几个世纪里，也不会出现《约伯记》。哪怕是面对神灵的旨意，人类也给自己保留了补充的权利。否则，自由何在？如果自由是无力的，不能威慑敌人，人生意义又有何用？

乌利亚高高端坐在阿克巴的上方，梦境里提示，他甚至是圣主，这种表述其实只适用于上帝，并不包括卑躬屈膝。我不禁联想到佛陀及其他和众神的关系。毫无疑问，对于笃信佛教的亚洲人来说，如来是至高无上者，因此，有人大言不惭地怀疑小乘佛教是无神论。借助众神的力量，人们可以洞察造物主，甚至有可能在本质方面，也就是在人类的世界意识当中消灭世间万物。

现如今，人类可以利用核能毁灭地球上的任何高等生物。通过醒悟，可以中断因果轮回①，终结对存在的幻想。叔本华对意志的否定，预示性地指出了未来的问题，它已经让人忧虑地迫近我们的生活。梦境揭示了早就存在于人类社会的一种想法、一种预感、涉及造物主的理念，受造物比造物主更加智慧，这是至关重要的认知。

---

① 无法避免的生老病死的因果关系。

借助这次梦境，我回归自己的著作，在《万古永存》当中，还涉及另外一系列需要特别处理的问题。我试图在基督显圣和双鱼星座新时代两者之间建立逻辑关系。基督生命和客观的天文事件，也就是春分点进入双鱼星座，具有同时性，两者共时。基督因此可以称为"鱼"，就仿佛汉谟拉比作为白羊星座之主出现，基督同样作为新世代之主出现。这些事实就造成共时性问题，于1952年在《共时性作为非因果关系原则》一书当中进行了阐释。

《万古永存》当中，涉及的基督问题引发人们的思考，心理学上的自我（大我）这一认知如何表现在个人生活体验当中，我也尝试在1954年《潜意识根源》这本书中给出答案，这涉及潜意识和意识的相互影响，如何从潜意识上升演化为意识，事关伟大人格的塑造，"内在自我"影响每一个人的生活创造。

《结合的奥秘》终结了炼丹术和本人的潜意识心理学说的观点对立，书中重新确定移情问题，始终坚持最初思想，把全部炼丹术学说阐述归纳为一类炼丹术心理学或者利用炼丹术构建精神分析学基础。借助《结合的奥秘》，我的心理学研究才算瓜熟蒂落，作为整体，立足现实，源自历史。通过一己之力，著书立说，完成我的人生任务。这门学说完成的瞬间，我的学术也就达到了巅峰，记录超越人生经验事件，得窥原型自身本质，走到研究的尽头。

在这里，对学术事业只是总结性概括，应该展开细说，或者尽量简略。这个章节是临时起意，就仿佛讲述的话语瞬间发生。也可以把我的每一本著作视作生命中的各个驿站，它们串联起来，表现出我内心世界的演进过程，也是因为研究潜意识内容，不断塑造自我，进行蜕变。我这一生既是行动的实现，也是自我的觉醒，两者相辅相成不可分割。

我的全部著作都承载着内心的使命，它们因为命中注定的任务而诞生，书写的都是内心，在我的推动下让精神发言，也从未预料到这些文章能够引起热烈反响，它们的存在弥补了当时世界的缺失，遵循内心呼唤，说出世人拒绝的话语，因此在一开始的时候常常感觉失落。我也明白，一开始人们是拒绝接受书中见解的，因为大家都难以接受对意识世界的扩展。现在可以盖棺论定，我在学术上的成功超出预期，甚至感觉不可思议。我始终认为成功的关键，是发常人所未发之言，然后尽己所能去做，未来这门学科当然可以实现更多更好成果，但那已经不是我能力范围之内的事情了。

第八章：塔楼

我把自己的潜意识和幻想内容，通过现实学术研究工作逐渐落到实处。但是这些还不够，毕竟语言和纸笔不够具体，还需要别的东西验证。我必须把内心想法和自我认知，在一定程度上用石头进行表达，或者用石头铭刻信仰。这也是我在博林根村建造塔楼的原因。这看上去有些怪异，但是我就这么做了，不仅心理得到满足，而且感觉非常有意义。[①]

临水建造是一开始就确定的主意。靠近源头的苏黎世湖滨魅力独特，令人神往。因此，在 1922 年，我在博林根购置土地，这块地是圣徒迈因拉德家的土地，之前属于圣加伦修道院的教会土地。

一开始也没有打算建设规模宏大的院落，只准备盖两层小楼，中间有厨房，靠墙有卧室的简陋寓所。当时，眼前浮现的是非洲的茅草屋，房间中央是一个火塘，几块石头围起一个火堆，成为全家人的生活中心。说到底，这样的陋室实现了集体的理念，一家人居住在一起，包括饲养的各种小家畜。我想建设这样的住所，

---

① 对荣格而言，博林根的塔楼不仅是度假寓所，在年老的时候，他一年当中大约有半年时光在那里度过，一边工作一边休假。他曾言："若是离开土地，我不会有所成就。"直到高龄，荣格都通过锄头、铲子、植物和收获得到放松。在早年间，他是狂热的帆船迷，喜欢水上运动。

符合人的最原始情感，也传递着一种安全感，不仅是外在团聚意义上的，更是心理内在意义上的。但是，在最初进行施工的时候，又觉得太简陋了，就改变了主意。我很清楚，必须建造规范的三层楼房，而不是蜗居在地面上的茅草屋。在1923年，就建造起第一栋圆形房屋，完工的时候，它看起来就是一座典型的塔楼。

对我来说，塔楼就像慈母的房间一样亲切，从一开始就对塔楼产生十分强烈的安全感和再生感。但是，我也能感觉到，这个塔楼尚未完善，还有许多欠缺的地方。于是，在四年之后，也就是1927年，我又增加了中间楼层，设置塔状的附属建筑。

过了一段时间之后，又感觉不够齐全，现在这种形式还是过于简陋。所在，又在四年之后的1931年，把塔状附属建筑扩建成为真正的塔楼。在这第二座塔楼里，我选定了一个专门的房间。当时，眼前浮现出的印度的房屋构筑，其中有很多隐蔽的空间，哪怕只是用帘子隔开的墙角，人们可以躲在里面沉思静想，可以是半个小时或者一刻钟，或者进行瑜伽练习。

我可以在自成一体的房间内闭关独处，房间钥匙始终随身携带，未经我的允许，任何人都不得入内。随着岁月流逝，满墙壁都是我的画作，通过绘画，让我摆脱俗事困扰，隔绝当下，进入永恒世界。这是进行沉思和想象的地方，经常遇到恐惧不安的幻想，以及复杂烦琐的思考，需要全神贯注、静心归一去做。

又过去四年时光，在1935年，我萌发了建造篱笆圈地的想法，因为我需要更大的空间，把天空和大自然接纳进来。出于这个原因，我在湖边加盖了一处院子和一座回廊，它们构成整体建筑的

第四部分，和三体合一的主建筑分开。这就形成了四位一体，四部分建筑各有不同，前后历时十二年建设完成。

1955年，经历丧妻悲痛，我内心深处意识到有责任实现自我。拿博林根房屋来说，突然发现中间部分的主建筑一直以来是那么低矮，被夹在两座塔楼之间，可以说是自己或者自我的现实写照。在当时，我在上面加盖一层进行拔高。以前，我不会这么做，只会看成突破自我的狂妄举动。事实上，这表明老年时代的自我或者意识开始占据上风。在妻子去世一年之后，整体建筑完成；在1923年丧母后的两个月，首座塔楼开始建造。这些日期都代表着深刻含义，因为这其中蕴含着塔楼诞生和亲人去世的内在逻辑。

从一开始建造，塔楼就意味着我的孕育之所，是子宫和母亲的象征，我在其中可以寻找过去、成为现在和畅想未来的"自我"。塔楼的建成，感觉像自己在石头中重生，这是先前预感之事变成现实，表现出个性化的自我，是坚固无比永不损坏的纪念标志。这种想法令人心情舒坦、精神惬意，仿佛是对自我存在方式的一种肯定。我在各个阶段建设房屋，始终遵循当时的具体需要，从未考虑过内在的关联，可以说在梦幻的指引下一步步完成，现在才看出，最终形成什么样子。这就产生意味深长的意义：人的心理整体象征在一步步发育，它的发展犹如一颗种子重新发芽。

在博林根，我实现了返璞归真，用炼丹术中的术语，十分形象地称呼这种状态是"母亲的老儿"，因为人类童年时代就已经体验过的"老翁""耄耋"形象，是始终存在并继续存在的第二人格。这个第二人格处于时间之外，是母性的潜意识之子。在我的幻想中，"老翁"具有腓利门的特征，活跃在博林根的氛围中。

有时候，我感觉自己全身舒展，融入景致当中，融入这方世界万物之中，活在每一棵树上，活在湖水的浪花中，活在云朵之上，活在各种动物当中，化身万物。塔楼中的一切都是几十年间逐渐诞生、成长的，都与我息息相关，一切历程都是我的经历，这处空间变得无远弗届，成为我的隐蔽王国。

我放弃电力照明，自己生火做饭，晚上点亮灯盏，没有自来水，需要自己挑水、劈柴、做饭。这些简单的家务事让人变得简单纯粹，放在以前，变成这样的简单是非常困难的事情！

博林根村，环境优美，幽静清新，正如一幅中国古老木刻版画所画，一位身材矮小的老翁置身于壮丽的原野之上，实现"天人合一"的境界。脑海里冒出的思绪无限开阔，可以上溯千年之前，预知遥远未来。在这里，再没有创作的苦恼，实现了创造性劳动和轻松性游戏相得益彰。

1950年，考虑到塔楼给我带来的重要事业启示，我决定竖立一座纪念碑。获得做纪念碑的石头的过程，也是一桩奇事。

在建造花园界线墙体的时候，需要一块石头。我在博林根附近的采石场订购，在我的见证下，泥瓦匠向采石场场主口头交代石料的尺寸，后者一一记录在小本上。石头用船运送过来，在卸货的时候，结果发现墙角基石尺寸全搞错了。送来的是立方体，并不是要求的三棱石，这是一块完完全全的六面体，远远大于预定的尺寸，棱角长约半米。泥瓦匠大发雷霆，让船员马上拿走。

当看到石头的那一刻，我马上改变主意："不要动，这就是我想要的石头，我要定了！"当时只是一眼看中，这个尺寸非常合适，至于具体可以拿来做什么，当时还不知道。

我首先想起的是炼丹术士阿纳尔迪·德比利亚诺瓦的拉丁文诗句，最早也是镌刻在石头上的。译文如下：

此处有石不起眼，
虽然廉价，
蠢人鄙夷，
知者更喜。

这首格言诗中的石头，指的是炼丹术需要的被世人鄙视、摒弃的青金石。

不久之后，又发生了别的事情。我看到石头正面的天然纹理当中有一个眼睛模样的小圆圈。我也把它凿进去，洞内放置了一个小娃娃，相当于眼中的瞳仁，类似于迦比尔或阿斯克勒庇俄斯的泰雷斯福鲁斯，正如在某些绘画作品上看到的那样，他身穿兜帽外衣，手提灯盏。他同时是路标。我把工作时候联想到的几句话献给他。译文如下：

时间是孩童／如孩童一样嬉戏／弈棋／是孩童的王国。

这就是泰雷斯福鲁斯，穿越这个宇宙的昏暗区域，如星辰在暗处发射光芒，他指明通往太阳的门户、通向梦乡的归途。

在雕刻的时候，这些话语一句接着一句从我的脑海里蹦出来。

在面朝湖滨的第三面，我仿佛让石头用拉丁文自言自语，这些句式都出自炼丹术的引言。译文如下：

我是孤儿，形单影只；尽管如此，处处有我。

我是一个人，是另外一个自己，既是少年也是老翁，不知道谁是父母，是上帝把我这条鱼从深渊中捞出，又或者如白色石头从天空坠落。我漫步山林，却隐藏于人们的内心最深处。于个人而言，我会终老，即便如此，却不曾受到世事变迁的影响。

最终，在阿纳尔迪·德比利亚诺瓦的格言诗下方，我用拉丁文写下这样的话："1950 年，为纪念 75 岁生日，卡·古·荣格出于感激之心而刻碑铭石。"

雕刻工作完成之后，我再三审视，惊奇不已，反复询问自己这么做究竟是什么用意。

石头位于塔楼前面，如同给塔楼作介绍，表明住户的身份。但是，依然令人费解，因为我想在石头背面雕刻这样的话语："梅林的呼唤！"

梅林是亚瑟王传奇当中的术士和占星人，是亚瑟王的智囊。石头所表达的意思，让人想起梅林下葬之后，依然在树林中显灵。传说人们听到他的呼唤，却听不懂什么意思，无法解释说话内容。

中世纪时期，潜意识曾试图塑造类似帕尔齐法尔式样的人物。而梅林这个形象，满足了人们的这种尝试。帕尔齐法尔是基督教的英雄，而梅林是魔鬼和纯洁处女的孩子，是他不光彩的兄弟。在 12 世纪初始传说的时候，还不能够理解梅林所代表的含义。所以，梅林在逃亡途中毙命，发出梅林的呼唤，死后依然回荡于树林中。这种无人理解的呼喊代表他未曾获得救赎，继续着残破的生命。他的故事至今还未了解，时常出来作祟。也可以说，炼丹术以汞的形态延续着梅林的秘密。所以，我在潜意识心理学重新提及这个人，现在对他还是不了解。因为对大多数人来说，带着潜意识进行现实生活是难以忍受也难以理解的，人们对潜意识是如此陌生，让我印象深刻。

第一座塔楼刚刚完工后，我有一次在这里度假，那是 1923 年至 1924 年的冬天，当时没有下雪，想必快要早春了。我一个人在这里，有时候是一个星期，或许更长时间，这里非常幽静，那种感觉让人沉醉，我之前从未有过这种强烈的静谧体验。

我还记得，一天晚上，在壁炉旁边面朝火堆席地而坐。上面放着一把用于清洗用水的大水壶。壶里的水开始沸腾，发出声响，就像许多声部一起合唱，又如管弦乐队在演奏，发出的声音如复调音乐让人受不了，而此时却觉得特别有趣，此时此刻，似乎塔楼内有一支乐队，外面旷野间有一支乐队，两支乐队此起彼伏、彼此唱和。

我静坐聆听，逐渐入迷，远远超过了一个小时，这是让人陶醉的天籁，是充满自然界并不和谐的浅吟低唱。这种感觉是对的，因为自然界不仅有和谐，还有惊人的对立和混沌。音乐也是如此，万籁奔流，如水调风弦一样自然发生，实在妙不可言。

在 1924 年早春，我又来到博林根，一个人点燃火炉，这是一个相似的静夜。在夜里，忽然因为围绕塔楼的轻微脚步声被惊醒了。远处还传来乐曲声，然后听见谈笑的说话声。当时心想："这么晚了，到底是谁在溜达呢？究竟是怎么回事？"湖边只有一条小路，而且几乎很少有人走过。想到这里，我顿时睡意全无，走到窗前，打开窗户，外面漆黑一片，万籁俱寂。既看不到人影，也听不到声音，也没有风声，什么都没有，一片静悄悄。

我很奇怪，我确信刚才的杂乱脚步声、说话声都是实实在在的。但是看起来仿佛一个梦。我又回到床上，琢磨着为什么产生错觉呢，为什么做这样的梦。随后睡着了。但是马上又做了一个同样的梦。再次听到这些声音，同时，在睡梦中，眼前出现几百个身穿深色衣物的人影，或许是来自山野间农家子弟的节日盛装，从两侧涌现，朝塔楼走来，他们纵情唱歌、欢欢喜喜，还有手风琴伴奏。我非常气恼，简直活见鬼了，以为是个梦，没有想到是真的。怀着这样的郁闷情绪醒来，扑到窗前，外边马上一片静谧，死寂的月夜，什么声音都没有。心中暗想，这就是闹鬼了。

同时我也自问，为什么一个梦境执着地出现在现实和清醒状态，这意味着什么，这是闹鬼时候的典型情况，清醒状态可以感知现实世界，这个梦就是表现出了和现实相对立的情景，在其中创造出类似清醒的状态。这个梦不同寻常，透露出潜意识的倾向，向做梦的人传递特殊的符合现实的印象，通过重复出现加以强调。我们知道，这类现实的来源一方面是体感，另一方面是原型形象。

那天夜里，发生的一切显得那么逼真，至少显得如此。我在两种世界之间不得安生，猜测不透。这些农家子弟列长队奏乐路过，意味着什么呢？我认为他们是出于好奇，要过来看看塔楼。

后来我再没有经历或梦到这类事情。但是那次经历让我一直百思不得其解，我想不到曾经听说过类似的事情。许久之后，我阅读了17世纪伦瓦尔特·希萨特所编纂的卢塞恩市编年史，其中有这样一个故事。皮拉图斯山以闹鬼闻名于世，据说沃丹现如今依然在那里折腾。希萨特有一次攀登皮拉图斯山，在山脚下的一家农场过夜，有一队人笙歌作响从茅屋两侧路过，惊扰了希萨特。这样的经历跟我在塔楼里遇到的一模一样。

第二天，他询问农场主人，后者回答说，想必是"升天极乐者"，也就是沃丹的亡灵大军，他们往往以这种方式出来作祟，惹人注意。

如果要对我这种经历进行解释，可以说是寂寞现象，外在的空虚和静寂通过人群的热闹景象得到补偿，这会符合隐居者的幻觉，这些幻觉同样是一种补偿。但是人们难道知道这类故事可以追溯到什么样的现实吗？也有人认为，我寂寞到一个敏感的边界点，可以察觉到经过的亡灵队伍。

把这次经历解释成为心理补偿，是无法让人满意的，要是说成幻觉，也根本无法让人信服。我觉得有责任考虑现实因素，尤其是类似出自17世纪的记录报告。

最有可能的情况是发生了同步现象，这些现象的确表明，我们可以体悟，因为凭借内在感官感知或者预感，这些情况也常常可以找到外部的对应物。因为在中世纪就有这类壮丁行军，那是雇佣军队伍，多在春季从瑞士腹地向洛加诺出发，在米努西奥镇的"铁屋"营地进行集结，然后继续远征，开往米兰。在意大利，他们成为士兵，卖命换钱。在春天经常有进发的队列，大家唱着歌欢欢喜喜地离开家乡，我梦到的可能就是其中的一幕。我之后的幻想还长久地牵挂着这些稀奇古怪的梦境。

1923 年在这里开始建造塔楼，我的大女儿来看望我，她惊讶地说道："你要在这里建房子？这里可是埋有许多死尸的。"

我当时以为她所听信的传言都是无稽之谈，就没在意。

四年之后，当我们准备扩建的时候，在 2.2 米深的地下发现了一具尸骨。死者右肘有一粒弹丸。从骨头情况来看，很可能是在严重腐烂的情况下扔进墓穴的，这是一具法国士兵的尸骨。他们于 1799 年有一大批人溺亡在林特河中，然后漂流到这片湖泊。当时是奥地利人把法国人攻占的格吕瑙桥炸毁了，随后发生了这件事。塔楼里现存一张照片，拍摄于打开的墓穴，内有骷髅头，照片上标记着发现尸骨的日期，1927 年 8 月 27 日。

那个时候，我经常在自己的土地上为这些士兵们举办正式的葬礼，在坟墓上空放三枪，然后竖立带铭文的墓碑。女儿可以感觉到死尸的存在，她的这种预感能力是我家外祖母一脉的传家宝。1955 年至 1956 年的冬天，我把父系列祖列宗的名字雕刻在三块石碑上，放置在回廊里，顶棚上画有我、妻子、女婿们的纹章图案。

荣格家族原来以凤凰为族徽标识，象征着年轻、青春、返老还童等含义。或许是要与曾祖父作对，祖父改变了纹章构成。他是一个狂热的共济会成员，是瑞士共济会分会大首领，更改纹章之举可以源自这个身份。之所以提及这一本身无关紧要的事情，是因为涉及我的思想和生活经历。

按照祖父所做的变更，我的纹章里不再包含凤凰图案，取而代之的是右上方蓝色十字、左下方金格蓝色鸽子、中间有蓝杠金星，这种显眼的象征是共济会标志或玫瑰十字会标志。十字架和玫瑰是该团体的对应哲学，代表基督精神和狂欢纵情，十字架和鸽子象征着天国精神和地狱形象，金星代表着结合。

玫瑰十字会起源于深奥难懂的炼丹术哲理，创立者之一是知名炼丹术士米夏埃尔·迈尔（1568—1622年），他和16世纪末期虽不著名但更加卓越的格拉尔杜斯·多诺伊斯（盖哈特·多恩）是同时期人物。他相比后者更加年轻，1602年的《化学舞台》首卷都是后者的论文。两人都生活在法兰克福，也是当时炼丹术哲理发展的学术中心。不管怎么说，作为行宫伯爵（普法尔茨伯爵）兼鲁道夫二世的御医，米夏埃尔·迈尔是当地受人尊敬的名人。

医学博士、法学博士卡尔·荣格（卒于1654年）生活在相邻的美因茨市，他的其他情况不详。因为在西班牙继位战争中，美因茨市属档案在被围攻时毁于战火，毁掉了生于18世纪初叶的我高祖父西吉斯蒙特·荣格这个美因茨市民的家谱。看起来博学的卡尔·荣格博士应该熟悉两位炼丹术士的著作，因为当时的药理学仍然深受帕拉切尔苏斯的影响。

多诺伊斯（多恩）毫无疑问是帕拉切尔苏斯学派的。他甚至给帕拉切尔苏斯的论文《论长寿》撰写了一篇洋洋洒洒的评注。在所有炼丹术士当中，他对个性化过程的分析是最多的。考虑到我这一生有大部分精力用在研究对立性难题上，尤其是这种难题在炼丹术中的思想，这些预先推定事件有着历史因果，在这里我也不想对读者隐瞒。

在雕刻祖宗牌位的时候，我也认识到自己和先祖的命运是有关联的，这是值得注意的细节，我强烈感觉到父母、祖父母以及其他祖先留下的那些未完成的、未及解答的事物或者疑问影响着我。通常一个家族当中，好像常有业障从父母转移到子女身上。我总觉得，这是命中注定，在祖先那里已经提出的问题，我也必须作答，它们尚未得到最终答案，或者似乎自己必须完成、延续远古时代以来未曾了结之事，这些疑问具有个人还是集体性质，是难以进行识别的。我认为是普遍性质。

只要未断定问题本身属于集体，它就始终在个人身上显现，所以可能引发错觉，在个人心理范围有什么异常表现。确实如此，个人领域受到干扰，但未必是原发性的，倒不如说是继发性的，由于社会氛围发生了不利变化。因此，在这类情况下，不应该在个人环境，而是在集体环境寻找干扰源，迄今为止，心理治疗方案中很少考虑这方面的情况。

正如每个喜欢内省的人通常做的那样，我起先也是想当然认为，自己的人格产生分裂是个人私事，是咎由自取。浮士德的那句话"哎，两个灵魂居住在我的心灵"，虽然令人得到一定解脱，但是未曾澄清造成这种人格分裂的原因。浮士德的洞见，恰好适合我的状态。确实，在学习《浮士德》的时候，我没有预料到歌德奇异的历史英雄神话那么富有集体性，也预言了德意志的命运。

由此，我自觉受到心灵触动，浮士德因为傲慢和人格扩张，而谋害了腓利门和巴乌希斯，我感觉到自己的罪恶，正如往昔梦中参与谋杀两位老者。这种离奇的想法让人恐惧，我认知到自己的人生责任是赎罪或者阻止类似事件再次发生。

支持我的错误推想的还有在青年岁月从第三方那里获悉的一则新闻，风传我的祖父荣格是歌德的私生子。这个恼人的事情让人震惊，因为它似乎坐实了同时又解释了自己对《浮士德》的奇怪反应。我虽然不相信转世之说，却可以本能地熟悉印度人所声称的业障这一概念。因为当时还不清楚潜意识的存在，也就不可能在心理学上理解自己的心理反应。

在潜意识当中，可以通过长远眼光洞察未来，因而智慧之人早就可以猜测到未来，虽然如今的人们对此知之甚少，我当时对此也是一无所知的。正如皇帝在凡尔赛加冕的消息得到确认之后，雅各布·布尔克哈特惊呼："这是德意志的没落。"瓦格纳的原型已经站在门外，和他们一同来临的还有尼采的狄俄尼索斯体验，最好把这归结到醉生梦死的死神沃丹名下。威廉皇帝时期的傲慢让整个欧洲震动，最终导致 1914 年的人类大灾难。

我在青春时期，大概是 1893 年，渐渐地陷入这种时代精神，如痴如醉、无法自拔。《浮士德》故事动人心弦，以个人的方式直抵人心，尤其是善恶、精神和物质、光明和黑暗的对立问题，对我触动很深。并不实用的哲人浮士德和他的阴暗对立面——阴森的梅菲斯特发生冲突。相比于形容枯槁险些自杀的学者，梅菲斯特虽然天性消极否定，却意味着本真的活力。

我内心的矛盾在这一点上显得非常突出。歌德某种程度上打下底稿，框定了我自己的纠结和解决之路。我觉得浮士德、梅菲斯特是一个人，这个人就是我。换言之，我大受触动，感觉被世人看穿，那就是我的命运。所以，这场戏剧的峰回路转、急转直下，都一一触动我。我不得不在这里付出热情，在那里勇敢战斗，任何一种解决办法都不可能毫无作用。后期在工作的时候，我有意识地接续被浮士德忽视的细节：对永恒人权的尊重，对旧有事物的认可，对文化和思想发展史的连续创造。

现代的我们，无论是身体和心灵都是继承于祖先的一部分。个人心灵里的新鲜事物是自古以来已经存在的组成部分，通过变化重组得来，因此，肉体和心灵也都具有显著的历史性质，所谓新生事物，就是刚刚产生之事，找不到历史的落脚点，其中只传承了部分祖先特征。我们远远未曾摆脱中世纪、古典时期的蒙昧，按照自己的心灵生活，而是快速地步入时代的急流，越让我们脱离自己的根系，就越以蛮力冲向未来。

但是一旦突破旧有窠臼，原有根系大多消亡殆尽，人生根本就无所依靠。恰恰是这种关系的丧失，失去根脉制造了这类的"文化不适应"和仓促应付，使人们更多生活在未来，生活在未来对黄金时代的虚幻许诺和畅想，并非生活在当下，我们的全部进化史背景根本就尚未到达当下。

人们毫无敬畏地扑向新天地，内在驱动力是日益增长的不满足、不满意和不得安宁的感觉，生活也不再是由于拥有，而是由于许诺，不再是鉴于今日，而是处于迷惘的未来当中，在那里期待真正的日出。

人们从来不愿意承认用当下的坏事去换取未来一切更好的结果。对享有更大自由的希望毁于国家奴隶制的扩张，更不必说科学最辉煌灿烂的发现却使我们遭受可怕的灾难。我们越缺乏对父辈和祖辈的人生追求的理解，就越缺乏对自身的理解，这只会助长个人的愚钝无知和缺乏根基底蕴，变成随风浮萍、沧海一粟，只会遵循"万有引力的精神"。

坚持与时俱进，或者采用新方法进行投机取巧，虽然确实令人信服，但是长此以往是可疑的，无论如何代价高昂，并且绝不会提升整体的舒适感、幸福感和满意度。只是徒劳无功地给生存加糖，例如，采取缩短时间的措施，令人不快的仅仅是加快速度，留给我们自己的时间因此比以往任何时候更少。昔日有大师云：急如星火都是着魔。

但是，如果以退为进，通常代价低廉，并且持久，因为他们回归往昔比较简单、屡试不爽的道路，极为节制地利用报纸、广播、电视以及一切似乎节省时间的创新。

在该书当中，我对自己的主观见解谈论很多，但不是理性地挖空心思，有意地保持难得糊涂，捕捉那种若隐若现的心灵体验。如果我们目光如炬、明察秋毫，就会被现实所困，全然不顾先祖们曾经的人生经验，换言之，就会忽视潜意识的反应。所以，我们不能清楚认识，祖先们的传承是否可以顺畅地参与我们当代生活的构建，或者弃之而去。我们内心的安宁和满足完全取决于通过个人体验的世族，是否看和我们现在昙花一现的情况保持协调一致。

在博林根——我的塔楼里——生活方式和千百年间保持一致，塔楼的存续将超过我的寿命，它的位置和样式指向往昔已经消亡许久的历史，很少令人想起现在这个世界。

如果是 16 世纪的男子搬迁进去，他只会觉得煤油灯和火柴是新鲜事物，随后会立即适应其余一切。没有什么可以打扰死者，没有电灯，也没有电话。我的祖先会因为楼内存在的思想氛围而感到舒适，因为他们的生活曾经遗留的疑问，我勉强做出了回答，甚至以图画的方式把答案写在墙上。就仿佛绵延上千年的大家族低调地群居于此。我在其中以"第二人格"生活，悄悄作壁上观，观察着整个生命族群的潮起潮落。

第九章：旅行

北　非

1920年初，有位朋友要去突尼斯出差，询问我是否愿意同去，我欣然同意。在3月，我们先是前往阿尔及尔，沿着海岸线到达突尼斯，从那里前往苏塞市，而朋友去处理自己的事务了。

我终于实现了长久以来的梦想，到了一个向往的地方。这是一个非欧洲的国家，不使用欧洲语言，没有基督教，在这里生活着另外的种族，是另外一种历史传统和世界观，精神面貌和欧洲完全不同。我一直期望着有朝一日换个环境，从另外一个视角观察欧洲人，借由完全陌生的环境作为镜鉴。

我虽然不通晓阿拉伯语，这非常遗憾，但是却因此更加注意观察人们的言行举止，时常在阿拉伯咖啡馆一坐就是几个小时，仔细聆听完全听不懂的聊天，留心观察周围人群的表情，尤其是他们的情绪变化，分辨他们和欧洲人说话时姿态的微妙差异，我也由此初步学会用他人的眼光来看待事物，观察陌生环境下的"白种人"。

作为欧洲人，可以感受到中东人的情感淡漠和不动声色，我认为那些都是面具，可以体察到面具背后主人的心神不宁，甚至是激动心情。奇怪的是，当踏上摩尔人的地盘之后，有令人心慌的预感，那些土地似乎都散发出特殊的气味，是血腥味，仿佛遍地浸满鲜血。我唯一可以想到的是，这片土地已经经历了三种外来文明的入侵。包括布匿文明、罗马文明和基督教文明。

离开苏塞市，我乘车往南驶向斯法克岛，从那里进入撒哈拉沙漠，前往绿洲城市托泽尔，该城市稍微突出于高原边缘，高原之下有喷涌的温暖稍咸的泉水，无数细小沟渠灌溉着绿洲。高耸的枣椰树成片成行，形成遮阳伞，下面生长着桃树、杏树，还有无花果树，地面上是绿油油的苜蓿草。有几只翠鸟掠过林荫，如宝石一般闪亮。在这片婆娑树荫之中，凉风袭人，有人身着白衣，徜徉其间，也有众多浓浓情意的情侣夹杂其中，难解难分，惹人注意，显然是同性恋。

我忽然觉得回到了希腊古典时代，这种偏好成为男权社会和根源于此的城邦之间的黏合剂。我知道，在这里，男人和男人说话，女人和女人说话。我遇到的像修女一样把自己遮掩严实的女人寥寥无几，一些女人也不戴面纱，我的导游和兼职翻译告诉我说，那些都是卖淫女。大街上，大多数是男人和儿童。

我的导游证实，在这里同性恋非常常见，是顺理成章的事情，他还立即提供了相应的建议。这个好心人并不知道，有哪些闪念忽然如闪光一样击中我，照亮了我看到的世界。我感觉自己瞬间倒回千年之前，仿佛置身于青少年时代无限幼稚的幻想世界，这些青少年正借助《古兰经》的知识摆脱自古以来的朦胧意识，从防御北欧迫近的外敌入侵过程中，逐渐实现自身的觉醒。

我满脑子的想象，都是时间的绵延不绝，生存的停滞不前，忽然摸起自己的怀表，联想到欧洲人在时间面前快马加鞭，这可能就是悬挂在这些蒙昧无知者头顶上的乌云，令人惊恐不安。我忽然觉得他们都像是猎物，虽然尚未发现猎人，但是朦胧中嗅到危险的存在，这就是时间之神的威慑，时光神灵会毫不留情地把这些一无所知者的时间绞碎，分解成为每一分钟、每一秒。

我从托泽尔继续前往内夫塔绿洲，早晨日出之后，和导游骑马而去，我们的坐骑是擅长奔跑的大骡马，骑着可以迅速前进。在接近绿洲的时候，有一名傲气的白衣骑手迎面而来，他的黑色骡马配有精美的银饰鞍具，从我们身旁呼啸而过，这是一个令人印象深刻的优雅男子。他肯定没有怀表，更不用说手表，因为他还不知道自己是游离在时间之外的存在者，身上没有欧洲人固有的迂腐笨拙。欧洲人虽然深知自己不再是蒙昧者，但是还不知道在此世间因何为人。钟表的发展告诉他，从中世纪开始，时间已经不断进步，渗入社会，夺走一切事物。这个人轻装前进，漫无目的地迁徙。丧失方位，产生缺失感，他通过幻想成功进行补偿，比如内燃机、铁路、飞机、火箭，它们因为迅速而越来越多地夺走自己持续的存在，越来越快地把自己置身于速度和膨胀的另外一种加速现实之中。

我们逐渐深入撒哈拉沙漠，我们的时间越来越放慢，甚至时光倒流。地面热气升腾，强化着我梦幻一样的状态，等到我们来到绿洲之中，棕榈树和房屋相继出现的时候，一切又恢复如常。

第二天清晨，住宿的地方杂乱无章，阵阵喧嚣，把我吵醒了，那里有一处空旷的大广场，前天晚上还是空空荡荡，现在却充斥着人群和牲畜。有骆驼、驴子、骡马等。骆驼哼哼唧唧，发出低沉的音符，表达着心情的不悦，而驴子一个比着一个发出刺耳的嘶叫。人们吵嚷着比画手势，情绪激动地来回跑动，看似粗野，让人无法亲近。我的导游说今天是一个隆重的节日，半夜就来了几个部落，要为修道院里的修士干两天活。修士类似于穷人的管家，在绿洲拥有很多土地，人们准备开辟新地，修建附属的灌溉渠。

在广场远处忽然扬起一阵尘土，一面绿色旗帜迎风飘扬，鼓声阵阵。一大队粗糙汉子提着皮筐，拿着宽铲一样的短锄，有成百上千人，在队伍前方是一位威风凛凛的白胡子老人，透出威严的气势，他仿佛有一百多岁，骑着白色骡马，他就是修士，身畔围绕着一群腰挎手鼓奋力跳舞的汉子。广场上顿时笼罩起激动的氛围，粗声大气的狂呼乱叫，灰尘满地，热气腾腾。这支狂热、激动的队伍奔涌而过，进入绿洲，宛如奔赴战场。

我保持着适当的距离，注视着这场骚动，导游坚决不让我靠得太近，直到我们到达人流的目的地。在这里，众人的情绪更加高涨，鼓声和吵闹声响彻四方；现场就仿佛从蚁穴中惊恐而出的蚁群一样，一切都是混乱不堪。许多人用沙子装满箩筐，踩着鼓点前进，大家都猛踩地面，开沟挖渠、堆土筑坝。在这喧嚣混乱当中，修士骑着白马奔前跑后，不停打着手势，心情焦急地发号施令。所到之处，氛围更加热烈，圣者形象更加突出。

到了傍晚，大家筋疲力尽，安静下来，一一靠着骆驼，沉沉睡去。深夜里，狗叫声此起彼伏，过后瞬间寂静，直到宣礼员伴着旭日跪请神灵，招呼大家进行清晨祈祷，宏大划一的场面让人触动。

这次经历，给我上了一课，这些人依靠激情度日，也就是说，他们一辈子都追求着激情生活，他们的意识当中一方面传递空间定位和来自外界的刺激，另一方面受到内心驱动力和激情的推动。但是这种意识是不会反思的，缺乏自我的独立性，和欧洲人并没有太多区别，但是我们表现得似乎更加复杂一些。无论怎么说，我们具有一定程度的个人意志和深思熟虑的意图，但是缺少了生活的磨砺。

我不想换成这样的生活，但是心灵世界受到感染，身体不幸患上传染性肠炎，几天之后，按照本地常用的法子，用米汤和氯化亚汞治愈了。

当时我满脑子的胡思乱想，开始返程前往突尼斯，在登船前往马赛的前一天夜里，我做了一个梦，感觉是此次行程的了断。理所当然，因为自己已经习惯了同时生活在两个世界。一个是意识层面，百思不得其解；另外一个是潜意识层面，最好的表达莫过于用梦境的形式。

我梦到自己身在一个阿拉伯城市，正如大多数的阿拉伯城市一样，这里也建设有要塞和城堡。这座城市位于辽阔的大草原上，有一道城墙保卫着。城市四方形，有四座城门。

市中心有一座城堡，建设有宽阔的壕沟。我站立在一座木桥上，木桥跨越水面，通往一座马蹄形的黑洞洞的城门，城门敞开着。我想看看城堡内部的样子，于是上桥走过去。快要到桥中央的时候，城门里迎来一个风度翩翩、气度非凡、身穿斗篷的阿拉伯少年。

我知道，他是驻扎于此地的王侯。

他走到近前，对我发起攻击，想把我打倒在地。我们俩缠斗在一起，在搏斗的过程中，撞坏了护栏，护栏塌陷，我们俩落入壕沟，他试图按下我的脑袋，把我淹死在水里。我很生气，就挣扎着把他压在身下。虽然我很欣赏这个人，但是也不想坐以待毙，就这样顺势去做，并不是想杀死对方，只是想让他放弃进攻，摆脱缠斗。

随后梦境变幻，我们俩身在城堡中央，是一个巨大的八角形拱顶的房间里，室内十分洁白、陈设简单，令人惊讶。明晃晃的大理石墙面，摆放着几张低矮的沙发，在我面前的空地上有一本打开的书，乳白的羊皮纸上书写着漂亮的黑色文字，不是阿拉伯文字，看着更像是维吾尔文字或西突厥文字。

我阅读过摩尼教派的吐鲁番残卷因此有所了解。虽然不知道书中内容，但是仍然感觉到是自己书写的，我的著作。刚才还和我扭打在一起的年轻王侯坐在我右侧的空地上。我说，因为我赢得胜利，他就必须阅读此书，但是对方拒绝接受。我搂着他的肩膀，用父亲一般的慈祥和耐心，教他读书。我知道必须这么做，最终，他接受了。

这个梦境给了我深刻印象，阿拉伯少年是不打招呼从我们身旁呼啸而过的那个骄傲的阿拉伯男人的翻版，身为城堡的主人，他是自我的形象，或者说，是自我的使节，因为他出入其中的城堡就是一座完整的曼荼罗：要塞四周有整齐的城墙，还有对称的四座城门。他有意杀掉我，心理动机犹如雅各和天使的战斗。用《圣

278

经》上的故事来说，他代表着上帝的天使，一位要杀人的神灵使者，因为神使并不认识人类。

天使本应该存在于我的心中，他却只懂得天使的本性，不了解人类。因此，一开始他把我当成了对手，在他的面前，我却保住了自己的性命。在第二部分的梦境当中，我成了城堡的主人。他坐在我的脚下，被迫了解我的意图，进而了解人类。

显然，偶遇阿拉伯文化，令人着迷。这些人依靠激情生活，骨子里充满激情。对我们中间时代的那些古代阶层有着强烈的感染作用，我们才刚刚战胜或者自以为战胜后者没多久。的确，我们坚信进步，或许导致我们的意识越排斥过去的历史，就越会沉迷于幼稚的未来梦想。

另外，人类童年本身具有一些特性，由于充满稚气，思维纯朴，无知无觉，就会勾画自我，完人的完整形象具有毫不矫揉造作的特征。因此，每当看到孩童和蒙昧者，成年文明人身上就会激发渴望，这来自未曾满足的心理愿望和需求。这些内心渴望和人格那一部分相适应，为了顺应时势发展，有利于人格面具的完整，需要把人格的幼稚部分从全貌中剔除。

我这次前往非洲，已经找到了欧洲人之外的人类的心理定位，不知不觉间希望在自己身上发现那部分人格，它在欧洲文明的影响和压力之下早就消失得无影无踪。这一部分在潜意识世界反对我，因为得不到我的认可。依据本性，它希望在不知不觉间把我摁入水中杀死我。我却想通过认知，使它更加平和，由此找到双方可以接受的平衡妥协。它那近乎黑暗的肤色，代表着自己是"阴影"，但并非是个体，而是种族的阴影，和我的人品无关，更关乎自己族群的整体人格，当然也和自我有关联。作为城堡的主人，它就是我的影子。大部分受到理性支配的欧洲人对许多人性事物非常忌讳，而这一部分人格却分外炫耀，察觉不到这对生活内涵无益，原始的人格部分因此注定作为局限性而隐藏存在。

梦境已经清晰地表明，在北非的遭遇具有深远意义的影响，先是潜意识心理对我发起猛烈攻击，有压倒我的欧洲意识的嫌疑。在意识当中，我完全没有发觉这样的情境，相反之下，是我自己无法摆脱优越感，时时处处都在提醒自己的欧洲人身份。这是无法回避的事情，显露出这些，在当地人面前有某种陌生和疏远感。但是我们预料到，自己身上有着潜意识的力量，它们如此激烈地关心当地人的事务，由此产生激烈的内心冲突，在梦境中以杀气腾腾的场面进行表达。

在几年之后，我在热带非洲暂留的时候，才真正认识到这种心灵困惑的实际含义，一开始预示"内心的昏暗"，独自一人、背井离乡的欧洲人初到非洲，会大大低估自身所面临的心灵焦虑和精神隐患。正如一句名言：危险之处自有答案。在这类情境之中，我屡次想起荷尔德林说过的这句话。答案就是借助警示性梦境，意识到潜意识的作用。

这些警示性梦境表明，在我们身上发生过的某些事情不仅仅是对潜意识作用的臣服，而是迫不及待地认同阴影。例如，童年时代的回忆可以突然以炽热的情感侵袭意识，让人感觉原来样式、重新回归初始情境。因此，这些看起来异常陌生的阿拉伯环境唤醒了我对再熟悉不过的远古时代的最初始回忆，那些看起来已经遗忘殆尽的原始场景。如果我们幼稚地重新经历这种生活的可能性，就会重新陷入野蛮，因此宁可选择遗忘。

但是它若是以冲突的形式重现，那么就应该把它保留在意识当中，把经历过的和遗忘掉的两种可能性进行对照。因为在没有充分理由的情况下，已经失落的原始记忆不会主动发声。在鲜活的心理构造中，不会机械呆板地发生什么，而是涉及整体重塑，讲究一体化反省，目标明确并且有意义。但是因为意识从来不会掌控全局，也就无法理解这种意义。

所以，暂时职能满足于查明事实真相，任凭将来和后续的进一步调查，以期望找到答案，回答和自我阴影进行碰撞意味着什么的疑问。无论如何，我在当时对这种原型经验的属性是一无所知的，对历史上发生过的类似事物也知之甚少。那个时候，我并不清楚该梦境的终极含义，这个梦境铭刻在记忆当中，难以忘怀，留下了非常强烈的愿望，期待下次有机会再赴非洲，这个愿望于五年之后得以实现。

印第安人

面对事实，我们要始终置身事外，站在客观立场，以开展有效的批评，心理学事物上也是如此，我们当然比在任何其他一门科学上都更加主观性地困于其中。例如，如果没有机会从外部环境观察自己的民族，我们又怎么可能认识到民族特性。从外部看待是指站在其他民族的立场上去看待，必须为此学习关于其他民族集体心理的相关认知，在这一同化的过程中，就会遇到那些格格不入的事物，它们也构成了民族成见和民族特点。他者身上令人困惑的一切，都可成为对自我认识的启迪。

看到作为瑞士人在什么地方无法进行适应，也就理解英国的逻辑；看到作为欧洲人在何处无法适应这个世界，我才能理解我们面临的最大问题——欧洲。对欧洲的问题本质有那么多的见解和批评，要归功于我结识了很多的美国人。只身前往美洲，在美洲旅行，我觉得对欧洲人来说，最大的好处莫过于从摩天大楼的屋顶来观察欧洲。我第一次从撒哈拉观看欧洲的景象，围绕撒哈拉文明和欧洲文明的关系，大概如同古罗马时期和近代的关系。我因此意识到，即便身在美国，自己仍然受困于白种人文化，深陷其中无法自拔。那个时候，心头涌生愿望，我必须放低身段，更进一步做好历史比较。

接下来的旅行安排，是和几位美国朋友一起，把我引向新墨西哥州的印第安人居住地，是建城的普韦布洛人。说是城市，有些言过其实了，那些就是一些村庄。但是他们的房子建设得鳞次栉比、注重层次，让人想起城池，他们的社交语言和文明举止同样如此。我在那里有幸第一次和其他种族人士沟通交流。那是陶斯村的一名酋长，一位四五十岁的智者，他叫奥奇威艾·比亚诺，是山岳大湖的意思。

我用很少对待欧洲人的态度和他聊天。毫无疑问，他也困惑于自己的世界，正如欧洲人困惑于自己的世界。我如果是和欧洲人聊天，必然处处遇到耳熟能详却不明就里的事物。在这里，仿佛船只漂浮在陌生的深海，一所无知的人更容易陶醉，是渴盼看到新的彼岸，还是发现了新行道通向烂熟于心却遗忘的旧事。

奥奇威艾·比亚诺说："你看，这些白种人是多么残忍哪，他们薄嘴唇尖鼻子、满脸褶子、眼神呆滞，总是在寻找什么。找什么呢？他们总想得到什么，总是心神不宁、忙碌不停。我们不知道他们想要得到什么，也搞不懂他们，以为他们都是疯子。"

我问他："为什么认为白人都是疯子？"

他回答说："他们都说要用脑子思考。"

"那是当然的事情，你们用什么部位思考呢？"我感觉很惊讶。

"我们用这儿思考。"他说着，指了指自己的心脏位置。

我对此沉思许久，觉得人生第一次有人给自己描摹了白人的真实肖像，似乎自己以前只看到过感情用事的进行美化了的彩色印刷品。

这个睿智的印第安人一句话击中了我们的软肋，揭示了我们熟视无睹的真相。我感觉到自己内心深处升腾起陌生而又十分熟悉的画面，如同朦胧的雾霭，这其中包裹着一团团历史片段。

先是冲入高卢城的罗马军团，其中有神色严厉的尤里乌斯·恺撒、西庇阿、庞培。我看到古罗马的鹰隼高高飞翔在北海之滨、白尼罗河畔。然后看到奥古斯都把基督教信经授予罗马人刀枪下的不列颠人，还有卡尔大帝最受人称道的、为人们所熟知的让异教徒改变门庭皈依于此。随后是成群结队、烧杀抢掠的十字军团，我的心里隐隐作痛，我知道十字军东征所谓的浪漫色彩多么空洞无力。随后是哥伦布、科尔特斯和其他征服者，他们明火执仗，利用酷刑和基督教恐吓这些偏安一隅、平和生活的普韦布洛人。我还看到在南太平洋诸多岛屿上，用感染了猩红热的服装、烈酒和梅毒使当地灭绝人烟，惨绝人寰。

我受够了这些所谓殖民、传教、传播文明等等之事，还有另外一番禽兽的面目，他们心无旁骛地对着远方的猎物伺机侵略，入目所见都是江洋大盗、土匪贼寇。我们的纹章盾牌上装饰的所有鹰隼和其他猛禽，都让人觉得在心理上恰到好处地展现出自己的人格秉性。

奥奇威艾·比亚诺说的事情让我挥之不去，他说的事情和特意的氛围如影随形充斥我的身心，如果我试图隐瞒不提，整个人生都会变得残缺不全。我们当时在主楼的六层楼顶上聊天，从那里可以看到有人站立于其他的房顶上，裹着毛毯，沉醉于初升的旭日，那纯净的天空，以及周围朦胧不定的景色。在我们的四周，围绕着用风干土坯砌成的低矮房屋，独具特色的楼梯从地面通向屋顶，或者从房顶通向更上层的楼顶。在动荡时期，房门往往建设在房顶上。

在我们眼前，海拔约2300米的陶斯高原连绵起伏，延伸到天边，那里矗立着几座圆锥形的山峰，是远古火山，高达4000米。在我们的身后，有一条清澈的河流从房舍前流过，对岸有第二处普韦布洛村落，淡红色的土坯房屋，朝向居民点中心显得影影绰绰，奇异地预演了以摩天大楼为元素的美国大都会景观。逆流而上大约半小时，有一座无名山丘孤独耸立。相传在云山雾罩的时候，男人们上山藏匿身影，举行神秘的宗教仪式。

普韦布洛印第安人非常封闭，涉及宗教事务从来都是严谨持守、秘不示人，有意保持灵修的神秘，让人望而生畏主动放弃询问。在这之前，我还从未感受过这么神秘的氛围，因为现如今文明民族的宗教门户相继开放，其中的神圣礼节早就不是秘密。这里的空气当中却充满了当地人熟知的秘密，但是白种人是无法了解的。这种神奇的景象让人联想起埃莱夫西斯[①]，他的秘密礼仪举国皆知，但是从未泄露出去。

保萨尼阿斯或者希罗多德曾经写道："……我不敢提及那位尊贵神灵的名字"，我理解他的感受。不过，我觉得这些并不是故作神秘，而是性命攸关的秘密，一旦泄密很可能危及个人和群体。在面对占尽优势的白人时，保密赋予普韦布洛村落最后的骄傲和抵抗力，形成凝聚力保持团结一致，毋庸置疑地促使人们坚信，只要不中断或者亵渎普韦布洛人的奥秘，他们这个与众不同的集体就会长久存续下去。

我还惊讶地发现，当这些印第安人谈起宗教观念的时候，他们的表述方式发生了改变，在日常生活当中，他们会展现出明显的克制和尊严，近乎无动于衷、心若止水，而一旦提及奥秘之事，就充满无法掩饰的惊人情绪，这种现象很好地满足了我的好奇心。前文已经说过，本来不指望探寻他们的宗教秘密，准备放弃询问。只有试探性地发表一些意见，通过观察对方的表情波动，来推断他们的内心所想。我若是言之有理，对方虽然一声不吭，或者避

---

① 即伊流欣努。

而不谈，但是激动的感情是无法遮掩的，常常泪流满面。对他们来说，看法并不是理论，而是事实，与这个现实世界具有同样重大感人的意义。

我和奥奇威艾·比亚诺坐在房顶上，耀眼的太阳越升越高，他指着太阳，大声问道："那里走动的不正是我们的父亲吗？这还用说吗？不可能是别的神灵了，没有太阳，什么都没有。"很显然，他现在非常激动，努力搜寻合适的词表达，最后大喊道："男人们独自进山为了什么？没有父亲的恩赐，他连火堆都生不了。"

我问对方是否认为太阳是隐身的一位神灵创造出的大火球，我这个问题很普通，谈不上高明。很显然，他心情平静，觉得我这个问题毫无意义，一副无动于衷的样子。我感觉自己仿佛撞到一堵无形的墙上，得到唯一的回答是："太阳就是神灵，谁都可以看出来。"

虽然无人可以离开太阳的恩泽，我对这种强烈印象还是有所体会，这些威风凛然的成熟男人提到太阳就情绪激动无法掩饰。

还有一次事情，我当时站在河岸边，仰望高原上那些高高隆起的山脉。我正在思索，这里是美洲大陆的屋脊，人民居住在此地，面对太阳，正如身裹毯子站立在村落里最高屋顶的男子，面对太阳，默不作声，沉思不语。

突然，身后传来低沉抖颤的声音，饱含情感："你不觉得一切生命都来自大山吗？"是一位印第安老人，穿着一双毫无声音的鹿皮鞋子，朝我走来，向我提出这个深远的问题。

看着从山中奔涌而出的河水，眼前展现出产生这种观点的外在景象。很显然，这里一切生命源自大山，因为有水的地方才有生命，是再明显不过的事情。我觉得他的问题当中饱含了"大山"一词所代表的情感，联想到关于在大山上举行秘密仪式的传闻，于是回答道："谁都看得出来，你说的是实情。"

很可惜，我们的谈话很快中断，我不能深入体会这片山水的象征体系。

我发现普韦布洛印第安人虽然不愿意过多提及自身宗教之事，但是非常乐于并且深入详细谈论他们和美国人的关系。奥奇威艾·比亚诺说："为什么美国人让我们不得安宁？为什么他们禁止我们跳舞？我们接受自己的年轻人进入地下礼堂，想传授他们宗教，为什么美国人不允许我们的年轻人离开学校？我们并没有和美国人作对！"

沉默许久之后，他继续说："美国人想要禁止我们的宗教。为什么他们不让我们消停呢？我们现在所做的事情并不仅仅为了我们自己，还为了美国人，而且为了全世界、全人类，是对大家有益的事情。"

我从他的激动言论中察觉到，他显然在暗示自己的宗教是非常重要的事。所以就追问："你们认为自己的宗教是有利于全世界的吗？"

"这是当然，如果我们不这么做，那么全世界会变成什么样子？"他神采飞扬，用意味丰富的手势指向太阳。

我觉得我们的谈话涉及了棘手的领域，逐渐接近部落的秘密。

"我们可是居住在世界屋脊的民族，我们是太阳父亲的子孙，每天用自己的宗教帮助自己的父亲在天上行走。我们这么做，不仅仅是为了自己，也是为了全世界。如果我们不再进行自己的宗教活动，那么十几年都不会再有太阳升起，世界将迎来永远的黑夜。"

我现在才明白，这些男人的"尊严"和泰然自若源于什么。他们是太阳之子，他们的生活具有宇宙哲学的意义，他确实在帮助一切生命的父亲、一切生命的维护者每天能够正常升起降落。假如我们按照自身逻辑和自身所认知的生命意义和对方比较，就无法得到认同，只会觉得对方是个可怜贫乏的人。就算纯粹出于嫉妒心理，我们也会忍不住耻笑印第安人的幼稚，觉得自己很聪明，却认识不到自身的贫穷潦倒。理性的知识并没有让我们的心灵变得充实，而是越发远离曾经有权以此为家的神话世界。

如果我们利用片刻时间抛弃一切欧洲的理性主义，置身于那片人烟稀少空气清新的高山之上，可以看到高原一侧落入辽阔的北美草原，另外一侧沉入太平洋。让我们同时放弃自己原来的世界观，换来似乎无远弗届的视野，不理世俗、着眼来世，那么我们才能开始理解普韦布洛印第安人的视角，对他们而言，"一切生命来自大山"，确实令人信服。他们同样深刻认识到，自己居住在无垠世界的屋顶，距离神灵最近。他们擅长倾听神灵的呼唤，进行顶礼膜拜的仪式也会最有可能打动遥远的太阳。

耶和华在西奈山上受到上天启示，尼采在恩加丁谷地获得灵感，都属于类似的一脉相承。通过顶礼膜拜的举动，可以魔法一样召唤太阳，细想之下，让我们觉得荒诞的这种想法虽然毫无理性，但是比起可能的猜想更加熟悉。我们的基督教也是和其他宗教一样，弥漫着这样的观念，那就是可以通过特别的行为或者特别行动影响上帝，例如，通过仪式或者祈祷，或者让上帝愉快地道德宣讲。

一方面，是上帝影响人类；另一方面，是人类顶礼膜拜的行为反作用于上帝，或许不只这些，还有主动做成事，这是魔法一般的相互影响。人类自觉可以平等地回应上帝居于优势的影响，做出对上帝本质性的回报，这是一种油然而生的自豪感，把人类个体提升到具有形而上学因素的高贵地位。"上帝和我们同在"，即便这仅仅是潜意识中的言下之意，这种对等关系或许才是那种令人艳羡的泰然自若的根源，如此行事之人才能完全适得其所。

肯尼亚和乌干

只有离开造物主之手，人类才能万事大吉。——卢梭

1925年，在伦敦参观温布利博览会，英国统治下的各藩国进行精彩的展览，让人大为兴奋，我决定不久之后去热带非洲旅行，这是长久以来的夙愿，想在一个远离欧洲的陌生国家度过一段较长时间。

那年秋天，我和两位朋友，一位是英国人、一位是美国人，共同前往蒙巴萨市。我们搭乘的是一艘沃尔芒公司的汽船，同船的有许多英国年轻人，他们在不同的非洲殖民地谋得职位。从氛围可以看出，大家并非轻松旅行，而是去迎接命运的安排。虽然

表面上一片欢腾，但是严肃的弦外之音可以明白感觉。事实上，在返程之前，我就知道了一些旅行伙伴的命运了。

在接下来的两个月的时间里，死神带走了一些人。他们死于热带疟疾、阿米巴痢疾、肺炎，死者当中有始终和我们相对而坐的那个年轻人。另外一个人是为保护大猩猩做出贡献的阿克利博士。在非洲之旅开始之前，我们在纽约曾短暂邂逅。他和我们同时抵达非洲，但是从西部出发去考察大猩猩的栖息地，他死在那里的时候，我当时还在埃尔贡火山前逗留，返回来之后才听闻他的死讯。

在记忆当中，蒙巴萨湿热难耐，隐藏在棕榈树和杧果树之间，是欧洲人、印度人和黑人的聚集地，环境诗情画意，坐落在天然的港湾之畔，有一座葡萄牙人修建的旧堡垒高高耸立。我们在那里停留了两天，然后在傍晚时分搭乘窄轨道铁路列车进入内地，前往内罗毕，也同时驶入了热带的暗夜。

在海滨沿途，我们经过众多的黑人村落，大家都围着火堆席地而坐、聊天闲谈。很快，列车开始上坡，村落不见了，夜色一片漆黑。天气逐渐凉爽起来，我睡着了。当清晨曙光照射，新的一天来临了。我醒来朝外看去，只见火车裹着红色尘烟，正在一处红岩陡坡转弯，在上方的一处岩石上，有一位褐黑色皮肤的瘦高个男子，一动不动地站立在那里，他手持长矛、俯视列车，在他的身旁是一株繁盛硕大的仙人掌。

这样的场景让我沉醉，这是前所未有的神奇画面，却又让人感觉似曾相识，仿佛曾经经历过这样的一瞬间，只是因为时间久远，让我远离了这个曾经一直熟悉的世界。我的灵魂似乎开始觉醒，准备重新返回极乐净土，好像早就认识那位黑色男子，他已经等了我五千年。

这次奇特经历的情感基调全程陪伴我游历原始非洲。我能回忆起另外一次仅有的陌生体验。那是第一次和以前的上司欧根·布洛伊尔教授共同观察到通灵现象。此前，我设想过自己若是看到这类不可思议的事情，一定会骇人听闻、惊恐万分。但是事情真正发生的时候，我一点都不吃惊，而是觉得这种现象是完全正常的，理所当然，再熟悉不过。

也不知道那位孤独的黑猎手的样子拨动了我哪一根心弦，只感觉到千万年以来，他的世界就是我的世界，不知道经历了多少沧海桑田。

在中午时分，仿佛梦游一般我们抵达海拔1800米的内罗毕，耀眼的阳光普照大地，无法描述，让人想起走出布满冬季迷雾的洼地，散布在恩加丁谷地的灿烂阳光。火车站前聚集了众多的侍应生，让人大吃一惊。这些人头戴褐色或白色的老式羊毛滑雪帽，恩加丁当地人对这种帽子司空见惯，或者人们早就习惯了这样穿戴，也很看重这样的帽子，因为可以像面罩一样把卷边放下来。在阿尔卑斯山脉足以抵御凛冽寒风，在这里却能抵御暴晒酷热。

从内罗毕出发，我们乘坐一辆小型福特牌汽车，探访阿西草原，那里有一个大型的野生动物保护区。这片热带稀树草原幅员辽阔，在一处低矮的山岗上，等待我们的是无与伦比的远眺美景。视野里是成群成片的野生动物，一直蔓延到天际。有瞪羚、羚羊、角马、斑马、疣猪等。动物们忙着低头吃草，摇头晃脑，缓慢行走，几乎听不到猛禽的哀鸣，那里亘古宁静，一直如此存在于这个现实的世界，这里不久前还是文明世界未知的神秘领域。我离开陪伴人员，直到一个人没入荒野，一个人独处的时候，才第一次认识这片世界，正看到它在此地，才瞬间感觉真正创造了它。

此时此刻，我无比清楚地认识到无远弗届的终极意义。炼丹术中说道，先天不足才有后天弥补。我们这些人类在无形的造物运动中给予世界更加完美，并客观存在。人们却把这种行动单纯地记在造物主名下，从未考虑到，我们因此把生活和存在看成精心谋划过的机械架构，并连同人类的心理毫无意义地按照已知预定的规则继续运行。

在这样一种绝望的机械装置想象当中，没有人、世界和上帝的场景，没有通往彼岸的未来，只有索然无味的按部就班的生活。我脑海里闪过普韦布洛村落的旧友，他坚信自己族群存在的理由是有责任帮助太阳父亲，可以每天正常升起。我曾经羡慕他们的生活有这么饱满充实的意义，发现自己毫无希望地四处寻找属于我们自身的神话。

现在我知道了这种神话，而且不只这些，要完成创世纪，人类不可或缺，甚至人类就是第二号的创世主，人类给予世界以客观存在，如果无客观存在，世界将变得默默无闻，无人理会，只会无声无息地繁衍生息，吞噬消亡，浑浑噩噩地历经亿万年岁月，在湮灭的黑夜中不知所踪。人类意识创造了客观存在和现实意义，人类也由此获得自己在重大生存历程中不可或缺的历史定位。

顺着当时正在建设的乌干达铁路，我们前往临时的终点站：六十四。我们的侍应生卸下大量的考察队行李。我坐在食物运输箱上，点燃烟斗，开始思考目前的处境。我们现在身处天涯海角，这片大陆上纵横阡陌，道路无穷无尽。片刻之后，有一个显然是违章定居者的老年英国人走过来，跟我攀谈。他坐下来，同样掏出烟斗抽烟，询问我们准备朝何处去。我大概说了一下目的地。他问道："你们是第一次来非洲吧？我在这里定居四十年了。"

"是的，至少在非洲这一地带，是第一次来。"我回答道。

"那我可以提出一些忠告吗？先生，您要知道，这个国度并非人类国度，它是上帝之国。所以，如果发生什么事，请少安毋躁。"

我觉得他说的话在一些方面很有意义，并试图体会这些话符合何种心理状态。很显然，这些话凝聚了他的人生经验，在此处高高在上的并不是人类，而是上帝，也就是说，至高无上的并不是人类意志和意图，而是神秘莫测的安排。

有人示意我们两辆车该出发的时候，我还没有结束思考。多达八个人坐在行李上，尽量抓紧不放手。随后是数个小时的颠簸，让人无法思考。下一个地方是卡卡梅加市，我们这支队伍包括一名专员、一个非洲步枪队，是一小队警卫部队，还有一所医院，这是货真价实的小型精神病院。我们要走的路程比估计远得多。傍晚时分，天色突然昏暗下来，热带暴风雨迅速袭来，电闪雷鸣、大雨滂沱，下个不停，一瞬间就把我们淋成了落汤鸡，小小的溪流很快成为危险的障碍。

黎明过后半小时，天气逐渐好转，我们这才筋疲力尽地赶到卡卡梅加，专员照顾得非常周到，在客厅里用威士忌招待我们，壁炉里燃烧着温暖的火苗，让人备感温馨。大厅正中央的桌子上摆满英文报纸杂志。感觉如同在萨塞克斯的一处庄园，让人心情舒畅。我已经累得困乏不堪，分不清虚实梦幻。稍等片刻，我们还要第一次搭建帐篷，好在这些物资一应俱全。

第二天清晨醒来，感觉喉咙疼痛难受，被迫卧床一天。因此认识了这里的"脑热鸟"，这是值得纪念的一件事，这种鸟独特的地方，是它鸣唱的音阶非常准确，随后省略尾音，又循环开始。人在生病的时候，几乎想不出有什么比这更美妙的声音了。

香蕉种植园里，还有另外一种鸟，可以发出令人想象不到的两种甜美如歌的笛韵，最后以不堪入耳的聒噪声收尾。这是一种先天不足。这种钟声鸟音色超群，美妙绝伦，鸣叫的时候如同黄钟大吕。

第二天，借助专员的帮助，我们凑齐一支运输车队，补充了三名土著士兵进行护送。现在队伍开始前往埃尔贡火山。很快，天边海拔4400米高的火山口映入眼帘。土路通达干燥的热带稀树草原，沿途长满了金合欢，这片地区布满两三米高的圆形古代坟茔，白蚁成群结队。

在土路两旁散布着一些餐馆，都是圆形的土坯茅草房子，四下敞开，空无一物。为了抵御入侵者，有人会在夜间点燃灯盏放置在门口。我们的厨师还没有这样的灯，但是能够有独立简陋厨房，让他十分满意。但是这间房子让他很快危险降临。我们前一天用5个乌干达先令购买了一只羊，他在房前宰杀，给我们准备了精美的羊排作为正餐。餐后，我们围着火堆，坐着一起抽烟，就听到怪叫声从远处传来，越来越靠近。

这声音有时像黑熊咆哮，有时像野狗狂吠，时而尖利刺耳，时而宛如狞笑，我以为是巴纳姆和贝利在耍宝。可是场面很快变得危险起来，一大群饥肠辘辘的鬣狗显然是嗅到羊血的味道，寻迹找来，把我们团团包围，它们鬼哭狼嚎，在灯影的映照下，可以看到一双双狗眼在野草中闪闪发光。

虽然很熟悉鬣狗的习性，据说它们很少袭击人类，但是我们对事情缺少把握，尤其是在饭馆后方猛然响起骇人的叫喊声。所以，我们随手拿起防身武器，是一支9毫米的曼利谢尔步枪，以及一支猎枪。朝着狗眼闪烁的方向开了几枪。这个时候，厨师惊恐万分地跑进我们中间，说在他的茅草屋中有一条鬣狗，差点把他杀死。整个营地顿时骚动起来，这群鬣狗看起来吓着了，它们在鼓噪喧嚣声中离开了餐馆。

宿营地的笑声继续，剩下的夜里一片安宁，再无杂音干扰清梦。第二天，当地部落酋长一大早送来两只鸡，还有满满一筐鸡蛋，请求我们再多留一天，帮忙猎杀鬣狗。昨天夜里，它们把一个睡着的老人拖出茅屋，吃了个精光。这就是非洲，诸事无常！

破晓时分，士兵们的宿营地里哄笑阵阵，因为他们在表演昨夜的事情。一个人扮演熟睡的厨师，一个人扮演偷偷摸进房屋的鬣狗，杀气腾腾地靠近呼呼大睡的厨师。这一幕让大家看了一遍又一遍，反复表演了很多次。

从这一刻起，厨师获得一个绰号，叫"鬣狗"。我们三个白人早就有了别名。我的英国朋友被称呼"红脖子"，因为据说英国人都是红脖子。那个美国人穿着雅致，被称作"帅绅士"。我当时年过半百，一头白发，所以叫"老人家"。在非洲，很少看到老年人，白发苍苍的老人寥寥无几。老人家是一种敬称，获得这样的尊敬称呼，是因为我是"布基苏心理考察队"的领队，这个名称是伦敦外交部强加给我们的不实之词。我们虽然探访了布基苏，但是在埃尔贡人那里度过的时间最长。

我的那些黑人仆从证明自身是识人好手，最本能的识人方法就是善于模仿对方的言行举止和姿势步态。令人点头称赞，这种能力十分可贵。我发现他们还有惊人的理解能力，特别喜欢聊天，我也喜欢这种方式，就这样，通过和他们接触，学习到很多东西。

我们作为半官方的身份，进行这次旅行，还是有很多好处的，首先容易招募到驮夫，也能得到军方的保护。这一举措很有必要，因为我们打算前往的区域并不在白人控制之下。所以，一名下士和两名列兵陪同我们在埃尔贡火山考察。

我收到一封乌干达总督的来信，他把一名途经苏丹返回埃及的英国女士托付给我们。他知道我们的旅行路线相同，而且那位夫人在内罗毕已经和我们相识，所以就没有理由拒绝请求。再者，总督为我们的行程提供了方方面面的帮助，我们自觉欠他一个人情。

提及这段小插曲，是要表明原型以何种奥妙的途径来影响我们的行动。我们三人同行，纯属巧合。我还请了第三位朋友一起去，但是事与愿违，他答应好的事情泡汤了。这是潜意识或命运的汇合，三位一体的原型，历史一再表明，潜意识或命运显现为三位一体原型，必定会呼唤第四人。

我愿意接受落在自己身上的意外安排，所以欢迎那位夫人加入我们三个男人的队伍。因为她健壮灵活，非常勇敢。事实证明她对我们单一的阳光气质是有益的帮助和平衡。后来，我的那位年轻朋友患上危险的热带疟疾，幸亏她有"一战"中当过护士的经验，使他这才保住性命，这让我们深深感激。

遭遇鬣狗危险之后，虽然酋长再三恳求，但是我们还是选择继续前进。地形变得逐渐隆起，发生过第三纪熔岩流的迹象越来越明显。我们穿过原始林地，这里壮丽美妙，南迪火焰木硕大无比，花红似火，满山遍野盛开。巨型甲虫和色彩斑斓的大蝴蝶使这片林地生机勃勃。好奇的猴子在空中摇晃树枝。我们很快进入丛林深处，与世隔绝，这是一个极乐世界。这一带主要是平坦的稀树草原，到处都是红土地。我们大部分选择土著人的小路，曲径通幽，三米一拐弯，六米一大圈，在林地间蜿蜒。

道路把我们引向南迪地区，穿越这片壮观的原始林区，终于顺利抵达埃尔贡火山脚下的一处餐馆。连日来，看着火山在我视野里逐渐变大，现在从此处的狭路上山，当地酋长欢迎我们，他是巫医之子，所骑矮脚马是我们遇见的唯一一匹。从他那里获悉，他的部落是马赛人，但是他脱离了马赛人，在埃尔贡火山山坡上单独生活。

上山几个小时之后，我们到达一处开阔迷人的林中空地，一条清澈的小溪潺潺流过，这里凉爽宜人，有三米高的瀑布，我们选了一处洼地作为浴场。营地设立在一处干燥的缓坡之上，相距不远的地方，金合欢树遮天蔽日。近处还有黑人的村落，有茅草屋若干，还有一处防御野兽入侵的围栏，那是一片用荆棘围起来的场所。我用斯瓦希里语和酋长交谈。

他给我们指派了送水工，一个带着两个半大女儿的女人，挂满货贝的腰带之上，身体赤裸。她们肤色深棕、亭亭玉立、秀色可餐，显得优雅洒脱。每天早晨，我的享受就是听那铁质脚环隐隐作响。从小溪边传来，随后，看到她们顶着水罐，摇曳生姿，从高高的黄色象草中露出身影。她们的脚上带着铁环，身上装饰着黄铜打造的手镯、项圈，挂着铜耳坠或小木环，用象牙钉或者铁钉穿透下唇。她们举止得体，每次都以腼腆迷人的微笑向我们致意。

正如大家所料，我从来没有和土著女人说过话，有一次是例外，接下来我会提及。正如在我们南方一样，男人和男人说话，女人和女人说话，否则就意味着调情。若是后者这种情况，白人不仅是在拿自己的威信冒险，而且确实有和黑人发生暧昧的隐患。我也注意到几个以儆效尤的事件，曾经多次听到黑人评价某个白人，说他是坏人，我问为什么，他说对方睡了我们的婆娘。

在埃尔贡人村落，男人负责饲养大牲口、出门打猎。女人负责耕地，包括种植园、香蕉、甘薯、稻谷和玉米等，还有抚养孩子，养羊和鸡。孩子、羊、鸡都关在同一间圆形的棚屋里。这是约定俗成也是理所当然的事情。她是深度介入的生活伙伴，妇女平等这个概念是时代产物，在当下这个时空里，这种关系失去意义。

原始社会都是由不自觉的利己主义和利他主义来进行调节，两者实现某种平衡。一旦出现干扰，这种潜意识的秩序就会马上土崩瓦解，而且只能用自觉的行动进行补偿。

我愉快地想起，在一个埃尔贡人家庭里的重要的传话人，是一个英俊的少年，英气逼人，叫吉布罗阿特，是一个酋长的儿子，他很优雅可爱，对我非常信任，他虽然愿意接受我的香烟，但是并不像别人那样非常贪财。他跟我讲了许多有趣的事情，时不时对我进行礼节性探访。我能看出他似乎有心事，抱有愿望。

相处时间久了，他才对我说出出乎意料的请求，想把我介绍给他的家人。但是我知道，他自己尚未成婚，父母双亡。有一个姐姐嫁人了，是二房，生有四个子女。他热切希望我能去看望她，让她有机会认识我。看起来，对他来说，长姐如母，我答应了，希望通过这种社交方式了解当地人的家庭生活。

她待在自己的家里，当我们到达的时候，她从茅草屋里走出来，以非常自然的方式迎接我们。她是一个标准的中年妇女，大概30岁。除了必备的贝壳钱币腰带，还戴着手镯，佩戴着脚环，拉长的耳垂挂着铜饰，胸前披着小兽皮。她把四个小孩子关在房间里，孩子们从门缝里朝外张望，兴奋得咻咻直笑。应我的要求，她让孩子们走出来，没过多久，孩子们就勇敢地来到院子里。少妇的举止和弟弟一样出色，少年因为心愿达成变得容光焕发。

院子里布满鸡屎羊粪，肮脏不堪，无处可坐。谈话就是家常聊天，中规中矩，话题围绕着家庭、子女、家园。大太太和她相邻而居，有六个子女。两家围栏相距约八十米。差不多在两个妻子的茅草屋中间，是与之形成三角的男人的茅舍，后面相隔约五十米，有一间小屋，住着正妻已经成年的儿子。两位女人都有耕地，是一块种植园，里面有香蕉、甘薯、小米和玉米，显然这是女主人最引以为傲的地方。

我能感觉到，她举止稳健自信，很大程度上是因为和子女、屋舍、小家禽、耕地，以及诱人的胴体这一切都有关系。对男人只是隐约提及，他可有可无，不知现在何处。显而易见，眼前的女主人维系下的这一切，是丈夫实实在在的安身立命之地。问题的关键不在于男人，在于女主人是否和全家上下融为一体，是不是带有能吸引在野兽群中游荡的丈夫的地磁中心。这些乡野村民内心考虑的事情是无意识的，因此无法理解，也只有从欧洲人关于"文明和野蛮"的区别对比材料中去推测。

我扪心自问，白人妇女男性化的表现，是否和丧失其天然统一体有关系，这个天然统一体包括耕地、子女、小家畜、房舍和炉火，也就是补偿匮乏，白人男人女性化是否属于相生恶果。最理性的国家多半模糊性别差异。同性恋在现代社会所发挥的作用非同小可，一部分是恋母情结导致的结果，另一部分是自然进化的现象，防止繁衍！

朋友和我有幸及时体会到非洲原始世界的旷世之美，和当地人们的深重苦难。营地生活是一生当中最美妙的时光之一。远离俗事尘务，初心不变，不沉沦于现实，不内疚于过往，安然享受这片洪荒之地的天赐安宁，也没有看到希罗多德所说的"人与众畜诸兽"的景象。欧洲距离这里相隔万里，它是一切魑魅魍魉的来源。此地，使它们对我鞭长莫及，没有电报、无人来电，信函也送不到，无人来访！这是"布基苏心理考察队"一项最重要的保障。精神力量得到解放，欣喜万分地回归到浩瀚的蛮荒世界。

每天清晨和好奇的当地人闲谈是最轻松消遣的时刻。他们整天围绕着我们的营地，偷窥我们的一举一动，兴致勃勃。我的那个头人易卜拉欣向我透露了闲谈时候的礼节。男人必须坐在地上，女人从不来访。他弄来一把红木四脚头人小椅子，我必须坐在上面，然后开始讲话，解释议论的事情，这就是清谈的议程。

大多数参与者会说混杂的斯瓦希里语，我要时常借用一本小词典表达请求，以让人们明白。那本小词典是大家钦佩羡慕的对象。我这种简陋的表达方式迫使说话注意言简意赅。谈话类似生趣盎然的猜谜游戏，所以这种清谈方式深受大家喜爱，但是时间基本不超过一个小时，因为大家变得疲惫起来，总是手舞足蹈地抱怨，真累呀！

我当时对黑人的梦境非常感兴趣，但是一开始无法打听，就用小恩小惠，比如大家喜爱的香烟、火柴、别针等，但是无济于事。我一直没有彻底弄明白大家为什么羞于谈论自己的梦境，估计原因在于恐惧心理和不信任的缘故。众所周知，黑人害怕拍照，他们担心让人夺走灵魂，或许同样担忧让人知道梦境会受到伤害。

我们的士兵并不是这样，他们当中有沿海的索马里人和斯瓦希里人，有一本阿拉伯版本的解梦书籍，尤其在行进过程中天天查阅，如果对解梦结果有疑问，甚至会来征求我的意见。

有一次，我们和巫医，一位年长的头人医生清谈，他穿着一件蓝色猴皮的华丽服装，这是一件珍品。我询问梦境，他流泪解释道："以前巫医做梦，可以预示是否有战争，是否有疾病，是否会下雨，应该把牲畜群赶往何处。"连他的祖父还做过梦，但是白人来到非洲之后无人再有梦境，再也无须梦境，因为现在的英国人更加懂门道！

他的回答表明，巫医失去了存在的理由。人们不再需要神仙来指引部落，因为英国人更懂得其中的门道。在以前，巫医负责和诸神或者主宰命运的神秘力量讨价还价，指点民众。他可以呼风唤雨，正如女巫在古希腊王朝一言九鼎。现在，巫医的权威让位于专员的权威，生活的全部价值在尘世，我觉得黑人何时意识到自然伟力的意义，只是时间问题和黑种人创造力发展的问题。

这名巫医不是什么仪表堂堂的人物，而是一个有点爱哭鼻子的老人。尽管如此，或者恰恰如此，他才代表了一个过时世界永不存在，在潜移默化间土崩瓦解，非常生动直观，让人印象深刻。

许多情况下提到的守护神，尤其涉及礼仪，这方面，我只在一座小村落里进行过唯一一次观察。在一座空茅屋前，热闹的乡间道路中央，有一处经过细心打扫，方圆几米的空间，中间摆放着贝壳钱币腰带、手镯、脚环、耳坠、盆罐钵盂碎片，以及一根挖掘用的长棍子。唯一能够知道的事实，是这间房子里死了一个女人，关于葬礼，无人透露半点风声。

清谈的时候，众人对我赌咒发誓，说他们西面的邻居村落是坏人。那里一旦死人，邻村就会得到消息，晚上把尸体一直运到两村的中间地带。另一方会把各种各样的礼物送到同一地点，早晨的时候尸体就不在了。这明显是一种推测，说对方村民把尸体吃掉了。在埃尔贡人这里，从未出现过类似情形，可能是把尸体藏匿于灌木丛中，鬣狗在夜间举行葬礼。事实上，我们也从未发现安葬死者的迹象。

借此机会，我又得知，若是男人死了，就会停放于房屋中央的空地，巫医围绕尸体缓缓绕行，把一碗牛奶洒落在地，一边念念有词。在一次值得纪念的清谈时，我就知道这句话是什么意思。那次清谈结束的时候，有一位老人突然说道："早晨日出的时候，我们出门，会往手里吐一口唾沫，伸手朝向太阳。"

我让人表演并详细解释了这套仪式，他们使劲往放在嘴前的手心里吐唾沫或者吹气，然后翻过来，手心向阳。我问这是代表什么意思，他们为什么这么做，为什么朝手心里吹气、吐唾沫。不可能得到可靠的解释，而且我也明白，他们确实只知道这么做，却不知道为什么。他们看不出这种行为的意义是什么。但是我们也举行类似仪式，例如，点燃圣诞树，埋藏复活节的彩蛋，却不清楚到底是什么含义。

老人说，这是一切民族真正的宗教，包括全体卡维龙多人、全部的布甘加人，山上可以看到的，还有无穷远看不到的所有部落，一切受尊敬的神灵，就在朝阳之上。只有那个时候，神仙才会显灵，才是真神。紫霄云烟，新月如钩，星河灿烂，同样是神灵，但是只有那一刻是，其余时间不算。

看起来，埃尔贡人的仪式是面对升起的具有神性的太阳献祭，唾沫就是精华，按照原始人的看法，这是个人神力，包含治疗效果，具有魔力和活力。呼吸代表了风和灵魂，这种行为表达的含义就是，我向神灵献上了鲜活的灵魂。这是无声的交易性祈祷，同样可以认为，主哇，我把自己的灵魂托付于你的手心。

我们还获知，除了神灵，埃尔贡人还崇拜魔鬼，它居住于尘世，是恐惧的罪魁祸首，是打击夜行人的冷风。老人用吹口哨的方式表达洛基神灵之类的主题，活灵活现地表达魔鬼是如何掠过神秘高大的鸡足草丛。

众人一般都会坚信造物主办事是尽善尽美的，他超越善恶，成就美好，所作所为通达美妙。

我质问：“可是杀死你们牲口的野兽呢？”

他们说：“狮子好得很。”

我又问：“你们患上恶疾呢？”

答道：“能躺在阳光下真好。”

这样乐观的性格令人赞叹不已，但是我很快发现，这种哲学一到晚上六点就戛然而止了。

从太阳下山开始，主宰这个世界的是另外一种事物，是阴间鬼界，这是坏事、骇人之事。乐观哲学退场，鬼魂哲学和奇风异俗开始登场，据说可以防范灾祸。乐观主义毫不避讳地跟随日出回归。

这是一次令人深受触动的经历，在尼罗河的源头获知埃及人关于奥西里斯的两位侍从何露斯和塞特的原始观念，这种在非洲的亲身体验仿佛尼罗河的圣水倾泻而下，直到地中海沿岸。白天是旭日、光明，像何露斯一样；黑夜深邃莫测，令人生畏，就像塞特一样。

在简单的丧礼上，巫医的话语和洒牛奶举动充满矛盾，同时供奉两者，不偏不倚，因为无论昼夜，统治的时间显然是轮流十二小时，最意味深长的时刻是，赤道附近，曙光乍现，划破长夜，还有夜色逐渐遮掩斑斓陆离的光线。

这些地带的日出不同他处，动人心魄、每天不同，不是蔚为壮观的喷薄而出，而是此后形成的景象。日出之时，我时常坐在金合欢树下的折叠椅上。眼前的幽谷中有一片近乎墨绿色的幽暗原始森林，对面是高地的边缘。一开始，明暗对比鲜明，随后是一片光芒，变化万千，峡谷开始透亮，极远处的地平线白光闪耀。光线自下而上，渗透一切，森林仿佛由内而外明亮起来，最后变得晶莹剔透，犹如彩色杯盏熠熠生辉，周身万物化身晶莹美玉。此刻，钟声鸟的鸣叫响彻天际，在这一瞬间，我仿佛置身庙宇中，是一天当中最神圣的时刻。我已经心醉神迷，沉迷于这壮丽的景象当中。

在附近有一处危险的悬崖，上面住着狒狒，每天早晨，它们几乎纹丝不动地静坐在向阳一面的山脊上，白天其他时间吱呀乱叫、呼啸山林，此时此刻却和我一样敬奉日出，让人想起埃及阿布·辛拜勒神庙中做朝拜状的大狒狒。它们讲述的故事主题始终如一：我们向来尊崇救世大神，它从茫茫黑夜中露头，化身为耀眼天光。

那个瞬间我就明白了，从太阳升起，对光明的渴望就刻画于内心深处，还有不可抑制的冲动，希望摆脱混沌初开的蒙昧。当长夜降临的时候，万物的心弦都是束缚愁绪无法自拔，怀念光明难以言表。这是原始人的眼神，可见于动物的眼中。动物眼中的悲哀，不知道是动物的心曲还是痛苦，构成了洪荒世界。这是非洲的心绪，对寂寞荒芜的体会。那是混沌初开，是起源的秘密，因此清晨阳光初生是让黑人倾倒的力量。天亮时分就是神灵降世，这个瞬间带来救赎。那是刹那间的亲身感悟，如果不把太阳当作神灵，这种体会是感觉不到的，会因为失落而遗忘。若是庆幸魔鬼作祟的黑夜到现在到头了，则意味着自圆其说、心理实现平衡。其实，笼罩在这片土地上的混沌，和天然的夜晚截然不同，那是心理本原之夜，已经经历不计其数的千万年，一如今日此时。渴望光明，就是渴望觉悟。

我们在埃尔贡流连忘返，但是归期将至，我们非常痛惜地拆除帐篷，答应何时再来。当时想象不到，自己再没有缘分经历这种出乎预料的壮观景象。此后，在卡卡梅加市的附近发现了金矿，茅茅运动席卷远方那片土地，而在我们这里，幡然醒悟，是一片已经被割断的文化区域。[①]

我们沿着埃尔贡火山南麓往回跋涉。这里的地貌逐渐变化，崇山峻岭、深山老林、枝繁叶茂、笼罩四野，开始接近平原。原住民的肤色更加黝黑，身材不似马赛人那么优美灵巧，变得肥硕

---

① 茅茅运动是当时英国殖民当局对1952年爆发的肯尼亚吉库尤人起义运动的统称，该运动的宗旨是争取政治独立并收回被白人定居者占领的土地。至1954年，针对游击队的严厉的戒严措施和军事行动镇压了起义。1960年，紧急状态宣告解除。

臃肿。我们进入布基苏人的地界,在位于高处的一家餐馆逗留了一段时间。在这里,极目远眺,辽阔的尼罗河谷美景尽收眼底。随后,我们继续跋山涉水,前往姆巴拉城,从那里乘坐两辆福特卡车,最终抵达维多利亚湖畔的金贾市,把行李托运上窄轨道列车。该列车每半个月往马辛迪发一趟车。我们搭乘一艘木材加热锅炉的后明汽轮,经历一番曲折,来到马辛迪港口,在这里乘坐卡车,前往位于高原的马辛迪镇,它把附近的湖泊和艾伯特湖隔离开来。

从艾伯特湖前往苏丹首府的路上,途经一个村庄,发生了一些事情。当地酋长身材高大,年纪轻轻,带着随从出现,那是我见过的最黝黑的黑人,这一伙人看起来不怎么友善。总督之前给我们派了三名土著士兵警卫,可是我很快发现他们也是紧张不安,他们每人的火枪里只有三发子弹,因此,他们在场只是代表了政府的存在。

年轻酋长向我们建议晚上举办舞会,我同意了这个提议,希望通过这场活动,获得这帮人的友谊。夜色渐深,当我们昏昏欲睡的时候,突然鼓角大作,出现大概60人的队伍,一个个全副武装,长矛寒光闪烁,手持棍棒,身上佩带着利剑,稍远处跟着妇孺老小,包括一些驮在背上的婴儿。这显然是集体大事,虽然酷暑难耐,有34℃的高温,还是点燃了篝火,妇孺围在内圈,男人围在外圈,我印象中只有受到威胁的时候才会摆出这样的阵势。

我不知道对这样的阵势该如何应对,回头查看我们的士兵和军人,他们已经销声匿迹了,营地里人影全无。我开始发香烟递火柴，分送别针，希望换取部落人的好感。男人们开始合唱，曲调和谐悦耳，显得威武雄壮、铿锵有力，他们都踩着整齐的节拍。妇孺围着篝火开始快步急行，男人们挥动武器，舞动刀枪，向火行进，随后后退，场面非常狂野恣肆，鼓舞人心、月光泻地，令人陶醉。

朋友和我情不自禁地加入其中，我挥舞着手里的犀牛皮鞭，一同舞动，从对方容光焕发的脸上，看到我们的加入受到大家的欢迎，他们更加振奋，大家一起跺脚、唱歌、叫喊，很快大汗淋漓，舞蹈和鼓声的节奏越来越快了。

伴随舞蹈和音乐，黑人就会走火入魔，此时此地就是如此。进入深夜十一点，场面更加疯癫发狂，显得更加无法收拾。这些跳舞的人就是一群狂徒蛮人，我很担忧该怎么结束，就去暗示酋长，该解散休息了，但是他却想再跳一曲。我记得有一个亲戚，两表兄弟之一的萨拉辛，在西里伯斯岛（苏拉威西）考察时，在这样一个舞会上不幸被一支脱手的梭镖射中。所以，尽管酋长再三要求继续，我还是收拢众人，分发烟卷，然后做出睡觉的手势。

接下来，因为苦无良策，只好笑骂着挥舞犀牛皮鞭，冲他们用瑞士德语高声叫嚷，示意该结束了，大家应该回家休息。众人当然看得出来，我并无恶意，这样的举止恰到好处，全场哄笑，他们欢蹦乱跳，四散离去，消失在夜色中。过了许久，还能听到远处传来喧嚣的鼓声。总算万籁俱寂，我们累得筋疲力尽，很快沉入梦乡。

我们的跋涉在尼罗河畔的一个小港口才算结束，在那里登上一艘后明汽轮，这里水位很低，只能勉强靠岸。我这才如释重负，疲惫不堪，感觉自己此行饱经风霜，思绪万千，挥之不去。自己内心一清二楚，这次接受了新印象，开始收拢漫无边际的浮想联翩，这种能力锻炼行将结束，开始迫使人再次追忆自己全部的观察和经历，以便整理思绪确定关联。我想着把一切值得注意的事情记录下来。

在旅行的整个过程中，我的梦境始终坚守否定非洲的这种想法，仅仅是显示故土的场景，以此引起的印象就是，如果可以体现潜意识的经过，并没有把非洲之行当真，而是看作典型的或者象征性情节。然而，产生这种假设，是因为似乎有意排除哪怕印象最为深刻的外部事件。我全程只梦到过一次黑人，他的脸非常熟悉，但是我却不得不沉思许久，才想起在什么地方和他见过。

最终想起来了，是我在田纳西州查塔努加市遇到的理发师，一个美国黑人。在梦中，他手持烧红的烫发巨钳，对着我的脑袋，想要让我的头发变得卷曲，这就是说，想要把黑人的发型硬塞给我。我就感觉酷热烧灼，在焦虑中惊醒。

我把梦境当成潜意识的警告，因为梦境说明，原始事物是一种威胁。当时，我看来非常接近"和黑人产生暧昧"，白蛉热病症发作，可能削弱了心理抵抗能力。为了表现黑人的现实威胁，潜意识就动员了十二年前美国的黑人理发师的回忆，就是为了遗忘当下。

梦境的特别表现还符合在"一战"中的现实经验，当时战场上的士兵大多梦到战争，很少梦到家乡。军队精神病科医生认为，如果士兵过多梦到战争场面，就可以申请下火线。因为他因此对外界印象已经失去防御机制了。

在梦境中，和非洲严酷环境中的现实事件并行不悖的是，成功确定并落实了一条内在路线，它处理我最为私密的心理问题，由该事实得出的结论只能是，我无论如何都要保全自己的欧洲人格。

对此我非常惊讶，怀疑自己的非洲冒险之旅怀有私心，想要摆脱欧洲及其带来的问题，甚至冒险和很多前人那样留在当地，他们又和我同在。自己并不觉得此行是为了研究原始心理，"布基苏心理考察队"（B.P.L，食品运输箱上三个黑色首字母！）倒是以稍微尴尬的问题作为回应对象，心理学家荣格"在非洲蛮荒之地"遭遇了什么？

虽然理智上，是打算研究欧洲人对原始洪荒世界的条件有什么反应，我还是不断试图回避这个问题，但是惊讶地发现，这不是那么客观的学术问题，而是涉及私密的心理问题，要回答这个疑问，必须处理自己心理上的所有可能存在的痛点。不得不承认，导致自己决计出行的并不是温布利博览会，倒是因为欧洲的空气乌烟瘴气、令人窒息的现实原因。

脑海里转着这些念头，我已经在平静的尼罗河水域乘坐船只漂向北方、欧洲，迎向未来。这次行程止步于喀土穆，埃及在那里发源，这让人圆了心愿。不是从西方，从欧洲和希腊，而是从南方，从尼罗河的源头一侧接近这片文化发展区，埃尔贡人对埃及文化的贡献比亚洲人所做的错综复杂的贡献更加让人感兴趣，我曾经希望沿着尼罗河的地理走向、跟随时间洪流，最终有所收获。

在这方面最大的感受就是埃尔贡人对何露斯的态度，在埃及南方门户阿布辛拜勒的神庙里，大狒狒做出的顶礼膜拜姿势，让人印象鲜明地回忆起这次旅行。

何露斯的神话传说是灵光重现的历史，走出了史前的混沌蒙昧，因教化而开悟，而首次对救赎做了天启之后，开始有人讲述这个神话。所以，从非洲内陆前往埃及的行程，就如同灵光降世的场景，和我以及自己的心理紧密契合，令人恍然大悟，但是仍然难以表达这种感受。

我事先并不知道非洲可以给人带来什么，但是令人满意的答案和体验就在此时此地，远远胜过什么人种学说的斩获，远远超过武器、首饰、坛坛罐罐或者打猎收获。我想知道非洲如何影响我，现在我亲身体会，得偿所愿了。

印　度

1938 年，之所以能够开启印度之旅，并非出自我的本意，而是应该感谢英国统治下的印度政府邀请我参加加尔各答大学建校25 周年庆典活动。

当时我已经对印度哲学和宗教史进行了广泛涉猎博览，对东方智慧的价值意义深信不疑，但是不得不如同自给自足者进行游历，就像蒸馏罐里的蒸汽一样自我摸索。印度如梦幻一般触动人的心灵，因为我曾经而且依旧在寻找自我，寻找自己的人生真理。所以，这次旅行也是当时为了深入研究炼丹哲学的一段插曲，这种哲学在脑海里始终挥之不去。我当时带上一本 1602 年的《化学舞台》，其中包含了格拉尔杜斯·多恩最重要的学术思想。在旅途当中，我深入钻研该书，原生态的欧洲思想财富就这样和异邦的文化精神进行深入接触，两者直接出自潜意识在心理上的原始体验，因而造就类似、相同，至少可以比较的知识。

在印度当地，自己首次直接感受了千差万别的陌生文化。非洲之旅当中，起决定性的是和文化不同的印象，在北非，我没有缘分和能够讲述其文化的学者进行交流。但是现在，我有很多机会和印度精神的代表人物进行谈话。把这两种精神进行比较，这是非常有意义的事情。

有一段时间，我在迈索尔邦大王居所做客，和他的灵修导师 S.苏布拉马尼亚·耶乐进行深入交流。当时还有很多人，可惜都想不起名字了。我自己也努力避免遭遇所谓"圣人"，故意绕开他们，因为必须坚守自己的真理，只能接受可以接受的事情。如果以这些圣人为师，就意味着接受对方的真理为己所用，这会让我感觉到像一个学术的小偷，他们的智慧属于他们，而只有经过深思所得的才属于我的学问。尤其在欧洲，绝对不能从东方抄袭学问，必须依靠自力更生，依靠内心思考或者上天恩赐。

我并非低估印度圣人的光辉形象，也不敢不自量力，认为自己有能力可以对圣人这种孤立现象做出恰如其分的评价。例如，我不知道他所说的至理名言是自己领悟到的，还是民间传说千年的谚语。我想起在锡兰 ① 有一个典型的故事。两个农民相遇在一

_____

① 斯里兰卡。

条狭窄的小路，推车的轮子卡在那里。出乎意料，两个人没有发生争吵，而是彬彬有礼地念念有词，听起来就像和周围的神灵交流。"暂时打扰，不知不怪。"这种情况不是独一无二的吗？不是非常典型的印度哲学吗？

在印度期间，我始终关心的是关于恶的心理天性问题。非常让人印象深刻，这个问题和印度的精神生活息息相关。我对此也有了新的看法。在和有教养的中国学者交流时，一再令人印象深刻的是，根本不可能只存在先天的恶念，在西方这种观点是不存在的。对东方人而言，道德问题似乎不像我们这里单纯排在第一位，善恶是天经地义存在着的，都包含在天性之中，只是同一个整体的不同表现侧面罢了。

我看到了印度智慧兼具善恶。基督教徒向善弃恶，印度人则觉得自己可以跳脱出善恶的圈子，或者试图通过冥想或者瑜伽达到这种状态。不过，在这一点上，我存在异议，若是以这种态度，无论善恶，其实质都无影无踪，只会导致某种停滞。人们既然不相信善良，也不崇信罪恶，它们最终将导致善恶模糊，善恶不分，自己无法去评判。也可以自相矛盾地说，印度智慧缺乏善恶的规制，或者对立严重，需要统一起来，需要摆脱对立，最后脱离万物的束缚。

印度人的目标并不是到达道德极致，而是进入没有争斗的状态，他渴望摆脱人类本性，相应地在冥想当中进入无相和虚无的状态。而我则是想鲜活地观察自然、内视心中画面，既不想摆脱外界，也不想摆脱内心，更不想脱离自然，因为这一切充满神奇美妙。自然、心灵和生命如同灵性绽放，还有什么比这更幸福的事？对我来说，存在的最基本核心是存在，而不是不存在或者不复存在。

我认为，从来没有不惜代价的解脱，不可能摆脱不具有、不曾做或未经历的之事。只有为可为之事，专心致志、全力投入，才可能真正解脱。若是不闻不问、装聋作哑，那么多少将失去相应部分的心灵。当然也可能出现另外一种情况，自认为什么都关心，而且有很多理由不能做到专心致志，那就是被迫承认自己"无能为力"，认为自己或许耽误要事，没有完成任务。如此就可以确定，自己是百无一用，必须努力弥补缺乏实干的缺陷。

没有经历过自身嗜欲的折磨，也从未战胜过嗜欲，就仿佛隔壁居住的邻居，转眼间，就可能火烧连营，遭受灾祸。只要放弃过多东西、疏忽过失太多、选择性失明，未来可能遭遇的危险就是这些废弃、耽误的事情，变本加厉地对自身反攻倒算。

在奥里萨邦的戈纳勒格黑塔，我遇到一位学识渊博的学者，他非常和蔼可亲，陪同我参观庙宇和庙中的大车，对我谆谆教诲。从塔基到塔尖，遍布很多有伤风化的色情雕刻，我们长时间谈论了这一值得注意的事实，他解释说这是一种超凡脱俗的宣教手段。

我提出异议，指着一群瞠目结舌欣赏这些群体苟合壮观场面的年轻农民游客，说这些年轻人大概不会有超凡脱俗的概念，倒是会满脑子的性幻想。他回答说："这恰恰是问题所在。他们若事先不造业，怎能做到超凡脱俗？这些写真手法的春宫图就是为了提醒人们有法性，否则这些无知无觉的凡夫俗子就会忘却。"

我对于他的理论观点感觉非常奇怪，他居然相信小伙子会像不在交配期的动物一样会忘记性欲，这名智者却毫不动摇地坚定认为，他们如动物一样无知无觉，确实需要恳切告诫。为了这个目的，在进庙之前，要用墙壁装饰画提醒人们有法性，如果意识不到位，不修习法性，他们就没有缘分达到超凡脱俗的境界。

在迈步穿过庙门的时候，我的这名陪同者用手指了指两位"诱惑者"，雕刻画上的两个舞女，她们媚态百出，扭腰翘臀，冲着进门来的人们媚笑。他说："您看那两个舞女，她们就有教化的意味。当然，这些不适用于阁下和我这样的人，因为我们已经实现先知先觉、超乎其上的境界了。但是对这些农家小伙，教训和告诫是不可或缺的。"

我们离开寺庙，沿着一条布满男根雕塑的林荫道漫步，他忽然说道："您看到那些石头了吧？知道它们代表什么含义吗？跟您透露一个大秘密！"我有些惊讶，因为自认为，这些模拟石像具有生殖器崇拜性质，这是妇孺皆知的事情。

他却一脸严肃地对我低声耳语道："那些是男人的私处。"

我本来预料他会说，这些石像代表着湿婆大神。

我愣神地注视着他，他却郑重其事地点点头，仿佛在说："对，就是这样，你一个欧洲人愚昧无知，大概想不到吧。"

我后来对齐默尔讲述这件事，他听完兴高采烈，脱口高喊："总算听到来自印度的真事了！"

桑吉镇的窣堵波塔令人难以忘却，它们威严高大，出人意料，摄人心魄，让人沉浸一种心绪，蓦然发现自己尚未意识到涉及一事、一人、一种想法的时候，往往出现这种心绪。山坡之上立有佛塔，一条风景宜人的道路引导人们，穿过青翠芳影中的巨大石阶，通往高处。那些半球形墓碑或者遗冢、舍利塔，就像两个碗底朝下、叠扣在一起的饭碗，符合《大般涅槃经》中佛陀的教规，英国人毕恭毕敬地重新修整了圆冢，最大的建筑由一道高墙环绕，开有四个精巧的小门。走进门，朝左侧道路按照顺时针方向蜿蜒而入。在东西南北四方位，各有佛像镇守。

绕完一圈，就进入第二条更高的环形路，方位都是一样的。可以远眺平原、附近圆冢、古寺庙遗迹和这片僻静的圣地，一切浑然一体、难以名状，吸引心神、无法摆脱。在这之前，我从未这么着迷于一个地方。我和同伴分开，独自沉醉在这方天地之中，久久不愿离去。

这个时候，听到节奏明亮的锣声由远及近传来，那是一队来自日本的香客，敲打着一面小铜锣，鱼贯而入，大家抑扬顿挫地吟唱古老的祈祷词："唵、嘛、呢、叭、咪、吽"，念到最后一个字的时候，就敲一下锣。他们对着圣庙深深鞠躬，然后走进门来，在那里又朝各佛像鞠躬，开始吟唱，类似圣歌，接着绕行两圈，在每一尊佛像面前唱赞歌。我的目光跟随向前，心和他们同在，暗暗感谢他们可以帮助我说出内心想说的话。

我对这次参观深受触动，这处桑吉的坟冢对我的研究极其关键，在这里佛教队伍进行全新的显示。我理解到佛陀的一生是进行自我实现，个人生活充满这种自我的现实，主张为自己所有。对佛陀来说，自我高于众神，是人类和普世生存的价值精髓，作

316

为一元世界，既包括自身存在这一方面，还包含认知得到这一方面，若是无人认知，则世界就不存在。佛陀或许是看出、理解人类意识具有宇宙起源一般的尊严，因此，他洞若观火，如果有人熄灭意识之火，则世界堕入虚无。叔本华不朽的功勋就在于，确实或者再度洞察这件事。

基督也如佛陀一样，体现自我，但是追求的意义完全不同，两者均是征服世界者，佛陀是出于理性的洞见，基督是命中注定的牺牲者。在基督教信仰当中，需要忍受更多；在佛教中，更需要认知和实践。两者都是一样，但是在印度人的观念当中，佛陀是完人，是历史人物，因此比较容易为人理解。基督是历史上的人，也是神灵，所以更难以把握。其实，基督也把握不了自己的命运，只知道被迫自我牺牲，因为内心有担当，所以命中注定会遭遇牺牲。佛陀遵循自己的认知行事，他过着自己想要的生活而终老一生。基督极有可能只是在很短的时间内可以遵照自己的意愿行事。①

后来，佛教和基督教都发生了相同的事情，佛陀可谓是成就自我潜意识的典范，这种成就自我受到大家的效仿，他本人也宣告，只要消除尘世因缘，人人皆可开悟成佛。在基督教当中，情

---

① 在后来的谈话中，荣格比较了佛陀和基督对受难的态度，基督断定受难具有正面价值，身为受难者，他比佛陀更加有人性、更加真实。而佛陀放弃受苦也放弃享乐，他无情无义，因此不通人情。虽然基督其实一直是人，但是《福音书》所描绘的基督只能让人理解为神人，而佛陀生前已经脱离人世。

况类似，基督就是榜样，活在每位基督徒心中，成为包罗万象的人格。历史变革却导致"效法基督"，个人不能走命中注定的全面道路，而是试图模仿基督所走的人生路。

同样，历史变革导致在东方世界需要虔诚地效法佛陀，他因此成为大家心中的楷模，这就削弱了个人理念，正如有人预见，在效法基督的时候，基督教理念会停滞不前，贻害无穷。正如佛陀因认识到自身而高贵于梵天诸神，基督也对犹太人大声疾呼："汝等皆可成神。"① 因人自身无能所以无人可以听到。所谓信仰基督的西方大踏步走向世界的可能性是摧毁世界，而不是创造新世界。②

印度官方通过三张博士学位证书向我致敬，③ 首份证书代表伊斯兰教，第二张证书代表印度教，第三张证书代表英国统治下的印度医学和自然科学。这有点过分隆重，我需要静心修养，在加尔各答我不幸感染痢疾，住院十天才得以逃避打扰。各种见闻滚滚而来，连绵不绝，我发现的这座救命岛，使我重新获得立足之地，这是我修养隐居的地方，可以方便观察印度各种社会现象，以及令人头晕目眩的佛教思维旋涡，这是一种难以言表的节律、壮观、美丽、阴暗和困顿。

当身体恢复得差不多的时候，我回到旅馆，做了一个极富特色的梦，在此细细道来：

———————

① 《约翰书》第 10 章第 34 节。

② 关于效法的问题，可以参见荣格的《炼丹术宗教心理学问题导言》。

③ 在安拉阿巴德市、瓦拉纳西市和加尔各答市。

我跟随一群苏黎世的老朋友在一个无名岛屿上，估计是在英国南部沿海，小岛上无人居住，纵向狭长延伸大概30公里，南部海滨岩石骨瘦嶙峋，有一座中世纪的宫殿，我们这些游客来到院子里，面前耸立着一座气势恢宏的城堡主塔楼，透过大门，可以看到宽阔的石头台阶，还可以看到它通向柱式厅堂，里面灯火通明。据说这里是圣杯城堡，今天晚上要在这里给圣杯祝福。

这个消息是非常秘密的，我们当中有一位德国教授，酷似老年蒙森，却对此事一无所知。我们俩开怀畅谈，对他的学识渊博、洋溢才华深表钦佩。只是有一件事让我反感，他反复啰唆消逝的过去，如同教师爷一般大谈特谈圣杯故事中的英国起源和法国起源的关系，显得高深莫测，看起来，他并没有意识到传奇故事的深刻含义，也不了解鲜活的当下世界，我对这两点尤为注意。他似乎对周遭环境毫无察觉，因为他的言行举止就仿佛在教室里给学生们上课。我反复示意他注意一下古怪的现实场面，他似乎看不到台阶，也看不见大厅里的灯光，意识不到这里洋溢的节日氛围。

我茫然四处打量，发现自己靠墙站立，城堡高楼下方好像布满了栅栏，但是并非常见的木头栅栏，而是由黑铁制作，非常精巧，就像葡萄藤，枝蔓叶子俱全，还有一串串葡萄。横向的枝丫上，每隔两米就有一个小铁屋，如同蜂箱。忽然间，枝叶中传来动静，一开始还以为是老鼠，随后却发现是蒙面的小铁人，蒙面侏儒，在小房间穿梭。我顿时惊呼，冲着老教授叫喊："你快看那里……"

这个时候，出现间断，梦境改变了。还是我们这一伙人，只是老教授不见了，来到城堡外面，灰土一片、怪石林立、草木皆无。

我知道，这里肯定发生了什么事情，因为圣杯尚在城堡内，今天晚上应该给它祝圣。据说它藏在岛屿北部一间无人居住的小屋内。我知道，我们的任务就是去那里迎取圣杯，我们大约有六个人，上路向北行进。

长途跋涉几个小时之后，疲惫不堪，我们到达了岛屿最狭隘的地方，我发现有一片海湾把小岛一分为二。在最窄处，水面宽阔约百米。夕阳西下，夜幕降临，我们席地而坐，开始休息。这一带荒无人烟，只有怪石茅草，没有树木。四下里也没有桥梁和小船。天气非常寒冷，伙伴们相继入眠，我考虑着应该干些什么，经过深思熟虑，确定必须只身一人游泳过去，取回圣杯。当我从梦境醒来的时候，我已经不自觉间脱掉了衣服。

经过一番艰苦的挣扎，好不容易摆脱掉形形色色让人沉迷的印度心理印象，这个正宗的欧洲梦境才不期而来。十年之前，我就可以断定，在英国多处流传的圣杯传说还没有消失，虽然围绕它的各种传奇和虚构故事很多很多，版本泛滥、汗牛充栋。这一事实之所以让人印象深刻，是因为显而易见、诗情画意的神话和炼丹术中对"一件容器""一种药剂""一块石头"的描述是一致的。

白天遗忘的神话会在夜晚继续讲述，强势的人会感觉平庸乏味，并把它削减为可笑的鸡零狗碎，而作家让它们复苏，有意图地使神话复活。因此，即便这些故事改头换面，开动脑筋的人也能一眼认出实质。那些逝去的伟人并非如我们设想的那样消失不见，只不过改换了姓名罢了。正如"形小势大"，蒙面的迦比尔乔迁新居。

梦境以铁腕手段强势抹去一切印象强烈的白天在印度的所见所闻，回归体会备受冷落的对欧洲的关注，这种关注表现为寻找圣杯，搜索"哲人之石"。这个梦境把我拉出印度的现实世界，提醒我自身，印度并非我的学术任务，只是一段路程，会让我更加接近自己的真正目标，似乎梦境在向我提问："你在印度干什么？最好抓紧时间给同伴寻找救死扶伤的圣杯、救世主，你们非常需要对方。你们的确正在摧毁千百年来建设的文明。"

此行的最后行程是锡兰，锡兰已经不属于印度大陆，而是在南太平洋，就像天堂一样美丽，人类无法在这里长存。科伦坡是一个繁忙的国际港口，晚上五六点钟的时候，晴天之下大雨滂沱，我们很快度过科伦坡，来到内地的丘陵地区。在那里有旧王城康提，雾气升腾，空气温润，草木苍翠。佛牙寺里有佛陀的佛牙舍利，庙宇虽小，魅力独特。我在藏书室和僧侣们长谈，观看刻录在银箔上的经文。

我在那里经历了一次难忘的晚课。很多姑娘和小伙把成堆的去梗茉莉花倒在祭坛前，同时低声诵读曼怛罗祷文。我设想他们是在给佛陀祷告，但是我的向导僧侣告诉我说，不是的，佛陀已经往生了，他涅槃了，无法向他祈祷。这些人诵读的意思是，花美如许，生似刹那。献祭功德，愿神共享。年轻人都这么祷告，这是印度的纯正特色。

随后晚课开场，在天棚或者在印度寺庙中称为客堂的地方击鼓一个小时。有五个鼓手，方形大厅的四角各站有一人，第五人是个俊美的少年，站立在中央，他是领奏，真正的行家里手。只见他上身赤裸，古铜色的皮肤，显得黝黑发亮，腰间系有红色肚兜，下身穿白色覆盖双脚的裙子，头上缠绕着白色包头巾，臂钏闪闪发光，他手持双面鼓来到金色佛陀面前，进行"献声"表演。

只见他独自拍打出飘逸的天籁之音，手势美妙，仪态万千，出神入化。从后面望去，他站在油灯映照下的天棚入口处。鼓声用原始声音代替肚子或腹腔说话，腹部并不是求神，而是产生功德无量的曼怛罗，或者进行冥想的"表示"，并不是尊奉无影无踪的佛陀，而是觉悟者众多救赎动作中的一种。

时间接近春分，我开始启程返乡，因为脑海里思绪繁多，在孟买没有再上岸，一直埋头于拉丁文的炼丹经书。印度之旅绝不是毫无痕迹地和我擦肩而过，恰恰相反，它在我身上留下了回味无穷的印记。

罗 马

第一次来拉韦纳市是在 1914 年，伽拉·普拉西狄娅的墓碑给我留下深刻印象。我觉得非常重要，对它无比神往。大概二十年之后，我故地重游，老马识途，在墓碑旁再次激动不已。我跟随一个朋友到了那里，随后进入东正教的洗礼堂。

最先引人注意的是盈室的蓝色柔光，却也在意料之中。我并没有细细研究这些灯光从何处而来，所以，也就没有想到无源灯光有何神秘的地方，我在那里惊讶地发现，在记忆中应该是窗户的位置，是四幅美轮美奂的巨型壁画，镶嵌在墙壁里，看起来是自己记错了，也怀疑自己的记忆力出了问题。南侧的壁画描绘约旦河洗礼，北侧的壁画描绘以色列儿童穿越红海，东侧的第三幅画很快在记忆里褪色，或者是展现乃缦在约旦河里清除麻风病。自己家里的藏书中，有一个梅里安版本的《圣经》当中，对这传奇故事有精彩描绘。印象最深的是最后欣赏到洗礼堂西侧的第四幅壁画，表现基督向沉入水底的彼得施加援手。我们在该幅壁画前至少停留了二十分钟，探讨当初的洗礼仪式，尤其涉及奇谈怪论，一些人认为这种洗礼入会仪式确实有生命之忧。这类入会仪式常常伴随生命危险，由此表达关于死亡和复活的原型观点。因此，洗礼最开始被称为"浸入"，至少表明有溺亡危险。

我对彼得沉入水底的那幅壁画记忆犹新，至今壁画的每个细节依然历历在目，有碧海、镶嵌石，出自基督和彼得之口的铭文，我试图一一进行解读，离开洗礼堂之后，我随后前往阿利纳里博物馆，购买镶嵌画照片，但是没有找到，因为日程紧迫，就留待以后再说；我打算从苏黎世订购这些壁画。

回家后，有一位朋友随后很快要去拉韦纳，我请他去购买那些壁画。他没有搞定，因为他信誓旦旦地说，我所描绘的壁画根本不存于世。

现在我已经在一次研讨课上（1932年的密教瑜伽研讨课），论述以洗礼为入会仪式的原始见解，借机也提及在东正教洗礼堂看到的壁画，那些壁画至今历历在目，我的女同伴很久无法相信"亲眼所见"并不存在了。

众所周知，有时候很难确定两个人是否在很大程度上保持一致。在这件事上，我完全能够保证，我们俩所看到的至少是真实存在的。

在拉韦纳的经历是我最奇怪的经历，甚至很难解释。伽拉·普拉西狄娅皇后[①]的故事当中有一段经历或许对此事有所启迪。她从拜占庭横渡，前往拉韦纳的时候，波浪滔天，十分凶险，她就发誓，若是能够获救，就让人们建造一座教堂记录所遇险境。

后来，她就建造了拉韦纳的圣乔瓦尼大教堂还愿，让人们装饰壁画。在中世纪早期，圣乔瓦尼大教堂连同壁画一起毁于火灾，但是在米兰的安布罗斯博物馆，依然保存着表现伽拉·普拉西狄娅乘舟渡海的草图。

伽拉·普拉西狄娅这个历史人物令人印象深刻，因为这个妇人非常有涵养，举止优雅，但是她生活在蛮族王侯身边对她意味着什么，这个疑问一直得不到解答。我觉得她的墓碑仿佛还能触及她本人的最后遗物，她的命运和纯真人性令人感动，在其性情当中，我的阴性基质找到了对应的历史坐标。借助这种历史投影，我取得了潜意识那种永恒的要素和发生幻象奇迹的特殊氛围，这种幻象和现实世界毫无两样。[②]

男性的女性意象非常具有历史特征，作为拟人化的潜意识，女

---

① 卒于 450 年。

② 荣格并不把幻象解释成同步现象，而是解释为潜意识的瞬间创新，和首创的原型想法有关系。这种赋形的直接原因，就在于女性意象涉及伽拉·普拉西狄娅，所以引发情绪上的发作。

性意象包含往事和来龙去脉，它包括往昔的内容，在男人身上代替他应该知道的来历，在他身上依然鲜活保存一切已经消失的生命，这就是女性意象。与此相比，我总觉得自己是毫无根源的野蛮人，犹如刚刚从无中生有者，没有来龙去脉、历史渊源、前因后果。

在分析女性意象的时候，我确实遭遇到壁画中所表现的险境，当时几乎溺亡而死。我就像彼得一样，大声呼叫，而得到耶稣的拯救。我本来有可能如法老的军队那样一去不复返，没想到却像彼得和乃缦那样，能够安然脱险，所以说，对潜意识内容的整合从根本上帮助我完善了自己的人格。

事先把潜意识内容整合到意识当中，会有什么遭遇，这是非常难以描述的，只有亲身经历才能体会。这是无法商量的主观事项，觉得自己有什么样的举止，这是既定事实，坚持怀疑态度，既不讲道理也没有什么意义。同样的，其他人觉得我有某方面的行为，这同样是无法改变的事实。

我们都知道，没有什么权威能够消除印象和意见中可能存在的偏差。是否因为整合而发生变化，有什么样的变化，现在是并且一直是主观信念。虽然这种信念并不具有学术资格的客观事实，可以毫不费力地套进官方世界观的定义当中，但是它仍然是非常重要、富有成果的事实。无论如何，坚持实事求是的心理医生是无法忽略这一点的，而只对治疗感兴趣的心理学家对这一点只会熟视无睹。

在拉韦纳洗礼堂的经验给我留下深刻印象，我从此认识到，心境如外物，外物如心境，一切都有可能。自己的肉眼所看到的洗礼堂的墙体，有物体屏蔽，因幻象发生变化，幻象变得如洗礼盆一样实实在在存在。那一刻，就无所谓真假了。

我的这种情况并不是孤独案例，如果有人能够亲身经历这种事情，就会比道听途说或者读过类似故事更加认真地对待。通常在讲述这些通灵事件的时候，一般会有各种解释，这种经验可以信手拈来。我至少得出这样的结论，那就是在潜意识方面，在得出某种结论之前，必须获知更多经验。

我这一生，经历非常广泛的游历，十分愿意前往罗马，但是招架不来那个城市给人的印象，仅仅是庞贝城就无福消受，那些印象几乎让人崩溃。经过 1910—1913 年的研究学习，我对古代心理学有了一定了解，这才动身到庞贝城游览。1917 年，我乘船从热那亚前往那不勒斯，在罗马的纬度上沿岸航行，我凭栏眺望，更远处就是罗马，那里有古老文化的策源地，依旧烟雾缭绕，和基督教的西欧中世纪盘根错节，古代的习俗在那里依然十分盛行，到处都是极尽奢华的富丽堂皇，显得肆无忌惮。

我对那些喜欢前往罗马、巴黎或者伦敦的人始终感到惊讶。人当然有权利保持情调欣赏美好事物，但是在当地那种生杀予夺的精神如影随形触动内心，那些断壁残垣用似曾相识的神情凝视着我，就是另外一码事了。在庞贝城，我就意识到一些无法预见的事物，对所蕴含的问题无法解读。

1949 年，我年岁已高，准备查漏补缺，重游故地，在购买车票的时候突发昏厥。在此之后，罗马之行的游历计划就永远束之高阁了。

第十章：幻象

在 1949 年初，我的脚不幸骨折，随后又不幸心肌梗死。在无意识状态下，我经历了一番妄想和幻觉，当时我命悬一线，在医生给我输送氧气和樟脑的时候，估计这种幻觉就已经开始了。那些画面是那样绮丽玄妙，我推测到自己已经濒临死亡的边缘。后来护理员告诉我说："您当时仿佛有光辉环绕！"这是她有时候在濒死者身上观察到的现象。我命悬生死线，不知道自己处于梦境还是昏迷状态，反正开始上演令人极其难忘的一幕。

我似乎高高飞入云端，身下可以遥远看到地球沐浴在美妙的蓝光之中，可以看到碧海蓝天，脚下是伏卧的锡兰，前面是印度次大陆，视野并未笼罩整个地球，但是整个星体清晰可见。它的轮廓闪烁银光，还有奇妙的蓝光笼罩。在一些地方，是五光十色的，或者有墨绿色斑点，仿佛银色尘土沾染了橙色。然后是红海，最后，好似在右上方，勉强看到地中海的一角。我的目光主要聚焦到那里，其他一切似乎变得模糊不清了，虽然也看到了喜马拉雅山脉，但是那里烟雾弥漫，我没有朝右侧看，自己感觉到要脱离尘世了。

后来出院之后，我打听了一下，需要在多少米的高空才能看到如此纵横的景象。答案是需要 1500 千米，在此高度，所看景象是最为绚丽多彩、赏心悦目的。

张望片刻之后，我转过头，背对印度洋，脸朝北方，然后转向南方，有新鲜事物映入眼帘，在不远处我忽然发现太空中有陨石一样的深色巨石，比我的屋舍还要大，或许更加庞大。巨石寰宇，我神游太空。

我在孟加拉湾遇到过类似的石头，那些都是黑褐色的花岗岩，偶尔有寺庙开凿其中。如此深色的巨石也在我意料之中。有一个入口通往一处小门廊。在右侧的石凳上，有一位黝黑的印度人在打坐修行。他身穿白袍，处于完全放松的状态，就这样一言不发地欢迎我的到来。

有两级石阶通往这个前廊，左边内侧有进庙的小门。墙壁小龛内设置了无数的凹槽，凹槽内充满椰油，烛光闪烁，沿门形成一圈明亮的火舌，我之前也确实见过这种布置。在锡兰岛上的康提城拜谒圣牙庙的时候，就绕门摆放着类似的油灯。

在接近岩石通往入口的台阶的时候，遇到一件怪事，感觉自己迄今为止一切尘世体会都一笔勾销了，无论是心意所指、所愿或者所想，桩桩往事统统褪去，或者从我这里夺去，这是一个非常痛心的过程。但是还有东西存留，因为一切亲历之事，一切所作所为，身边发生过的事情似乎都触手可及，也就是说，还在我身边，我还是我。

我可以说就是由这些事物构成，由往事构成人生，实实在在地感觉到自我的存在。"我这个本体成为连接完成往事和人生过往的一条纽带。"这番神奇经历让人感觉变得一无所有，却又心满意足，无欲无求，毫无所图，成为客观存在，就算是一些亲身经历的悲伤往事，也是一开始心中疼痛，然后破灭，荡然无存，就是连这种感觉也忽然杳无踪迹。似乎万物都已经消逝，只剩下既成事实，和前尘往事毫无瓜葛。一些事情零落或者遗失，没有什么遗憾，恰恰相反，变得不可名状，万般俱备，舍此无他。

似乎还有其他事情挥之不去，在接近庙宇的时候，我肯定自己会进入一间灯火通明的房间，遇到我确实心愿见到的那些人，也可以确定自己会在那里获得最后的领悟，自身或此生应该处于什么样的历史背景当中，也会知道自己前生是什么样子，为了成为今生的自己，此生去往何处。

时常感觉亲身经历的生活如同无始无终的一段历史，感觉这一生只是一个历史片段，是缺乏上下文的选段。这一辈子如同截取自某个长链，很多疑问依旧无人替我回答。为什么过程是这个样子？为什么自己的人生前提与生俱来，我用它们做了什么，会有什么样的后果？一踏入石庙，我就可以肯定，心中所有的疑问都会得到答案。我会在那里断定，为何一切如斯，而非别样。我会在那里拜访那些人，他们知晓一切前因后果。

当我还在沉思这些问题的时候，发生了一件事情引起我的注意，从下方欧洲区域所在位置的地球上，飞升出一幅画卷，那是我的主治医生，确切地说是他的画像。金链镶边、桂冠环绕，我马上知道，这是给我治疗的医生，可是他现在以原形显化，居然是科斯之王 [①]。在生活当中，他是此位王者的化身，是一直存在的历史原形在尘世间的代表，现在他以原形现身。

---

① 科斯在古希腊罗马时期因阿斯科勒庇俄斯之庙而闻名，是公元前 5 世纪希波克拉底医生的出生地。

估计我也是以原形现身，虽然觉察不到，但可以想象这番场景。医生如同一片树叶飘向我，两人相对而立，默默无语进行思想交流，因为我的医生受到地球委派，来传递信息，我准备离世，却有人提出抗议。我还不能死去，必须还魂重生。听到这件事情的瞬间，我的幻象终止了。

我感觉非常失望，因为现在似乎前功尽弃，一番脱胎换骨的过程变得徒劳无功，我无法进入石庙，不能见到我仰慕的神灵，不得不回归现实世界。

当时其实又过了三个星期，我才决意继续生命。因为厌食，我已经无法进餐。躺在病床上神色呆滞，城市面貌和山水容颜仿佛勾勒出的一幅幅幕布在眼前闪过，内有黑洞无数，头晕目眩，又如同千疮百孔的报纸版面，所登照片模糊不清。我感到非常扫兴，感觉自己现在又要进入人生的囚笼了。

因为我认为宇宙的天际线为界，是人工建成的一个三维世界，人人独坐囚笼之中。我又觉得这样也不错，生活和世界如同囚笼，却又恼火自己为什么认为这是正常的。曾经庆幸总算摆脱万物束缚，现在却又回归现实。当初翱翔太空的时候，是一身轻松，毫无牵挂，现在一切如过眼云烟。

一方面我因此对医生非常抵触，是他让我死而复生，另一方面也为他担忧，因为他以原形现身了，要是有此面目，必死无疑。那么他就会与那些神秘的人物去做伴了！我忽然冒出一个可怕的想法，他将替代我死去。我想方设法和他谈论这件事，可是他听不明白，我为此非常焦虑。为什么他总是装作不知道自己就是历史上的科斯王者呢，不知道自己已经暴露真实身份了吗？他却想让我相信，这一切都是幻觉。

我的举动引来妻子的不满，认为我对自己的救命恩人缺乏敬重。她有她的道理，我所埋怨的是幻觉中经历的这一切得不到医生的理解。我希望他能多留意，不要这么马虎大意，我希望他能为自己多做打算。我坚信他必然遭遇灾祸，因为我在幻觉中看到了他的真身。

事实确实如此，我是他的最后一位病人。在 1944 年的 4 月 4 日，这个日期我记得非常清楚，我第一次可以坐起身来，坐在病床边。当天，他躺在床上，再也没有起来。我听说他偶尔会发烧，此后不久死于败血症。他是一位好医生，有些天分，否则也不会显化为科斯王侯的形象。

那段时间，我的生活规律完全混乱了，白天都是在垂头丧气中度过，感觉精神萎靡不振，身体虚弱不堪，几乎不敢轻易动弹。当时心里闷闷不乐，感觉自己又要进入那个虚无缥缈的世界了。在傍晚，我睡着了，一直睡到将近午夜才醒来，或许能够保持一小时清醒，但是这已经难能可贵了，但是状态完全改变了，仿佛心神迷醉或者欣喜万分，感觉自己回归宇宙，在星空下幸福盈怀，这种感觉奇妙极了。我认为这是永恒的幸福，根本无法用文字来形容。

身边的人似乎感觉到我的状态回归，在半夜时分，护理员帮我加热饭菜，我吃得有滋有味，这是第一次恢复进食能力。一开始我觉得她是犹太老妇人，看起来比实际年龄大很多，给我准备的好像是符合犹太教规的洁净饭食。张眼望去，她绕头似乎有一圈蓝色光晕。我感觉身在石榴园①，美丽和王国举行婚礼。又或者我变成了人们庆祝冥婚的拉比②西蒙·本·约翰南③，那是喀巴拉派传统风俗中神秘的婚礼，这是一种难以描述的神秘氛围。我只能不停地安慰自己："这就是石榴园！这就是王国和美丽的婚礼！"我不知道自己在其中是什么角色，其实我就是婚礼本身，自己的永福就是永生婚礼的极乐。

石榴园的经历逐渐消退，随之而来的是在耶路撒冷举行欢庆的"羊的婚礼"④，细节无法描述，那是一种溢于言表的极乐，天使在侧，光明笼罩，我本人就是"羊婚"。

这些画面也逐渐消退，随之是新的幻想，终极幻象。我在开阔的峡谷走到尽头，来到平缓的山岭边缘，峡谷末端是一座露天剧场，显得不可思议，它静静矗立在绿荫草色之中。剧场里正在举行圣婚，男女舞者纷纷登台，在花团锦簇的华丽大床上，主神宙斯和赫拉完婚，正如《伊利亚特》中描述的那样。

所有这些幻觉画面都是那么美轮美奂，我每夜都沉浸在纯洁无瑕的极乐世界之中，一幕幕众生景象盘桓不去。图案渐渐混杂，

---

① 石榴园是 16 世纪摩西·科尔多瓦罗的喀巴拉派小册子的标题。依照该教派观点，王国和美丽是十个圣显领域中的两个，神在其中脱离隐身状态而显现。这两个领域代表神性当中的阴性和阳性原则。

② 拉比，是犹太教中对受人尊敬的老师和学者的统称。

③ 西蒙·本·约翰南，是第三代拉比，生活于公元 2 世纪。

④ 在《圣经》当中，通常用羔羊比喻遭受苦难的上帝的子民。羊的婚礼代指耶稣基督和其教徒的结合，基督是新郎。

淡出脑海。每次幻象大概持续一个小时，然后我又可以安眠。到了凌晨时分，我就感觉又到时候了，空虚无聊的世界连同牢笼又要来了，这是多么荒谬无聊哇，非常难以忍受。因为内心状态离奇古怪，和其相比，这个世界简直显得可笑。我逐渐恢复生气，第一次幻觉之后，不到三个星期，幻觉现象停止了。

发生幻觉时候的美妙感觉和强烈情绪，简直无法想象，这是我的经历当中最非同寻常的一次。还有对这种状态的对照，白天的百无聊赖。那个时候，我痛苦不堪，接近精神崩溃。一切都让人焦躁不安，大家都忙于追求实利，粗鄙不堪，迟钝笨拙，偏安一隅，画地为牢，眼界狭隘，为了无法确定的目标而人为设限，可是还保持蛊惑力，让人们相信自己，仿佛现实如此，但是人们终究会认清现实的空洞无物。其实，虽然恢复了对世界的信念，但我从此无法割断的印象是，生命就是一个生存片段，在为此准备好的三维世界里不断演变。

我还记得一些事情，起初产生石榴园幻觉的时候，我请求护士，若是不小心造成她的受伤，还请她多多谅解。那毕竟是宇宙中神圣不可侵犯的场景，十分危险，可能对她的思想造成伤害。她当然听不懂我的意思。对我来说，圣者在场是令人激动的画面，但是我又担心引来别人的反感。因此，我道歉，因为自己无法控制这一切。那个时候，我领悟了，为什么人们常说圣灵的伟力遍布宇宙，通过此事可知，那是宇宙当中的神圣元气，在《结合的奥秘》一书当中对这种神圣现象进行了说明。

我这一生，也从未想到可以亲身经历这些事情，竟然可能遇到永福，幻象和经历完全结合实际，没有什么是杜撰的内容，一切都是客观记录。

大家通常怕说"永恒"二字，我也只能把这种状态解释成为并非平常状态的极乐现象，现在、往昔和将来统一于这种状态。时间中发生的一切故事，在那里汇聚成为一个整体。时间是统一的，不再分解什么，或者这一切变得无法用时间来衡量。最好的解释，就是那是一种无法想象的感情状态。我想象不出，自己可以同时拥有前天、今天和后天。那就是有事物尚未开始，有事物是明确的当下，有别的事物已经结束，而这一切都是合为一体同时存在的。

人类感情能够领会到的唯一一件事就是总和，是令人无法深入琢磨的整体，其中既包括对开始的期待，也包括对正在发生事情的吃惊，还包括对过去结果的判断，是满意或者失望。这是一个无法描述的整体，人深陷其中，却又客观完整地觉察到。

我后来又一次体验到了这种客观性，是在妻子去世以后，我在如同梦幻般的梦中遇到了她，她站在不远处看着我。她风华正茂，30岁上下，身穿连衣裙，是多年之前我的那个通灵妹妹给她做的，这或许是她曾经穿过的最漂亮的一件连衣裙了。

她的表情非常淡然，似乎进入先知先觉的状态，没有任何情感反应，如同远离了情感的泥淖。我知道，她已经不是她了，而是她为了我提供的一个形象，包括我们交往之初、五十三年婚姻生活，还有她的离世。面对如此构成的一个整体，我无话可说，因为完全无法理解。

334

在这类梦境中经历的客观性尽管是完美的个体性，它已经脱离了褒贬的评定，摆脱了人间的情投意合。人们通常看重心心相印，但是这是以己度人，应该克制这类心理投射，通过重新认识自己，达到客观境界。情感联系是心理渴望的关系，受制于强迫和囚禁。人们总是对他人有所期待，由此造成双方的不自在。以客观认识作为感情联系的后盾，这似乎才是关键的秘密，只有通过这一途径，才可能实现真正的结合。

我痊愈出院之后，在心理学研究工作上开始进入一个收获期，许多主要作品都是这一时期写成的。实现对万物有了终极认识，敢于说出自己的见解，发前人未发之言论。我也不再固执己见，而是放飞思想，一个个问题得到解答，实现瓜熟蒂落。

另外一些事情是因为患病引起，可以理解为对现实存在的遵循，无条件接纳现实，主观上不做妄议，无论如何理解对待，我都接受生存条件，无论现状如何不堪，我都接受自己的本性。在患病之初，我感觉人生态度出现问题，因此，在某种程度上要对错误负责。但是走个性化人生道路，过平凡生活，也要学会容忍自己犯错，否则这种生活就是不完整的。

任何时刻，我们都无法保证自己不出错或者不陷入危险境地。有人或许认为人生存在坦途，但这可能是死路一条。行走在坦途之上的都是行尸走肉。所以，不再有事是不存在的，换句话说，就是不可能存在恰如其分的美事。

我在痊愈之后，也深刻认识到，认同自身命运是非常重要的，因为以此才有自我，即便发生莫测变故，自我的存在定会发挥作用。用这样一个坚实的自我坚持下去，接纳事物的真相，可以对世界和命运更加应对自如。因此，人们可以实现虽败犹荣，无论内外如何变化，都不会受到任何干扰，因为自身保持连续性，可以在生活的洪流当中和时间的灰烬面前保持岿然不动。当然，也只有不鲁莽对命运进行干涉的时候，才可能出现这样的平衡。

我也明白了，在自发的思维当中，必须接受此事是实际存在的，远离任何偏见。真伪之辩虽然始终存在，但是并行不悖，没有约束力。因为有些思想比对它做主观评价更重要，但是作为存在的想法，也不要压制判断，因为它们都属于整体的真相。

第十一章：死后复生的意念

我所描述的来世和死而复生，都是现实记忆，那些图景和意念使我深陷其中，无法自拔，不得安宁。在一些方面，这些记忆成为我论述著作的基础，因为这些属于一再尝试着回答关于此生和来世相互影响的疑问。但是我从没有明确就死而复生这一问题进行文章论述，因为那样做就必须证明自己的观点，这是非常困难的事情。现在我就谈谈自己的看法。

我现在能够做的只能是讲故事，讲述发生在我身上的神话故事，也许只有充分靠近死亡，才能获得心灵的自由。我既想得到自由却又不愿意饱尝死而复生的痛苦，我也不想孕育诸如此类的想法，但是为了让事实证明，我即使不愿意这么做，也只能无奈接受，让此类想法在脑海里自由盘旋，也不知道它们是对是错，但是知道它们是具体存在的，只要毫无成见地不进行抑制，是可以客观表达出来的。

先入之见会妨碍和损害精神生活的全貌，我对精神生活规律知之甚少，也无法进行控制和修正。除了这些众多玄虚的想法之外，批判理性思维也会让死而复生这种观念销声匿迹，之所以会这样，是因为现在大部分只会把人和意识混为一谈，人们自以为自己知道的那样。哪怕对心理学仅仅了解一些，也会轻易妄下结论，这种知情人是非常狭隘的。

理性主义和教条主义是我们这个时代的主流病症，他们总是声称通晓一切。但是，人们还是会发现有许多站在现在狭隘立场上无法解释的事情。我们的时空概念效力接近，因此留下范围广泛的相对的或者绝对的分歧。考虑到这类可能的情况，我选择聆听内心的神奇故事，详细观察自己的遭遇，不依据自身的理论故意设置障碍。

遗憾的是，人类如神话一般的另外一面现如今已经不受重视，涉及无法详细描述，如此一来，就会和许多发生之事失之交臂，因为对不可捉摸事物的叙述是非常重要且有益的，这就如同借火抽烟时聆听有趣的鬼怪故事。

关于死后复生的神话故事到底有什么意义，或者其后隐藏着什么样的现实，我们是一无所知的，无法进行澄清，除了具有人形和人性这样的价值，它们具体有什么效用，无人解释明白。我们必须认识到，已经超越我们人类理智的事物是无法进行把握的。

我们根本无法想象一个情况迥异的另外一个世界，因为我们生活在现实特定世界，一切精神和心理前提都要接受这个世界的塑造，并由它提供。我们因为天生的结构，变得眼界狭隘，因此连同自己的存在和思维都受制于这个世界。神人虽然讲究超脱，但是有责任心的学者是不允许这么做的。对理智而言，讲述神话是索然无味的遐想，对个人而言，它意味着是治疗伤痛的生命活动，这种生命活动是为了给生存增光添彩，没有人愿意黯淡无光，也没有充分的理由要求这么做。

通灵学讲究死后续命，在学术上最有效的证明就是，无论是幽灵还是通过通灵师，逝者可以显现，并告知只有他知道的事情。即便确实有此类事件，依然存在一个问题，那就是幽灵或者声音是否和死者保持一致，或者只是一种心理投射行为，陈述的事实是否确实出自死者，或许只是源于存在于潜意识当中所知晓的事情。[①]

虽然有各种理性思考进行说明，但是对这些事情并无把握，还有一点不能忽视，对大多数人们来说，假设他们的生活连续不断，可以无限活下去，那么他们的生活会变得越发理性，情况越来越好，更加心平气和，可以挥霍上千年的寿命，可以虚度非常漫长的光阴，那又为什么这样无目的地忙碌呢？

当然并非人人如此，有些人并不想永生，对他们来说，最好莫过于像神仙一样腾云驾雾醉卧南山，这是非常可怕的愿望。也会有不少人受尽生活的折磨，或者对自己的生活方式深恶痛绝，觉得就此了断比苟延残喘更有意义。但是大多数情况下，永生问题一直存在并且根深蒂固，人们宁愿冒险尝试才能形成某种见解。但是怎样才能办到呢？

我猜测，借助潜意识，例如在梦境中获得启示，这一点是可以做到的。我们通常拒绝，也不认真对待潜意识的提示，因为对疑问难以作答。对这种合情合理的怀疑，我用以下观点反驳。

若是我们对一些事情一无所获，那么必须承认对这个智力问题是无能为力的。我不知道宇宙源于何处，而且永远都不会知晓，

---

① 关于潜意识的"绝对知情"理论，可参照荣格的《同步性作为非因果关系的原则》。

所以只能把这个问题当成学术或智力问题绝口不提。但若是梦境或者神话传说让人们心生想法，我会牢记在心，我甚至大胆提出见解，即便它永远只是假设，而且我也知道它是无法进行证明的。

人必须证明自己竭尽全力，形成了死后复生的见解或者有所了解，哪怕承认自己无能为力，如果不这么做，就会有所遗失。因为向他走近的提问者，是人类亘古以来的遗传特征，一种原型，富有神秘活力，力求完美无缺，这种活力试图加入我们的现实生活。现实世界理性设限过于狭隘，只要求我们在已知范围内度过熟悉的生活，即便这样也存在各种各样的限制，似乎实际情况是人们所了解的生活确实不止于此！

在实际生活当中，经过日复一日，我们的生活认知远远超越意识的界线，潜意识和我们一同经历生活，我们表面并不知情。批判理性越多，生活会越贫乏。我们越注重潜意识，关注神话，我们的生活就会越圆满。每个高估理性和极权的国家都有一个共通之处，个人生活在其统治下是悲惨不堪的。

潜意识都告诉我们一些什么，或者做出什么样的生动形象暗示，给我们提供理解认知的机会，有时候会告诉我们按照任何逻辑都无法获知的事情。想想同步感应现象、梦想成真的时刻和得到验证的预感吧！

有一次，我从博林根坐车回家，当时正值第二次世界大战期间。我随身携带着一本书，但是根本读不进去，因为在火车开动的瞬间，我的脑海里突然袭来溺水者的景象，那是在服兵役期间一次不幸事件的回忆，全程挥之不去，令人心神不宁，总想着：

是不是出什么事了？难道要有大祸临头？

在埃伦巴赫，我下车回家，回想和焦虑缠绕心头。我次女的孩子们都闲站在院子里，因为躲避战争，她全家从巴黎返回瑞士之后，就一直跟我们一起住。看到大家的表情都非常不自在，我就询问发生了什么事。他们随后就详细说了出来。阿德里安当时还是幼小的孩子，在停船靠泊地不慎落水，因为他还不会游泳，差一点被淹死，好在哥哥马上救他出水。这件事情的发生时间，正是我在火车上被幻觉困扰的时候。潜意识就是这样给人们做出提示，当然也会提供其他事情发生的暗示。

有一次，在妻子家族当中，我也有过类似经历，当时是办丧事之前，我梦到妻子的床变成了砌砖的深坑，那是墓穴结构，令人感觉怪异。我清晰听到一声叹息，仿佛有人要离开人世。一个和我妻子相似的人影在墓穴中起身，缥缈而去，她身穿白袍，上面带有黑色怪异的符号。我醒来后，叫醒妻子，核对时间，是凌晨三点钟。这个梦境非常蹊跷，我立即想到，可能会有人死去。在七点钟传来消息，是妻子的一个表妹在三点钟去世了！

问题最关键的地方是在于预知，而不是预先判断。有一次，我梦中参加一次花园聚会，看到自己的妹妹，这让人非常惊讶，因为她几年前就已经去世了。当时，我的一位已经去世的朋友也在场，其他都是仍然健在的熟人。我妹妹和一位我熟知的夫人做伴聊天，当时我就由此断定，这位夫人大概要被死神近身了。我想，她已经上了生死簿。在梦里，我清晰记得她是谁，家就在巴塞尔。可惜，刚一醒来，虽然整个梦境还历历在目，但是我无论如何也想不起这个女人是谁了。我回想在巴塞尔的全部熟人，留意梦中的细节，却一无所获，什么都想不起来了。

几个星期之后，我得知一位女士的遇难噩耗，马上就知道，梦中遇到却想不起的那个人就是她。记忆中的印象细节非常多，直到她去世前一年，都是我长久以来的病人。我曾经试图回想她，但是在一长串我的巴塞尔故人当中，偏偏没有出现她的形象，虽然想必她大概就位于前列。

如果具备了类似的经验，人们就会相对重视潜意识的潜力和本领，只需要一丝不苟认真提取，知道这类"通知"总是带有主观意味，它们可能和现实丝丝入扣或者暗藏引线。依据我的经验，基于潜意识给出的这类暗示，所获得的见解可以指点迷津，使人高瞻远瞩。当然，我不会写成启示录，但是会承认自己拥有"神话"，这让人关注，发人深省。神话是科学的雏形，我若是提及死后之事，肯定是内心有感而发，只限于讲述相关梦境和神话。

当然，人们或许从一开始就可以对此提出异议，关于死后复生者连续性的神话和梦境，只是因为我们先天性具有的补偿性幻想，毕竟众生都希望自己可以永生。除了神话，我恰恰没有其他证据。

另外，也有迹象表明，至少有一部分心理是不受时空规律影响的。著名的莱茵实验，为此提供了科学证据。有无数本能预知、隔空感知等案例。我也讲述过亲身经历的案例。除此之外，那些实验表明，心理有时候可以超脱时空因果定律而发挥作用。这表明，我们对于时空，以及关于因果关系的观点并不完备，可以说必须给完美无缺的世界观扩增另外一个纬度，那样才能统一解释所有现象。

因此，理性主义者如今还在坚称并不存在通灵体验，因为他们的世界观就是这样的。如果真正出现此类现象，理性主义者的世界观就会崩塌，因为它并不完整。所以，一系列现象的背后可能隐藏着另有价值的现实，成为无法否定的问题，我们必须正视这样的事实，那就是我们具有时空和因果关系的世界涉及背后或者隐藏着另外的事理，"彼此关系"和"前因后果"在其中并不是最重要的部分。我认为无法否定的是，至少我们心理当中存在的一部分特征是时空的相对性，似乎和意识渐行渐远，这种相对性正变本加厉，促成绝对无时空。

我对死而复生的看法不仅有自己的梦境，偶尔还有他人的梦境造成、修正或者证实。有特别意味的是，我的一个60岁的学生，她在死前大约两个月，做了一个梦。她到了来世，在那里有一间教室。最前排都坐着她已经死去的女友们，大家都在迎候她的到来。她东张西望，想找到老师或者能进行说明的人，但是无人回应。大家示意，她就是课堂负责人，因为所有逝者都需要在死后立刻提交人生经验大全的报告。死者们对逝者带来的人生经验颇感兴趣，似乎尘世生活的经历和变化是关键事件。

无论如何，这个梦境描绘了一群并不寻常的听众，在这个现实世界可能是独有的一份了。居然有人对毫不起眼的人生心理结局非常感兴趣，甚至是急不可待，这放在现实世界，是没有人对我们的学术见解那么关心的。但是，如果"听众"身处另外一个时空，现实世界的过程、结果、嬗变都成为令人怀疑的概念，他们可能恰恰对这些现状最缺乏关注的事情最感兴趣。

做这个梦境的时候，那位学生非常惧怕死亡，希望让这种可能性尽量远离自己的意识。但是对于日渐衰老的人来说，有一项最重要的兴趣，偏偏是了解这种可能性。可以说这个问题是无法回避的，必须进行解答。围绕这个目的，应该有涉及死亡的神话，因为"理性"已经向她指明的，无非是她即将入土的深坑。

神话可能向她展示其他景象，逝者世界的生活景象可以让人增长见识，很有收益。她要是相信这些景象，或者只是几分相信，则和不相信的人是不一样的。否定者会走向虚无，而受到原型影响的人会追寻生命的踪迹直至死亡。两者虽然都心里不踏实，但是一个人是跟本能作对，另外一个人是顺应本能，这意味着明显有区别，情况对后者更加有利。

如果连潜意识中的人物都"毫不知情"，就需要人或者需要和意识接触，以便开解得知。我在开始研究潜意识的时候，莎乐美和以利亚这些幻想人物发挥了巨大作用。随后，他们逐渐退后，在大约两年之后，他们重新露面。令人惊讶的是，他们毫无变化，言谈举止仿佛期间什么都没有发生。不过，我的现实生活却发生了前所未有的大事，我必须从头开始，给他们俩分别讲述一切经历。当时，这是令人极其惊讶的事情。后来，我逐渐明白了，期间，他们俩是隐藏在潜意识当中，沉迷于永恒。他们一直未曾和自我相接触，脱离了自我不断变化的过程，因此对意识世界当中发生的事情一无所知。

我很早就有经验，可以对潜意识中的人物进行回应，或者跟他们常常难辨彼此的亡灵进行对话。在1911年，我和一位朋友骑车游历意大利北方，当中有了初次体验。在回来的时候，我们从帕维亚市前往马焦雷湖下游的阿罗纳市，在那里过夜。打算沿着湖滨继续穿过提契诺州，直到法伊多镇，想在那里乘坐火车前往苏黎世。但是在阿罗纳，我做的一个梦使我们的计划落空了。

在睡梦中，我参加前朝显贵们的聚会，感觉类似后来面对1944年幻象中身处岩石中的"显赫先祖"。谈话使用拉丁语，一个假发披肩的先生和我进行交谈，给我提出一个难题，在醒来的时候，却再也想不起内容了。我明白对方的意思，但是当时语言功底不足，无法用拉丁文回答。这让我感觉羞愧难当，是羞臊心情把我唤醒了。

我在醒来的瞬间，就想到了当时正在写的文章《力比多的变化和象征》，由于在梦境中的挫折，我马上乘车回家开始写作。我就此结束骑行游览行程，并多花费了三天时间。我必须努力找到答案。

直到很久之后，我才领会梦境和自己的反应，假发披肩的先生向我发问，代表着"祖先幽灵"或者"死神"，我不知道该如何应对。当时时机未到，我尚未达到那个层次，但是自己朦胧预感到，通过写作这本书可以回答我所面对的问题，在一定程度上可以说，是精神层面的祖先向我提问，希望并期待他们可以听到他们那个时代无法获知的事情，想必是之后千百年间才创造出的这些事物。

若是一直勤于提问勤于思考，那么并不需要我努力，随便哪个世纪都会发现这样的问答。虽然自然界似乎蕴含无限知识，但是只有在恰当的时代环境下，意识才能够掌握知识。估计在个人心灵世界也是如此，个人或许经年累月对某件事情有所预感，但是在后来某个时刻才能真正醒悟。

在我后期创作《致死者训词七篇》的时候，又是死者向我提出关键问题，他们自称来自耶路撒冷，因为在那里没找到答案。当时，这令人十分惊诧，因为按照传统看法，死者是知识渊博的。人们认为，死者所知远胜于我们，因为基督教教义确实假设，我们"在那边"会"面面相觑"。如此看来，死者的灵魂只记得去世的时候所知道的事情，除此之外再无其他。因此，他们会努力闯入现实生活，以分享人类的新知识。我时常感觉他们就站在我们的身后，等待听闻我们对他们、对命运做出什么样的回应，似乎他们最看重从比他们长寿、生存于不断变化的世界里的生者那里得到问题的答案。

死者进行发问，仿佛并不是无所不知，也不是博古通今，而只有附体于生者的灵魂才能无所不知、无所不晓。因此，生者的心智似乎至少在一点上对死者的心灵占有优势，也就是能够获得清晰的、关键的认识。

时空中的三维坐标世界让人觉得是一个坐标系，分解成纵向坐标和横向坐标，在"彼岸"，另一时空，或者显现成多角度的原型，也许表现为原型周围弥漫着"认知迷雾"。但是要对明显有别的内容进行区分，需要一个坐标系。我们觉得，如果不对时空进行界定，在漫无边际的全知状态或者在无主体的意识状态中，想做这类的处理是无法想象的。认识和生育一样，需要有对立面、彼此、上下、先后等前提。

如果人死后可以清醒生存，我认为他的走向如同人类意识，两者均有可移动的上限。许多人死的时候不仅没有实现自己的可能性，而且还大大落后于在世时候其他人就已经意识到的事情。因此，他们要求死后能够获得生活当中不曾获得的那一部分意识。

通过观察涉及死者的梦境，我得出这个观点。比如，有一次我梦见看望大概半个月前去世的友人。他这一生只了解传统的世界观，在这种执迷不悟的立场上裹足不前，他的住宅位于一处丘陵之上，类似于巴塞尔附近的蒂林根丘陵。那里有一座古老的宫殿，广场有宫墙环绕，里面有一座小教堂，以及小型建筑若干。这个广场令人想起拉珀斯维尔宫的广场。

当时正值秋天，古树叶片被金辉浸染，旭日使此处神圣无比。朋友和他在苏黎世学习心理学的女儿端坐在那里的桌子旁。我知道，她在给她的父亲做必要的心理学解释，我的朋友听得很入迷，只是草草用手势向我致意，似乎在暗示说："千万别打扰。"这种致意也代表着谢绝。

这个梦境告诉我，他现在一定在以我不知道的方式方法实现其心理生存的现实，他生前从未能够做到。我后来想起了一句话语："逸贤隐伏于山林……"《浮士德》下部最后一幕的隐士，表现相辅相成的不同发展阶段。

我对身后灵魂另有体会是在丧妻大约一年之后，有一天夜里我突然醒来，知道自己随她在法国南部的普罗旺斯，共同度过了一整天，她在那里研究圣杯。我觉得这一幕意味深长，因为她尚未完成这一主题工作就去世了。

我的女性意象尚未完成所担负的工作，这种主体阶段的解释，让人不知所云，因为知道自己尚未完工。但是妻子死后仍然致力于精神上的更高追求，无论常人对这一观点做何感想，这样一个念头显得意义丰富。因此，这样的梦也算是对自我的一种安慰罢了。

这类的想象当然不完全正确，只是提供了残缺不全的画面，如同一个投射到地面上的物体影子，或者相反，似乎从一个物体推导出四维形象。为了直观形象，这些想象使用了三维世界的界定。数学不厌其烦地创造出一个个术语，以表示超越一切经验的情况，有自制力的想象，其本性也包括按照逻辑原理、基于经验事实，比如梦境内涵等勾勒抽象事物的景象，我称这种办法为"必要陈述法"，它说明解梦的引申准则，却最容易用简单整数使所描述内容得到表现。

"一"作为排序第一的数字是一个单位，却也是"统一体"独一无二，并非数量词，而是一种哲学理念或者一种原型，还是神的属性，是单子。人的理智做出这些陈述，固然没有错，但是受制于关于"一"及其意蕴观念的束缚。换言之，我们的陈述并非随心所欲，而是受制于"一"的本质，因此是必要的。理论上，可以对位于其后的所有与众不同的数字概念，完成相同的逻辑运算，但实际上很快会走向终点，因为意蕴数量不断飙升，无法估量。

接下来的每一个单位都带来新的特性和变化，比如数字四的一项特性是，四级方程式可以解，五级方程式却无解。数字"四"的"必要陈述"就是，它是前面上升的顶点和终点。因为每前进一个单位，就出现一项或者若干项具有数学本性的新特性，陈述错综复杂到难以表述。

无穷数列和无数与众不同的众生相对应，数列同样由个体组成，十个首项的特性就稍微表示出，由单子构成的抽象宇宙进化论。但是数字的特性也是物质的特性，因此，某些方程式能够预言材料的性能。

所以，我也想承认我们的理智当中，因天性而存在的陈述，不同于数学般的陈述，有可能超越自身而指出抽象的现实。说起这类陈述，我想到的是例如幻觉产物，它们屡见不鲜或者人尽皆知，我还想到了原型动机。人们一无所知的有些方程式符合物质现实；同样有神话般的现实，我们起初不知道它们涉及哪些心理现实。比如，早在加热气体的湍流得到详细研究之前，就有人列出方程式给它们进行归类。更久远之前，有基本神话主题表达某些下意识的过程，但是直到今天我们才认定它们。

依我看来，某处已经达到的意识程度，构成死者也能获得认识的上限。在尘世的生活大概因此变得意义重大，人去世时"带过去"的东西才如此重要。也只有此时此地，在矛盾重重的现实生活中，才能提高大家的意识，这似乎是人类非常玄妙的任务，但若是不讲述神话，只能部分完成任务。神话是潜意识和自觉认识之间难以避免、不可或缺的中间阶段，犹如一座桥梁。可以肯定地说，潜意识所知道的多于意识，但那是一类特别的知情，是永远知情，大概不会涉及此时此地，不关乎我们的知性语言。

我们必须让潜意识做出陈述以便有机会进行解梦，就如上面所列的数字例子，这种陈述才会落入我们的理解认知范围，我们会察觉到一个新的方面。每一次解梦成功，都会重复这样一个过程，令人信服。所以，对梦的陈述不必抱着死板的成见，才是最重要的。一旦某种千篇一律的解释引人注目，人们就学会了照本宣科进行阐释，因此变得徒劳无功。

即便不可能进行有效证明死后灵魂可以继续存在，但是依然存在令人深思的经历，我把这些都理解为提示，不会斗胆把认识的意义强加于它们。

有一次夜不能寐，总想着一位朋友的突然暴毙。他是前一天下葬的，他的死讯在我耳畔萦绕，忽然觉得他就在房间里，站立在床尾，想让我随他同去。我并没有感觉到是显灵，那是内心想要看到的他的形象，我对自己解释为幻想，却又诚实地自我质疑：有什么证据证明这是幻想呢？如果不是幻想，如果我的这位朋友确实在场，而我主观认为他是幻觉，这难道不是自欺欺人吗？但是，我又同样无法证明他是存在的，无法证实他就在我眼前。

我心里暗想：起码要证明一点。不能把他解释成为幻想，我同样有权认可他的露面，至少试着认可他确实存在。就在我这么考虑的刹那，他走到门口，示意我跟上去，似乎有事情发生，这出乎意料。所以，我必须重复自己的论据，然后才能在幻想中跟随他。

他带着我走出房间，进入花园，走上街道，最后进入他的住宅，距离我家也就大概几百米。我走进去，和他一起进入书房，只见他踩上凳子，指向上面第二层书架上的五本红色封皮书中的第二本。幻象就此中止了。我不了解他的藏书，不知道他都有哪些书。此外，他所指向卷册的书名从下方很难辨认，因为放在高高的第二层书架上。

这一番经历引起我的注意，第二天清晨我就去找朋友的遗孀，询问可否看看朋友的藏书。在幻想中看到的书架旁边果然有凳子，很远就可以看到五册红皮装订的书卷。我踩着凳子上去看标题，那是埃米尔·左拉的小说的译本，第二册书名为《死者遗赠》，内容无趣，但是书名在这番经历的背景下，更显得意味深长。

母亲去世之前的另外一次经历发人深思。她去世的时候，我在提契诺州，接到噩耗震惊不已，因为死神来得如此突然。在母亲去世的前一夜，我做了一个非常恐怖的梦，当时身处阴森密林当中，古树参天、怪石林立，一派洪荒异世景象。忽然听到尖锐的长啸，震动山林，吓得人膝腿酸软。这个时候灌木丛中噼啪作响，一条硕大的狼狗张着血盆大口蹿出。看到这令人恐惧的景象，我顿时手脚发凉，它从我身旁掠过，我知道，魔王现在命令它叼走一个人。我在恐惧中惊醒，第二天早晨，我就接到了母亲去世的噩耗。

很少有梦境这样震撼人心，因为从表面来看，它似乎说明魔鬼把母亲接走了，实际上却是魔王"绿帽者"在一月燥风天的夜里，带着群狼捕猎。是阿勒曼尼人先祖之神沃丹让母亲归宗，不幸者会被归入狩猎的魑魅魍魉，幸运者归入极乐世界。基督教传教士让沃丹演变成魔鬼。他自身是大神——罗马人认定无误的墨丘利或者赫尔墨斯，是自然神，在圣杯传说当中在默林身上复活，作为"汞精"成为炼丹术士梦寐以求的奥秘。这个梦境说明，母亲的灵魂进入自我更加广阔的背景之中，超乎基督教道德的藩篱，就是进入自然和精神的整体世界，这个世界包含着对立冲突。

我马上乘车回家，在深夜里坐在车内不胜哀伤，但是想悲痛却又不能，而且出于奇怪的原因，全程耳畔不断传来舞曲和欢声笑语，似乎在举行婚礼。这番经历和梦境的遭遇截然相反，这样的歌舞欢笑，让我不再沉迷悲伤，总是在想哭的时候就听到欢快的歌曲。一方面是温暖喜悦，另一方面是惊恐哀伤，对立的情感轮番上演。

对这种对立情绪可以从这个角度进行解释，那就是一会儿是自我视角，一会儿是心灵视角。在前者，死亡被视为灾难，仿佛毫无恻隐之心的凶神恶煞索取了亲人的性命。不要误会，死亡确实可怕，不仅仅作为肉体的灭亡，而且更多涉及心理，一个人被索取魂魄，剩下的是令人胆寒的死寂。从此以后再无联系，因为生死隔绝。总是人们希望长寿的那些人突然去世，而那些无用之辈得享高寿，这是无法掩盖的残酷现实。死神的残酷无情和肆意妄为导致人们愤世嫉俗，由此推断世界上并不存在慈悲为怀的上帝，没有公正和良善可言。

但是在另外一个视角之下，死亡却显示为喜事，有一个永恒的观点，死亡是婚礼，是神秘结合。心灵可获得缺少的另外一半，因而成为完璧。在希腊的石棺上，用舞姬来表现喜庆气氛，在埃特鲁斯坎人的墓地上用宴席来表示。虔诚的喀巴拉派信徒拉比西蒙·本·约翰南去世的时候，他的朋友们说，他在举办婚礼。如今，在某些地区，万灵节在墓地举行野餐依然是惯例。所有这些都表达着同样的感受，死亡其实是喜庆。

母亲去世前几个月，1922 年的秋天，我在梦中就获得暗示，涉及父亲，令人印象深刻。自从父亲去世，也就是从 1896 年起，我再也没有梦到过他。现在，他重现梦中，仿佛从远方归来，看上去像返老还童，不像老父亲了。我跟他走进我的藏书室，对获知他的近况狂喜不已，盼望着向他介绍妻子和子女，展示我的房子，讲述我在这期间从事的工作和获得的成就，也想和他探讨最近出版的心理类书籍。

但是随即看出，这些都无法汇报了。因为父亲的表情非常专注，看来是想向我索要什么东西，我能明显感觉出来，因此克制住了自己的感情。这个时候，他说，因为我是一位心理学家，所以想向我进行心理咨询，而且事关婚姻。我准备多说几句关于棘手婚姻的题外话，这时就醒来了，无法真正理解梦境，因为想象不到这会涉及母亲去世。1923 年，母亲突然离世，我这才明白过来。

其实父母的婚姻并不幸福，而是龃龉丛生，两人总是比拼耐心，都犯有许多夫妻难免的错误。我本来可以从梦中预见母亲的去世，时隔 26 年之后，父亲在梦中向我这个心理学家咨询涉及婚姻难题的最新认识和知识，因为对他而言，是该重新面对问题的时候了。很显然，在不限时光的状态下，他并未增长见识，因此，不得不向生者求助，时移世易，生者可能获得一些新的视角。

梦境传递的就是这些内容，毫无疑问，我本来可以通过洞见其主观含义收获更多信息，但是为何偏偏事前做梦却不能预料到母亲的去世？这个梦显然围绕着父亲，对他与日俱增的同情使我们取得联系。

由于潜意识的时空具有相对性，意识只支配感知，潜意识比意识拥有更佳的信息源，所以，在死而复生的神话当中，我们依赖梦境和潜意识，通过类似的自发显灵做出寥寥无几的暗示。

当然了，也不能认为这些提示具有价值或者证据的价值，但是它们确实可以充当神话解梦的恰当基础，给刨根问底的理智创造保持活力所不可或缺的可能性。如果期间缺乏神话一般的幻想，那么精神就会有僵化教条的倾向。相反，对优柔寡断、容易接受暗示者来说，考虑到神话倾向也意味着一种危险，他会认为预感是认识，幻象是实际存在的。

涉及轮回转世的观念和想象，造就了广为流传的来世神话。印度，是一个精神文化千变万化，历史远远比我们更加悠久的国度。有轮回转世的观点是理所当然的，正如在我们这里，上帝创世或者有精神领袖，是不言而喻的事情。

有文化的印度学者也知道我们并不像他们那样进行思考，但是他们毫不在乎。东方人的精神特性把生死轮回看作无穷无尽之事，是永不停歇、永无终点的灵轮。人类的生老病死，一切又从头开始。在佛陀身上才体现了目标理念，那就是实现超凡脱俗。

西方人有神话需求，这需要一种不断进化的世界观，有起源和宗旨，它既摒弃单纯的有始有终的世界观，同时自成一体、封闭静止的永续循环这种观点，东方人似乎可以接受后面这种理念。

很显然，在世界本质方面，东西方并没有达成共识，恰如天文学家在此类问题上至今也很少能够达成一致。西方人无法忍受毫无意义单纯静止的世界，必须假设它有一定意义。东方人不需要这种假设，而是体现这种假设。西方人想方设法完善世界的定义，东方人力求在自身上实现意义，如佛陀那样抛弃尘世和存在。

我认为两者都是有道理的，西方人似乎显得更加外向，东方人大多显得内敛，前者设想意义并推测客体的意义，后者感觉自身的意义，但意义内外俱存。

和再生理念不可分割的是业障理念。关键问题是，人的业障是否属于个人。若人一生下来的命数是前生行为和造孽的结果，那么就有个人的连续性。如果不是这样，在一定程度上，出生掌握业障，即便没有个人连续性，业障也会再现。

曾有弟子两次请教佛陀，人的业障是否为个人特有，佛陀两次都岔开话题，避而不谈，只说此类问题不会有助于摆脱生存的困扰。佛陀认为弟子默念十二轮回会更加有益，也就是静思人的生老病死，沉思苦海因果。

我无法作答的问题就是自己造成的业障属于前世之果，还是祖先的遗留落在了我的身上。我是祖宗一生的结合，再现他们的一生？身为特定人物，我已经有过前生，而且到了现在加以求解的地步？我不知道。佛陀把这个问题束之高阁，我想假定他确实不知道。

我完全可以想象，自己生活在前朝往世，在那里遇到暂时难以回答的问题，不得不再生，因为尚未完成交给自己的任务。我这样设想，自己若是死去，业障会跟随着，自己会随身携带着业障。但是其中有一个问题，人寿终正寝的时候并不是两手空空，似乎佛陀也想到了这一点，他试图阻止门徒们进行臆断乱想。

生活不断向我提问，这就是我生存的意义。或者相反，我自己就是对世界的疑问，而我不得不自己寻找答案，否则就只能依赖世界的回答。这就是只能勉力完成的超脱个人的毕生使命，或许从先祖那时候就挥之不去，却无力进行回答之事。

也许《浮士德》的结局不包含解决之道，这一事实才因此让人们印象深刻？还有尼采失败于此的问题：基督徒似乎忽略掉纵情狂欢的经历？或者我的那些阿勒曼尼人和法兰克族先祖之神，不安分守己的沃丹、赫尔墨斯对我提出惹是生非的问题？又或是卫礼贤调侃般的猜测言之有理，说我前生是离经叛道的中国人，受罚必须在欧洲发现自己的东方灵魂？

我觉得是祖先一生结果或者个人前世作孽，也许同样可能是非个人的原型，这种原型如今让天下人都屏气凝神，尤其让我深受触动，比如三位一体的世俗嬗变，以及和阴柔之道的冲突，或者总该到了尘埃落定的时候，对诺斯替教派的万恶起源问题进行回答，换句话说，基督教上帝形象是残缺不全的。

我还想到其他的可能性，因为个人造作在世上形成疑问，需要进行解答。例如，我的回答可能不如人意，在这样的情况下，持有我的业障的，或许正是我本人，必须再生，以便更加完满进行回答。所以，可以想象，只要世界不再需要我的答案，那么我就不会再生，会静静隐匿百年，直到有人再度需要对此类事情感兴趣，因而，我就可以重新着手解答，从中获益。我顿时计上心头，现在可以韬光养晦，直至完成迄今为止的任务定额。

我对业障的问题还有个人重生或者灵魂转世问题不太明白。"澄怀静志"这是印度人关于复生的信条，我非常钦佩，在自己的经验世界里苦苦寻觅，看看何时发生过什么，可以恰如其分地指向转世的方向，当然忽略掉我们相对众多的转世信仰的证明。因为对我来说，信仰只是证明信仰这种现象，并非所信仰的内容。要让人接受所信仰的内容，它必须基于经验对人显示出来。

几年前，虽然我专注于此，在这方面还是无力发现令人信服的证据。不久前，我却在本人身上观察到一组梦境，各方面都认可它们所描绘的正是我所熟悉的一位逝者转世的过程。一些方面甚至可以追寻到想当然的现实生活，可谓十拿九稳，根本无法全盘否定。类似的事情我却尚未再次观察或者获悉，因此无法进行比较。正因为自己的观察主观是独一无二的，我只能告知大家，确有此事，却不想告知内容，但是不得不承认，有了这类经验之后，自己观察转世问题的眼光变得和以前稍微不同了，但是还无能力拿出特定观点。

若是我们进行假设，生活在死亡的世界继续，则可以想象触动生存无非是心理生存，因为心理生存无须时空限制。心理生存，尤其是我们现在已经潜心研究的内心景象，给关于来世实际存在的一切荒唐滑稽的臆测猜想提供了材料，我把来世实际存在的设想称为在幻想世界里前行。所以，心理可能就是那种实际存在，来世或者死人国度就在其中，潜意识和死人国度在这方面是同义词。

从心理学的角度出发，来世生活可以显现为老年心理生活的顺理成章的延续。因为，随着年龄增长，静观、默想、反省，内心景象所发挥的作用越来越大。"你家老人将会做梦。"但是，这件事的前提是，老人的灵魂并不是一潭死水、积重难返的。人到了老年，开始让回忆——闪过心灵之眼，在往昔的内外图景中，用心去认识自己。这如同来世实际存在的前期准备，恰似柏拉图所说的那句话，哲学在为死亡做着准备。

内心景象可以防止我迷失于个人的回顾。许多老人在回忆中纠缠于外部事件，他们被束缚其中，而回顾即便是做了反思并且转化成为图景，也意味着"以退为进"。我尝试着能否看出这一生引我入世又出世的发展脉络。

人们对来世的想象，一般也受制于其异想天开和先入之见，因此，和来世相关的大多数是光明的想象，但是我不明白，几乎想象不到死后可以落脚于风景秀丽的芳华草甸。如果来世是光明美好的，我们和不折不扣的极乐世界精灵们也必定可以进行友好交流，我们可以从降生之前的状态得到有益无害的经验，但是这一点根本谈不上。为什么让死者和生者如此无奈地阴阳相隔？至少半数以上关于遭遇亡灵的报告，涉及和幽灵相处时候的恐惧不安经历，通常情况下，亡灵国度保持令人胆战心惊的沉默，对寂寞的生者的痛苦是不管不顾的。

若是按照我自己的想法自然地畅想，我认为世界完全统一，不可能存在完全缺乏对立本性的来世。那一世界也有本性，以其方式成为神性。我们死后所到的世界，将会非同寻常并且令人生畏，正如神灵和我们熟悉的本性。就连苦难也无影无踪，我无法想象这种情景。

虽然在1944年那次幻境中的经历，摆脱了躯体的负担，感知的意义让人欣喜若狂，那边还是存在黑暗，非常蹊跷并不存在人间温暖。读者可以想想我遇到的巨石！它神秘莫测，坚如磐石，这一切意味着什么呢？如果创世动机当中不存在疏漏，没有先天不足，那为何有创世冲动，渴望有待实现之事？为什么诸神都重视人类和创世？为何看重让因缘相应生生不息？佛陀倒是对关于生存的苦难错觉反驳说不，而基督徒都希望世界末日早日来临。

我认为很有可能所谓来世也有什么限制，亡灵也渐渐发现得救状态的界限所在。"那边"某处有制约世界的强制力量，会终结来世状态。料想这种创造性的强制，将决定哪些灵魂可以沐恩重生。可以设想，某些灵魂觉得三维生存状态比"永生"状态更有天福。不过，这或许取决于他们带过去多少完美无缺，或者残缺不全的人间生存方式。

可能也有这样的情况，如果灵魂已经抵达认识的某种阶段，延续三维生活已经没有什么意义，于是不必还魂，认识上更上一层楼，于是阻止了转世愿望。因此，灵魂从三维世界销声匿迹，进入佛教徒所声称的涅槃状态。但是如果还有尚未了解的业障，则愿望重新萌发，灵魂开始重生，或许是因为尚未悟到功德圆满的地步。

对我来说，导致我出生的想必首先是有激情四射的渴望，要去领悟什么，因为它是我本性当中最强的要素，这种永无止境的内在驱动力渴望能够理解，可以说创造了一种意识，以认识存在什么、发生什么，并且为了从无法判定的事情当中的寥寥无几的暗示，去发现荒诞不经的想象。

我们绝对无法证明自身某些东西可以永远留存，至多可以说，自己的心灵在躯体死亡之后有可能留存什么，这是存在一定概率的。对于自身是否意识到继续存续的事物，我们同样是知之甚少。如果需要对这个问题形成意见，或许可以考虑在精神分裂现象上的经验。因为大多数情况下，呈现分裂情结之处，以人格形式发生此事，似乎这种情绪是对自身的认识。比如精神病的表露实现人格化。我已经在博士论文中论述了人格化的情结现象，如果有人愿意，可以引用它说明意识的连续性。

支持这样一种假设的，还有在急性脑损伤之后进入深度昏迷状态，以及严重虚脱状态，出人意料的观察结果。这两种情况下，即便无意识程度再严重，也可以感知到外界并且有强烈的梦境体验。因为昏厥的时候，意识所在部位的大脑皮层关闭，这类体验至今仍未得到解释，它们可能说明，即便是在看似无意识的状态下，至少主观上保持着意识的能力。

永生者、自我、时空当中的现世者之间的关系提出最为棘手的疑问，有两个梦境让我烛照此事。

我在 1958 年 10 月做过一个梦，梦中我从自家房子里看到窗外有两个透镜形状的圆盘，闪烁着金属光泽，拐着小弯越过房顶，风驰电掣朝湖泊奔去，那是两只飞碟。

随后，另外一个物体朝我飞来，是一个圆形的透镜，如同望远镜的物镜，相距大概四五百米，停顿片刻，然后飞走了。紧接着，又有一个物体凌空飞来，是一面物镜，金属附件通向一个盒子，是幻灯机，相隔大约六七十米，它停顿在空中，直接对准我。

我感觉到自己惊讶地醒来，还处于半睡半醒状态，脑海里闪过念头，我们总以为飞碟是自己的心理投射，现在的情况表明，我们是它们的投射。幻灯机把我投影成为卡尔·荣格。但是，究竟是谁在操作这一装置呢？我想不明白。

我已经梦见过自我和我的关系问题。在先前那个梦中，自己在随意漫步，从一条小街上穿过丘陵地带，阳光闪耀，周围视野开阔。我来到路边的小教堂，门庭虚掩，于是我走了进去。里面的布置让人惊讶，祭坛上既无圣母像，也无耶稣受难像，而只有繁华的装饰。随后却看到祭坛前的地上有瑜伽师，面向我盘腿打坐，专心致志。仔细审视，发现他长着我的脸。我惊恐极了，之所以醒来是因为我当时想到了：原来这就是让我凝神静思者，他做梦，这就是我。我知道，他若是醒来，我将不复存在。

做这个梦的时候，是在1944年大病之后。这是一种隐喻，自我专心致志，可谓如同瑜伽练习，让我的尘世形体沉思默想。可以说，自我呈现人形，以进入三维实际世界，仿佛某个人身穿潜水服潜入海中。自我放弃了宗教态度上的来世实存，连梦境的小教堂也指明了这一点。自我可以以尘世形态体验三维世界，通过更高的觉悟而完成更多的自我实现。

瑜伽师的形象在一定程度上，表现我潜意识当中出生前的整体，而在梦中频繁出现的远东，则表示我们感觉到陌生、和意识相对立的心理状态。就连瑜伽师也如同幻灯机一样，"投射"我想当然的现实。通常，我们却反向认识这种因果关系，在潜意识产物当中发现曼荼罗符号，也就是表示整体的圆形和四位一体的图形，我们如果表达整体，使用的正是此类图形。

自我意识是我们的基础，是展现我们的世界，聚焦自我的光明之地。由此，我们打量神妙莫测的冥界，不知道其中的蛛丝马迹有几分是由我们的意识导致的，或者这些痕迹有几分属于冥界的现实。浮光掠影的观察只满足于假设是意识肇事，但是细察之下的情况表明，通常潜意识的景象并非意识所为，而是有其自身现实，自主发生。尽管如此，我们依然只把它们看成类似于边缘的现象。

这两个梦境倾向于干脆逆转自我意识和潜意识的关系，把潜意识表现成为经验主义者的制造者。这种颠倒之后的关系表明，依照"对方"之见，我们潜意识中的存在是实际存在，我们的意识世界类似于错觉或者为特定目的而制造的虚假现实，大概如同一个梦境，人们只有置身其中，它才能貌似现实。最清晰无疑之处就是，只要东方世界观念坚信幻境现象，它就和这种事态有很多相似之处。[①]

因此，我认为，潜意识的整体是一切生命过程和心理过程当

---

① 这里的观点，就是必须判定是何人或者何处是实际存在的，这种犹豫不决曾经在荣格的生活中发挥过作用，他孩提时代就坐在石头上琢磨，是石头在说话还是它就是"我"。这就类似于古典神话故事庄周梦蝶。

中的真正精神领袖，它力求完全自我实现，也就是对自身有全面意识。有所意识是最广义的文化，自我认识因而成为此过程的精髓和核心。东方赋予自我以毋庸置疑的"神奇"意义，而依照古老的基督教观点，进行自我认识是走向上主之路的途径。

对人们来说，最关键的问题是，你着眼于无极限吗？这是其生活的标准。只有知道无极限才是根本，我才不会把兴趣转移到无益之事以及那些并无重大意义的事情之上。如果不了解这一点，我就会坚持让某件事在世界上生效，为的是我领会成个人所有的这种或那种特性，也许是因为"我的"天赋异禀或者美丽动人。

人越强调虚假的财富，越感觉不到根本，其生活就越不如人意。因为心胸狭隘，他觉得自己受限，而这会产生嫉妒艳羡。若是理解并感觉此生已经接近无极限，愿望和态度就会发生改变。归根到底，人正因为有根本才有价值，若无根本，就是虚度生命。在和他人的关系处理上，关键问题也是其中是否体现出无极限原则。

但是就我本人来说，只有在狭隘不堪的状态下，才感觉到无极限的原则。人生最大的极限就是自我，自我显示了"我只是这一个"！这种经历当中，只有意识到自我中存在的狭隘，才更接近潜意识的无远弗届。在这一意识当中，我体验到自己既狭隘又永恒，既是独立一体也是他者。我自知个人的搭配组合独一无二，也就是说，归根结底是受限制的，就有可能也能意识到无极限的存在，但是只有在那一时刻。

在只专注于不惜代价拓展生活空间，以及增加自身理性知识的期间，非常需要意识到知识的独一无二和受限制。独一无二和局限性是同义词，如果没有它们的存在，也不会感知到无极限，因此也不会有所觉悟，而只是妄想一般地认同无极限，这种认同会表现在陶醉于庞大数字和大权独揽当中。

我们这个时代逐渐转变为强调今世之人，进而导致把人和生活现实妖魔化。之所以出现独裁者和他们所带来的一切痛苦，都源于自作聪明者的鼠目寸光，因此剥夺了人的未来。和未来一样，人也成为潜意识的受害者。因为人的任务本来是截然相反的，要意识到从潜意识蜂拥而来之事，并非依然对此未知未觉，或者简单认同它。

在这两种情况之下，他都会无形中背弃要获得意识这一人生重要使命。按照我们的认识水平，人活一世的唯一意义，就是在生存的平淡乏味的阴暗角落点燃一盏明灯。甚至可以假设，潜意识如何影响我们，我们增强的意识也会同样影响潜意识。

第十二章：晚年的思索

虽然这一章节讲述的，可能让读者们觉得理论化，或晦涩难懂，但是为了在个人传记当中说清楚我自己，这章节的内容是不可或缺的。而且这种"理论"是我生活的附属生存形式，和饮食习惯一样是我必需的生活方式。

（一）

基督教教义中有这样一个事实，是值得注意的地方，第一个暗示就是它预先推定神灵的改变过程，也就是在另一世界有历史性变迁。这件事以关于天裂的新神话形式产生，在创世神话中第一次进行了暗示，其中出现造物主的蛇形对手，它许诺以增加觉悟（知善恶）来引诱第一个人桀骜不驯。第二个暗示就是天使也会堕落，涉及潜意识内容"草率"入侵人世。天使是异类，它们恰似原貌，只能是自身缺乏灵魂的生灵，无非是表现其主人的意念和直觉。

天使堕落涉及的只是"恶"天使，它们引发众所周知的"人格扩张"作用，如今也可以看到独裁者的妄想：天使和人类结合产生了一个巨人家族，在《以诺书》中就有记述，巨人家族的目标是最终把人类全部吃掉。

在神话当中最关键的第三阶段，是上帝以人形进行自我实现，实现神婚及其后果这样一个旧约理念。在基督教刚刚兴起的时候，道果即肉身的理念就升格为"基督在我们中间"这一观点。潜意识整体从此开始闯入内心体验的心理领域，让人预感到自己的完整形态，这不仅对人，而且对造物主都是关键事件，在黑夜中的被拯救者眼中，上帝揭开神秘面纱，成为人间至善之人。这个神话流传千年不衰，直到11世纪又一次意识到变迁开始初显端倪。

从那个时候开始，焦躁不安和怀疑的症状日渐增多，直到第二个千年的末期，世界灾难显露趋势，也就是首先有危机意识的景象，这种威胁就是"巨人现象"。也就是个人意识开始傲视神明，"人及伟业大于一切"。从此基督教神话的未来性开始失落，取而代之的是在未来实现功德圆满这种基督教观点。

阴影、造物主的另一面目总是与光明形影不离，这种历史沿革在20世纪达到极致。现在，基督教世界确实面临着恶的本能，也就是面对着不公平、独断专行、谎言、奴役和违心。有如此不加掩饰的恶性显现出来，虽然看似在俄国民众当中定型，但是在德国人心中也第一次开始星火燎原。

以上证据无可辩驳地说明，20世纪的基督教虚有其表到什么程度。相比之下，已经无法再用乏善可陈这种委婉说法对恶念进行轻描淡写了。恶念成为生杀予夺的现实，已经无法再通过改头换面把它转化过来，我们必须学会和社会罪恶周旋，因为它渴望和这个世界共存共生，在眼下还难以预见，如何才能在不遭受巨大损失的情况下做到这一切。

无论如何，我们需要进行重新定位，也就是进行悔过自新。如果接触了恶念，人生沦陷的忧虑就在眼前。所以，不要认为难以自拔，也不要一心向善。人们醉心于所谓的善念，已经失去了道德基础，并非它自身会败坏，而是因为人们沉醉于善念产生了恶果。任何嗜好都是有弊端的，无论是酒精，还是理想主义。人们切不可再遭受矛盾性的诱惑。

判定为"善"的事项具有绝对命令性质，所谓恶无论如何都要避免，关于德行的标准不再可能以此作为内容。由于承认了恶存在的事实，善作为矛盾的另外一半必然受到局限，恶同样如此，两者就共同构成自相矛盾的整体。这在实际上意味着善恶失去绝对性质，我们会无奈地意识到，关于它们的不过只是判断。

人们的判断总是以偏概全，会让我们怀疑自己的意见是否是完全正确的。我们是无法避免误判的。只有我们在道德评价方面犹豫不决，才会涉及伦理问题。尽管如此，我们依然要做出伦理抉择。善恶、优劣存在的相对性并不意味着这些范畴失效或者不再存在。道德判断和这种典型心理造成的后果是无时无刻无处不在的。我之前已经强调过，无论世界是否因为我们的选择而发生逆转，所作所为、有意为之或者计划中的不公正，都会在将来一如既往地报复我们的心灵。

也只有判断的内容受制于时空的约束，才会发生相应的改变。道德评价始终是基于我们觉得可靠的道德规范，这种道德规范会表面声称确实知道什么是善恶。但是因为我们清楚，这个基础是多么糟糕，伦理抉择现在将成为主观创造性活动，我们只能确信它如神灵一样如愿，也就是我们需要潜意识方面自发进行关键性启发。

这件事并不影响趋势发展，只会妨碍伦理，也就是善恶的选择。进行伦理选择难免会产生烦恼。但是无论听起来多么艰难，人们必须有权利可以避免已知的道德之善，而若是道德有需要，人们也有权进行公认的恶行。换句话说，不要迷恋对立。和这样一种片面性相对的，我们以印度哲学中披着道德外衣非此即彼为模板，由此也许不可避免地废除道德规范，任凭个人自由做出道德抉择。这本身并无什么新意，在有心理学之前的时代，就始终作为"道义冲突"而不断发生。

作为个体，通常毫无知觉，他根本不了解自己的抉择可能性，由于这个原因，会一再忧心忡忡地寻找外部的规则和律令，在不知所措的时候，可以遵循这些规则行事。除了人性共同存在的先天不足之外，很大一部分责任出在教养水平上。教养只是把人尽皆知的事情作为根本遵循，却很少提及什么是个人人生经验。人们大部分都知道理想主义，理想主义也表明了人们是不可能实现的，而且奉命吹捧者都知道，他们自己既然从未实现过，也不会有朝一日实现。人们总是不假思索地接受这样的局面。

如果有谁想回答当今时代所提及的恶念问题，首先，要有知根知底的自知之明，也就是尽量地全面认识自我。其次，他必须客观地知道可以做哪些善行，会产生哪些无耻的行径，必须提防认为一个实际存在而另外一个是错觉。两者均有可能，而他想生活得不自欺、不欺心，以上两者是无法完全避开的。

虽然现代人完全可能有更加深刻的自知之明，但是通常距离这样一种认知程度尚且是遥不可及的。之所以需要这样的自知之明，是因为由此才可能更加接近人类的本性，涉及那个低层或者那种核心，人在彼处方遇本能。本能是先天存在的、生机勃勃的因素，我们意识到层次进行的伦理抉择，说到底是要取决于他们。

对潜意识及其内容是没有定论的，因为无力认清、概括其本质并合理设限，人们对它们只能有先入之见。只有通过拓展意识的科学才能认识自然，因此，进行自知之明的深化也是需要科学的，也就是心理学。若是没有光学知识，没有人可以凭手腕或者好创意，就造出望远镜或显微镜。

出于切身原因，我们现如今需要心理学。面对民族社会主义、布尔什维克主义现象，人们困惑不解、束手无策，甚至呆若木鸡，因为对人的思维一知半解、大相径庭，甚至一无所知。如果我们有自知之明，就不会出现这样的情况。我们面临着令人生畏的对恶意的困惑，而人们通常根本就不了解恶意，又何况做出回答。

若是知道恶意，就不会发出"一切怎会如此"的感慨。有一名充满天真的国务活动家声称并无"对恶的想象"。这句话本身并没有错，人们确实并没有对恶意的想象，但是恶意已经抓住了我们。一些人不想了解所谓的恶意，另外一部分人则会认同它。当今心理学发展的社会背景是，一些人还在按照基督教义进行妄想，以为可以把所谓的恶念踩在脚下；而另外一部分人却被恶意所困扰，心中不再存有善意。恶意如今已经成为牢固的强权，一半人类依仗由人挖空心思编造的教条，另外一半人苦于缺乏对方这种局面的神话。至于信奉基督教的各民族，他们的基督教沉睡不醒，缺乏千百年来继续打造自己的神话。

神话观念在暗中会萌发出发展的冲动，说出这种观点的人是傻瓜。对大众来说，焦阿基诺·达菲奥雷、爱克哈特大师、雅各布·伯麦和其他许多人依旧保持神秘色彩，唯一的闪光点是庇护十二世及其教理。但是，我这样的言说，人们根本不知所云，根本就不明白，神话如果不再发展创新，就要寿终正寝了。

我们的神话始终默不作声，不予回应。错误并非出在《圣经》当中所载的神话，而在于我们，我们如果不改进神话，甚至压制这方面的一切尝试，必将导致一场灾难。在最初的神话当中是蕴含充分发展的可能性的，例如，借助基督之口说："汝等应聪明如蛇、柔顺如鸽。"为何需要蛇的智慧和狡猾呢，它和鸽子的纯朴无邪有什么关系？"汝等勿如孩童……"谁记得孩童实际上是什么样子呢？

作为获胜者，主需要骑着毛驴进入耶路撒冷，他用何种道德教谕，说明驴子的僭越？谁事后如孩童一般情绪恶劣，诅咒无花果树？关于不公正管家的比喻产生何种道德教谕？

"人哪，你若是知道自己何为，就得永福；但若不知道，便会遭遇诅咒，成为触犯律令者。"出自《圣经外典》的这句圣言，认识是何等深刻，对我们的处境产生何种深远影响？保罗承认："我做了己所不欲的恶。"究竟是什么意思？我根本不愿意提及公认为棘手的《启示录》中的言之凿凿的预言，因为它们不着边际，毫无意义。

诺斯替教派曾经抛出这样一个疑问："恶从何来？"在基督教世界无人做出回答，奥利金关于魔鬼可能得到拯救的谨慎想法被看作异端邪说。现如今，需要舌战的时候，我们只能空手而立，瞠目结舌，一筹莫展，根本就不明白我们如此亟须的神话不会前来相助。因为政治局势和科学令人生畏，甚至产生穷凶极恶的成果，人们虽然暗自战栗，有一些朦胧预感，但是不知所措，只有极少数人得出结论，说这一回将会涉及早被忘却的人的灵魂。

对神话进行改进的工作，应该放在承前启后的地方，是圣灵把自己分给使徒，使他们成为圣子，而且不仅是他们，还有其他所有通过他们、在他们之后得到圣子身份者，从而也确信他们不仅是土生土长、出自尘世的动物，而且作为两世为人者立足于神灵之列，基督教救世历史的神话说，他们显而易见的是肉身属于尘世，难以察觉的内隐之人的出身和未来都在于完美无缺的化身、永恒的天父。

造物主是完美无缺的，其受造物，也就是圣子也应该是完美无缺的。关于神灵完美无缺的观念，虽然无法否认，但意识到还没有掌控发生之事，完美无缺的定义就发生了分裂。形成了光明和黑暗两个王国。在基督现身之前，这个结果显然就是命中注定了，也可见于约伯的经历或者在基督降生之前就广为流传的《以诺书》中。

这种玄之又玄的分裂同样明显存续于基督教中，撒旦在《旧约》之中还紧跟耶和华，现在则与神界永远针锋相对，难以斩草除根。因此，在 11 世纪初叶就兴起的信仰，认为并非是上帝，而是魔鬼创世，这就不足为奇了。这是基督教世代下半叶的序幕，此前已经讲述过天使堕落的神话，正是堕落天使教会人们危险的科学和艺术。这些古老故事的讲述者面对广岛景象又会说些什么呢？

雅各布·伯麦天才般的幻象认清了上帝形象的对立本质，进而努力进行神话的加工工作。伯麦拟订的曼荼罗符号表示了分裂的上帝，内圆分成背靠背的两个半圆。

根据基督教教义前提，上帝在三位一体的任何一个位格当中均是完整无缺的，所以，他在流溢产生的圣灵当中的每个部分也应该是完整无缺的。任何人都可以通过这个方式共同拥有完整无缺的上帝，进而共享圣子的身份。对立统一的上帝由此走入人心，而且并非是作为一个统一体，而是作为冲突矛盾的整体，因为这一印象的阴暗面和上帝的光明磊落这一已经深入人心的观念相抵触。

这一过程的发生，就发生在我们这个时代，虽然人类导师身负重任，帮助人们认识事物，但是他们并没有领会这一过程。人们虽然坚信我们处于一个重大时代的转折关头，却以为它就是单纯的核裂变和聚变，或者太空火箭导致的，一如既往地忽视了同时存在于人类心灵中发生的事情。

只要从心理学立场出发的上帝形象启迪心灵，从现在开始扩展到全世界政治的深刻分裂，这种形式实现广为人知，心理补偿理念就会引人注目。它出现的形式是不由自主显现的圆形统一景象，它们表现心理内部的对立面是相互融合的。应该归入此类的还有最早于 1945 年爆发的全球性飞碟事件，它们或者基于幻视，或者依据某些事实。人们把飞碟解释成飞行器，假设它们或者来自其他星球，甚至来自"第四维度"。

在四十多年前的 1918 年，在研究集体无意识现象的时候，我就发现存在类似看似关键性的符号，也就是曼荼罗符号。为了保险起见，在 1929 年试探性地首次公布研究成果之前，我进一步积累的观察结果已经超过十年之久。[①]曼荼罗是原型形象，成千上万的岁月可以证实它是存在的，它表示整体的自我，或者说明整体的灵魂深处，借助玄幻语言，道成肉身的神明在人身上显灵。

和伯麦的曼荼罗相反，现代的曼荼罗追求统一，也就表示对分裂加以弥补，以及预先克服分裂。因为该过程发生于集体无意识当中，所以，它是无处不在的，对此提供的证据信息还有飞碟传闻，它标志着天命神灵旨意是普遍存在的。

只要进行细致入微的分析，就会让人意识到"阴影"的存在，就会产生分裂和对立，两者在统一中寻求平衡，用符合来穿针引线。若是人们认真对待对立事物，或者它们和人们针锋相对，这种交锋会让人忍无可忍。在逻辑上，两者必须选其一，不容置疑，人们会发现问题解决无门。如果一切顺利，解决的方式会出于天性水到渠成，那时候，它会让人信服，人们会觉得这就是所谓的上帝隆恩。

由于解决之道源自针锋相对、矛盾激发，它多半是有意识和

---

① 指荣格和卫礼贤合著的《金花的秘密》。

无意识的现状深度纠缠的混合物，就仿佛精神世界的"信符"。[①]
这种信符是意识和潜意识协作妥协的结果，以曼荼罗的形式表达
上帝的形象，这可能是一种最简单的整体观念图样，是一种自发
奋勇、为想象力效劳，表现我们自身的对立、斗争与和解。

这种分庭抗礼一开始纯属个人性质，随即认识到主观对立只
是世界普遍存在对立性的个案。从世界结构来看，我们的心理是
先天注定的，宏观世界发生的事情，也会映照于细微主观的心灵
世界中。因此，上帝形象始终是以我们自己的内心经验揣测出的
一个劲敌，并通过一个对象进行说明，内心经验起源于这些对象，
也就是从那个时候开始，对象保持了令人敬畏羡慕的含义。或者
说，这种劲敌的形象是让人畏惧、具有令人跪伏的力量。

在这种情况下，想象力才能摆脱单纯的具象性，并试图勾画
出现象背后隐藏的真实景象，我能想到的就是曼荼罗最坚定的基
本圆形构造，还有最简单的、意念当中的等分圆周、正方形及十
字架，等等。

这类经验对人们影响巨大，或者颇有裨益，或者灭顶之灾，
人们是无法把握、领悟、掌控它们的，正是因为无法摆脱，所以
才觉得它们是强势的。人们对这类心理经验能够正确认识，并非
源自自觉的人格，笼统地称之为神力、魔鬼或者上帝。

在科学认知上，使用了"潜意识"这一术语，以此承认在科
学上对这类意识活动是一无所知的，之所以对心理实质不了解，
是因为科学认识发展只能借助一般心理来拓展。因而，对神力、

---

① 破裂的钱币，友人离别时各持一半，是古代风俗。

魔鬼或上帝这些名称只能保持不置可否的态度，但是大概可以确定，和客体经验相连接的陌生感是真实可靠的。

我们确切知道，自己正遭遇未知之事、陌生之事，同样也知道，自己并非是在做梦或者瞬间闪念，而且它们不知道怎么就自发产生了。我们以这样的形式遇到事情，可以称之为神力、魔鬼、上帝或者潜意识的效力。前三种名称的显著优点在于包含并激发畏惧仰慕这种情绪特性。而最后一种名称是平淡无奇的，因此，更加贴切现实，这个概念包含了可体验性，也就是我们熟悉的、可接近的日常行为现实。潜意识这个概念过于理性化、中立化，实际上很难证明它对想象力发展有所助力，创造出这个概念是为了科学使用，为了不体现形而上学要求的冷静观察内省，这个概念更适用存在争议、某种诱人狂热的超体验概念。

因此，我更加偏爱"潜意识"这一术语，确切认识到自己如果想故弄玄虚，也可以说"上帝"或"魔鬼"。只要我说得玄乎，就会意识到神力、魔鬼与上帝都是潜意识的同义词。我们对前两者和后者所知相同，人们只是以为前两者所知更多，但是对于某些目的而言，这比一个学术概念更加有益、更有效果。

"魔鬼"与"上帝"这些概念相对来说，有巨大裨益，它们促成更客观的描述对手，也就是人格化，感情色彩赋予这些概念以一定生命和效力。爱憎、敬畏等情感进入角力场，大力渲染这种纷争。单纯的"受人指责之事"，成为"所行之事"。

完整无缺的人受到挑战，以其全部客观存在投入搏斗，唯有这种方式才能变得完整无缺，才可能实现"上帝降生"。也就是投身于人的客观存在，以"人形"和人类为伴。通过这种肉身成道的行动，人，也就是其自我在内心由"上帝"取代，上帝在外貌上成为人类，也就符合了耶稣语录"见我即见圣父"的要义。

由此可以推断，神话语录的缺点开始大白于天下，基督徒对于上帝通常的想象是全能全知、大慈大悲的圣父兼创世主。若此上帝想成为人，需要不同寻常舍弃神性。[1]此时，天下同一，缩减成渺小的人间尺度，即便如此，还是难以明白为什么道成肉身而不是击垮了凡人身体。

因此，可想而知，拘泥于教义的幻想，必定给耶稣加上让他消除凡人身份的特性。他尤其是没有原孽污点，就因如此，他至少是神人或者半神。基督教的上帝形象不可能毫无违和地化身为单凭经验的人类，更何况肉身的人类也不太适合充当上帝的生动实例。

神话终究不得不认真对待一神教，放弃二元说，后者直到现在让一个永远无法捉摸的对手和万能的善并存。神话不得不让库萨的尼古拉所说哲学上的对立统一和伯麦在道德上的矛盾心理有机会发声，唯有如此，才能给这唯一神灵提供应有的整体矛盾和对立矛盾的综合。"本来"通过符号把对立面统一起来，使它们不再各有所求、彼此对立，而是相互补充，把生活塑造得更有意义。

对获悉这个道理的人来说，自然神、造物主上帝这一形象当中的含混不清不会让他为难，反而会把上帝成人、核心的基督福音这一神话，理解成为人创造性地分析对立面，在自我中、在人

---

① 实现虚己，《腓力比书》第二章第 6 节。

格完整无缺的过程中，实现对立面的融合。

造物主上帝形象当中，必然包含对立，作为炼丹术士的对立统一或者作为神秘结合在自我统一和完整无缺中得以相互抵消。在自我经验当中需要克服的不再是以往的"上帝与人"这种对立，而是上帝形象的对立。"礼拜"，也就是人类可以对上帝进行侍奉的意义，在蒙昧中产生光明，造物主意识到其在创世，人类意识到其拥有自我。

这是人生目标或者其中的一项目标，非常明智地把人类划归为创世者，从而也赋予了创世一定意义。这个目标是几十年时间在我身上慢慢成长起来的一则阐释性神话，我可以认清并赞赏这个目标，因此，是令人满意的。

人类凭借反思精神，实现在动物界超脱出来，通过思想发展历史表明，自然恰恰大力奖了他们的发展意识。人类断定世界的存在，一定程度上是向上帝确认了这一点，通过发展意识，人类逐渐迫使自然就范。世界就此成为具体现象，因为若是无自觉反思，世界就不存在了。如果造物主意识到其自身，他就无须自觉的受造物了；由于直指目标，极其曲折复杂的创世路途耗费千百万年，产生不计其数的物种和受造物，这也是不可能的。

自然史告诉我们，历经亿万年的弱肉强食，物种变迁是因缘际会的。在生物上的人类发展史和政治上的人类发展史，关于弱肉强食的记载也是汗牛充栋、不可计算的。思想史却另当别论，在这里插入了反思意识，可以媲美第二次宇宙演化这种奇迹。意识的意义大到使人难免猜测，在令人毛骨悚然、看起来毫无意义的生物活动当中，隐藏着意义要素，意义最终机缘巧合地在恒温动物和大脑分化阶段发现宣示的途径，并非有意的计划，而是出于"朦胧的冲动"，进行揣测、预感、摸索出来的。

我也不会妄想关于人类的意义和神话的想法，被自己一锤定音，但是坚信，面对即将来临的人形水族①世代，这是在我们的鱼世代末期可以说，或者不得不说的事情。水怪跟着两条誓不两立的鱼②，似乎在表现自我，它气定神闲地把宝瓶倒向南鱼的嘴里。后者表示子辈，尚且无知无觉的事。由南鱼形成，再用摩羯加以暗示，经历了大概两千多年，又一个世代之后的未来。

摩羯是把高山深海集中于一体的庞然大物——拟羊鱼，是由两种共生难以分辨的动物元素构成的矛盾体。这种怪物极可能是"人"，人类所面对的造物主上帝的原形，对此，默认的不仅是我，还有自己可以使用的经验之谈，也就是自己所熟悉的他人的潜意识产物或者历史文献。如果没有这方面的洞见，那么玄想是毫无意义的。正如水怪（宝瓶）世代具有客观资料出处，玄想才变得有意义。③

我们不知道意识发生的过程、所涉及的范围，它会把人类置于何处，它是创世史上无可比拟的新生事物，所以，不得而知的是，有什么样的可能性寓于其中，是否可能预言到智人这个物种的兴

---

① 宝瓶、水怪。

② 太极、对立统一。

③ 南鱼星座，其口由宝瓶、鱼口构成。摩羯星座，原来称为拟羊鱼，是尤利乌斯·恺撒所属家族的纹章动物。

衰和远古的动物种类是一样的。在此类可能性方面，生物学是无法进行反证的。

如果我们的观点源自心灵的完整无缺，也就是潜意识和意识进行合作，充分对人类在寰球宇宙中的生存意义进行解释，也就能满足讲述神话的需要。若是无意义则妨碍了生活的丰富多彩，因此意味着是一种病态。意义使一切苦难变得可以忍受。没有一种科学可以代替神话，也没有一门科学可以变成神话。因为并非上帝是神话，而是神话是神性生命在人类身上的天启。

并非我们虚拟神话，而是它作为"圣言"对我们讲话。"圣言"走向我们，而我们无从分辨它是否是上帝之言，如何有别于上帝。此"圣言"自动迎合我们，逼迫我们，除此之外，它还人尽皆知、通情达理，摆脱了我们的随心所欲，也无法把它解释成为"灵感"。我们知道，"闪念"并非自己挖空心思的结果，而是意念不知道怎么回事"由未知别处"落到我们身上。若根本不是先知先觉之梦，我们如何把此梦归功于自己的知性？在这类情况下，常常很久都不知道梦境是预示着未来还是隐藏着过往。

我们遭遇圣言，我们忍受圣言，因为深感不安，在身为对立统一体的上帝那里，在此圣言的全部意义上，"万物皆有可能"，也就是蕴含着真假、善恶。神话就仿佛德尔斐的神谕或者梦境一样的模棱两可，或者可能如此。我们既不能也无法放弃使用理智进行生活，也不该弃绝本能会赶来相助的人生希望，约伯已经明白，此时有一个神灵在支持着我们对抗上帝。因为表现出"意义"的一切，是人类所塑造出的材料，是其思维、言辞、印象等所有的局限。因而，他开始笨拙地进行心理思考的时候，就会把一切都和自身联系起来，以为一切都是出于其意图、源自其本人。

他会天真地进行幼稚假设，认为自己万事精通，知道"其本人"为何这么做。却预料不到，正是由于他意识上的缺陷和相应的对潜意识的焦虑，妨碍了他的分辨，什么是他虚构出来的，什么是从其他源头自动落入他手中的。他没有把客观性和自己的情况相对应，尚且不能自我审视自己所遇到并不分好歹进行认同的现象。起先，一切错误归咎于他，他遭遇一切，最终才艰难夺得并坚守一方相对自由的天地。

人只有确信取得这些成就的那一时刻，方能认识到，自己面对的是无法彻底根除的，因为给定的是不由自主的基础和开端。他的开端并非仅仅是过往，它们其实作为他生存的恒定基础和他共生，而他的意识有赖于它们合作，至少和对自然环境的依赖程度相同。人会把内外部遭遇的强势拦路的事实概括到神灵观念之下，借助神话描述其作用，把神话理解成为"圣言"，也就是另一世界神明的灵感和天启。

（二）

防止个人与他人合作的最佳手段，莫过于拥有个人意欲或者必须保守的秘密。从结社的起源，就可以看出对秘密组织的需要。何处不存在有充分理由必须加以保守的秘密，就会凭空捏造"秘密"，或者使其名正言顺，再由享有特权的知情者"知晓"并"领会"，玫瑰十字会骑士和其他许多人都是如此。令人啼笑皆非的是，在这些假秘密当中，并无知情者完全不知道的真秘密，例如，在那些主要从炼丹术传统中获悉其"秘密"的团体中。

共享秘密可以给和衷共济提供黏合剂，所以，在蒙昧无知的发展阶段，需要故作神秘，这具有生死攸关的意义。群居阶段的秘密意味着对缺乏个性凝聚力做出有益补充和弥合，由于不断强化对他人不知不觉的认同，个性化发展一再分崩离析。实现个人目标，也就是个人意识得到特性成长，这就形成了几乎无望的漫长教育工作。因为，如果涉及社会生活当中千差万别的认同，也只有一再通过不知不觉的认同而实现这样一个目的，既因加入组织而受到优待的各个个人的联合。

秘密结社是通过个性化发展途径中的中间阶段，人们还听命于一个集体组织使自身附和于它，也就是人们尚未认识到，其实个体的任务就是，有别于所有他人而实现自立。对于完成这样的人生任务，一切集体认同都是拦路虎。如组织的归属感、声明信奉各种主义，等等，那些都是拄着拐棍的跛足者、举着盾牌的胆小鬼、躺在床上的懒汉、对家庭不负责任的浪子，但同样也是拥有住处的流浪者、找到避难所的受难者，回归家庭的孤儿，在追求辉煌目标的路途上疲惫不堪的迷航者和朝圣者，找到牧群或安全围场的迷途羔羊，意味着丰富的食物和伴随成长的母亲。

因此，把过渡阶段视为阻碍是极其荒谬的，恰恰相反，过渡阶段在很长一段时期内意味着个人仅有的能够生存的希望。现如今，它似乎比任何时候都更加没落了，但是在我们这个时代依然是必不可少的。许多人把它看作终极目标不无道理，而尝试着让人们尽可能地在人生道路上独自行进，似乎是过分要求或者放肆，是妄想或者行不通的。

尽管这样，仍然可能有人认为自己有充分理由独立走向远方，因为现实生活提供给他的一切包装、程式、藩篱、生活方式和氛围当中，他找不到自己所需要的事物。他将独自远行，与自己为伍，实现自己由各种意见与倾向组成的多种多样性，这些意见和倾向却未必同向而行。相反，他会时常怀疑自己，发现很难让自己的多样性合力行动。即便表面上因过渡阶段的群居形式而受到保护，他依然无力抵抗内在的多种多样，这种矛盾会使他分裂，把他送上与外界认同相背离的歧路。

知情者会通过社团的秘密铺设这条通往千人一面的集体性的错误道路，个体在踯躅独行的狭路上也需要出于某些理由而不可以或者无法泄露的秘密，此类秘密迫使他在个人计划上遭遇孤立。许多个人可能不堪忍受这样的孤立，他们成为神经症患者，无法真正认真对待事情，迫不得已和他人或者自己玩捉迷藏，通常需要适应集体而被迫牺牲个人目标，鼓励身边人的一切意见、信念和理想去适应集体。并且，这种适应集体的行为是没有任何理论依据进行反对的。不过，这种无法透露的秘密，也就是人们所担心的难以名状的秘密，还包括因为看起来应该归入"精神错乱者"范畴的秘密，可以防止其他情况下不可避免的倒退。

在许多情况下，对此类秘密的需要，大到产生人们担不起责任的意念和行为，其后会导致随心所欲和妄自尊大，造成令个体不可思议的残酷的必然性，这种必然性丧尽天良，令人在劫难逃，或许在其一生当中首次向他演示，在他满以为自己可以当家做主的领地，见识到一山更比一山高，还有更强大的异己力量。

有一个最直观的例子就是雅各的故事，他和天使打架，落得髋部脱位的下场，但是由此阻止了一场谋杀。雅各当时处于有利的地位，人们相信他的故事。如今，雅各只会进行意味深长的微笑。他宁可不说这些事情，若是想形成和耶和华使者相对立的个人观点，尤其不能说这些事情。这样，他就好歹拥有旁人无法质疑的秘密，体面地退出集体圈子。

当然，如果做不到终身弄虚作假，他的口是心非最终会大白于天下。但是，每个试图一心二用，想追求个人目标并适应集体者，都会变得神经过敏。这样的一个"雅各"并未自认为天使属于强者，因为事后并没有透露出天使大概也有行为不端的时候。

由此可见，如果有谁受到魔鬼的策动，敢于逾越过渡阶段的界线，真正进入无人踏足、不可侵入的禁区，那里没有正确道路引领，没有躲避风雨的庇护所。如果遇到意外局面，例如，无法草率解决的义务冲突，也没有一定的规矩。通常，在真空地带漫步只持续到报告没有此类冲突为止，而只要从远处觉察到有此类冲突，这种漫步就会迅速终止。如果有人拔腿开溜，我不能怪罪于他。但是他虚弱怯懦却怀有贪天之功，我不能苟同于他。因为我的藐视不会对他造成实质损害，所以但说无妨。

但是，如果有人出于自己的责任，并且在日夜审他的判官面前冒险解决义务冲突问题，就很可能置身于个体的情境当中。他怀有不容公开讨论的秘密，就因为毫不留情地确保状告自己并努力抗辩，无论世俗还是宗教判官都无法让他回归梦乡，若不是他对他们的裁决了如指掌到了厌恶的地步，也不会产生义务冲突。义务冲突总是以责任意识较强为前提，但正是这种美德禁止他承认集体裁决。因而，把外界法院转入到闭门裁定的内心世界。

经历这种变化，个人就赋予了前所未有的意义，他不仅熟知由社会定位的自我，还可以就价值多少进行讨价还价。所提升的意识莫过于内心的对峙，不仅把迄今出乎意料的事实摆在桌面上进行状告，进行抗辩之前也意识到先前无人会想到的论据。这样，不仅有一大部分外界进入内心，而且外界也对这部分进行减损或者减负。但是，内心世界上升到伦理抉择的法庭这样一个地位的时候，也增加了同样多的影响。先前可以说是言之凿凿的自我会丧失只当原告的特权，落到同样成为被告的下场。自我的含混不清、模棱两可，甚至是两头受气，它发觉到存在高高在上的对立性矛盾。

即便是辩论到世界末日，义务冲突也远未实现解决，或者根本无法得到真正的解决。裁决一朝将至，显然是草率举动。实际生活当中，不能纠结于矛盾不断发生的现状。对立双方及其矛盾虽然有片刻让位于行动的冲动，却并非真正消失，它们始终存在，并威胁着人格的统一，也一再让生活自相矛盾。

若洞察这样的事态，似乎应该原地不动，也就是绝不离开集体围场和集体陋室。因为只有它们有望实现和防止内心冲突。不必离开父母者，父母对他们肯定关怀备至，不少人却觉得被推向了与众不同的道路，他们会在最短时间内见识到人性的是非。

正如一切能量出自对立，赫拉克里特①已经认识到，心灵也有其内在对立性作为其活力不可或缺的前提，无论在理论上还是在实践中，它都寓于万物生命当中。与这种强势条件相对立的是自我的脆弱不堪的统一性，借助无数的防护措施才在千年岁月进化当中逐渐统一。实现自我，似乎源自一切对立均追求势均力敌，这发生于冷热、高低等冲突中产生能量的过程。

能量作为有意识的心灵生活的基础，是先于后者存在的，因而，后者起初并未意识到能量的存在。但若是能量接近意识，则表现出来的最初投射会在诸如神力、众神、魑魅魍魉等形象上，它们的守护神似乎是制约生命的力量源泉，因此，只要人们以此方式看待，实际也是这么回事。但是，当这种光环褪去，效力尽失，自我凭借人生经验，似乎同样拥有这种力量，而且是在模棱两可的这句话的完整意义上：一方面人们试图强取豪夺能量，以及占有它甚至妄想拥有它，另一方面却又为它所占有。

但是，在仅有意识内容被视为心理生存方式的地方，才可能出现这种荒诞不经的情况。在这样的地方，返回式的心理投射会不可避免地产生人格扩张。当然，人们也承认，在潜意识心理世界，可以把投射内容纳入先于意识存在的天生本能形式，由此保持其客观性和独立性，以避免人格扩张。先于意识存在，并制约它的原型进行实际角色扮演，也就是作为本能意识基础的先天结构形式出现，它们并非事物本身，其实是人们看待、把握它们的形式。

----

① 约公元前535—公元前475年，希腊科学家。

当然，原型并非造成这一观点的唯一根据，它们只是说明一种见解的集体部分的根据，作为本能的特性，它们渲染了本能的活跃本性，因此，具有推动或者强求特定行为方式或冲力的独特能量，也就是它们可能具备夺人魂魄的威力，使人们敬畏，因此，本性注定被它们视为魔鬼一般的存在。

如果有人认为这样的表述会对事物的本性有所改变，只是因为他信奉言辞，其实但说无妨，给事实改换名称，并不能改变其本质，只是会让我们自己的判断受到影响。如果有人把上帝理解成为子虚乌有，则和上位原则这一事实毫无联系。我们一如既往地无法自拔，并不能通过改变名称而实际祛除什么。但是若新名字暗含否定的意义，至少让我们的态度发生逆转；相反，对无法辨别的事实进行正面命名，效果会让我们的态度更加积极。

因此，如果我们把上帝称为原型，则无法反映其真实本质。但我们由此承认，在先于意识存在的心灵当中给上帝预留一席之地，因而绝不能把他视为意识的虚构，不仅不能祛除或者抛弃他，而且还要近乎感知到他的存在，后面这种情况并非无关紧要，因为不可体验之事容易有不存在的嫌疑。这一嫌疑是显而易见的，我尝试复原原始的潜意识心灵，所谓敬神者会不假思索地推测这是一种无神论，如果不是这样，则是诺斯替主义，但是确实未设想到是心理现实，比如潜意识。

如果潜意识确实受到重视，那么一定是由我们有意识的心理在发展史上的初级阶段组成的。大家一致认为，说不经过预备阶段而在第六个创世日造就满身灵光的人，这种假设确实过于简单过时了，无法再让人满意。在心理方面，一直保存着古老的见解：心理没有原型前提，是白纸一张，降世时候的新生，只是自认为之事。

意识的产生在物种起源和个体发展上是次生物，这一明白无误的事实最终须要人们洞察。正如身体在人体构造上已经进化了千百万年时光，心理系统也是如此；现代人体每个部分都是这种发展的结果，处处隐约可窥见前身，心理也是一样的道理。

意识在进化史上从我们视为无知无觉人兽未分别的状态肇始，每个孩童都重复着这种分化。懵懂无知的儿童其心理不亚于一张白纸，它已经预先形成，明显与众不同，还备有一切人类专属的本能，也具备高级功能的先天基础。

个体自我就形成于这样错综复杂的基础之上，一生都由它支配。当基础不起作用的时候，就会徒劳无功，死神降临，基础的寿命和现实具有生死攸关的意义，和基础相比，外界的意义都是低等的，因为，如果自我缺乏内在驱动力使外界发生改变，基础又该如何存在呢？自觉意志不会长期代替生命本能，这种内驱力作为必须行动的力量，通过意志或者命令，由内而外迎向我们，若我们一如既往地把它命名为心魔，则至少一语道破心理实情。若我们尝试用原型概念对魔鬼纠缠于我们的地方详细解释说明，则没有扫穴犁庭的成效，只是使我们更加接近生命的源泉罢了。

我作为精神科医生，当然容易产生这类见解，尤其让人感兴趣的地方在于，通过何种途径帮助病人重新获得健康的基础，依据我的个人经验，这需要各种知识储备。医学发展进步一般也无捷径可走，这种进步并非找到妙手回春的绝招，以此进行令人惊讶的简化疗法，恰恰相反，它会逐渐习惯了难以估量的错综复杂，至少是要在一切可能的领域加以借鉴。我也绝对无意向其他学科证明什么，只是尝试借鉴其他学科知识来惠及我的研究领域。

当然了，我也有义务对这种应用及取得的成果进行报告，因为若是把一个领域的认识实际运用到另外一个领域，必然会有所发现。例如，如果因为 X 射线是物理发现而不把它运用在医学领域，岂不是让一切伟大发现都雪藏起来？如果放射性疗法可能有危险后果，引发医生的兴趣，但是未必引发物理学家的注意，因为他们使用射线的方法和目的是截然不同的，也不会认为，医生提醒透视的某种特性各有利弊是一种吹毛求疵的行为。

例如，我想在心理治疗领域运用历史知识或者神学知识，比起限定在其用于其他目的的专业领域，因为烛照参照不同，必然得出不同的结论。可见，在精神的动力学里潜藏着一种极性，这一事实导致心理学上需要从所有宗教和哲学的角度入手，进行最广义的对立问题讨论，宗教和哲学的视角必然失去其专业领域独立的性质，因为是以心理学问题来处理它们，也就是说，在这里不再从宗教和哲学真理的视角去看待它们，而是用来探究心理学的依据和意义。

虽然它们要求具有独立的真理，事实也是如此，但是从研究经验，也就是从自然科学研究角度来看，它们首先是一种客观存在的心理现象，这是毋庸置疑的事实。它们要求在自身当中，通过自身来论证，这同属于心理学思考方式，心理学思考方式绝对不会认为毫无道理而排斥它们，相反，对它们照顾有加。心理学不会做诸如"这只是宗教性的"或者"这只是哲学性的"之类的断言，不同于时有耳闻的尤其是神学所做出的"只是心理学性质的"这种指责。

凡是可能的陈述，均是出自心理的决定。心理还呈现为一个动态的过程，基于心理及内容的对立性而呈现不同级别的落差。因为不应该毫无必要地扩大解释原则，而唯能力论的思考方式证明自己是自然科学的一般解释原则，所以，我们在心理学中也限于这种思考方式。也没有可靠的事实让其他见解显得更加合适，而且心理及其内容的对立性或者极性一再证明，这些现象是心理经验的一项重要成果。如果关于心理的唯能力论这一见解是言之有理的，那么试图逾越由极性所替代的界线的那些陈述，例如，关于超自然现实的陈述要求具有某种效力，只能作为悖论。

心理是无法跨越自身的，也就是它不可能认定绝对真理，因为其特有极性造成其陈述的相对性。无论心理在何处宣布绝对真理，例如"永恒的本质是运动"或者"永恒的本质是一"，它都不由自主陷入这种或那种对立。确实也同样可以说"永恒的本质是静止"或者"永恒的本质是全部"。心理会以其片面性的理解而遭到瓦解，失去真实认知力，它成为无法反思的各种心理状态过程，每种心理状态都是自以为是，因为看不到或者尚未看到其他心理状态。

当然，上述所说并非是进行评价，而是阐述事实，人们会经常无法避免逾越界线，因为"一切都是过渡"。论题之后是反论题，两者之间产生的先前无法察觉到的解决办法作为第三者而存在。心理就是借助这样的过程，再次表明矛盾存在的客观性，确实无法真正实现自我超越。

在此对心理的局限性的反复阐释，并非说明只有心理存在这样的问题。只要涉及知识和感知，我们就不能忽略心理因素。自然科学范畴总是私下里坚信有非心理因素干预的超体验客体，但是它也知道，尤其是在感知器官失灵甚至缺失的地方，在恰当的思维形式不存在，尚须创建的地方，想要认清客体的真实本质是何其艰难。无论我们的感官，还是其他人工辅助设备均无法确保存在现实客体的情况下，困难会成倍激增，有人不禁会声称，现实客体是根本不存在的。

我本人从未下过这样的结论，因为从来不曾认为我们的知觉可以把握一切存在形式。因此，我甚至提出这样的假设，原型形态现象，也就是赏心悦目的心理事件这类现象是基于有此类心理基础，也就是基于有只是有条件的心理存在形式或者其他存在形式。由于缺乏经验资料，我对通称为"精神的"此类存在形式既是不知道的也是无法认知的。就科学而言，我对此有何考虑，无关紧要。我不能不局限于自身的无知。我反正不知道什么为原型的真实本性，只要原型证明自己有效，对我来说，它们就是实际存在的；当然，不仅原型如此，心理本性也是一样，无论心理怎么说自己，都是无法超越自己的。

一切可以领会到的和得到领会的事实本身都是心理上的，就此而言，我们无望地关闭于一个纯心理世界。尽管如此，我们仍然有充分理由假设面纱之后存在物诱导、影响着我们，却无人领会到绝对的客体，在无法得出现实结论的情况中也是如此，尤其在心理现象的情况中。关于是否有可能的陈述，确实只有在专业领域才有效，除此之外，它们纯粹属于妄自尊大。

虽然站在客观立场角度，是禁止胡言乱语的，也就是不要信口开河，还是有一些看起来没客观依据而不得不进行的陈述，这种情况人们通常称为主观现象，当作纯粹属于个体的心理动力学论证。这样导致的错误就是不分辨陈述是否确实来自个别个体，由纯属个人的动机所引发，或者陈述是否属于普遍存在，源自集体存在的动力"模式"，因为在后一种情况下，不该把陈述领会成为主观性的，而应理解成为心理上客观性的，对于数量不详的个体发现，有必要做一致性陈述，或者觉得某种观点是必不可少的。

因为原型并非纯属于毫无作用的绣花枕头，而是具有特定的能量，大概可以把原型看作此类陈述的动因，理解成它们的主体。并非个人做出陈述，而是原型表现于陈述当中。若是陈述受到阻碍或者未得到考虑，无论医疗经验还是常识都会表明，会出现心理上的缺乏症状，个案当中是神经症症状，而正常人会出现集体妄想。

原型陈述基于本能前提，和理性无关。它们既无理性根据，也无法通过理性根据排除，它们曾经是并且一直是世界观的组成部分，是莱维·布吕尔确切命名的"集体表象"。自我以及其意志的力量肯定是巨大的，自我所欲望的事情却在很大程度上以其多半全然无法察觉的方式，毁灭于不受意志支配而令人敬畏的原型发展过程，只要使宗教接受心理学思考方式，宗教的本质就是实际顾及这些过程。

（三）

在这里，我不禁想到一个事实，除了反思领域，还有一个领域，即便不是延展深广，至少同样辽阔的另一领域，在该领域，合乎理智领会并加以表现，几乎是攻无不克战无不胜的，这就是性欲本能领域。古希腊的厄洛斯①是一个合乎情理的神灵，其神性超越了人性的界限，因此，既无法领会也无法得到体现。

众多前人尝试过，我也可以在此精灵身上进行冒险，它的影响力是无远弗届的，上至苍穹下至地狱，但是我没有胆量寻找哪种语言能够恰如其分地表达波诡云谲、自相矛盾的爱欲。爱欲是宇宙的进化物，是一切意识的创造者和孕育者。我认为，保罗的条件句式："若此人无爱"，是一切认识中的初始认识，是神性本身的化身。无论对"上帝是爱"这句话解释得如何高深莫测，他的原话都证实了神性是对立统一的。

无论是自身从医生涯的经验，还是自己生活当中的感悟，都源源不断地提出爱的疑问，而我从未做出令人信服的回答。就像约伯一样，我不得不"以手掩口，我曾言，此后不愿再作答"②。

---

① 爱神。

② 《约伯记》第三十九章节。

在此处涉及大小、优劣、高下，从来无法舍此言彼，没有一种语言能够对付这种自相矛盾，无论说什么，都是一言难尽的。

能够概括全部才是有意义的，一家之言总是多少存在缺失。爱"承受一切"并且"容忍一切"[①]，这句话概括了一切，无须再多一字。因为深究起来，我们是宇宙进化的"爱"的牺牲品或者手段与工具，我给此字加上引号，为的是表明，所指出的不仅是渴望、偏好、优待、祝愿，诸如此类，还有胜过个体的整体，不可分割的整体。

人们作为部分是领会不了整体的，是整体的手下败将。无论是唯命是从还是愤愤不平，却总是身陷罗网、无法摆脱，会始终仰人鼻息、受制于人。爱是他的光明和看不到尽头的黑暗。即使他巧舌如簧，或者一丝不苟地对细胞的生命追根究底，使爱绵延不绝，他甚至给爱冠以各种可用的名称，也只会自欺欺人。如果有丝毫智慧，就会缴械投降，以其昏昏使其昭昭，也就是以神灵之名称呼之，这就是承认自己的技不如人、看他人脸色，却也证明了有选择真理和谬误的自由。

---

① 《哥林多前书》第十三章第 7 节。

第十三章：回顾

我本人一向无法接受有人说我睿智或者是"智者"。曾经有人从江河中汲水梳洗冠盖，这代表什么意思呢？我并不是这条大河，站在河边无所作为，其他人也会光临这条大河，但是大多数人都会躬行从事。我并没有真正做什么，也从未想过自己必须设法让樱桃生出手柄。我临川站立，唯一能做的是赞叹自然伟力无所不能。

关于拉比，曾有一个昔日的美好逸事。一位弟子前来咨询："以前有目睹上帝的人，为什么如今不复存在了？"拉比回答："因为当今不会有人像过去那样低头用心。"要汲水于江河，其实只需要略微弯腰罢了。

我和大多数人的差异就在于，我的"隔离墙"是一目了然的，是独一无二的。他人的隔墙非常厚，甚至让他们看不到背后之物，因此以为世界就这么大，彼处空无一物。我对幕后的过程有所察觉，因而放心。不见一物的人是不放心的，因为得不出结论，或者不敢自作主张得出结论。我不知道是因为什么原因使我能够触发并察觉到生命的洪流，可能是潜意识本身，或许是早年成长时期的梦境，它们从一开始就支配着我。

对幕后过程的知晓，早早注定了我和这个世界的联系，其实这种关系在童年就形成了如今的状态，小时候自觉孤寂，至今依然保持这种感觉，再加上后期逐渐博闻强识，不得不关注别人看起来一无所知并且大概毫无兴趣的事情。孤寂并非是因为身边无人，而是由于无法把感觉到的非常重要的事情告诉他人，或者认为其他人无法信服那些不可思议的想法。孤寂发端于早年的梦境体验，在研究潜意识的时期达到极致。人所认知的事物一旦多于旁人，多半就会陷入孤寂状态。孤寂的人未必是不合群、和周围人格格不入的，因为对群体的深刻体会，多在于形单影只的人，只有每个个体不忘特性，不和他人融为一体，群体才会兴旺发达。

最重要的是我们拥有秘密，可以预感不可知之事，这让我们的生命中充满了让人敬畏的神秘之事，没有过这种体验的人，会错过这种重要预知。人必须感觉到自己生活在某些方面神妙莫测的世界当中，其中可能发生、可以体验始终莫名其妙之事，而且不仅仅是意料之中的事情。意料之外、前所未闻的事情也该在世界上留有一席之地，那样的生命才算是完整的。对我来说，世界从一开始就是浩瀚无边的，是充满神秘不可思议的。

我一直在竭尽全力和自己的奇思妙想同生共存。我身上驻有心灵世界的魔鬼，它总是最后一锤定音。它神妙莫测高人一等，我若是肆无忌惮，就是因为魔鬼在默默催动，一旦被魔鬼掌控心扉，马上欲罢不能，会赶紧去迎接幻想的来临。当然了，因为周围的人是无法感觉到我这种状态的，他们只是看到了一个不合群的孤寂者。

我曾经得罪过许多同行，因为一旦发现他们不理解我的行为和思想，我会就此别过，我必须独自前行。除了我接待的患者朋友，我对他人是没有耐心的。我始终被迫服从加在我身上的来自内心世界的律令，不能容许自己自由地选择。然而，我也并非永远听从于潜意识的指挥。

我是怎么做到一以贯之的呢？对于某些人来说，只要他们接触内心世界，我的思想马上就会映照出来，但是此后就突然消失了，因为联系我们的纽带已经荡然无存了。我费尽心力才发现，即便人们一句话都不对我说，我的思想也仍然屹立在那里。许多人只有陷入心理学入魔的圈子里时，才突然感觉到鲜活的肉身存在。但是在下一刻，当思维的聚光灯聚焦到其他地方的时候，内心马上空无一物。

我可能对一些人很感兴趣，但是一旦看透他们，魔力会就此消失，我就是喜欢这样四面树敌。但凡有创造力的人，听凭内心驱动力的摆布，并非是个体的自由自在，恰恰相反，而是鬼迷心窍、鬼使神差。荷尔德林说过："心灵会卑鄙地夺走我们的威力。因为每个天神都需要牺牲品，但是若错过一个，绝无善果。"

这种心灵的不自由让我悲伤不已，我常常感觉自己仿佛孤身处于沙场之上，纵使历史长河里的好战友——倒下阵亡，我依然必须前行！不能，绝对不能停留！正因为"心灵卑鄙地夺走了我们的威力"，我喜欢你，我爱你们，但是我不能停留下来！——这就是此时此刻撕心裂肺的悲惨之事。因为我自己注定就是牺牲者，所以我不能停留。但是魔鬼忍心让人渡过难关而得到保佑，其前后矛盾的结果就是，和自己的"背信弃义"显然相反，我出乎意料之外地始终保持着忠诚。

或许可以说，我对他人的需要，相比同行们，要少很多。魔鬼之所以能上下其手，就在于人们总是过于亲近或者过于疏远，只有魔鬼默不作声的时候，人们才能坚守中庸之道。

魔鬼和幻想在我内心肆无忌惮、横行无忌、所向无敌。若是循规蹈矩，通常会无法抵抗，当然也并非始终处处如此狼狈。所以，我觉得自己能够抱残守缺、洗筋易髓，烟斗里装着祖父留下来的烟丝，我对他那羊角做成手柄的登山杖视若珍宝，那是他作为第一批疗养人员，从蓬特西纳镇带回来的。

生活如此精彩，我对此非常满意，这么丰富多姿的人生经历，让我获益颇丰。我都不知道为什么会有这么多的人生期待，因为发生的事情总是充满了意外，如果当时自己有所犹豫徘徊，或许一些事情也将变得不同了。但是过往事实正如命中注定的那样，因为我始终保持着原貌，它也就顺利形成了。许多事情因意而成，却并非总是一帆风顺。多数事情是顺其自然、顺应天命的。

我也懊悔曾经做了许多一意孤行的蠢事，如果当初不是自行其是，或许就会达到目的。因此，我现在既失望，又不失望，对人对自己有所失望，但是体验了人生的妙处，成就胜过了当初的期望，永远无法给自己的人生下定论，因为生命这一现象和人生这一历程是非常宏大的命题。随着年纪的增长，越发不能真正理解自己，越发无法做到自我认识和认知。

我对自身有惊异、有失望、有欣赏，我也会郁郁寡欢、也会萎靡不振、也会满腔热情，这一切都可以兼而有之，无法进行细细划分。我无法判断每件事是否值得，对自己这一生难下断语，没有一件事可以做到确定无疑。我没有坚定不移的信念，其实对什么事物都不能做到确定无疑，我只知道自身出生并存在于这个世界，似乎有人对我扶持。我就是不识庐山真面目懵懂地存在着，纵使有万般的疑惑不解，仍然觉得和发生存在的过往息息相关，自己这般存在代表着一种连绵不绝的状态。

我们降生在这个世界上，是粗暴残酷的，是神奇秀美的，是有意义的，也是无意义的。至于谁才是这个世界的主人，总是见仁见智。若是无意义的理论占据上风，随着情况发展，富有意义的生活就会渐渐消失。但是情况并非如此，正如一切玄学问题一样，大多数情况下都是名副其实均衡存在的，生活既是有意义的也是无意义的，或者它本身就是有无意义并存。我总是忧心忡忡，希望有意义占优，能够克敌制胜。

老子曾云：俗人昭昭，我独昏昏。这就是我步入高龄后的感觉。在高瞻远瞩之下，对是否有价值的判断，亲身经历之后会深有体悟。人们站在人生的终点站，想要回归自己的生存方式，复返永恒莫辩的意义，老子的这句话就是最好的例证。

见多识广的老者原型永远是名副其实的，这种典型的人物显现于智慧的每个发展阶段，无论是老农，还是如老子这样的圣贤，都认同自己。老年就是这般光景，也就是这样的局限。不过，还有许多美好事物使我变得充实快乐。例如，植物静美、动物动感、云彩飘逸、日夜交替，以及人身上永恒不变的品质。

对自身越无强行驾驭，和万物的亲近程度就越强。就是这种感觉，我感觉到，让自身与世界如此长久地隔离起来的那种疏离感，一步步迁回我的内心世界，并意外地揭示出我未曾认识到的欠缺。

附录一：荣格书信选

荣格从美国写给妻子的信件选录

1

现在我们①总算到达伍斯特城了！我必须跟你讲一讲这趟旅程发生的事情。上周六，纽约的天气非常阴沉，我们三人不幸都患上腹泻，还有些胃疼。虽然身体状态很差，又不能吃饭，我们还是去了古生物学陈列馆，可以看到各种古代的奇怪动物，都是可爱上帝创世时候的失败品。就拿第三纪哺乳动物种系进化史来说，这里的藏品是独一无二的，我无法向你细细描述所看到的一切，后来，我们遇到了同样从欧洲抵达美国的琼斯。

在大约四点半的时候，我们乘坐高架铁道列车从第 42 号街道前往码头栈桥，在那里登上大约有五层船舱的白色巨大邮轮，选好了舱房。从西河开始，朝曼哈顿方向游览，这一带摩天大楼鳞次栉比高耸入云，经过布鲁克林—曼哈顿大桥，溯东流而上，沿途是川流不息的拖轮和渡船，长岛过后一片喧嚣吵闹。凉风渐起，湿气加重，我们难忍肚疼腹泻，饥饿难受，只能爬上床铺，默默忍受。

---

① 指弗洛伊德、费伦茨和荣格。

到了周日，船已抵达福尔里弗市，我们冒雨上岸，随后搭乘火车前往波士顿，之后又继续前往伍斯特城。途中，雨过天晴，沿途丘陵平缓、森林密布、风景秀丽，湖泊犹如明镜，巨石散布，村寨木屋、花红柳绿，灰墙白窗掩映其中，华盖大树刺破苍穹，走马观花，秀色可餐，让人沉醉。

上午十一点半，列车到站。我们在斯坦迪什宾馆找到称心的住处，按照美国的收费标准，包括伙食费和住宿费都非常便宜。简单休息了一下，我们随后在晚上六点钟去拜访斯坦利·霍尔。老先生的年龄已经将近70岁了，学识渊博、气质非凡。他竭尽地主之谊。他的妻子是一位相貌平凡、身材臃肿的老人，非常风趣和善，她把弗洛伊德·费伦茨和我唤作"孩子们"，她的厨艺很棒，给我们提供了美食和名酒，让我们的身体明显恢复了元气。当天夜里，我们在宾馆好好休息。第二天早晨，我们受邀到霍尔家居住。

他的宅院布置得非常雅致，显得宽敞舒适，工作室显得富丽堂皇，书籍堆积如山，还收藏了很多雪茄。有两位黑人仆人身着礼服，郑重其事地把我们请进房间，礼节有些怪异。所有房门都洞开着，到处都铺着地毯，大大的落地窗前，时有人影闪现。英国式的草坪围绕着宅院，看不到篱笆院墙遮掩，和周围环境融为一体。

据说半个城市的居民（大约18万人）都居住在这样的园林式的家园里，街道上树荫连绵不绝，遮天蔽日。这里的屋舍几乎都比我们家乡的房子要小一些，但是花团锦簇，显得娇媚可爱，紫罗兰盛开正鲜艳，藤蔓绿意盎然，一切整洁雅致，非常幽静舒适。这里是一个截然不同的美国！是所谓的新英格兰。这座城市始建于 1690 年，历史悠久、物产富饶。非常重视大学教育，校舍灵巧雅致，环境优裕娴雅，又不缺乏人间烟火。

今天早晨，有开幕会议，某教授首先登台演讲，可惜废话连篇。我们很快借机溜之大吉，去城区周边闲逛。那里湖泊环抱、森林郁郁葱葱，沁人心脾，我们陶醉在静谧的美景中。这是告别纽约生活之后，最令人神清气爽的元气恢复……

1909 年 9 月 6 日，周一

马萨诸塞州，伍斯特城克拉克大学

在斯坦利·霍尔教授家做客

2

……这里的人士都和蔼可亲、温文尔雅。我们在霍尔教授家得到盛情款待，在纽约的疲惫身体渐渐得到恢复。腹泻的病症现在基本康复了，除了肚子偶尔抽搐，总体健康状况良好。弗洛伊德昨日开始进行学术讲座，掌声雷动、大获成功。我们在异国他乡开疆扩土，学术事业蒸蒸日上，一步一个脚印朝前走。

我今天和两位温文尔雅的年长女性谈论心理分析，夫人们表现得见多识广、思路开阔。我非常惊讶，因为做好了遭遇抵制的准备。我们最近有过一次五十人参加的盛大的花园聚会，自己被五位女士团团围住，我甚至希望用英文开玩笑，可是怎么做得到呢！明天，就要轮到我进行学术演讲了，各种担忧烟消云散，因为听众们充满善意，他们渴望听到新鲜见解，我可以用新的心理学研究来犒赏听众。

也就是说，我们即将被授予荣誉博士称号，下周六会进行隆重庆祝，晚上还有正式的招待会。非常可惜，写到这里不得不匆匆搁笔，因为霍尔夫妇邀请我们这些社交圈内人士一起喝下午茶。《波士顿晚报》也过来采访过了，我们在此地成为当天的新闻人物。尽情享受一下这方面的礼遇也好。我感觉到自己的力比多也充分享受到了这一点……

1909 年 9 月 8 日，周三

马萨诸塞州，伍斯特城克拉克大学

3

……昨天晚上举行的假面舞会场面浩大，各路来宾身着各种奇装异服，有红黑礼服、四角金穗帽，等等，应有尽有。校方举办盛大庆祝集会，授予我荣誉法学博士称号，弗洛伊德也是。我现在可以在自己的名字后面加上 L.L.D，是不是显得特别风光啊！

今天，M 教授开车带我们去美丽的湖畔共进午餐，这里的风景明媚秀丽。今天晚上，在霍尔教授家里还有一场关于"性心理学"的"私人会议"，每天的时间都安排得满满当当，美国人在工作效率上真是厉害，几乎不让人有半刻喘息。经历了这些目不暇接的工作之后，我还真有点疲劳，希望能够进入山林中清净一下。

我这几天忙碌得头昏脑涨，在昨晚获得博士称号的时候，不得不面对大概三百人进行即席讲话。

……当再次来到海上，我欣喜若狂，近期以来舟车劳顿的心灵在无比宁静、广袤无垠的大海之中得到休养生息，我在这里的这些日子，几乎始终处于社交圈子的旋风之中。感谢上帝，我可以再一次全盘抑制住自己的享乐欲望，可以继续自己本来的一切，哪怕现在处于风暴之中也未曾中断自己的事业，我心满意足地坐下来……

> 1909 年 9 月 14 日
>
> 马萨诸塞州，伍斯特城
>
> 克拉克大学

4

……在这个机遇无限的国度，要是你看到我现在待在什么地方，肯定会惊叹不已。我现在坐在一个大木屋里，眼前是砖砌的粗陋大壁炉，前面摆放着大木桌椅，墙上托盘有餐具、书籍等众多东西。木屋四周环绕覆盖屋顶的回廊。

抬腿走出木屋，眼前全是林木，有山毛榉、冷杉、红松、侧柏，大树参天、细雨霏霏、沙沙落下。疏密不一的林间，可见远处的山景。漫山遍野都是林木，斜坡之上散布着木屋，就在稍远的山坡下，大概有十多座小房子，女人的住所、男人的房间、厨房、餐厅设置有序，中央空地上有奶牛和马匹在吃草。这里居住着 P 和 X 两户人家，连同他们的仆役。

沿着溪流朝上走，就很快来到森林，你会发现这里是一片北欧原始森林。地上散落着大量的冰川岩石碎片，上面覆盖着厚厚的地衣和蕨类，显得又厚又软，横七竖八地躺着许多发霉腐烂的树干和枝丫，幼小的树苗又在其中拔地而起。继续朝前走，来到腐木遍地的松软小路，就进入了林下植物茂盛区，有黑莓、覆盆子，以及两者的特殊杂交植物交错其中。无数高大的腐朽树木高高耸立在灌木丛中，光秃秃的掉光了树叶；还有万千高大的枯树倒伏在地，纵横交错，难以穿越。

我们必须从粗壮的树干下钻过，或者从上面爬行翻越，穿越腐木下幽深的洞穴，里面布满野鹿的脚印，树干上遗留着啄木鸟啄出的脑袋大小的窟窿。在一些地方，可以看到龙卷风经过的痕迹，把成百上千类似红杉的巨树推倒在地，树墩连接着树根斜冲天空。在几年前，这里发生过一场山火，数里林地毁于一旦。

经过几番周折跋涉，我们终于到达一千多米高的岩峰，可以俯瞰浑然天成的冰川期原始风光以及湖泊风光，覆盖的原始森林是冰川期以来未曾开发的处女地。这片奇异的荒原位于美国东北角，在纽约州，临近加拿大边界。这里栖息着黑熊、狼、野鹿、豪猪等动物，毒蛇遍地都是。在昨天我们抵达的时候，就看到了一条两英尺长的毒蛇恭候在这里。幸好在这一带尚未发现响尾蛇。陆续又走了几个小时，毒蛇在比较温暖的莱克乔治湖泊和尚普兰湖泊，就比较常见了。我们住宿的地方是茅舍，睡在吊床或者行军床上……

我觉得我们以后必须一起来这里一次，在这里过得真不错，处处有熟人朋友，受人照拂，我们一致认为要保留对这次行程的美好记忆。弗洛伊德泰然自若，充满睿智的微笑，征服各色人等，我也助力其间，尽情享受这色彩斑斓的美好世界，如果继续沉迷，恐怕再过两个月都无法结束，还是见好就收吧……

1909 年 9 月 16 日上午 8 点半

纽约阿迪朗达克山脉

基恩谷宿营地

5

……距离动身日期还有两天时间。可谓俗事繁忙，一片纷乱。昨天还身在海拔大约 1700 米高的光秃岩峰上，处于神妙莫测的原始森林当中，极目眺望蓝色无垠的美国国土，当时周围寒风刺骨，冷得要命！今天就在纽约州首府奥尔巴尼大都市的喧嚣之中。从这个仙境中获得了万千印象，难以用笔墨表达心中的感慨，一切都是那么壮观浩瀚。在过去那些日子里有某种东西逐渐潜入我的心中，使我认识到所谓生活前景的理想梦境于此处已成为现实。

这里，男人在文化传统允许的范围内可以过得非常滋润，至于女人则相对比较封闭糟糕。在这期间，我们看到了一系列让人赞叹的时尚新风气，也遇到了引人对社会发展进行反思的落后之事。至于科技文化，我们的国家已经远远落后于美国。但是所有发展进步也都付出了昂贵的代价，这一切让人吃惊，已经孕育出许多新事物的萌芽。我要给你好好说一下这里的事情，这次行程让人难忘，获益匪浅。我们现在已经厌倦在美国的应酬交际了，计划明天一早就出发去纽约，9月21日启程。……

1909 年 9 月 18 日

纽约州奥尔巴尼城

6

……昨天心情轻松，因为终于抖落了美国的尘土。这几天忙得晕头转向，头痛欲裂，Y 教授一家用香槟招待我。因为我戒酒的原因，在信仰方面变得游移不定，我是敢做敢当的，我退出那些协会，坦白说确实有些得罪人了。但是希望自己能够做到见到酒而无动于衷。确实总是这样，只要有禁忌之事就会招惹是非。我认为人有时候也不能过于严格自律。

在昨天早晨大概 10 点钟，我们开始驶离，左岸是纽约高耸入云的白色或者微红色的通天巨塔，右岸是霍博肯城冒烟的烟囱、船坞，等等。晨雾弥漫，纽约很快不见踪影，不久开始涌浪翻滚。我们把美国引航员放回到灯标船上，开始驶入"令人悲伤的汪洋大海"。

宇宙宏大浩瀚，一如既往地简单明了，人们总是哑口无言。尤其身处大海上的星空下，人们变得无话可说。只会默默地远眺四周，再没有白天陆地上的专横跋扈和狂妄自大。有许多古老谚语、旧日场景一一闪过脑海。总有一个声音在低声耳语，"澎湃轰鸣的海洋"总是亘古不变的，浪涛无穷无尽，"海浪与爱河波涛"，可爱的女神琉科沁亚现身于泡沫飞溅的巨浪当中，给风尘仆仆的奥德赛准备了带来好运的精美珍珠纱巾。

海洋如音乐，独具韵味，触动内心的一切梦想。海洋的美妙和伟大之处就在于，我们被迫潜入心灵深处，坦诚面对真实的自己，让"令人悲伤的海洋"重新焕发蓬勃活力。现在，我们还在对"过去的烦恼"感到厌烦，陷入苦思冥想的境地，在不知不觉间，让这一趟在美国发生的使人激动的一切开始变得井然有序起来……

1909 年 9 月 22 日

不来梅北德劳埃德船级社，"威廉大帝号"汽船

7

……昨天风暴突然爆发，持续了整整一天，直到半夜才停止。我几乎站立了一整天，在船头指挥桥楼下能够遮风挡雨的高处，欣赏这难得一见的壮观景象，排山倒海的巨浪奔涌而来，浪花飞溅，不断倾泻到船上。船开始颠簸得厉害，让人胆战心惊，有好几次，咸味的暴雨浪花直接扑面而来。天气变得越来越寒冷，我们就去喝茶。但是在吧台那里，颠簸更加剧烈，头晕目眩、胃部翻涌，所以，只能缩回到床上，很快觉得身体舒服了许多，随后开始美美地享用夜宵。

船舱外时不时有波浪撞击船身，室内物品都有了活力，我在朦胧中看到，长沙发靠枕在地板上爬来爬去，有一只平放的鞋子

站立起来，惊讶地环顾四周，然后小声拖拉摩擦着去了沙发底下，另外一只竖放的鞋子疲倦地侧身躺下，去追逐另外一只鞋子。现在场面变得越发精彩了，我发现，两只鞋子都去了沙发底下，取回了我的袋子和手提包；所有的物品伙伴们都搬到床下的大箱子那里去了；沙发上衬衫的一只袖子急切地向我挥手致意，箱子和抽屉里发出稀里哗啦的声音。突然，在我船舱的下面传来可怕的呼啸声、震动声，叮咚作响，因为下面是厨房舱室，那里仿佛突然有五百多个盘子从近乎死亡的拘束状态中苏醒，果敢跳跃，迅速终结这毫无价值的被奴役的生活。舱室周围有一种难以言表的叹息声，透露出菜单的秘密。这一夜，我睡得好极了。今晨，风从船舷另一侧刮过……

1909 年 9 月 25 日

不来梅北德劳埃德船级社，"威廉大帝号"汽船

弗洛伊德致荣格书信选录

1

亲爱的朋友：

……值得注意的事情是，在思想界敌人环顾的环境之下，我正式认定你为我的长子，选定你为我思想的继承人和王储，同时，你剥夺了我为父的尊严，似乎你喜欢这样的剥夺。恰恰相反，我却喜欢包装你的身份。若是我的言语涉及内心的鬼怪，恐怕我在

你心里的位置又恢复到父亲的角色，但是我不得不这么做，毕竟这不同于你的感想。

我从来没有否认，你告诉我的事情和曾经做过的心理实验给我留下了强烈的印象。在你离开之后，我决定再进行进一步的观察，并得出结论。当时第一个房间里不断爆响，那里有两块沉重的埃及石碑压在书柜的橡木板上，这是客观存在的。我们当时听到第二个房间里也发出了罕见的爆响声音。一开始，我想认定的证据就是，你在场的时候，噪声频繁发生，当你离开之后，就再也听不到了。此后，嘈杂声响又反复出现，不过，每当我陷入沉思的时候，这种情况却从未发生。在我研究、思考你的另类问题的时候，从未出现这种情况，即便是现在也从未发生。但是，随即其他事情让这种观察变得一文不值、毫无意义。

我的信任或者至少我曾经深信的热心，随着你本人在场时候的魔法而消逝了。不知道出于什么样的心理动机，我觉得出现这类事情是根本不可能的。摆在我面前的这些家具一个个显得失魂落魄，就仿佛失去诸神的大自然在告别希腊众神之后，面对苍白的作家。

我于是再次戴上代表父亲形象的角质眼镜，警告亲爱的儿子，头脑一定要保持清醒，你要做到宁可不愿意理解某些事情，也不要轻易质疑理解力，我本人有时候也对心理的综合法则无奈摇头。心里想着，他们、小子们确实如此，要让他们高兴，只是他们通常无须带着我们，我们常常气短、腿脚无力跟不上思维的速度。

现在我是倚老卖老，显得有些唠叨，在讲述着人们无法理解的天地之间的另外一些事物。在几年前，我就发现自己将在 61 岁或者 62 岁的时候死去，当时还觉得时间上是绰绰有余的，如今转眼间就只剩下 8 年时光。我于是和老友前往希腊游历，这一路上的遭遇简直让人毛骨悚然。一旦有机会看到，包括数字 61 或 62，连同 1 和 2 在内的各种可以计数的对象，我都如实记录下来，这种情景尤其在交通工具上反复出现。

在雅典的旅馆里，人家给我们安排了二楼的房间，我烦闷的心绪顿时舒缓了许多，心想这下 61 将不会出现了。但是，非常巧合的是，我住进了 31 号房间，还是 62 的一半，这简直是命中注定，而且这个更加巧妙灵活的数字似乎比前一个数字更加纠缠不休。自从返程回来，直到现在，31 号对我不离不弃，2 也是喜欢套近乎。

因为在我的思想体系里，也有着只是好奇却不是迷信的领域，从此，我开始尝试着分析这种确实存在的信息，它就在这里，形成于 1899 年，当时有两件事情发生重合。首先，我创作了《梦的解析》；其次，我得到了一个新的电话号码，至今仍然在使用，14362。这两件事情的共同之处很容易确立，在 1899 年创作这本著作的时候，我是 43 岁。其他数字意味着我的寿限，也就是 61 岁或者 62 岁，还有什么比这更显而易见的事情呢。这种遭遇突然让我条理大乱。

我将会在 61 岁或者 62 岁的时候死去，这种迷信想法等同于确信我以《梦的解析》成就毕生事业，以后无须废话，大可以放心死去。你将会承认，依据这样的经验，事情听上去或者不是那么荒唐了。再者说，W. 弗利斯隐而不发的影响蕴含于其间，在他常年的抨击之下，这种迷信也会发作的。

你将发现独特的犹太人天性，在我的神秘主义思想中再度得到确认。另外，我个人倾向于只说 61 这个数字的奇遇，因为两个因素得到澄清，首先是由潜意识急剧提升，海伦娜认为每个女人都有专心致志的一面；其次是无可否认的确实存在的"天道相助"，它对形成妄想所发挥的作用，就如同身体在支撑歇斯底里症状的发作，犹如语言协助在文字游戏上的作用。

你对于反复闹鬼的研究，如同人隔绝于同类的可爱空想，我很有兴趣获悉后续信息。

诚挚问候你、夫人及子女们。

> 您的弗洛伊德
>
> 1909 年 4 月 16 日
>
> 维也纳，九区，贝格巷 19 号

2

亲爱的朋友：

……我知道，你内心的偏好，催发你去钻研玄妙的事情，我不怀疑你将在这一领域满载而归，对于此，我确实无可奈何，一个人听从自己环环相扣的内心冲动也并无不妥。你现在的疯狂痴迷的名声可以抵挡"神秘主义者"这样的学术骂名一阵子了。不过，你千万别留在热带殖民地那里了，你应该回来执掌学术界的大权……

衷心问候，希望你能快点给我写信，不要让我等待太久。

您忠实的弗洛伊德

1911 年 5 月 12 日

维也纳，九区，贝格巷 19 号

3

亲爱的朋友：

……因为弗伦茨的经验而有了重大的教训，我在秘术这件事情上变得谦虚恭敬了许多，保证相信在一些方面可以令人理智地面对一切。你是知道的，最好不要出现这种事情，但是也从此打破我的傲慢和狂妄。若是你和 E 当中有一个人要迈出这一步，公之于众的那危险的一步，我想让你们二位知道，而且我也设想过，这是工作中无法避免的……

衷心问候你及家人。

您忠实的弗洛伊德

1911 年 6 月 15 日

维也纳，九区，贝格巷 19 号

从突尼斯苏塞市致妻子的书信

这片非洲的美景是前所未有的！

……非常可惜，我无法一气呵成统统给你写进信里，虽然美不胜收，但是文笔拙笨，只能浮光掠影地描述了。在经历了海上的狂风暴雨、波涛汹涌的严寒天气之后，阿尔及尔的早晨备感清新凉爽。这里房屋明亮，街道清朗，林木苍翠浓郁，棕榈树高耸其间。

这里的人们身着白色连帽长罩袍，头戴红色土耳其毡帽，其中夹杂着非洲军团狙击手的黄色军装、北非骑兵的红色军服。此外，还有植物园，仿佛一片热带仙林，恍惚间如同在印度看到的景象。神圣的榕树长有巨大的气生根，形状如同巨兽怪物，各种离奇古怪的神宅广大无边，墨绿色的树叶密密麻麻，在海风的吹拂下飒飒作响。

接下来是要乘坐三十小时的火车前往突尼斯。这座阿拉伯城市处于古代状态，具有摩尔人中世纪的特征，象征格拉纳达和巴格达的童话。人们不再想到自身，而是融入这种无从判断、更无法描述的五色斑斓当中。围墙上是罗马圆柱，有一名奇丑无比的犹太老妇人穿着白色灯笼裤走过，一名小贩带着一批连帽长罩袍挤过人群，用带有苏黎世人的嗓音沿街叫卖。

天空一片湛蓝，清真寺穹顶洁白如雪。有一名鞋匠在带拱门的小房间里正全神贯注地工作，他身前的垫子上是热辣刺眼的太阳光斑。盲人乐师们带着鼓和三弦小琉特琴，有一个乞丐衣衫褴褛，油渣饼冒着热气，苍蝇成群结队，嘤嘤嗡嗡。在高处，欢快的气氛笼罩着伊斯兰教堂的白色尖塔，人们正在诵读着午间祈祷词；下方廊柱连起的庭院里阴凉宜人，上釉的陶器围绕着马蹄形门扇，在围墙上有一只癞皮猫躺在阳光下。来来往往的人群穿着五颜六色的外衣，混杂成红白黄蓝棕褐色的海洋，他们戴着白头巾、红毡帽，身穿制服，面容各异，他们皮肤有的白皙、有的淡黄、有的黧黑，穿着黄的红的拖鞋，拖拉蹭地，也有匆匆地来去无声的黑色脚丫，诸如此类，不一而足。

伟大的上帝在清晨起身，将其喜悦和威力充盈两条天际线，一切生者皆俯首听命。在夜里，月亮高照，闪耀着银色神光，无人怀疑这是阿斯塔特在显灵。

阿尔及尔与突尼斯之间有着900万平方公里的非洲土地，典雅广阔的阿特拉斯山脉堆叠而成，在深谷高原之间充溢着葡萄和谷物，栓皮楮林黛绿苍翠。

现如今，何露斯从绿色、棕褐色的无尽平原上的一条遥远苍白的山脉起身，沙漠里吹来的劲风，吹向湛蓝的海洋。在起伏不定的灰绿色丘陵上，完整的罗马式城市只剩下黄绿色的遗迹，稀稀拉拉地放牧着黑山羊，在附近贝都因人的营地里有黑色帐篷、骆驼和驴子，火车压死了没能当机立断走下铁轨的一匹骆驼，有人跑来，大声尖叫，一通比画，白色身影重重，海洋依旧湛蓝，有时阳光闪烁，让人心痛。

橄榄树、棕榈树、巨型仙人掌沐浴在阳光下的蒸腾热气之中，浮现出一座雪白的城市，壮丽美妙地覆盖于一座丘陵之上，穹顶、塔楼洁白超凡，然后是白墙白塔的苏塞市，下面是港口，港口围墙之上是蔚蓝色的海洋，港口里停泊着我曾经描绘过的有两面三角帆的帆船。

我跌跌撞撞地走过罗马式样的城市遗迹，用手杖从地下挖掘出一件罗马式容器。

这一切经历，写得磕磕绊绊，让人读起来吃力，也不知道非洲究竟想告诉我什么，但是它已经敞开了心扉。设想一下，太阳威力无穷，空气洁净如在最高的山岭上呼吸，海洋的蓝色超过你一切所见，所有色彩的力量都是空前的，在集市上还能买到古代的双耳陶器，居然有这等妙事，当然还有月亮！！！……

1920 年 3 月 15 日，周一

苏塞市大饭店

致年轻学者信件选录

……我对自己的定位是经验论者，因为我必须做一个正派人。时常有人对我横加指责，说我是劣等的思辨者，当然，我可不愿意成为劣质品。作为经验论者，我至少要有所成就。总不能在自以为是的好鞋匠的墓碑上这样写道："因为他曾经制作过一顶不合适的帽子，所以我就是劣等制帽匠。"

为了适应心理的双面本性这种客观特征，我说的语言不得不语义双关，或者模棱两可。我自觉地、有意识地追求语义双关的表达方式，因为这优于直言不讳，符合人类生存的本性。我也完全可以依照自己的秉性直言不讳，但是这样做毕竟不难，但是却有损于真相。我故意同时发出泛泛之语和弦外之音，因为一方面它们反正是现成的，另一方面它们更完整地提供现实景象。只有在确定事实而非诠释的时候，直言不讳才有意义。因为"意义"

并非同义反复，而是越来越把自己视为陈述的具体对象。

更特别之处在于，我只是一名精神科医生，因为我的全部追求都是在追问问题的本质，这种本质性的追问意味着思路紊乱，其包括现象论、病因学、目的论。一切理论在我这里都只是起到辅助作用。我自觉还没有资格创立一种宗教，也不适合宣布信奉这样一种宗教。我并不是从事哲学工作，而只想在加诸我身的特殊任务范围内充当称职的宽心大夫。我发现自己确实如此行事，就这样作为人类社会的一名成员行使职责。

我从来不否认，他人比我所知更多。比如，我不知道脱离人类经验如何能够体验上帝。若是对上帝的存在没有体会，又如何能说上帝是存在的呢？我的经验是极为狭隘琐碎的，所以，即使沮丧地预感到无法估量，所体验到的事情仍然是微不足道的。和人们所想类似，当试图表达此事的时候，对此看得最清楚。

在心理经验当中，一切都是处于心理的双重含义当中。最重大的经验也是最微不足道、最狭隘的经验。因此，人们畏惧过于高调谈论此事，甚至推究哲理。要做到这一点，人还是太渺小、太不适宜的，不可能如此不自量力。

因此，我偏爱模棱两可的语言，因为它既可以应付原型观念的主观性，也可以对付原型的独立性。比如，"上帝"一方面代表着无法表达的最强者，另一方面也是不当的暗示，表示人是无能的，是一筹莫展的，也就是性质最为自相矛盾的经历。

心灵空间是广袤浩瀚的，充满生动的现实。这个空间的边缘有物质的秘密、精神的秘密或者人生意义的秘密。对我来说，这

417

是可以表达自己经验的活动范围……

1925 年

致同行信件选录

……在受造物的世界，"秩序"这个词的概念和"意义"这个词的概念并非等同的。有机生物虽然在自身安排上明智合理，在整体关联上却未必有意义……人若是毫无反思意识，世界将变得毫无意义，因为依据我们的经验，人类是地球上唯一能够确定"意义"的生灵。

我们完全搞不懂如何说明生物发展的建设性因素是由什么构成的，但是可以清楚地知道，恒温和大脑的进化是形成意识所必需的，进而也是彰显意义必不可少的。狐猴类的森林栖息动物进化为人类，是绵延千百万年的过程，至于历经怎么样的巧合与风险，是我们做梦也想不到的。

在这个偶然事件的迷魂阵当中，可能有同步感应现象在发挥作用。面对已经知道的自然规律并借助它们，在原型瞬间能够完成我们觉得不可思议的融合。因果关系和目的论在这里失灵了，因为同步感应现象如同偶然事件。

因为自然规律的概率并不提供依据令人猜测，仅有巧合就可能产生更高级的融合，例如心理。所以，我们需要假设有一种潜在意义，不仅用于解释同步感应现象，也用来解释更高级的融合。所谓意义在一开始似乎总是不知不觉，所以只能后知后觉；因而也始终有危险，在不存在诸如意义之处可能会牵强附会。我们需要同步感知的经验，以能够论证和意义无关的潜在意义这种假设为前提。

因为人如果没有反思的意识，受造物就没有清晰可辨的意义，所以，假设存在潜在的意义，就要考虑赋予人类以宇宙进化的意义。如果把潜在意义作为有意识的创世计划记录在造物主的名下，就会产生疑问：造物主为什么要制造这全部的世界现象？因为他已经明确知道向何方照镜子。为什么他要照镜子？因为他确实已经有自我意识。他无所不知，为什么要另外制造出第二种劣等意识呢？他确定性地已经从它们身上预先知道，它们能够再现的景象将会如何。

经历过所有这些思考之后，我得出结论，不仅是人类，连造物主也有另一个版本。他和人类是相似或者相同的，这意味着造物主和人类一样无知无觉，或者更加无知无觉，因为按照道成肉身的神话，造物主甚至自觉有责任成人，自愿为人类牺牲……

泰奥多尔·弗卢努瓦

在和弗洛伊德交往过程中，我觉得泰奥多尔·弗卢努瓦是慈父一般的友人。在我们相识的时候，他已经是一位老人了，非常可惜，没过几年他就去世了。当我还在布尔克赫尔茨利岭的苏黎世大学精神病院当医生的时候，就拜读过他那本《从印度到火星》。我给弗卢努瓦写信，说想把这本书翻译成德文，半年之后才得到回复，他道歉说对于我的询问，他耽搁了太长时间。非常遗憾的是，他已经另选了一名译者。

后来，我在日内瓦拜访了弗卢努瓦，在逐渐认清弗洛伊德的学术研究限制范畴之后，我就时不时地去弗卢努瓦的住处找他聊天。他对弗洛伊德的学术思想有什么样的看法，对我来说非常重要。关于弗洛伊德这个人，他说了非常睿智的评语，尤其是明确指出了弗洛伊德现代心理学研究的启蒙者身份，这使人们更加客观地看待弗洛伊德身上的许多问题，同时也解释了他学术研究存在的片面性。

在1912年，我邀请弗卢努瓦出席慕尼黑代表大会，弗洛伊德和我就这次会议而决裂。弗卢努瓦的参会意味着对我的支持。

在那些岁月当中，尤其是与弗洛伊德在学术上分道扬镳之后，我感觉自己太年轻了，还不足以自立门户，仍然需要依靠，尤其需要有人可以开诚布公地发表学术谈话。我在弗卢努瓦那里找到了。因而，对我来说，他很快就产生了类似对弗洛伊德的学术制衡，和他之间，可以谈论我所研究的一切学术问题，比如关于梦游症、通灵学以及宗教心理学等问题。当时，确实无人可以分享我在这些方面的爱好。弗卢努瓦在这方面的学术见解和我想的如出一辙，并且给我的研究给予一定的启发。我从他那里吸收了令人特别感兴趣的"创造性想象"这一个心理学研究学术概念。

和他交流我获益匪浅，尤其是涉及观察患者的方式方法，以及体贴入微地深入了解患者病史。因此，我重新研究了他的一个病例，也就是米勒小姐的病案，在《力比多的变化和象征》（1912

年）当中，对此做了细致的分析。

我早就对精神病分裂者的幻象产物之间有什么样的关联很感兴趣，弗卢努瓦帮助我更好地理解它们，他从整体上看待问题，尤其是客观地看待问题，注重发生的事实。他小心翼翼地接近患者，从未丧失大局观念。在印象中，弗卢努瓦的学术态度有一个关键地方，他的"方式方法"确实客观，和弗洛伊德相比较，我觉得这是其非常高明的地方。弗洛伊德的做派总是生机勃勃并且横行霸道，把观点强加于人。他对病人是有所期待的。而弗卢努瓦则无欲无求，高瞻远瞩。

通过弗洛伊德的学术影响，我学到了很多知识，但是不明就里，抓不住根本。而弗卢努瓦指点我和研究对象保持距离，支持我通过努力跻身更加广阔的境界，这让我保持清醒的头脑。他处理事情的方式方法更多是描述性的，而不是流于推测，虽然热诚关心患者，但是始终保持旁观的距离，如此便能胸怀全局。

弗卢努瓦是一位出类拔萃的文雅绅士，文质彬彬，才智双全，拥有超乎常人的均衡感，他平易近人，与他交往我感到轻松舒适。他是哲学兼心理学教授，深受詹姆斯实用主义的影响，这样一种领会方式似乎并不适合德意志精神，因此，未曾从德意志精神那里得到应有的认可。实用主义恰恰对心理学研究意义重大，我对弗卢努瓦特别珍视的是其哲理性观察自省的方式，尤其是其基于渊博学识而进行深思熟虑的评论。

卫礼贤（理查德·威廉）

在达姆施塔特举行的一次"智慧学派"会议上，我在凯泽林伯爵那里结识了卫礼贤，那是 20 世纪 20 年代初期，1923 年，我们邀请他前往苏黎世，他在心理学俱乐部做了关于《易经》的学术报告。该书是古代中国的智慧书籍和占卜用书，最早起源可以追溯到公元前 4 世纪。

在结识他之前，我就已经开始了对东方哲学的研究工作。大约是在 1920 年，我开始用《易经》里面的知识做实验。有一年夏天在博林根，我决定解开这本书的秘密。我不再用经典方法所采用的蓍草，而是削了芦苇秆，常常在百年老梨树下的地上一坐就是几个小时，身旁放着《易经》，练习使用技巧，办法就是如同问答游戏一般，把得出的"神谕"联系起来。在这个过程中，产生了许多各种各样无法否定的怪事，和我自己无法解释的思路具有合理的关联性。

在实验的时候，唯一的主观性干预，就是实验者随意伸手，把一束 49 根秸秆随手分开。也不知道两份秸秆各有几根，但是结果取决于这个数量比对。其余一切操作都是机械安排的，容不得随心所欲。若是确实存在心理上的因果关系，其原因只可能在于一把秸秆的随机分配上。就仿佛硬币的随机落下。

整个暑假，始终有一个问题萦绕在心头：《易经》当中给出的答案是否有意义？如果有意义，那么心理与躯干接二连三的事件是如何形成关联的？我一再遇到惊人巧合的事情，不禁让人想到无因果联系的并行不悖，我在此后提出同步感应的并行不悖。我着迷于这些实验，根本忘记了绘图，事后经常抱憾不已。

后来，我时常对患者进行这类实验，可以确信显然成功的次数是相当可观的。以一名具有明显恋母情结的年轻患者为例，他是有意结婚的，当时结识了一位中意的姑娘，但是觉得没有把握，生怕受到恋母情结的影响，不小心又娶了一位强悍霸气的母亲。我对他做了相关实验，他的卦象结果显示："女强，勿娶。"

在20世纪30年代中期，我和中国哲学家胡适相遇，向他询问《易经》的知识，他的回答是："哦，这无非是毫无意义的符咒汇编罢了！"他自称并不了解实际方法和其应用，他只用过一次这本书，那是在一次散步的时候，有一名朋友说起自己的不幸感情遭遇，他们正好经过一座道观，他就逗那位朋友："你可以在这里问卜。"说做就做，他们一同进入道观，向道士求得一卦。他自己是不相信这种胡诌的。

我问胡适，难道卦象根本不准吗？他似乎不情愿地回答道："哦，那倒不是，当然准了。""好友"做了不想归功于己的一切，考虑到这个众所周知的事故，我小心翼翼地问他，他自己是否也利用了这个问卜的机会。他回答说："是的，我当时开玩笑，也顺便提了一个问题。"

我问他："卦象和此有关吗？"

他迟疑地回答说："信则灵吧。"看来，我的询问令他感觉难堪，一旦涉及个人的隐私，有时候就会干扰到客观性。

过了几年，在我一开始用芦苇做实验之后，《易经》连同卫礼贤的评注出版了。当然了，我马上就购买了一本，书中内容令人十分满意，他对意义关联性的学术看法和我的考虑大致相同。但是他了解全部文献，因此，得以弥补原本存在的漏洞。他来苏黎世的时候，我非常有缘地和他深入交谈。我们两个人畅谈了中国哲学和宗教。由于熟悉中国人文精神，他所告知的事情在当时澄清了欧洲潜意识给人提出的若干难题。另外，我讲述了自己对潜意识的研究结果，令他吃惊不小，因为他又在其中认识到一些，他原以为只有中国独有的哲学传统。

在年轻的时候，卫礼贤曾为传播基督教去过中国，在那里东方的精神世界向他敞开大门。卫礼贤是一位典型的宗教人士，目光远大，不畏浮云遮望眼。他有能力做到不先入为主地聆听陌生精神的启示，完成那种设身处地的奇迹，这种奇迹使他能让欧洲容易接近中国的精神宝藏。他对中国传统文化印象深刻。曾经对我说："我最满意的地方就是不曾为中国人洗礼！"

虽然从事于基督教传播，但是他仍然不得不认识到中国传统人文精神的博大精深、逻辑缜密。不仅深受影响，还为之倾倒，受到中国文化的同化。基督教的世界观退居幕后，但是并未完全消失殆尽，而是形成精神上的保留，具有命中注定意味的一种道德上的保留。

卫礼贤是幸运的，他在中国结识了劳乃宣，一位由革命力量驱逐出内地的旧时代大儒，这个人带着卫礼贤深入了解中国的瑜伽哲学和《易经》的心理学知识。这个版本的《易经》连同其出色的评注，应该感谢两人的通力合作。这个版本的发行，使这部东方最为深奥智慧的著作，第一次鲜活可及地呈现在西方学者面前。我认为该书的出版是卫礼贤在学术研究上最杰出的业绩。在对《易经》的评注过程中，虽然西方思想观点清晰可见，他仍然表现出对举世无双的中国心理学的适应。

在该译著的最后一页，首批校对样稿面世之际，宿儒劳乃宣去世，仿佛他功德圆满，把奄奄一息的古老中国的遗训留赠给欧洲人，卫礼贤帮助他完成了梦想。

我认识卫礼贤的时候，无论是表情还是语言文字，他看起来完全是一个典型的中国人，采用东方立场，浑身上下浸润着中国传统文化的气息。在抵达欧洲之后，他在美因河畔的法兰克福的中国学社从事教学活动，无论是在这里还是对外做学术报告，对欧洲精神的需求重新困扰着他，基督教的视角和形式又越来越凸显出来，我后来听了他的几次报告，几乎和宣教布道一样。

卫礼贤返本归原，再度适应西方，让人觉得有些欠考虑，学术生涯变得危险。我担心他因此时常纠结，因为我看出了入乡随俗的无奈，也就受到现实生活环境的影响，存在的风险就是不知不觉间发生的文明冲突，东西方不同心灵思维的碰撞。我曾这样推想，若是基督教的态度原本让位于中国的影响，现在可能要反其道而行之了。欧洲文明的作用范围有可能对东方文明占尽优势。如果在这一过程中缺乏深刻自觉的分析，就有潜意识相冲突的忧虑，也可能殃及身体健康。

在听过卫礼贤所做的学术报告之后，我曾试图让他注意这方面面临的危险，当时的原话是："我亲爱的威廉，请不要见怪，现在我只是感觉到西方文明重新接纳你，而你却背离了向西方社会介绍东方文明的使命。"

他回答说："我认为你言之有理，在这里确实有什么东西在制约着我。但是我又有什么办法呢？"

几年之后，卫礼贤在我家里做客的时候，大约20年前感染过的东亚阿米巴痢疾复发了，随后几个月病情逐渐恶化。听说他住院了，我前往法兰克福探望，见到的是一个病入膏肓的老人。医生们虽然从未放弃治疗的希望，连卫礼贤自己也说等到身体好转想要做的事情。我对他是怀有希望的，但是也暗地里为他的身体担心。他当时吐露的心声也证实了我的猜测。他说在梦中身处无尽的荒野上，那里是荒凉的中国，回味中国给他提出的问题，而西方阻止他进行作答。他虽然意识到这个疑问，但是已经无力着手解答了。疾病延续了数月。

在他临终前几周，我已经较长时间没有得到他的消息了。有一次入睡后，有一个幻象把我唤醒。但见床前站立着一个身穿深蓝色长袍的中国人，他双手拢袖，对我深深鞠躬，仿佛想传递某种信息。我知道涉及何事。这幻象最引人注意的地方异常清晰，我不仅看到他脸上的每一条细小的皱纹，还看到他长衫上丝丝缕缕的纹理。

也可以把卫礼贤的问题领会成为意识和潜意识之间的冲突，在他身上表现出了非常明显的东西方文明的冲突。我认为自己能够理解他的处境，因为确实遇到过和他一样的问题，知道处于冲突之中意味着什么。虽然在我们最后一次会面的时候，卫礼贤也未曾对我畅所欲言，但是我依然察觉到，当话题引向心理学观点时，他极其感兴趣，但只在事关客观性、灵修或者宗教心理学问题的时候，才会保持这种兴趣，那个时候，一切正常。

但是，当我试图触及他内心的冲突这个现实问题的时候，他马上表现出一丝踌躇，闭锁内心。因为这涉及他的本性，我在许多著名人士身上都观察到这一现象。那是"无人踏足、不可涉及之地"，是不可以也不能勉强，是不容许人为进行干涉的命运。

海因里希·齐默尔

在 20 世纪 30 年代初期，我认识了海因里希·齐默尔这个人。源自我读过他那本《艺术形式与瑜伽》（1926 年）一书，可谓引人入胜，所以早就希望结识他本人。我发现他是一个性情活跃的天才，十分健谈、语速飞快，同时也可以做到专心聆听。我们共同度过美好时光，谈话内容丰富，他对我的启发非常大。

我们主要谈论了印度神话，借此机会，他告诉我他对我和卫礼贤合编的《金花的秘密》一书做出什么样的反应。非常可惜的是，在我进行相关著述的时候，尚且不知道齐默尔的《艺术形式与瑜伽》，也就无法使用他那些对我极具价值的材料，这是非常遗憾的事情。齐默尔告诉我说，他打开《金花的秘密》翻阅的时候，满腔恼火，我做的心理学评注，让他愤怒地把书砸在墙上。

这种特别的反应也不算让人惊讶，因为我早就从其他相似情况中得知会有这样的反应，但也只是间接了解。齐默尔是第一个直接讲述此事的人。和许多人一样，他对"心理学"一词的反应也如同公牛对红布做出的反应。"心灵"可是与只有历史趣味的此类经文毫不相干的！这纯粹是异想天开、胡说八道、不懂科学！

过了一会儿，他冷静下来以后，逐渐恢复学术良知，带着几分好奇，就想知道心理学在此类情况下究竟有什么想要表达的。于是，他从地上捡起书，继续阅读起来。作为一名杰出的印度文学专家，他不禁发现了一系列引人注意的相似之处，他的艺术洞察力显露无疑，超乎寻常的直觉让他受益匪浅。他带着几分自嘲说道："我当时的体验就是顿时悟道了，我的梵文文本不仅表现出语法和句法的障碍，而且引入了其他的含意。"

虽然"不可全信"这句格言可以理解成为言过其实，但是我仍然要高度评价齐默尔的这种坦率，他的诚实十分宝贵，让人闻之振奋，尤其是想到那些弱小民族的众神，他们难掩愤懑。

非常可惜的是，齐默尔早早去世，没有能够前往印度。我时常自问，亲身接触印度文化可能会对他产生什么样的影响呢。他豁达开朗、接触能力强、深谙印度文学，有着超乎寻常的直觉，我对他的期望一直非常大，可惜亡灵把他的魂魄招走了。

齐默尔的本性是"我为青春狂"，语言卓越的优势让他如虎添翼，让印度神话的花园里百花齐放、蓓蕾芬芳。他也和这花园有着共同的命运。因为"诸神所爱者早亡"。卫礼贤虽然也是早逝，但是"我为青春狂"的性格并没有那么明显。我感觉到齐默尔的这种性格生生不息、英气勃发。尽管是这样，我却推测，在卫礼贤身上也可能隐藏着类似的事情，如同他同化中国，或者确切地说，他被中国所同化。齐默尔和卫礼贤都是充满童真、绝顶聪明的人，两个人在现实生活中如同徜徉于一个陌生的世界，而其内心永远保持着纯洁无瑕，听从于神秘莫测的天数命运。

1959 年

附录二：致死者训词七篇

荣格曾经以小册子的形式自行印刷了《致死者训词七篇》，有时候会赠送给好友收藏，从未在书店进行公开发售。后来，他称这一举动是年少轻狂，很后悔年轻时候的张狂。

该书语言风格和《红书》类似，后者内容涉及与内心人物的对话，行文烦琐冗长，而《训词》一书自成一体。在1913年至1917年之间，荣格俗事繁忙，该书传递了当时的断断续续的思索，映照他的抉择，因而具有特殊意义。

在这本书中，形象勾勒或者预演荣格后来在学术事业中发挥巨大作用的思想，尤其是涉及精神、生命、心理领域的对立性概念。诺斯替教派汲取了荣格教授的似是而非的思想。在这本书里，荣格认同公元二世纪初期诺斯替教派信徒巴西里德斯的思想学说，部分行文遵循对方术语，比如说，把上帝化身为阿卜拉克萨斯，就像做游戏一样故弄玄虚。

荣格对于该书的公开发表是犹豫不决的，只是考虑到诚实面对这一生，最终允许发表他的回忆录，对于书末的回文字谜并未透露破解办法。

致死者训词七篇，巴西里德斯写于东西方交汇处的亚历山大城。

训词一

死者从耶路撒冷归来，在那里没有找到想要的东西。他们请求进入我的房间，得到我的指点，我就训导他们说：

你们听好了，我从虚无说起，虚无就是充盈。在无穷无尽的宇宙当中，满就是空，虚无既代表空也代表满。你们也可以认为虚无没有其他特性，例如或黑或白，或有或无。无穷无尽永恒存在者没有任何特性，因为它已经包含了任何特性。

我们把虚无或者充盈称呼为圆满，其中不包含任何物质，无任何思维活动。因为无穷永恒者无特性，其中更无人，若有人就会有别于圆满，就会拥有特性，就会具备一定分量。

在圆满当中，既有虚无，也有一切，不要沉思为什么圆满，这样会造成自我消解。

世间万物不存在于圆满当中，只存在于自身当中，圆满是万物的初始和归宿，它贯穿于万物的一生，正如阳光穿透空气，虽然贯穿圆满，但是万物毫无感觉，正如同透明的物体不会因为阳光的穿越而改变色彩。

但是，我们都是圆满的一部分，因为我们是无穷永恒的一部分，却没有分量，而且距离圆满遥不可及，不是时空的距离，而是本质上的差异，因为我们的身体是受时空限制之物，我们在本质上和圆满是有区别的。

同时，因为我们是圆满的一部分，所以圆满也在我们身上的，即便是在最小的一点上，圆满也是无穷无尽、永恒且完整存在的，因为大小是包含其中的特性。虚无是处处存在，持续不断的。因此，我只有象征性地说万物是圆满的一部分，因为圆满确实无法分割，因为它就是虚无。我们也是完整无缺的圆满，因为圆满象征着我们身上假设存在的点，是我们周身无穷无尽的宇宙穹窿。但是圆满代表着一切又是虚无的，我们究竟该如何解释圆满呢？

我说的圆满，是从某个地方开头，为的是打消你们的妄想，你们的妄想无论内外肯定有一开始就固定的或者确定的某处。一切所谓固定者或者确定的位置都是相对的，只有能够经受变迁者的演变，才算是真正的固定和确定。

可变者都是受造物，这是唯一可以确定的、固定的事物。因为它具备一定特性，甚至它本身就是特性的一部分。我们由此会产生疑问：受造物是怎么形成的？形成的是受造物构成的世界，却并非单个的受造物，因为受造物带有圆满自身的特性，就如同不曾被创造、永远消失的事物。受造物是永恒存在的，无处不在，死亡永存。圆满拥有一切的差异性和无所分别的个性。

受造物具有差异性，这是它的本质，它是各不相同的，因而它也是有所区别的。所以，人各有不同，因为其本质具有差异性。所以，也要区分并不现实存在的圆满的特性，出于本性而进行区分这些特性。

你们说："说这些有什么意义呢？你自己都说不值得对圆满进行思考哇！"

我对你们说这些话，就是为了让你们摆脱那种妄想，你们的幻想可以对圆满加以思考。若是我们对圆满的特性进行区分，就是因为我们之间存在差异性，而谈论各自的差异性，对圆满的定义是各执一词的。所以，有必要谈论我们的差异性，以便能够区分开来。我们的本质是有差异性的，如果我们背弃这种本质，就无法区分截然不同的差异性，因此，这种天然分野必然构成特性。

你们问：无所分别有何妨碍？

若是我们无所分别，则超越了自身的本质，超越了受造物，无所差异，而无所差异是圆满的另外一种特性。我们就会处于圆满的自身，不再是受造物，在虚无中逐渐消解。

这是受造物最沮丧的地方，我们都死亡了，正如我们无从分别，因此，受造物自然去追求有所分别，反对与生俱来的非常危险的千人一面，这就是人们所说的个性化原则。这个原则是受造物的本质。你们由此可以看到，为什么无所差异和不作分别是对受造物的巨大威胁。

所以，我们必须区分圆满的特性，每一组特性都是相反相成的反义词，它们是：有效和无效、盈虚、鲜活与死灰、异同、明暗、冷热、力量与材料、时空、善恶、美丑、一与多，诸如此类。

成对的矛盾是圆满的特性，它们不存在，是因为自我进行抵消了。

因为我们是圆满自身，所以身上也具有这些特性；因为我们的本质的根据是差异性，所以，我们拥有的特性所打出的名号和标记是差异性的。这就意味着：

首先，特性在我们身上是相差异、相区别的，因此，它们并不相抵，而是发挥效力，所以，我们是成对矛盾的受害者，圆满在我们身上呈现出四分五裂。

其次，特性属于圆满，我们只能并且只应该打着差异性的名义和标志拥有或者经历这种特性，应该使自身有别于特性。特性在圆满中相抵，在我们身上却不会，对特性做出区分使人得救。

若是我们追求真善美，则忘却自身的本质是有差异性的，考虑到成为对立面的圆满特性，努力获得真善美，但是同样也领会到假丑恶，因为它们在圆满中是和真善美合二为一的。如果我们忠诚于自己的本质，也就是差异性，那么就会和真善美进行分野，因此，也会和假丑恶分野，也就不会陷入圆满的陷阱，也就避免了虚无与消解。

你们插话道："你说异同也是圆满的特性。若是我们力争各自的不同，会出现什么样的情况呢？那样我们就不忠于自身的本质了？若是我们力求各有不同，也将陷入千人一面的境地吗？"

你们可不要忘记了，圆满没有特性，我们通过思维创造了特性，若是你们力求各有不同，或者千人一面，或者其他特性，也就是追求从圆满处涌入你们的想法，也就是关于并不存在的圆满特性的那些想法。你们追逐这些想法，就再次落入圆满，同样实现各有不同和千人一面。并非你们的思维，而是你们的本质是各有不同。

因此，你们不应该按照自己所想的那样力求有所不同，而应该追求你们的本质。所以，其实只有一种追求，也就是追求自己的本质。若是你们有了这样的追求，也就根本无须知晓圆满及其特性，借力你们的本质仍可以达到恰当的目的。但是因为思维是远离本质的，所以，我必须指点你们如何掌握才可以驾驭自己的思维。

训词二

在夜间，死者们靠墙站立，叫喊道："我们想了解上帝，上帝在哪里？上帝死了吗？"

上帝没死，他生机勃勃，一如既往。上帝是受造物，因为他是确定者，因而有别于圆满。上帝是圆满的特性，我所说的关于受造物的一切，也都适用于他。

但是他远比受造物模糊，难以确定，以此有别于受造物。他和受造物没有太大分别，因为他的本质的根据是有效的充盈，只有他确定并且有所不同，才是受造物，就此而言，他说明了圆满是有效充盈的。

我们习惯了不加区别，把一切都落入圆满的窠臼，以其对立面相抵消。因而，若是我们不对上帝进行区分，对我们来说，就取消了有效充盈。

上帝也是圆满自身的，正如在受造和非受造之间，每个最小点也是圆满自身的。

有效空虚是魔鬼的本质。上帝与魔鬼最先说明我们称为圆满的那种虚无。是否圆满是无关紧要的，因为它在万事万物的转化过程中自我抵消。受造物并非如此，只要上帝与魔鬼是受造物，它们并不会自动抵消，而是彼此作为有效的对立面而继续存在。我们无须证明它们的存在，不得不一再提及它们就足够了。即使没有这两者，受造物也会出于其有所不同的本质，而一再把它们从圆满中区分开来。

从圆满中区分出来的一切均为成对的对立面，因而，魔鬼也总是属于上帝的一部分。

你们是有过体验的，这种休戚相关的关系在你们的生活当中，也和圆满自身一样密不可分。原因就在于，两者近乎圆满，一切对立在圆满中得到抵消而合二为一。

上帝与魔鬼因盈虚、生产与毁灭而有所区别，其共同的地方就是发挥效力者。是起效者把它们联系起来，因而，起效者超乎这两者，是上帝之上的一位神灵，因为其作用使盈虚合一。

这是你们所不了解的一个神灵，因为人们把它忘记了。我们用它的名字阿布拉克萨斯称呼它。它比上帝与魔鬼更加不能确定。

为了把上帝与它相区分，我们称呼上帝为赫利俄斯或者太阳。

阿布拉克萨斯就是效力，阻碍它的无非就是无法实现的事情。因而，它那具有效力的天性会施展自如。不可实现的事情是不存在的，也是无法进行对抗。阿布拉克萨斯超乎太阳，超乎魔鬼，它是不可思议的可能之事，发挥无法实现的作用。如果圆满存在一种本质，那么阿布拉克萨斯就会是对它的说明。

它虽然是起效者自身，但是并非特定效力，而是一般效力。它所起的作用无法实现，因为它并没有特定的效力。它也是受造物，因为它有别于圆满。太阳具有定效，魔鬼也有，因而，我们会觉得太阳远比不可确定的阿布拉克萨斯更有效。而阿布拉克萨斯代表着力量、持久、变迁。死者们于此地大肆作乱，因为他们是基督徒，容不得这样的言论。

训词三

死者们如同自沼泽中涌出的雾气，逐渐靠近并叫嚷道："麻烦你接着给我们讲一讲至高无上的上帝吧。"

阿布拉克萨斯是难以识别的上帝，它的威力巨大无比，因为人们看不到它的存在。人们认为太阳是至善，认为魔鬼是至恶，认为阿布拉克萨斯却是各方面都不能确定的生命，而生命则是善恶之母。

生命似乎比至善弱小，因此也难以想象得到，阿布拉克萨斯的威力甚至胜过太阳，而太阳通常是一切生命力自身光芒四射的源泉哪！

阿布拉克萨斯不仅是太阳，还是空虚、藐视一切、肢解一切、有着血盆大口的魔鬼。

这就使阿布拉克萨斯威力倍增，你们却看不到这种威力，因为在你们的眼里，这种威力被针锋相对之事相互抵消了。

上帝所言是生，魔鬼所言是死。

阿布拉克萨斯说的却是值得敬重的话语和受到诅咒的话语，它既是生也是死。阿布拉克萨斯用相同的话语、同一个行为制造出真理和谎言，善恶、明暗，因此，是非常恐怖的。

它的存在犹如狮子击倒猎物的那一刻，表现得威武庄严，仿佛春日那么美妙。对，它是大神潘本人，也是小人，是普里阿普斯。它是下界的巨兽怪物，是有成千上万触手的水螅，是蜷曲有翼的蛇，脾气暴躁万分。

它是最初始的雌雄同体。它是蟾蜍、青蛙之主，它们栖息于水中而上岸，午间、子夜同声歌唱。它是与虚无合一的盈。它是神圣的交合，它是爱与爱的扼杀者，它是圣者及其背叛者。

它是明亮至极的白昼之光芒，以及深沉至极的错乱之夜。

看见它意味着盲目，认出它意味着有疾，崇拜它意味着死亡，顺从它意味着得救。

上帝居住于太阳之上，魔鬼居住于黑夜之中。上帝以光明生发万物，魔鬼拖曳万物入夜。阿布拉克萨斯却是世界，让你们自生自灭。魔鬼诅咒上帝这个太阳所给予的任何馈赠。

你们向上帝这个太阳祈求一切产生魔鬼的罪行；你们借上帝之手所创造的一切给予魔鬼以威力。这是令人生畏的阿布拉克萨斯。它是威力最大的受造物，在它身上，受造物害怕自己。它是受造物与圆满及其虚无公开出来的矛盾。

它是子惧其母，它是母爱其子。它是大地之慈悲，它是苍天之残忍。人见其面，呆若木鸡！

它面前无问无答。它是受造物的生命，它是各有不同在生效。

它是人之爱，它是人之言。它是人之表象和阴影。它是迷惑人眼之现实。

死者于此更加号叫喧哗，因为他们未曾得到圆满。

训词四

死者们聚集一堂，满腹怨言，纷纷说道："该死的，还是对我们讲一讲众神群魔吧。"

上帝是太阳、是至宝，魔鬼是其对立面，你们就拥有两个神灵。

但凡有多么宝贵的财富，就有多么严重的弊端，其中有两位神魔，一位做火烧火燎之事，另外一位是生长者。火烧火燎之事是熊熊火焰的爱欲，爱欲之火烧得人心力交瘁，它总是闪闪发光。

生长者是生命之树，生命之树一边生长一边积聚活性物质，披上绿色。爱欲会突然燃烧突然熄灭，而生命之树却缓慢而恒久地生长，历经难以计算的岁月。

善恶皆集中于火焰之中。善恶集中于树林的生长过程中，生与爱在其超凡性上进行对峙。诸神与群魔的数量如同天上的繁星，多到无法估量。每一颗星星都代表着一个神灵，而星星占据的每个空间都是魔鬼。整体的盈虚却是圆满。

整体的结果阿布拉克萨斯，阻碍它的只有不可实现之事。

四是主神们的数字，因为四是世界大小的数字。一为始源，代表上帝这个太阳。二是爱欲，因为爱欲结合，并且耀眼地扩展开来。三是生命之树，因为生命之树用躯体占据空间。四是魔鬼，因为魔鬼打开了封闭的万物，消解一切成形的、有形的万物，它是摧毁者，一切在其中成为虚无。

我一直希望能够善于识别各不相同的诸神，而你们却用一个神灵代替这种众口难调的局面，只能自认倒霉吧！你们也因此制造出不解其意这种烦恼，对受造物进行肢解，这种受造物的本性和追求本身就是有所不同的。如果你们想要化多为一，又如何能够做到忠诚于自己的本性呢？你们对待众神的所作所为，也发生于你们自身。你们最终只会千人一面，本性变得面目全非了。

你们处处千人一面是为了个人，而非为了神灵，因为神灵很多而你们只有一个。众神的威力是巨大无比的，受得了千姿百态，因为它们寂寞如星辰，相距千里迢迢。人们是软弱无力的，受不了千姿百态的存在，因为他们比邻而居，需要共处以便承受特性。为了救赎自我，我指点你们，我为此而遭遇排斥的可悲之事。

神灵的多寡和自由灵魂的多寡是相对应的。

众神企盼道成肉身，不计其数的神灵化身为人类，人们分享众神的本性，他来自诸神，最终走向上帝。

尽管如此，似乎不值得对圆满加以沉思，却也不值得敬奉繁多的诸神。最不值得尊奉的头神，是有效的充盈和至善，我们的祈祷对此无所损益，因为有效的虚空吞噬一切。敏锐而清醒的诸神形成上界，在天界是多姿多彩的，无穷无尽的，无限延续扩充的，上主就是上帝这个太阳。

还有琢磨不透的众神构成了地府，它们是单一的，无穷缩小的，无限压缩的，上主是魔鬼、月神、地球的卫星，比地球更小、更冷、更加死气沉沉。

天神、地神的威力相差无异，天神放大，地神缩小，两个方向均是无从估量的。

训词五

死者们开始冷嘲热讽，大喊道："你这个傻瓜，给我们讲一讲教会和教徒之间的互动吧。"

众神的世界在心智和性上得到说明，天神们在心智上得以现身，地神们得以在性欲中露面。

心智需要领受、领会，它是阴柔的，所以，我们称为天母。而性欲需要产生、创造，它是阳刚的，因此，我们称为地父。

男人的性更加接地气，女人的性更加看重心智。男人的心智更多会经过天神之手，它会渐行渐大；女人的心智更接地气，它会渐行渐小。男人的心智撒谎成性，如同魔鬼，渐行渐小；女人的心智撒谎成性，如同魔鬼，渐行渐大。

人人都会各就其位。

男人和女人如果不能在心智上各行其道，将会因为对方而成魔，因为受造物的本质各不相同。男人的性欲接地气，女人的性欲重心智。男女若是在性欲上不能各行其道，将因对方而成魔。

男子识别小事，女子识别大事。

人们为了区别自己的心智和性欲，把心智称为天母，将它放置于天地之间，把性欲称为地父，把它放置于自己与尘世之间。

因为天母和地父是超人恶魔，是神界的体现，对我们来说，它们比诸神更有效力，因为它们更加贴近我们的本性。

如果你们不使自己有别于性欲和心智，不把它们视为超乎你们之上，围绕你们周身的本性，则你们会沉溺于作为圆满特性的它们。心智与性欲并非你们的特性，并非你们占有、含有的事物，而是它们占有、含有你们，因为它们是威力巨大的恶魔，是众神的外在表现形态，因而，是超越你们而自然存在的事物。

没有人天生具有心智本身或者性欲本身，而是受制于心智与性欲的律令。所以，无能能够逃脱这些恶魔之爪。你们应该把它们视为恶魔，是共同的事情和危险，是把这种生活强加于你们的共同负担。所以，连生活也是你们的共同之事和危险，还有众神，首先是令人敬畏的阿布拉克萨斯。

人类是软弱无能的，因此，抱团是不可或缺的，如果不能打着天母标志的共同体，就会打着地父旗号的共同体。没有一个共同体是为了受苦受难、患有疾病。但是，每个人身上的共同体都是四分五裂、消解殆尽的状态。

正是因为各有不同，才导致独处的意义。独处是不利于抱团的，但是因为人们在众神、恶魔及其不可战胜的律令面前软弱无能，必须抱团。因此，需要尽可能多的共同体，并非为了个人，而是因为诸神。是诸神的存在强迫你们抱团，它们强迫你们几分，就亟须抱团到几分，多则生弊端。

在抱团的时候，人人是居于他人之下的，以便维护共同体，因为你们都需要它。在独处的时候，一人居于他人之上，以便人人归于自我，免受奴役。

抱团时须克己敛抑，独处时要尽情挥洒。

抱团时要深藏不露，独处时要居高临下。

抱团有度可以涤荡人心，守成维持。

独处有度可以涤荡人心，添砖加瓦。

抱团给予人们温暖，独处给予个人光明。

训词六

性魔以蛇形走向我们的心灵，蛇半为人之灵魂，叫作意欲。

心魔以白鸟身潜入我们的心灵，白鸟半为人之灵魂，叫作愿欲。

蛇是尘世的灵魂，近乎恶魔，是精灵，类似于亡灵。与亡灵一样，它们也会围绕着尘世飞来飞去，使得我们惧怕它们，或者被它们撩拨起我们的贪欲。蛇性是阴柔的，始终寻求与遭遇放逐至尘世的死者为伍，它们寻找渡至对岸的独处小路而未果。蛇是娼妇，和魔鬼、恶煞私通，是邪恶暴君和讨厌鬼，总是诱惑人狼狈为奸。

白鸟是人们近乎升天的灵魂，此魂魄留住于天母身旁，偶尔会下凡。鸟有阳刚之气，是心到效显的意念，它守身如玉、形单影只，是天母的信使，超凡脱俗，需要独处。它带来悠悠过往的音信，把我们的言辞上达天庭。天母会代为祈祷，发声告诫，但是无力对抗众神，她是太阳的器皿。

蛇下行，施展伎俩麻痹或者刺激雄性恶魔。蛇让凡胎狡黠过人的念头冒头，它们无孔不入，贪心不足地处处吸食血髓。蛇虽然不愿意如此，但是它不得不助我们一臂之力。它逃脱我们的掌控，指出我们寻觅而不可得的路径。

死者们鄙视地叫嚷："别再说什么神魔、魂灵了，我们其实早就知道了。"

训词七

到了夜间，死者们又来哀怜相求："还有一件事，我们忘记提了，还请你给我们指点一下人类的事情。"

人是雷神托尔，你们通过它脱离众神、恶魔与魂灵的外界，而进入内心世界，离开大世界而步入小世界。人类是渺小到微不足道的，你们本来背靠于人，又身处于无穷尽的空间中，处于更小或者更内在的无穷无尽之中。

在遥不可及之处，一颗绝无仅有的星辰高高在上。这颗星辰是一位神灵，这是它的世界，代表它的圆满和它的神性。在这片世界里，人们是创造或者吞噬其世界的阿布拉克萨斯。这颗星辰就是上帝，是人类的目标。这是引导他的一个主神，人在其中安息。死后，灵魂会远行于它那里，在它之中，人从大世界中撤回来的一切都熠熠生辉。

人们对此神进行祈祷，

祈祷增益星光，

祈祷架起桥梁跨越死亡，

祈祷准备生活于小世界中，

降低大世界中无望的企求。

若大世界变冷，会得到星辰照耀。

只要人们的目光能够离开阿布拉克萨斯那闪耀夺目的景象，

人与他的这一个神之间是空无一物的。

人在此间，神在彼处。

此处软弱无能、微不足道，

彼此创造无限、永恒不断。

此处黑暗潮湿，彼处阳光普照。

在此之后，死者们沉默不语，如同夜间护牧的牧羊人火堆上的烟雾，升腾而去，了无印记。

1956 年

附录三：疑难词汇集注

1. 炼金术

旧世纪的化学，其中混杂了当今时代意义上的实验化学，以及空泛的、形象的、生动的、本能的、部分程度上带有宗教性的关于自然和人文的思辨，赋予不为人知的材料以许多符号，可以断定它们是潜意识的内容。炼金术士在性质不明的材料当中寻找"上帝的秘密"，由此误打误撞所用的方法与途径和当今潜意识心理学类似。当今的潜意识心理学也认为自己与一种不明的客观现象（潜意识）相对照。

在思想发展史上，必须把中世纪哲理性的炼金术理解成发源于潜意识，对基督教起抵消作用的运动。因为炼金术的默想和技巧所指向的对象——自然与材料的王国，在基督教当中无处立足，得不到相应的评价，并且被仇视为必须应予消灭。所以，炼金术是基督教圣像世界与思想境界的一种模糊粗糙的镜像。荣格的《心理学与宗教》一书借助炼金术关于石头、"青金石"的概念与基督之间的相似性，可以对这一论点进行证明。

炼金术士典型的语言是象征性图像与悖论，两者都符合生命与潜意识心理不可捉摸的性质。因此，比如说石头并非石头，它代表着一种宗教思想概念，或者炼丹的墨丘利作为材料之神，如神鹿一般遁迹潜形，因为他是无法触及的。"他有成千上万个名字。"无人能够说得清他的本性，也没有一种界定能够清晰勾勒出一个心理概念的本质。①

2. 引申

通过有针对性的联想，并且综合运用人类符号史和思想史，这包括神话学说、神秘主义、民俗学说、宗教发展史、民族学、艺术发展史，等等，利用其中的相似情况对梦境加以拓展和深化，以此来展示梦境解析的意义。

3. 女性意象（阴性基质）和男性意象（阳性基质）

女性意象是指男子潜意识当中女性气质人格化；男性意象是指女子潜意识当中男性气质人格化。这种心理上的雌雄同体对应的生物学事实是，数量较多的男性或女性基因在决定是男或是女的性别时是一锤定音。数量较少的异性基因似乎形成异性性格，这种性格却因为其劣势地位而通常一直处于无知无觉的沉睡状态。

荣格认为，每个男人向来都怀有女人的形象，并非某个特定女人的形象，而是一类特定女人的形象。该形象其实是不知不觉的，来自远古、嵌入存活体系的遗传类型，是列祖列宗关于女人一切生存经验的一种"类型"，也就是"原型"。是一切关于女人印象的反映，是遗传下来的心理适应系统……女人的情况也与之相同，她也具有与生俱来的男子形象，经验表明，这也是一类

① 在古罗马神话当中称为墨丘利，在古希腊神话当中称为赫尔墨斯。

男人的形象。而且在男人身上，更可能潜藏女子的形象。因为这类形象是不知不觉的，所以它始终不知不觉地投射到所爱的人物身上，是吸引力强烈的最根本原因之一，是这种吸引的对立面。①

无论女性意象还是男性意象，其自然功能在于建立个人意识与集体意识之间的联系。人格面具相应构成自我意识与外部世界的客体之间的一个领域。该意象所起作用应该是通往集体无意识的桥梁或者门户，正如人格面具类似通往世界的桥梁。②

所有原型的表现都包括了女性意象和男性意象，均具有正面与负面、质朴与变化多端的特性。

荣格认为，男性意象最初不知不觉的形式是无意间自发地形成意见，其影响支配感情生活；女性意象则是自发形成感情，具有后续影响或者扭曲知性。（"她让他神魂颠倒。"）因此，男性意象偏爱把自己投射到"精神"权威和其他"英雄"身上，包括男高音歌手、艺术家、体育名将，等等。女性意象喜欢掌控女子身上的潜意识、空虚、性冷淡、无助、无亲无故、捉摸不透、模棱两可等个性化的过程，自我意识所添加的心灵就在男子身上表现出阴性征兆，在女人身上则表现出阳性征兆。男子的女性意象试图联合统一，女子的男性意象意欲区分识别，这种作用方式截然相反……在意识现实当中，即便是两个个体自觉的关系和睦融洽，这种截然相反也意味着冲突情境。③

---

① 《作为心理关系的婚姻》，1925 年。
② 《未发表的研讨会报告》，卷一，1925 年。
③ 《移情心理学》，1946 年。

女性意象是生命的原型……因为生命通过女性意象成为男子，虽然他认为通过知性成为男子。他通过知性掌控生命，但是生命通过女性意象在他身上存活。而女子的秘密是，生命通过男性意象的精神形态成为女子，虽然她以为是性爱给她带来生命。她控制生活，可谓习惯性地通过性爱而生活，但是她也是实际生命的受害者，实际生命通过知性成为女子，知性在她身上由男性意象来体现。[①]

4. 原型

荣格认为，如同世界文学当中的神话和童话当中始终包括处处重复处理的特定动机和原型概念……通过对这些多次重复的观察可以得知，我们在今天这个时代遭遇的个人幻象、梦境、妄念、妄想等观念中同样是这些动机造成的，人们把这些典型的画面与关联称呼为原型观念，它们越清晰，其特性就越有特别生动的感情色调。它们让人印象深刻，影响很大，令人神往。它们出自非直观的原型，是一种潜意识当中的初期形态，这种形态似乎属于遗传下来的心理结构，因此，也可能处处显示为自发现象。[②]

原型在内容上是特定的，也就是类似潜意识的"观念"，我一再遭遇这种误解。因此，必须再次强调，原型并非在内容上，而只是在形式上是特定的，并且只是以一种十分有限的方式。原型只有为人们所意识，因而充满自觉经验的材料，才能证明在内

---

① 关于尼采的《查拉图斯特拉如是说》的内部研讨课报告，1937 年。
② 《心理学视角下的良知》苏黎世，1958 年，第 199 页。

容上是特定的。原型的形式则是……大概类似于晶体的轴线系统，这种系统一定程度上在母液当中就预先形成结晶了，自身不具有物质实存。物质实存是以离子然后是以分子的撞击方式才显现的。原型是自身空虚、形式上的因素，无非是事先形式化的潜能，是先天给定的可能的观念形式。遗传下来的并非观念，而是形式，这些形式在这方面恰好符合同样形式上特定的本能。只要无法对本能进行具体确认证明，就不好证明存在原型自身，也不好证明存在本能。[①]

我觉得原型的真正本质极可能是没有意识能力，也就是超体验的，所以，我称呼其为类心理。[②]

原型可能最终得到解释进而得到解决，人们不可有片刻沉湎的错觉。连最佳的解释尝试也无非是或多或少如愿转换成为另外一种画面语言。[③]

5. 联想

根据相似、交集、对立或相续，把想象、感知等联系起来。弗洛伊德对梦境处理的办法是自由联想，做梦者不由自主的联想链条无须涉及梦境本身。荣格对梦境的处理办法，是有针对性或者受到督导的联想，是不由自主的闪念，起因于已有的梦境，始终与此相关。

---

① 《母亲原型的心理学方面》，1938 年。
② 《对心理本质的理论思考》，1946 年。
③ 《论儿童——原型心理学》，1940 年。

联想实验是借助测量反应时间，解析对给定刺激词语的回答，以确定情结的一种心理测试办法。属于情结特征的有，如果刺激词语触及的情结是受试者愿欲隐瞒或者并未意识到的，反应时间延长或者回答具有主观古怪的性质。

6. 意识

荣格认为，若是深入思考意识究竟是何物，那么最让人印象深刻的是最不可思议的事实，宇宙中发生的一件事同时就会在内心产生一幅画面，这件事也可以说是同时发生在内心，也就是内心意识到这件事情的发生。[1]

我们的意识的确并非自行创造出来的，而是源自无法描述的深处，逐渐在儿童身上苏醒，每天早晨从深度睡眠、从潜意识状态中醒来。它就如同儿童每一天从潜意识的母性源泉中诞生。[2]

7. 外部倾向（外向）

外向表现的特点为兴趣集中于外部客体的一种典型态度。其反义词为内向。

8. 内部倾向（内向）

内向表现的特点为兴趣集中于内心过程的一种典型态度。其反义词为外向。

---

[1] 巴塞尔研讨班，1934年，内部研讨班报告。

[2] 《论东方灵修心理学》，1943年。

9. 上帝形象

这一概念起源于教父，按照他们的说法，上帝形象铭刻在人们的心灵之中。若是这样一幅画面自发并涌现于梦境、幻想当中，则必须在心理学思考范畴内将此理解成为自己的象征。

荣格认为，神灵影响着我们，我们只能借助心理加以确定，却无力区分这些影响来自上帝还是来自潜意识，也就是无法对神灵和潜意识进行澄清，不知道它们所代表的意义是否相同。两者均是针对事先体验到的内容进行划界的概念。但是按照经验来说，可以非常有把握地肯定，潜意识当中出现一种整体的原型，它自发显现于梦境等处；另外还可以断定，存在着不依赖自觉意识的一种倾向，要让其他原型关涉该中心。因此，似乎也有这种可能，整体的原型自身也具有某种中心地位，这种地位使它更加接近上帝形象。尤其对这种相似性产生帮助的是，原型产生的一种符号体系，这种符号体系向来就是为了刻画并且象征着神灵……具体来说，上帝形象并非与原本的潜意识重合，而是与原有的潜意识的一项特殊内容的重合，也就是与自身的原型重合。我们按照经验来做，恰恰无法再把这种原型与上帝形象剥离开来。[1]

我们可以把上帝形象解释成为自己的一种镜像，或者反之，把自己解释成人自身的上帝形象。[2]

---

[1]　《答约伯书》，1952 年。

[2]　《试论用心理学解释三位一体教条》，1948 年。

10. 圣婚

圣婚也可以理解为一种想象中的婚礼。是再生神话、古典秘密宗教仪式，还有炼金术当中原型人物的结合。最典型的案例就是把基督与教会表现成为新郎和新娘，在炼金术当中有太阳与月亮的结合。

11. 个性化

荣格认为，我所使用的"个性化"这一措辞的含义，是产生出一个心理学当中的"个体"，也就是一个单独的、不可分割的统一体，一个整体的那种过程。[①]

个性化意味着成为个体，并且，只要我们把个性理解成为我们最内在、终极化、无法进行比较的独一无二的特性，也就意味着成为独特的自己。因此，也可以把"个性化"改写成为"自我化"或者"自我实现"。[②]

我一再发现这样一种情况，有人混淆了个性化过程与自我的意识苏醒，进而把自我认同为自己，由此当然产生不可救药的概念混乱。因为个性化就此成为纯粹的自我中心与自体性欲。自己却更多只自视为自我……它如同自我一样，就是这样一个或者其他人。个性化并非排斥，而是包容世界。[③]

---

① 《意识、潜意识与个性化》，1939 年。
② 《自我与潜意识之间的关系》，1928 年。
③ 《对心理本质的理论思考》，1946 年。

12. 人格扩张

通过对一种原型认同，在病态的情况下是认同历史人物或者宗教人物，是一种逾越个人界限的人格膨胀，一般情况下，作用类似于狂妄自大，与相应的内心自卑感相抵触。

13. 神力

源自美拉尼西亚语言概念，代指作用巨大的神秘力量，起因于人、物、行为与事件，从超自然生灵或者精灵身上表露出来，也意味着健康、声望、疗效与魔力等，是关于心理能量的原始概念。

14. 曼荼罗

是一种魔圈，在荣格这里是作为心理整体的中心、目标与自己的象征。是对集中于中心的过程，建立一个新的人格中心所做出的自我表现形式。符号的表现多是圆形，是数字四及其倍数的对称排列，可以参考人格四合体。曼荼罗是默观的工具，是诸神所在地和起源地。受干扰状态下的曼荼罗会偏离圆形，呈现正方形、等腰三角形等任何形式，或者其基数不是四或者八。

荣格认为，曼荼罗的含义就是圆形的、具有特殊魔力的圆圈。曼荼罗不仅流传于整个东方世界，而且在欧洲也是有大量来自中世纪的记载，尤其在基督教当中，在中世纪早期就已经出现，基督大多位于中心位置，四名福音传教士或者其象征分别处于四方。这种见解想必是十分古老的，因为连古埃及人也如此表现何露斯及其四子。①

按照经验来说，曼荼罗出现于……以茫然不知所措为特征的情境当中。由此形成情意丛的原型表现为一种秩序模式，这种秩序模式作为心理十字线或者作为四等分圆周，在某种程度上被放置于心理混乱之上，由此，每一项内容各得其所，四散不定的整体由防患于未然的圆周加以聚集。②

15. 神经症

与自身不一致的状态，起因是内驱力需要与文化要求之间、幼儿的不情愿与意欲适应之间、集体与个人义务之间的对立。神经症是面临歧途的停车信号，是告诫人们迈向个人治疗的过程。

荣格认为，可以把有神经症时候的心理障碍和神经症自身称为失败的适应性尝试。表述……与弗洛伊德的观点一致，也就是神经症在一定程度上是尝试着自愈。③

神经症始终是合理受苦的替代品。④

16. 畏慕

源自鲁道夫·奥托的学术概念，指面对神圣事物，那些不可

---

① 《〈金花〉评注》，1929 年。
② 《现代神话——论天空中所见事物》，1958 年，载于《荣格全集》第十卷《过渡中的文明》，1974 年，第 461 页。
③ 《论精神分析》，1916 年。
④ 《心理学与宗教》，1939 年。

言表的事情、神秘莫测的事情、惊世骇俗的事情，与常理迥异的只能归属为神灵所特有的可以直接体验的特性。

17. 人格面具

原意是指古代剧场当中演员们所佩戴的面具。荣格认为，人格面具……是那种适应系统或者我们与世界交往的手段。所以，每一项职业均有其典型的人格面具……危险的地方就在于，人们认同人格面具，就如同教授认同其教材，或者男高音认同其声音……可以稍微夸张地说，人格面具并非人之本来面貌，而是他和别人都以为他就是如此。[①]

18. 类心理

也可以称为"与心灵类似""心灵状""准心灵的"，荣格以此刻画不可直观现象的深层次集体无意识和集体无意识的内容和原型。荣格认为，集体无意识表现与我们所知道的心理是相反的，是不可直观形象的一种心理，因此，我称为类心理。[②]

19. 人格四合体

荣格认为，人格四合体可以说是广泛出现的原型，它是任何整体判断的逻辑前提。若想做出这样的判断，那么这个判断必须涉及四个方面。比如若是想命名天际整体，就需要列举出四个方

---

① 《论再生》，1950年。
② 《同步感应作为非因果关系的原则》，1952年。

向。总是存在有四个要素、四种原始特性、四种颜色、印度的四个种姓制度、佛教中修行意义上的四道。因而，也有心理定位的四个心理方面，此外，再也列举不出什么原则了。为了定位，我们必须有一项功能确认某事是可以感受到存在的，必须有第二项功能能够从思维上断定是什么事物存在，必须有第三项功能说明此事是否适合某个人，人是否愿意从感受上接受，还必须有第四项功能从直觉上可以陈述此事何来何往。此外就没有什么需要补充说明的了……理想当中的圆满无缺是圆、圆周（参考曼荼罗），但是其自然最小分割是四。[1]

人格四合体或者四位一体常常具有 3+1 的结构，其中一个数值占据例外地位，具有不同性质（例如三个福音传教士象征着动物，另外一个是天使）。若是第四个数值向其他三个靠拢，则形成象征整体的"一"。在分析心理学当中，正是"劣等"功能（也就是那种并非可以供人们有意识进行支配的功能）体现"第四者"，这也是常见现象。把这种功能融入意识是个性化过程的主要任务之一。

20. 阴影

人格的幼儿期部分，是所有个人与集体心理素质的总和，这些心理素质因为与自觉选择的生活方式不一致，而不曾为人们所经历，结合成为相对独立的部分个性，在潜意识当中有相反的倾向。阴影与潜意识相互抵消，所以，其作用可以是正面的，也可

---

[1] 《试论用心理学解释三位一体教条》，1948 年。

以是负面的。

作为梦境里的人物，阴影与做梦者的性别保持一致。作为个人无意识的一部分，阴影属于自我；但是作为"敌手"的原型，它属于集体无意识。意识到阴影是分析的起步工作。忽视、压抑阴影以及自我对它做出认同，均可能导致危险的分裂。因为阴影亲近本能世界，持续顾及它是不可或缺的。

荣格认为，阴影的人物把主体不承认或者一再浮想之事，包括直接的或者间接的，也就是比如劣等性格特征与其他难以调和的倾向加以人格化。[①]

阴影是……那种遮遮掩掩、受压抑、大多劣等与有过错的人格，这种人格连同其最末端上延至动物祖先王国，如此全方位涵盖潜意识的历史……若人们此前认为人的阴影是万恶之源，则从现在开始，细加探究就可以发现，无知无觉者正如阴影一样，不仅从道德上由可鄙视的倾向组成，而且也显示出一系列优秀品质，也就是正常本能的、相适宜的反应，符合实际的感知、创造性的冲动，等等。[②]

21. 心灵

荣格认为，人的心理是非常重要的事物，它错综复杂的程度让人难以估量，如果单纯地用内驱力心理学是不可能解释这无限的多种多样性。我也只能深感敬佩，并且敬畏地去观察，静悄悄

---

① 《意识、潜意识与个性化》，1939年。

② 《荣格全集》卷九.下，1976年，《万古永存》，第281页。

地站立在心灵本性的万千沟壑前。它们空灵的世界蕴藏着丰富的景象，无从估量，积累了千百万年生机勃勃的发展底蕴，和谐而又密实。我的意识如同眼睛，把最遥远的空间尽收眼底，心理上的非我却是空灵地充满这个空间的所有事物。而这些景象并非模糊的阴影，而是威力巨大的心灵因素，我们只会误解它们，却从来不可能否定这种威能。我只能把繁星满天的夜空景象与这一印象并列，因为内心世界的广袤无垠也只有外部世界可以媲美，我用自己的身体作为媒介接触外界世界，也以自己的心灵作为媒介感知这个神秘的内心世界。[①]

上帝处处可以展现，却偏偏不能在人的心灵当中作天启，若如此声称，则会亵渎神明。的确，上帝与心灵的密切关系从一开始就杜绝低估心灵的威力。如果说这有一种相似性或许有些过分了，但是无论如何，心灵自身必然有可能关涉到上帝的本质，也就是具有与上帝本质的对应物，否则就不可能形成这种关联。按照心理学表述，这种对应物是上帝形象的原型。[②]

22. 自己

所谓自己是指中心原型、秩序的原型、整体的人，由圆周、正方体、人格四合体、儿童、曼荼罗等方式加以象征性地表现。

荣格认为，自身是高于有意识的自我的要事，它不仅包含有意识的，而且包含潜意识的心理，因此，可以说是我们也具有的

---

① 《克拉内费尔德〈心理分析〉引言》，1930 年。
② 《荣格全集》卷十二，第 2 版，1976 年，《心理学与炼金术》，第 24 页。

一种人格……我们没有希望哪怕有朝一日只是近乎意识到自己，因为无论我们多么明白，将会始终存在不确定并且不可确定数量的潜意识，它同属于总体的自己。[1]

自己不仅是中心点，也是那种包括意识与潜意识的维度。它是这种总体性的中心，正如自我是意识的中心一样。[2]

自己也是生命的宗旨，因为它最充分表达了人们称为个体的天命运数。[3]

23. 同步感应

这是荣格创造的概念，用于阐释两种现象。1. 并无因果联系的身心事件发生合理的重合或者对应。此类同步现象多发生于内心事件在外部现实世界得到的对应，内心景象或者预感得到"证实"，例如梦境、幻象、预感等。2. 在不同地方同时发生的相似或者相同的梦境、想法等合理重合或对应。无法用因果关系来解释各种表现形式，它们似乎与潜意识的原型过程更有关联。

荣格认为，在多年以前，研究潜意识过程心理，就已经迫使我，除了因果关系之外，追求另外一种解释原理，因为当时意识到因果原理已经不足以解释潜意识心理的某些奇怪现象。我起初发现，存在心理平行现象，在因果关系上确实无法进行联系，而是必定处于另外一种事件关联当中。我觉得这种关联主要存在于相对的、

---

① 《自我与潜意识的关系》，1928 年。

② 《个性化过程的梦境象征》，1936 年。

③ 《自我与潜意识的关系》，1928 年。

同时性这一事实当中，因此有了"同步感应"这种概念的表达。因为考虑到时间这一客观属性根本不是抽象概念，而是具体的连续统一体，所包含的各种特性或者基本条件，在异地相对的同时性当中，可能表现在无法用因果来解释的平行性上，比如相同的念头、符号或者心理状态同时显现。[1]

我选择"同步感应"这一术语，因为觉得同时有两个意义相关，但是无因果关系的事件是一项根本标准，此处所用同步感应这个一般概念，就具有两个或者若干个要义相同或者相似的、因果上并不相关的事件在时间上重合这一特殊意义。这不同于同步性，后者只是表示两个事件单纯地同时发生。[2]

同步感应并不像物理学里的不连续性更加莫名其妙或者神妙莫测，但是人们根深蒂固地相信因果关系万能论会给理解制造麻烦，让人觉得无法想象会出现或者存在无因果事件……可以想象内容重合纯属偶然，但是它们累积得越多，相应程度越大、越确切，其概率下降得越多，其不可思议程度就越高，也就是它们已经不可能单纯地被视为巧合了，而是由于无法解释的因果关系而必定被理解成为是一种安排……这种"无法解释"绝非原因不明这一事实，而是以我们目前的知性手段也无法想象的这样一个原因。

24. 梦

荣格认为，梦是心灵最深处、最隐秘地方的一个小暗门，它

---

[1] 《纪念卫礼贤》，1930 年。
[2] 《同步感应作为非因果关系的原则》，1952 年。

打开并指向那个宇宙鸿蒙的夜空，在没有产生自我意识之时，它曾是心灵，它将成为心灵，远超自我意识将会实现之事。因为一切自我意识都需要经受零敲碎打，对零星之事进行识别，做出分割和区分，所见可能只是关涉自我的事情。即便是够得着远在天边的星云，自我意识也纯粹由限制构成。一切意识均做分割，在梦中，我们却接近更深沉、更全面、更名副其实、更加永恒的人，他仍然身处洪荒之夜的暮色当中，仍然是整体，身上有整体，置身于千人一面、缺乏一切自我属性的自然之中。哪怕仍然如此幼稚、荒诞不经，依旧不合伦理，梦就源于这一包罗万象的深处。[①]

梦境并非有心的、随意的发明创造，而是一种自然现象，它们就是所表现之事。它们不会骗人、不会撒谎、不会歪曲、不会掩饰，而是单纯质朴地宣布它们是什么、所指为何。因而，它们只会恼怒人、迷惑人，因为我们对此无法理解。它们不会耍花招来掩盖什么，而是按照其做派直说其内容。我们也能够看出它们为什么这么奇特难以纠缠，因为经验表明，它们始终努力表达自我不知道、不了解的事情。[②]

25. 心理创伤

直接损害人们心灵的突发性事件，例如惊吓、焦虑、羞耻、

---

① 《心理学对现代的意义》，1933年，载于《荣格全集》卷十，1974年，《过渡中的文明》，第168页。

② 《分析心理学与教养》，1926年，载于《荣格全集》卷十七，1972年，《论人格发展》，第121页。

厌恶等。

26. 潜意识

荣格认为，从理论上是无法给意识领域设限的，因为它能够扩展的规模是无法确定的。但是按照经验，它在未知领域始终会遇到界限。因为构成未知领域的是人们一无所知的，也就是与作为意识领域中心的自我无关之事。首先是未知之事分成两组客体，也就是感官上可以体验的外部事实，其次是可以直接体验的内心事实。前一组表现为陌生环境，后一组表现为内心世界。我们称后一领域为潜意识。[①]

我知道，但是眼下没想到的一切；曾经意识到，现在却遗忘的一切；感官感知到，但不受意识重视的一切；无心之间、不假思索，也就是无意识的感觉、思考、回忆、意欲和所做的一切；在自己身上得到准备之后，才意识到的一切未来之事，所有这一切都是潜意识的内容。[②]

归入这些内容的还有对难堪想象或者印象的、各种各样或多或少的、有意的压抑。我把这些所有内容的总和，统称为个人的潜意识。此外，我们在潜意识当中却还能够发现并非个体所习得，而是遗传下来的特性，也就是本能，作为那些未竟有意识的动机激发，被迫发生的活动的内驱力……在这一深层次心理当中，我们也发现了原型的存在。本能和原型……构成集体无意识。我把

---

① 　《荣格全集》卷九．下，1976年，《万古长存》，第12页。

② 　《对心理本质的理论思考》，1947年。

这种无意识称为集体的，是因为它与上文界定的无意识相反，不具有个体性质，也就是或多或少是独一无二的内容，而是普遍的、均匀地传播。[①]

第一组涉及的是个体人格不可或缺的组成部分，因此可能同样为人们所清醒地意识到；后一组意味着普遍存在、与自己同一的一般性心理条件或者基础。[②]

随着深度和捉摸不透程度的加大，深层次心理逐渐丧失与众不同的独立性，它们向下沉沦，也就是随着接近独立的功能体系而日益变得具有集体性，所以在实体当中，也就是在化学体当中包罗万象，同时消弭于其中。身体的碳元素就是碳。"在最底层"，心理就是"世界"。[③]

27. 原型

起源于雅各布·布尔克哈特学说，后来被荣格用于原型概念的定义。

---

① 《本能与潜意识》，1919 年。
② 《荣格全集》卷九·下，1976 年，《万古长存》，第 16 页。
③ 《论儿童原型心理学》，1940 年。

图书在版编目（CIP）数据

荣格自传 / (瑞士) 卡尔·荣格著；龙文广译. -- 北京 : 现代出版社 , 2021.1

ISBN 978-7-5143-8848-0

Ⅰ. ①荣… Ⅱ. ①卡… ②龙… Ⅲ. ①荣格 (Jung, Carl Gustav 1875-1961)—自传 Ⅳ. ①K835.226.2

中国版本图书馆 CIP 数据核字 (2020) 第 189460 号

荣格自传

作　　者：〔瑞士〕卡尔·荣格
译　　者：龙文广
策划编辑：王传丽
责任编辑：张　瑾　肖君澜
出版发行：现代出版社
通信地址：北京市安定门外安华里 504 号
邮政编码：100011
电　　话：010-64267325　64245264（传真）
网　　址：www.1980xd.com
电子邮箱：xiandai@vip.sina.com
印　　刷：三河市南阳印刷有限公司
开　　本：880mm × 1230mm　1/32
印　　张：14.75
字　　数：291 千字
版　　次：2021 年 1 月第 1 版　　印　　次：2021 年 1 月第 1 次印刷
书　　号：ISBN 978-7-5143-8848-0
定　　价：49.80 元